JOSEF KOLLMANN
(1868–1951)

HANS MEISSNER

JOSEF KOLLMANN

(1868–1951)

Bürgermeister von Baden

g

Verlag Grasl · Baden

ISBN 3–85098-249-1

© 2000 by Verlag Grasl Baden

Gesamtherstellung: Grasl Druck & Neue Medien, 2540 Bad Vöslau – 2500 Baden

Vorwort

Erwarten kann man eher
etwas als errennen

(Josef Kollmann)

Was ursprünglich ein Begleittext zu einer kleinen Ausstellung werden sollte, geriet unter der Hand zu einem Buch. Es ist der Versuch, das Leben und das politische Profil eines Vollblutpolitikers von der Art, wie es ihn seither vielleicht immer seltener gegeben hat, nachzuzeichnen.

Josef Kollmann war Jahrgang 1868. Sein politisches Wirken füllte ziemlich exakt die erste Hälfte des 20. Jahrhunderts; er starb 1951.

Sein Erinnerungsbild in der Bevölkerung war lange Zeit lebendig, beginnt nun zu verblassen. Es soll hier wieder lebendig gemacht, vielleicht auch zurechtgerückt werden.

Seine Biographie, zu der nahezu ausschließlich Bestände des Badener Rollettmuseums benützt wurden, will deswegen einer Stadtgeschichte im eigentlichen Sinn keine Konkurrenz machen.

Die Lokalgeschichte ist bei ihm zweifach mit der Nationalgeschichte verbunden. Einerseits weil nichts Kollmann aufhalten konnte, über die lokale Ebene hinauszutreten und auch in der Landes- und Bundespolitik mehr als nur deutliche Spuren zu hinterlassen. Er wurde Minister und Klubobmann. Doch lief diese Tätigkeit von den Badenern fast unbemerkt nebenher. Sie umgab ihn mit einer Aura des Geheimnisvollen. Es war zuzeiten fast wie die berufsbedingte Abwesenheit des Vaters von der Familie. Seine originäre väterliche Rolle erledigte er trotzdem, wie er zumindest vorgab, ohne Einschränkungen. Sein Perfektionismus in diesem Rollenspiel zusammen mit seinem unschlagbaren Gedächtnis und seiner Schlagfertigkeit wurde sprichwörtlich und trug wesentlich zu seiner anhaltenden Autorität bei, die auch dem politischen Gegner bei aller Härte der Gangart Respekt abnötigte.

Parallel dazu ist anzumerken: Kollmanns Amtszeit deckt sich mit der Lebenszeit der Ersten Republik und ihrer ständestaatlichen Metamorphose. Die Republik: Das ist ein lebendiges Gebilde, dessen Organe sich zuvor in allmählichem Wachstumsprozeß in der Monarchie abzeichneten, als wäre diese ihr Mutterleib. Es folgten das „Trauma ihrer Geburt" und zuletzt (1933/34) ihr selbstverschuldetes Scheitern.

Die Badener waren dabei mehr Zuschauer als Handelnde. Vergleicht man Baden mit Industrieorten in der näheren und weiteren Umgebung, zeigt sich ein Kurort als relativ

„neutraler Boden", den es, so gut es geht, gilt gewaltfrei zu halten (wozu die mehrheitlich konservativ-bürgerliche politische Strukturierung der Bevölkerung paßt); bis es auch hier merklich „anders" wurde, nämlich so wie es anderswo längst war; bis nazistische Gewalt und zuletzt Krieg auch die Kurstadt einholten.

Mag sein, daß wir ab unserer eigenen „Wende 2000" drauf und dran sind, die Probleme der Ersten Republik unter einem neuen Gesichtswinkel zu studieren, nämlich unter dem einer westlichen Demokratie „vor dem faschistischen Sündenfall". Hier liegen einige Materialien dazu vor.

Der Leiter des Rollettmuseums Dr. Rudolf Maurer war in allen Phasen Förderer und unverzichtbarer Mitarbeiter. Dafür sei ihm besonders gedankt. Ferner danke ich Frau Hildegard Hnatek, Herrn Walter Perko und Frau Eva Reutt aus dem bewährten Mitarbeiterstab des Rollettmuseums. Herrn Mag. Otto Wolkerstorfer danke ich für den Einblick in den Text seiner Diplomarbeit über dasselbe Thema. Ich habe außerdem Dr. Peter Malina vom Institut für Zeitgeschichte in Wien für freundliche Hilfestellung zu danken.

Für die finanzielle Förderung durch die Stadtgemeinde danke ich Herrn Bürgermeister Prof. August Breininger.

Baden, April 2000   Hans Meissner

Inhaltsverzeichnis

Einleitung: Mythos Kollmann?

Am Beginn – gleichsam als Blitzlichtaufnahme – möge ein Zitat stehen. Schauplatz ist der sogenannte Kollmann-Prozeß. An zwei Verhandlungstagen im September und Oktober 1940 stand der ehemalige Badener Bürgermeister Josef Kollmann in Wiener Neustadt vor Gericht. Er war von den Nationalsozialisten des Amtsmißbrauches angeklagt worden, keine Kleinigkeit für einen politischen Gegner des herrschenden Regimes, das vor der Anwendung von Terrormethoden bis zur Verschickung in ein KZ nicht zurückschreckte.

Gleich zu Beginn des zweiten Verhandlungstages entwickelte sich der folgende Dialog: *(Vorsitzender:) Sie haben damals diese Spenden in Ihrer Eigenschaft als Bürgermeister bekommen, nicht wahr? (Angeklagter:) Ich habe sie bekommen in meiner Eigenschaft als der Bürgermeister, nicht als Bürgermeister.*[1] Worauf Vorsitzender und Staatsanwalt zur Tagesordnung übergingen, ohne zu der Aussage Stellung zu beziehen.

Wohl jeder, der Kollmann selbst gekannt hat oder durch die unmittelbare Zeugenschaft älterer Badener informiert worden ist, wird sofort bestätigen, etwa mit den Worten: *Das ist typisch für den Kollmann!* Und er wird sich dabei wie hier des volkstümlichem „Adelsprädikats", des bestimmten Artikels vor dem Namen, bedienen. Zu einer solchen Ehre wird im umgangssprachlichen Österreichisch eine Person befördert, deren bloße Erwähnung eine Sofortreaktion von Erinnerungen und Erzählungen auslöst. Daß Kollmann, seine Amtsführung durch den Gebrauch des bestimmten Artikels hervorgehoben hat, übrigens ohne einen für den Leser erkennbaren Anlaß, hatte sich aus der damaligen Einschätzung einer bestimmten Situation ergeben und ist für uns nicht weiter begründbar, aber in erheblichem Maße kennzeichnend.

Tatsache ist: In Baden den Namen Kollmann lobredend zu nennen, heißt die berühmten *Eulen nach Athen tragen,* d. h. etwas tun, was schon getan worden ist und eine bereits bestehende Menge nicht mehr vermehren kann. Die „Eulen von Athen" und anderswo sind nicht mehr das, was sie einmal waren; nämlich – wenn auch rhetorische – Vermittler eines Kultes. Aber auch die Rhetorik ist abgewertet, von ihrem Sockel gestoßen. Die moderne Nachfolge dafür – Denkmäler, die zeitbedingt veralten, eine Laudatio als Eintragung in ein Erinnerungsbuch oder auch ins „Buch der Geschichte" –, sie sind der heutigen Öffentlichkeit zu abstrakt und neigen demgemäß unweigerlich zum Verblassen.

Aber es gibt noch das Nachleben in den Köpfen. 130 Jahre nach seiner Geburt und rund ein halbes Jahrhundert nach seinem Tod gilt Josef Kollmann noch vielen als ein legendärer und unbestritten berühmter Langzeit-Bürgermeister der

[1] Hervorhebung im Original. Der Prozeß Kollmann. Ein mißlungener Anschlag der Nationalsozialisten im Spiegel der stenographischen Protokolle. Hrsg. Josef Kollmann, Baden 1946, S. 68. Über den Prozeß selbst siehe S. 206 ff.

Zwischenkriegszeit. Gewiß – vergleichbare Namen weiß die Landesgeschichte aus anderen Gemeinden zu nennen, die dort, aber nur dort, jeder kennt. Aber Kollmann war auch ein bedeutender Landes- und Bundespolitiker, er war Minister und Klubobmann im Nationalrat, und steht unverrückbar in den Annalen der betreffenden Institutionen. An welchem der angedeuteten Maßstäbe soll man ihn messen? Sicherlich nicht an irgendeinem Mittelmaß, wohl aber an mittelständischen und auch „volkstümlichen" und demokratischen Werten und Wertmaßstäben. Er vereinigt „historisches Format", Führungsqualität – heute sagt man auch *leadership role* – mit Bürgerlichkeit, Lust am Alltagsverhalten und -empfinden; gelegentlich zur Schau getragene herrische Kaltschnäuzigkeit mit menschlicher Wärme und Hilfsbereitschaft; dazu weitgestreute Sympathiewerte mit teilweise heftigen Formen der Ablehnung durch den (damaligen) politischen Gegner, aber auch respektvolle Anerkennung durch ebendiesen. Vor allem verkörpert er unbeirrbares, auch kämpferisches Eintreten für seine von ihm vertretenen politischen – und religiösen – Grundsätze, aber doch auch wieder erfrischend unkonventionelle Individualität.

Die anbiedernde Verehrung seiner Person lehnte er ab. Aber ihr konnte er letztendlich nicht entgehen. Meist wurden seine kämpferischen Tugenden hervorgehoben.[2] Er wurde einmal mit Herkules verglichen, der überallhin als Fremder kommt und der Nothelfer für alle ist[3], ein andermal sogar mit Hildebrand oder Hadubrand[4]. Im Ernst: Den Nostalgiemythen des Habsburgerreiches ist er nicht zuzuordnen. Er gehört eindeutig in die Erste Republik. Er hat sie bejaht und repräsentiert; er ist noch zu ihr gestanden, als sie schon von viel zu vielen aufgegeben wurde. Schon gar keine Beziehung hat er auch zu irgendeinem der das 20. Jahrhundert heimsuchenden Ideologiemythen.

Ein Motiv führt aber doch ganz nah an den klassischen Mythos heran. Eines der beliebtesten Themen, die dort Erzählinhalt sind, ist die Geschichte von dem Ankömmling aus der Fremde, vom Einwanderer, der arm und mittellos von irgendwoher kommt, eine Stadt zu seiner neuen Heimat macht und nicht nur in ihr *es zu etwas bringt,* sondern ihr seinen Stempel aufdrückt. Man denke an Ödipus, der die Stadt Theben rettet, an Aeneas, der aus Troja kommt und dessen Nachkommen Rom gründen. Das Motiv findet sich aber auch in anderen Kulturen. Nun, auch Kollmann kam ganz real aus fernen, sogar obskuren Gegenden (obskur zumindest für manche Badener, wie Reaktionen beweisen). Es ist eine wahre Geschichte von einem ärmlichen Bauernkind, das nur die Volksschule besucht hat. Kollmann kam aus Gottschee, einer deutschen Sprachinsel, von der auch damals nur wenige, heute so gut wie niemand etwas Sicheres wußten; über sie ist die Geschichte seither grausam hinweggegangen.

Und das schließt mit ein: Er mußte jene charakterlichen Voraussetzungen mitbringen, die ihm die Chance gaben, den notwendigen Anpassungs- und Durchsetzungsprozeß in der neuen Heimatstadt zu bestehen. Darauf wird noch zurückzukommen sein.

[2] Man hat ihn in der „Glanzzeit" seiner Laufbahn mit Lyrik geehrt. Lyrik weist auf eine (mythologisierende) Verehrungskomponente. Da er sich aber Ehrungen verboten hat, klingt das dann (im hier nicht diskutierten) Zeitstil so: *Dies ist ein Tag, an dem die Stadt sich freut! / Und unsre Freude wünschte sich zu zeigen – / Doch sollen wir fein stille sein und schweigen, / Weil es der Wunsch des Jubilars gebaut.* Natürlich hält sich die Dichterin (Friederike Rupprecht) nicht dran und dichtet weiter: *Der Zeiten Läufte waren klein und groß,/ Er hat gekämpft mit Zwergen und mit Riesen – /Doch immer hat er sich getreu erwiesen,/ Und als ein Mann pariert' er Stich und Stoß.* BZ 1928, Festgedicht zum 60. Geburtstage am 23. Oktober 1928. BZ 1928, Nr. 84, S. 1.

[3] So dachte zumindest die Badener Zeitung am 11. Jänner 1930. Unter der Schlagzeile „Kollmann – Herkules" heißt es da: *Denn er steht am Scheidewege. Soll er sich für Luxus und Üppigkeit entscheiden … oder soll er der anderen, ernsten, schlicht gewandeten Ratgeberin folgen, welche ihm den Pfad der Entsagung weist, weil das Orakel auf dem Schottenring zu Delphi ihm eine weitere Reihe magerer Jahre verkündet hat?* Es folgt eine Aufzählung der 10 schon geleisteten herkulischen Arbeiten und eine Diskussion über die nächsten Schritte, die die Zwölfzahl füllen sollen. Damit wollte ein mit gymnasialer Bildung protzender Journalist eine damals sehr ernste Entscheidungssituation am Beginn einer sich abzeichnenden Wirtschaftskrise in belletristische Schriftstellerei auflösen.

[4] So der Verteidiger im schon genannten Prozeß – es war Dr. Hans Gürtler, dem in der Zweiten Republik noch eine Karriere beschieden war. Er glaubte, die damaligen Machthaber mit einem Argument aus der germanischen Heldensage besser

überzeugen zu können und verglich in seinem Plädoyer die beiden Bürgermeister Kollmann und Schmid mit Hildebrand und Hadubrand! Der Prozeß Kollmann, S. 128. Siehe Anm. 758a.

[5] Calliano, Gustav: Baden 1848–1898 zur *Charakteristik der Bevölkerung*, in der der überspitzte Extremsatz vorkommt: *Der Hauer war der „Dasige", der junge Bürger der Fremde.* Ein großer Teil der aus etwa 15 *seßbaren* Familien bestehenden bürgerlichen Bevölkerung entstammt den *Zuzüglern aus Württemberg, Baden und Bayern,* die während der Koalitionskriege (der Napoleonzeit) zugewandert sind. S. 20.

[6] Johann Schimmer (1850–1872), Johann Hanny (1872–1876), Johann Pötchner (1876–1903), Josef Trenner (1903–1912).

[7] Laurenz Alko (1842–1863) kam aus Oberkreuzstetten im Weinviertel, Alois Wißgrill (1863–1871) aus Rastbach bei Krems, Joh. Bapt. Prentner (1872–1882) aus Czachrau in Böhmen (1872–1882), Karl Lewinsky (1882–1886) ebenfalls aus Böhmen, nämlich aus Preloutsch, Johann Iby (1886–1907) aus Ödenburg, Karl Frim (1907–1930) aus Herrnbaumgarten in Oberösterreich und Josef Stoiber (1931–1958) aus Palterndorf im Weinviertel.

[8] Dem Siebenbürger Robert Fronius von den Evangelischen, dem Oberrabbiner Wilhelm Reich von den Israeliten, der aus der Gegend von Steinamanger, beide in der Stadtgeschichte vielgenannte Persönlichkeiten, sowie Reichs Nachfolger Hartwig Carlebach, der aus Berlin kam.

[9] Als Fremde wurden mit der Zunahme der antisemitischen Propaganda in den 80er Jahren von vielen die Juden betrachtet, die praktisch vollzählig aus anderen Erbländern der Monar-

Hier muß aber gleich eine einschränkende Relativierung angebracht werden. Daß Josef Kollmann kein Badener von Geburt, daß er zugewandert und ein *Nicht-Dasiger* war, wie man sagte[5], teilte er mit vielen prominenten Badenern, wenn nicht den meisten. Nur drei von den zehn Bürgermeistern zwischen 1848 bis 1938 stammen aus dem Kurrayon Baden:
Anton Breyer (1888–1894), Josef Witzmann (1894–1897) und Dr. Franz Trenner (1904–1919). Zwei kamen aus Niederösterreich: Johann Nepomuk Trost (1832–1866) aus Wiener Neustadt, Oscar Graf Christalnigg (1875–1888) aus Penzing, zwei aus anderen zisleithanischen Kronländern: Dr. Carl Hora (1898) aus Landskron in Böhmen und Josef Kollmann aus Krain, zwei wurden in der ungarischen Reichshälfte geboren: Rudolf Zöllner (1898–1904) in Budapest (er hatte bei seiner Wahl in die Gemeindevertretung sogar noch die ungarische Staatsangehörigkeit, aber zu seinem politischen Glück deutsche Eltern), Alois Brusatti (1926) aus Preßburg. Einer kam von jenseits der Reichsgrenze, der protestantische „Preuße" Wilhelm Germer (1867–1875) stammte aus Helmstädt, Herzogtum Braunschweig.
Bis 1912 bestanden auf dem heutigen Stadtgebiet die beiden selbständigen Gemeinden Baden und Weikersdorf. Wer meint, daß wenigstens die vier Weikersdorfer Bürgermeister[6] geschlossen einheimischer Herkunft waren, irrt. Von ihnen sind zwei aus Niederösterreich zugewandert: Hanny kam aus Gmünd, Pötschner aus Weinzierl. Ein Unterschied ist dennoch erkennbar: Die Ba-

dener Bürgermeister stammen fast ausschließlich aus städtischem Milieu.
Damit nicht genug: Keiner von den katholischen Stadtpfarrern zwischen 1848 und 1954 war ein Badener[7], ganz zu schweigen von den nicht-katholischen Geistlichen[8]. Man denke an die zahlreichen die Bevölkerung prägenden Lehrer, die aus Mähren und Schlesien einwanderten, oder an jüdische Ärzte. Wenige von diesen Personen wurden grundsätzlich als fremd empfunden; man hatte schon lange im Vielvölkerstaat gelebt.[9] Das änderte sich, als die Monarchie zerfiel; von nun an wurden Zuwanderer und Flüchtlinge (siehe die sogenannten Ostjuden) häufig mit Mißtrauen empfangen.
Was ist die Besonderheit der Ära Kollmann? Gottschee ist nicht weiter weg als Helmstädt. Doch Germers, des nüchternen Norddeutschen, Biographie, die zunächst Ähnlichkeiten mit der Kollmanns zeigt – er war Handwerker bzw. Kleinfabrikant und verfolgte als Bürgermeister eine konsequente Sparpolitik –, weist doch bei aller Gründungstätigkeit (Sparkasse, Unter-Realschule) einen großen Unterschied zu Kollmann auf: Er hatte kein Interesse am Kurort, verpachtete die Bäder und scheiterte zuletzt an einem Hauptprojekt, dem Bau der Pfarrschule. Kollmann dagegen bekam in seinen Erfolgsjahren gerade wegen des Badeprojekts sogar von jenseits des Ozeans Beifall. Andere Fallgeschichten: Der Deutschböhme Hora brachte Talent und Willensstärke mit, aber er starb nach wenigen Monaten Amtszeit. Zöllner war ein beamteter Orchestermusiker, der sich in Baden seines Pensionistenda-

Kollmann-Denkmal mit Porträt-relief von Franz Vock (1950) auf dem Römerberg

Ohren der Adressaten, der Stadtbewohner, denen sie gilt. Sie geht mit ihren Leitfiguren anders um. Für diese entfällt jegliche Anonymität. Sie hat keine Scheu vor Namen und manchmal auch keinen Respekt vor Intimität. In Hauptstädten mag Geschichte *gemacht werden;* hier in der Kleinstadt *findet sie statt.* Auf den Straßen begegnen die Menschen täglich einander, auch die politischen Gegner; auf den Friedhöfen kommen sie nebeneinander zu liegen. Noch in den zählebigen Erinnerungsversionen der Stammtische klingen die Dissonanzen jahrzehntelang nach.

Sehen wir uns also um: Es gibt die Denkmäler Kollmanns, eine Bronzebüste in der Stadt, geschaffen von Robert Ullmann, doch an einem eher unauffälligen Ort, nämlich in der Grünfläche zwischen Johannesgasse und Gutenbrunnerstraße, aufgestellt;[11] eines in den Weingärten, noch abgelegener, aber eben dort, wo ein sinnvoller Bezug bestand, auf dem Römerberg, ein Porträtrelief, geschaffen von Franz Vock.[12] Es gibt, ungleich wichtiger, die von ihm initiierten Architekturdenkmäler; damit folgte er – auf seiner Ebene – den Beispielen vieler geschichtlicher Persönlichkeiten, die zu bauen liebten und so ihr Nachleben sicherten. An Kollmann erinnert das Strandbad in seither kaum veränderter Gestalt, es gibt den Beethoven-Tempel, die Trinkhalle, wenn auch nur noch in Umrissen.

Hören wir uns um. Die Zeit fordert ja ihren Tribut. Sie verwandelt die von Mund zu Mund weitergegebene Erinnerung, schleift sie ab, am Ende lebt sie vielleicht noch in einigen Anekdoten fort. Die An-

seins erfreute. Als Bürgermeister hatte er keine Fortüne. Die hatten die wenigsten. Die meisten stolperten über ihre Großprojekte: die Pfarrschule, das Krankenhaus, das Kurhaus.[10]

Was ist nun vom historischen Kollmann übriggeblieben? Eine Antwort ist: die Spuren der politischen Kontroversen der Zwischenkriegszeit. Unbestritten ist, daß sich die Lokalgeschichte in manchem von der vertrauten Nationalgeschichte unterscheidet. Sie tönt zwar leiser auf dem Literaturmarkt, aber lauter in die

chie zugewandert waren. Nach der Volkszählung 1901 gab es im ganzen Bezirk Baden 979 Juden, die fast alle im Kurrayon Baden/Weikersdorf wohnten; das sind 1,4 %. Da der Kurrayon damals 17873 Einwohner zählte, dürfte der Anteil derjenigen, die sich selbst durch ihre Angabe zur jüdischen Bevölkerung zählten, in Baden-Weikersdorf etwa 5 % ausgemacht haben. Der evangelische Anteil lag bei etwa 2 % für den ganzen Bezirk. Auch hier konzentrierte sich ein Großteil des Bevölkerungsanteils auf die Bezirkshauptstadt.

[10] G. Calliano gibt folgende Geschichte der Badener Bürgermeister bis 1898 im Telegrammstil: *Trost war Patriot, Germer Kommunalist, Christalnigg Repräsentant, Breyer Financier, Witzmann Bürger und Hora Rechtsfreund* (Hervorhebungen von G. C.). Calliano. S. 69.

[11] Die Enthüllung fand am 15. 10. 1960 durch Bundeskanzler Raab statt. Der Künstler war der wenig bekannte akademische Bildhauer Robert Ullmann (1903–1966). Thieme-Becker, Deutscher Taschenbuchverlag 1992, Originalausgabe 1939/40.

[12] Enthüllt am 16. Juni 1950. Siehe unten S. 217. Walter Perko: Der Badener Bildhauer Franz Vock (1883–1969). Katalogblätter des Rollettmuseums Baden, Nr. 11, 1998.

Bronzebüste Kollmanns von Robert Ullmann (1960) in einer winzigen Parkfläche zwischen Johannesgasse und Gutenbrunnerstraße, in der auch eine Tafel an die Gottscheer Gemeinde erinnert

[13] Kurioserweise ursprünglich *unverheiratet (nicht herausgegeben).* Rudolf Schäfer: Die Anekdote, S. 9.

[14] Beispiel: *Erwarten kann man sich eher etwas als (d)errennen.* Der Prozeß Kollmann. 1946. S. 4.

[15] Kurtics Richard in: Josef Kollmann. Festschrift zu seinem 80. Geburtstag. Herausgegeben von der Stadtgemeinde Baden, 1948, S. 29.

ekdote, die gewiß auch ihre legitime Funktion hat, ist hausgemacht. Sie läßt – in wenigen Sätzen – aufhorchen, kann allerdings nur vorhandene (Vor)Urteile bestätigen. Das Wort *Anekdote* heißt eigentlich *unveröffentlicht,* also das, was hinter den Kulissen geschah.[13] Wir leben nicht im 6. Jahrhundert am byzantinischen Hofe; dort sind die klassischen *anekdota* des Prokopius geschrieben worden, die Geheimgeschichte der Hofgesellschaft aus der Hand eines Hofmannes. Von Kollmann-Anekdoten und -Aussprüchen[14], von denen noch immer einige im Umlauf sind, ließe sich vielleicht noch eine erbauliche Sammlung anlegen. Eine Geheimgeschichte könnte man schwerlich daraus rekonstruieren. Es gab zwar vertraulich Behandeltes, wie überall, doch so viel wir wissen, weder graue Eminenzen noch Kurtisanen; eher das Gegenteil: eine breite Öffentlichkeitsnähe mit großer Transparenz. Hat Kollmann erst mit 30 Jahren hier in Baden das Weintrinken kennen gelernt, das ihm anfangs gar nicht bekommen haben soll? Eine anekdotische Legende glaubt es zu wissen.[15] Mag sein, daß es der Wahrheit entspricht. Doch hat noch niemand geleugnet, daß er später legendärer Liebhaber eines guten und ausgedehnten Trunkes war. Und das ist hierzulande ein nicht ungern akzeptiertes Persönlichkeitsmerkmal.

Dem zweifellos gegebenen Unterhaltungswert von Anekdoten und ebenso den Legenden um ihn möchte ich aber bewußt eher aus dem Weg gehen. Es wird hier der Versuch unternommen, ein Porträt der Persönlichkeit, des Politikers und Menschen Josef Kollmann aus den Quellen – so gut es geht – nachzuskizzieren, ohne einen vorweg gestellten Anspruch auf ein Helden- oder Märtyrertum zu erfüllen (obwohl er beiden nahegekommen ist). Es soll auch nicht eine Geschichte der Stadt Baden geschrieben werden, das wäre zu anspruchsvoll, obwohl es in manchen Dingen den eigentlichen Kontext zur Biographie Kollmanns nachliefern könnte. Die zeitgeschichtlichen Ereignisse sind der unverzichtbare Hintergrund; eine Bezugnahme auf sie daher nicht zu umgehen.

Ein Punkt scheint mir am allerwichtigsten. Es war schon die Rede von der Charakterfestigkeit, mit der ein Einwanderer sich den Wettbewerbsbedingungen in seiner neuen Heimat stellen muß. Kollmann tat mehr. In eine vereinfachte Zusammenfassung gebracht, läßt sich sagen: Er allein hat, fern von aller Legendenhaftigkeit, einfach durch lebenslange bewußte Selbstdarstellung, vielleicht sogar Selbstinszenierung, den Boden für sein Andenken geschaffen; nämlich dafür, daß er im Bewußtsein der Zeitgenossen und in der Erinnerung der Stadt auch als der erschien, der er war. Wie man durch Zitate aus allen Lebensstufen belegen kann: Er selbst war der Architekt seines Ruhms und seines Nachruhms, seines „Mythos", wenn man will.

Um das verständlich zu machen, lade ich den Leser ein, noch einmal in den schon einmal erwähnten „Kollmann-Prozeß" hineinzuhören. Die Umstände, unter welchen er vom ehemals politischen Gegner, nunmehr gnadenlosen Machthaber, angeklagt war – er war damals 72 Jahre alt –, wurden bereits geschil-

Dr. Ignaz Seipel

Dr. Ignaz Seipel beim Besuch des erkrankten Landespolitikers Segur im Schloß Gutenbrunn (1922)

jedoch bekannt, daß Kollmanns Feststellung sich in nichts von seinem tatsächlichen Arbeits- und Regierungsstil unterschied. Und deren Aussagen entschieden den Prozeß zu Kollmanns Gunsten. Zum Vergleich ein Zitat aus dem Jahre 1912. Nach einer Kontroverse mit einem deutschnationalen Mandatar der Gemeindevertretung, schrieb er in „seinem" christlichsozialen Blatt, dem Badener Volksblatt: *In eigener Sache: Wer mir anderes als ein ideales Interesse an meiner politischen Tätigkeit zum Vorwurf macht, der soll sich melden, aber offen und frei, damit ich Gelegenheit habe, ihn auch entsprechend zu fassen. Ohne Idealismus wäre es mir unmöglich, die physischen und wirtschaftlichen Opfer und nicht in letzter Linie die schweren, wenn auch unwahren Angriffe, die mir die politische Betätigung einbringt, zu ertragen. Die am Schlusse noch gebrachte Schmähung ist eine Büberei, auf die ich nicht antworte.*[17]

Darf und soll also vorweg festgestellt werden, daß Kollmanns Weg, wie es den überzeugenden Anschein hatte, an politischer und menschlicher Geradlinigkeit kaum seinesgleichen fand?[18] Droht seine Biographie eine langweilige Erfolgsaufzählung zu werden? So einfach wäre sie sicher nicht zu interpretieren. Es gibt genug Defizite, solche der menschlichen Natur und die der damaligen politischen Kultur. Auch für die Erzählung gilt: Man soll nicht Probleme lösen, ehe sie sich stellen. Dennoch: Ihr tut es keinen Abbruch, wenn man von Vorbedingungen weiß und außerdem die Tatsache ins Kalkül zieht, daß zu den Mitakteuren auch die Stadt Baden zählt. Sie ist der eigent-

dert. Dennoch – sozusagen im Vorzimmer der Apokalypse – war er imstande, zu seiner Verteidigung festzustellen:
Ich konstatiere, daß ich es in meinem ganzen Leben als meine Aufgabe angesehen habe, rechtschaffen zu sein, recht zu tun und recht zu denken, und alles zu vermeiden, was unrecht ist.[16]

Es war ein Satz, den man, gesprochen von jemand anderem, vielleicht als bloßen Verteidigungsstrohhalm verstanden hätte, wie ihn eben häufig Angeklagte ergreifen. Den aufgerufenen Zeugen war

[16] Der Prozeß Kollmann, S. 18.

[17] Badener Volksblatt, im folgenden BVb., 1912, Nr. 28, S. 3.

[18] In der Festschrift (S. 61) wird das von Ernst Zeiner durch den Spruch *„recta sequi"* illustriert, der am Gumpoldskirchner Tunnel steht, also „den geraden Weg (nicht um den Berg herum) gehen".

liche Partner der Lebensgeschichte Kollmanns, dem in der Politik gleichwertige Partner oft fehlten.

Manchmal ergibt sich der Eindruck, eine geheime Dramaturgie des Schicksals habe die Hand im Spiel, um die Person Kollmanns, des „homo novus" (manche sagen heute lieber des „Newcomers"), ins Zentrum zu rücken, nur um ihn noch besser belichten zu können. Oder war es seine eigene Regie? Daher sei hier noch eine kurze Szene aus seiner Biographie vorangestellt ...

Besonders hervorhebenswert ist der 15. August 1924, der Tag der Silbernen Hochzeit, der mit der landesüblichen Begehung des „Frauentags" zusammenfiel (die Einweihung des Zita-Heimes im Jahre 1918 zum Beispiel fand an diesem Tag statt). Der Geistliche, der die symbolische Trauung vollziehen sollte, war kein Geringerer als der Bundeskanzler der Republik, Dr. Ignaz Seipel. Er sagte zwar ab, aber an Prominenz fehlte es nicht, Spalier stehende studentische Korporationen mit eingeschlossen. Vor allem: Das Fest bot den Rahmen zur Einweihung einer eben erst neu gefaßten Quelle; womit sogar die Natur zum Feste beigesteuert hatte, indem sie sich von der freigebigsten Seite zeigte. Denn der in der Höhe der Braitnerstraße 3 ausfließende Thermalwasseraustritt erwies sich als reichlicher als erwartet. Der Gemeinderat entschloß sich einstimmig, also überparteilich, daß sie *Marienquelle* heißen solle.[19] Sie wird von der Gattin des Bürgermeisters als Namenspatronin durch Enthüllung einer Gedenktafel auf diesen Namen, der ihr Vorname ist, *getauft*. Und das Ganze, wie gesagt, an einem religiösen Festtag, wo die Gemeinde sich mitfreuen durfte und am volksfestartigen Programmablauf Anteil nahm.[20]

Doch die Harmonie täuscht. An den beiden Augustsonntagen rund um den Frauentag kam es regelmäßig zu Provokationen politischer Gruppen. Ein solcher Zwischenfall ereignete sich auch am darauffolgenden Sonntag. Da wurde im Kurpark von den Großdeutschen eine Bismarck(!)-Gedenkstätte enthüllt. Mehrere Nationalsozialisten, die die Großdeutschen unterstützten, waren aus Wien angereist und wollten antisemitische Zeitungen kolportieren, indem sie deren provokante Titel laut ausriefen: *Eiserner Besen, Juden raus* u. a., was beträchtlichen Unmut der dort promenierenden Kurgäste erregte. Eine sozialdemokratische Ordnertruppe, Vorläufer des Republikanischen Schutzbundes, nahm sich der Sache an und vertrieb die *Hakenkreuzler*. Die Großdeutschen nannten das gleich eine *Christenverfolgung* (*Christen* war gleichbedeutend mit *Arier*, der später ausschließlich gebräuchliche Begriff). Später „erstürmte" die Ordnertruppe das Batzenhäusl und verprügelte dort politische Gegner oder die sie dafür hielt.[21]

Die Momentaufnahme provoziert eine Erklärung: Ergänzen wir sie durch eine andere. Wir befinden uns mitten im Baden der Ersten Republik „Österreich". Oder, wie eine Mehrheit lieber sagte, „Deutsch-Österreich". *Rest-Österreich*, höhnte man von anderer Seite.[22] In beiden Fällen negierte man den faktischen Zustand und ersetzte ihn durch einen imaginären. Wie immer, diese Republik ist der wichtigste, wenn auch nicht der einzige Schauplatz, in dem die Geschichte vom Leben und Wirken Kollmanns spielt. Stellen wir daher die Frage schärfer.

Exkurs: Existierte die Erste Republik?

Sie existierte zweifellos de facto und völkerrechtlich, aber ob sie in den Köpfen existierte, ist eine Frage wert. Die Köpfe aber waren noch angefüllt mit den Kontroversen des Vorkriegs – nicht so sehr des Krieges; der war eine Angelegenheit der Habsburger gewesen; mit denen war es vorbei.

In eine extrem kurze Zeitspanne, nämlich die letzten Tage des Oktober 1918, drängten sich die problemgeladenen Entscheidungen zusammen. Dabei verliefen das allgemeine Schicksal und die Karriere Kollmanns in entgegengesetzte Richtungen. Die Monarchie brach zusammen – oder auseinander, wie man will – und entließ quasi die Republik aus ihrem Schoß. Kollmann aber beförderte sich durch sein entscheidendes Eingreifen zum ersten Kandidaten für den Bürgermeistersessel und begann damit seine eigentliche Laufbahn. Noch dazu, um der Sache quasi eine symbolhafte Symmetrie zu geben, feierte er in diesen Tagen seinen 50. Geburtstag. Genauer gesagt, er ließ sich feiern, nämlich von seinen Parteigängern, den Christlichsozialen, die sich das Feiern auch angesichts des Untergangs des Reiches nicht verdrießen ließen. Kein Wunder: sie

[20] BVb. Nr. 33 v. 16. 8. 1924: Festgedicht (ohne Verf.); Laudatio von O. S. <Otto Sulzenbacher>. Festprogramm *Zur Silbernen Hochzeit*, Marsch, musikalisch illustriert von Karl Wiesmann, Worte von Ernst Löffler in Biogr. Archiv d. Rollettmuseums (fernerhin BA) „Kollmann 8. Teil".

[21] BVb. 1924, Nr. 34, S. 3f.

[22] Nach dem überlieferten Ausspruch Clemenceaus: *Österreich ist der Rest.* Hofmannsthal soll gesagt haben: *Wenn schon Rest, dann Erz-Rest.* Die genaue Form der beiden oft zitierten Aussagen kann ich nicht belegen.

befanden sich auf dem Sprung zur Macht. Denn die eigentliche Revolution dieser Tage war die Einführung des Verhältniswahlrechts, die den Parteien jene Macht gab, die sie auch noch in der Zweiten Republik bis in die Gegenwart innehatten und -haben.

Aber als die Menschen nach den Tagen des „Umsturzes" wieder zur Besinnung kamen, befanden sie den neuen Staat und den neugeschaffenen Staatsbegriff „Österreich" als unzumutbar, höchstens als einen Übergang. Die weitaus überwiegende Mehrheit wollte spontan – wie 1848: gescheiterte nationale Revolutionen stehen anscheinend in einer langfristigen Erinnerungstradition – eine zukünftige Existenz als Bestandteil der deutschen Republik. Das Anschlußverbot der Alliierten akzeptierte praktisch niemand, es sei denn jene kleine Minderheit, die sich immer noch zur alten Monarchie bekannte und an rascheste Restauration dachte.

Es war natürlich ein Wendepunkt weit über die Grenzen des Landes hinaus. Abgesehen von der äußeren Krise, die übermächtig war, gab es innenpolitische Krisenmomente an mehreren Fronten. Dennoch pendelte das politische Leben in der Gemeinde recht bald wieder in den gewohnten Gang zurück, nahm die früheren Polemiken wieder auf.[23] Es war die Fortsetzung der lange vor 1918 geführten mehr oder minder ausweglosen Diskussionen, die schon von der Generation vor Kollmann geführt wurden – deswegen sollen sie hier in der Einleitung vorweg erwähnt werden. Nach 1918 wurden sie mit anderen Mitteln, d. h. ohne die Ressourcen des Großreiches, aber mit bedeutenden Auflagen für die Zukunft, weitergeführt.

Sie ergaben jene Dreiheit der Weltanschauungen, die Österreich bis heute ein Profil gegeben hat, in der Ersten Republik aber selbstzerstörerisch war, weil sie nicht eine, sondern drei unterschiedliche Staats- und Gesellschaftsdefinitionen nebeneinander und gegeneinander bestehen ließen. Das Gegeneinander war leider nicht durch den in Demokratien üblichen kontrollierbaren Gewaltverzicht, vor allem durch ein Verbot paramilitärischer Verbände, beschränkt.

Auf der Suche nach übergeordneten Grundsätzen, nach denen das neue Staatswesen auszurichten wäre, betonierte man sich nur umso stärker in die eigenen programmatischen Vorstellungen ein. Es ging so weit, daß die drei politischen *Lager* schon jetzt, sozusagen ihre Machtübernahme vorwegnehmend, in ihrem Alltag auch umgangssprachlich nach ihren Vorstellungen lebten, von denen sie hofften, daß sie später die allgemeinen sein würden. Es gab unterschiedliche Gruß- und Verhaltensformeln. Für die Denk- und Ausdrucksweise des anderen zeigte man kein Verständnis. Wörter aus ihrem Vokabular ließen sich oft nur durch Spottwörter ins eigensprachliche Idiom übersetzen. Abschließung voneinander und Kontaktscheu führte oft genug zu Aggressionen. Sie stehen heute als Peinlichkeiten da, stammen aber praktisch zur Gänze aus der Zeit vor 1914.

Der Ausdruck *Lager*[24] ist an sich schon symptomatisch. Er assoziiert Bereitschaft zum Krieg und die dazugehörige Kameraderie, vielleicht sogar die Freude daran.

[23] Die parlamentarische Demokratie, wie sie bis 1933 (eigentlich nur bis 1929) bestand, wurde am lautesten von den Sozialdemokraten begrüßt. Sie erhofften sich am meisten von ihr, erreichten am wenigsten.

[24] Goldinger, 1954. Grundsätzlich dazu Friedrich Heer, Der Kampf um die österreichische Identität. Graz 1981. Besonders das Kapitel *Die Zerstörung des Österreich-Bewußtseins im franzisko-josephinischen Zeitalter*, S. 262–320.

Die Konfrontation zwischen den beiden Hauptgruppierungen, den Christlichsozialen (und Konservativen) einerseits und den Sozialdemokraten anderseits, gab es in anderen Ländern mehr oder weniger heftig auch. Was es aber nur in Österreich gab, war das *dritte Lager* der Deutschnationalen. In der Monarchie verteidigten sie als Fortschrittliche (Liberale) das Deutschtum und ihre Positionen gegen „slawische Österreicher". In der Republik gab es dann nur noch den großen Bruder, an den man sich halten konnte, dem man hinterherlief, ohne ihn je einholen zu können. Denn mit *österreichisch* verbanden die Großdeutschen ja Charaktereigenschaften, die zum kompletten Deutschtumsideal entscheidend fehlten – oder *noch* fehlten, wie man sagte. Kein Wunder, daß schon allein dadurch eine Nähe zu autoritärem Denken, wenn nicht zur Diktatur entstand; denn man mußte ja trachten, die vermeintlichen Defizite der Österreicher (Neigung zur Bequemlichkeit, Schlamperei, Nachgiebigkeit usw.) durch Disziplin und (selbst)erzieherische Druckmittel auszugleichen und damit loszuwerden, was natürlich mißlang und oft das Gegenteil bewirkte. Man konnte beobachten, daß dies unter den Extrembedingungen des Dritten Reiches zu einem geradezu zwangsneurotischen Charakterbild tendierte.

Problematisch war auch, daß man vom Programm der Deutschnationalen hauptsächlich wußte, was es nicht war, nämlich nicht-fremdländisch, nicht-slawisch, aber auch nicht-römisch, vor allem natürlich nicht-jüdisch, aber auch, wie gezeigt, nicht-habsburgisch und nicht-österreichisch.[25]

Hinzu kam, daß sich innerhalb der Lager Führerpersonlichkeiten und Machteliten herausbilden mußten, die den Innendruck erhöhten. Das gelang den Christlichsozialen (Seipel) und Sozialdemokraten (Bauer, Renner) wesentlich besser als den Deutschnationalen oder Großdeutschen, die nicht zuletzt deshalb vor dem absoluten Führerprinzip der Extremisten in ihrem eigenen Lager, nämlich der Nationalsozialisten, widerstandslos abdankten.

Was freilich nicht heißt, daß in dieser Republik kein Österreich-Bewußtsein vorhanden war, das wäre sogar, was die meisten Großdeutschen betrifft, eine krasse Unwahrheit; ein Gefühl der Differenz war da – auch gegenüber den Reichs-Deutschen, eben „anderen Deutschen", erst recht gegenüber anderen Völkern. Doch es fehlte diesem Staat eine überparteilich angenommene und verbindliche Definition.

Wir wissen, wie es ausging, und können retrospektiv sagen, daß es von irgendeinem Punkt an kein Zurück mehr gab, nur noch ein Vorwärts – zu 1934 und zu 1938. Bis zum letzteren Datum hatten sich die Perspektiven geändert. Es siegte zwar die extrem-deutschnationale Version. Es waren aber andere Voraussetzungen entstanden, unter denen man das Ja für den von Hitler gewaltsam herbeigeführten Anschluß abgab, abgeben mußte. Nach der offiziellen Diktion, die von vielen innerlich akzeptiert wurde, war es die Verwirklichung eines jahrhundertealten Traumes, auch wenn die geschaffene Lage diesen längst hinter sich gelassen hatte. Doch das Ja war nichts mehr wert, war nur noch ein Votum zur

[25] Siehe dazu Brigitte Hamann, Hitlers Wien. Was die Selbstzweifel der Österreicher betrifft, mit oder ohne Vergleich mit dem „großen Bruder" – sie bestehen in der einen oder anderen Form nach wie vor –, so ist die Bemerkung erlaubt, daß der sehr tapfere persönliche Einsatz vieler Österreicher an den Bürgerkriegsfronten auf welcher Seite immer, kulminierend im Jahr 1934, sehr deutlich mit der eher lammfrommen Art, wie man in Deutschland die Dinge der Machtergreifung Hitlers zutreiben ließ, kontrastiert. Auch das überzeichnete Bild des charakterlosen „Herrn Karl" sollte man in dieser Richtung überprüfen; worauf auch Drimmel in seinen ins historische Detail gehenden Erinnerungsbüchern mit Recht öfter hinweist.

totalen Selbstauslöschung, bei der das eigene Bewußtsein im Augenblick der Stimmabgabe längst ersetzt war durch ein verordnetes irrationales Kollektivbewußtsein.

Es war Leuten wie Kollmann bestimmt, auf dem skizzierten Weg die Kraft zum Durchhalten zu besitzen und sogar den Neuanfang der Republik 1945 noch mitzugestalten. (Darin ergibt sich eine Analogie zu Karl Renner, der zweimal nach den beiden Kriegen, wie Kollmann als Bürgermeister, Regierungschef wurde.) Die erwähnte personengeschichtliche Geradlinigkeit trug dazu bei und wird zum Maßstab. Der steht im Gegensatz zum irregulär verlaufenden historischen Prozeß. Einem solchen Lebenslauf zu folgen und ihn – nahe der Grenze der Erinnerung noch Lebender – nachzeichnen zu dürfen, wird einer besonders fesselnden, weil der historischen Wahrheit dienenden Aufgabe.

Man kann im Sinne des Gesagten hintereinander fünf Phasen unterscheiden, die – sogar säuberlich getrennt – auf der historischen Bühne, die die Welt nicht nur bedeutete, sondern war, erschienen.

1. Die Gemeindedemokratie in der k. k. Monarchie (Kollmann war damals „einfacher" Gemeindevertreter); diese erste Phase war die „Taferlklasse"[26] der Demokratie (mit ungleichem Wahlrecht). Noch standen der Kaiser und die in seinem Namen handelnde Bürokratie über den Parteien; danach nur noch letztere.

2. Die Kernphase: Die Demokratie in der Ersten Republik (Kollmann als höchst erfolgreicher Bürgermeister). Diese Phase führte das Land bis nahe an den Zustand der Unregierbarkeit heran.

3. Die Diktatur des christlichsozialen Lagers, den Ständestaat (Kollmann weiterhin Bürgermeister), auch „Austrofaschismus" genannt.

4. Die extreme, vom Terror aufrecht erhaltene Diktatur der Nationalsozialisten (Kollmann politisch verfolgt und angeklagt). Sie führte direkt in den Krieg.

5. Nach dem Krieg die Zeit der russischen Besatzung, die in der Anfangsphase faktisch eine Diktatur war, diesmal unter einem kommunistischen Vorzeichen (Kollmann wieder kurzzeitig Bürgermeister), die aber in die sich wieder entfaltende Demokratie der Zweiten Republik mündete, in der Kollmann noch einige Jahre Gemeinderat war.

[26] In dieser „Taferlklasse" gab es manche Lernschwierigkeiten, aber auch niveauvolle Musterschüler auf ideologisch-theoretischem Gebiet. Aus beiden Ansätzen zog man in der späteren Republik zuwenig Nutzen.

I. Vor der Politik

Herkunft und Kindheit: Gottschee

Josef Franz Nikolaus Kollmann stammte aus der Sprachinsel Gottschee im Kronland Krain, er war ein *Gottscheberer.* So nannte er sich häufig. Er wurde am 23. Oktober 1868 in Laibach, 60 km von Gottschee entfernt, geboren und in der Pfarre Mariä Verkündigung dortselbst getauft. Sein Vater war Josef Kollmann, Spediteur und offenbar durch seinen Be-ruf wenig ortsfest. Seine Mutter war eine geborene Ranzinger.[1] Großvater Ranzinger war aus dem Sudetenland nach Gottschee eingewandert. Das Familiennamenbuch von Obergföll belegt diesen Namen für 1849, vielleicht das Datum der Einwanderung[2] – eine Komponente in der Herkunftsgeschichte, die im übrigen dunkel bleibt.[3] Der Name Kollmann leitet sich wohl von dem des heiligen Koloman ab, es gibt auch die Schreibung Kolman(n).[4]

‚Gottschee' ist von slowenisch ‚koca' (Hütte) abgeleitet und bezeichnet sowohl eine Region (die Gottschee = das Gottscheer Ländchen) wie eine Ortsgemeinde, u. zw. eine Kleinstadt.[5] Bis zum Zweiten Weltkrieg bestand dort eine deutsche Sprachinsel, die 1945 noch 3500 deutschsprachige Einwohner umfaßte. Angeblich ging sie auf etwa 300 fränkisch-thüringische Familien zu-

Mutter Kollmanns, Amalia geb. Ranzinger (1870)

Gottschee. Die Glasfabrik des Großvaters Ranzinger, in der der kleine Josef eine Volksschule besuchte

[1] Trauungsregister Pfarre St. Stephan Baden, tom. XIV/1899, fol. 213, Nr. 45.

[2] Man könnte darüber spekulieren, daß Ranzinger ein flüchtiger 1848er Revolutionär war (Obergföll, Josef: Gottscheer Familiennamen, Gottschee 1882, S. 16).

[3] Über Kollmanns Jugend: Kurtics, Richard: „Kollmann privat" in: Festschrift zum 80. Geburtstag, S. 23–30.

[4] Bahlow, Deutsches Namenslexikon, 1972.

[5] Umlauft, Friedrich: Die oesterreichisch-ungarische Monarchie ... 1876, S. 663.

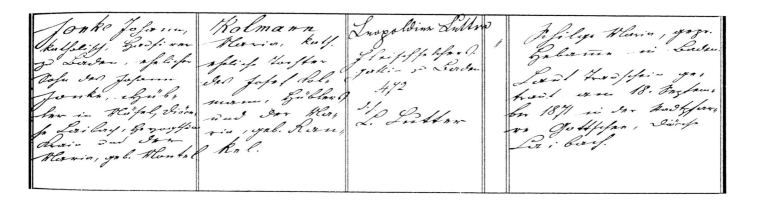

[6] 600 Jahre Gottschee, Festbuch 1980, S. 38.

[7] Frensing, Hans Hermann: Die Umsiedlung der Gottscheer Deutschen, 1970, S. 9. – Schröer, Karl Julius: Gottschee und die Gottscheer. In: Die österreichisch-ungarische Monarchie in Wort und Bild. Kärnten und Krain, S. 417–428. – Basch-Ritter, Renate: Österreich-Ungarn in Wort und Bild. Menschen und Länder, 1989, S. 107–110.

[8] Otto Meier in: Festbuch, S. 76.

[9] Otterstedt, Herbert: Gottschee. Verlorene Heimat deutscher Waldbauern, 1961, S. 34.

Eintragung im Taufregister von St. Stephan in Baden: Johann Jonke und Maria geb. Kolmann als Taufeltern der Maria Jonke, geb. am 18. Juli 1872

Orangen verkaufender Gottscheer in Wien

rück, die um 1350 dort angesiedelt worden sein sollen. Auch Niederdeutsche und Schwaben haben sich beteiligt, wie die Namensforschung ergibt. Mundartliche Zusammenhänge deuten eher auf eine Herkunft aus Bergbauerngebieten Kärntens und Tirols.[6] Die Region war seit dem 18. Jahrhundert auerspergisch; die Fürsten von Auersperg hatten in der Nähe ihren Stammsitz. Der wenig ergiebige Karstboden erzwang die in der Monarchie mögliche und übliche Binnenmigration. Schon 1492 hatte Friedrich III. den Gottscheern das sogenannte „Hausiererpatent" verliehen, das für alle Länder der Habsburgermonarchie galt.[7] Es trug dazu bei, daß die *Gottscheberer* in den Ruf überdurchschnittlicher Geschäftstüchtigkeit kamen.[8] *Es ist bisher nicht bekannt geworden, daß ein Gottscheer in der Fremde untauglich untergegangen oder verkommen wäre. Seine materielle Seite hat er immer irgendwie anständig zu lösen verstanden.*[9] Hätte der Autor dieser weithin unwidersprochenen Behauptung Kollmann gekannt, müßte er sich bestätigt finden.

Trauungs-

| Copulans | Jahr 1899 | Bräutigam | | Religion | | | | |
	Monat	Name und Stand	Wohnung NUMMER des Hauses u. des Ortes	Katholisch	Protestantisch	Altersjahre	Ledig	Wittwer
45	*Joy Johann Pfarrer*	*am 15. August 1899 ehelich getraut worden*	*Kollmann Josef, Franz Nikolaus, Kaufmann, geboren am 23. Oktob. 1868 in Laibach Pfarre Mariä-Verkündigung zuständig nach Lienfeld in Krain, des Josef Kollmann ... und der Amalia, geb. Ranzinger ... Sohn.*	*Baden, Pfarrg. 3* ✝ 16.6.1951 in Baden St. A. Baden 302/51	1	"	31	1	"

Zu den verschwundenen Figuren des alten Österreich gehörte der „Gottschewer". In den Wintermonaten tauchte er auf, verwandelte sein Gepäck, wenn er ein Lokal betrat, in einen Bauchladen und bot Südfrüchte und allerlei Süßigkeiten an. *Aus einem Beutel voll zusammengedrehter Zettelchen, den er lockend schwenkte, konnte der Gast, wenn er in Spielerlaune war, um ein Sechserl irgendeine Näscherei gewinnen, deren* Wert nach den Versicherungen des Bankhalters den Einsatz weit überstieg. *Unaufdringlichkeit, Zuverlässigkeit, Ehrlichkeit, Geduld – die er den schlechten Witzen seiner Kundschaft gegenüber zu üben reichlich Gelegenheit hatte –, das waren die Charaktereigenschaften des Gottscheers[10].*

Nicht selten wurden sie freilich als „Dahergelaufene" oder, was dasselbe bedeutete, als *Windische* bezeichnet bzw.

Eintragung im Trauungsregister von St. Stephan in Baden: Josef Kollmann als Bräutigam, der am 15. August 1899 Maria Jonke, seine Kusine, heiratete. Als Heiratsdokument Nr. 4 wird der Dispens von der Blutsverwandtschaft im II. Grade gl. Linie vom fürsterzbischöflichen Ordinariat und vom k. k. Statthalter angeführt.

[10] Aus dem Artikel *Der Gottscheer an der Schwechat*, BZ 1930, Nr. 4, S. 1f.

Register

Name und Stand	Wohnung — Nummer des Hauses u. Ortes	Religion		Altersjahre	Ledig	Witwe	Namen und Karakter	Vermischte Ehen	Anmerkung
Braut							**Beiständ**		**Anmerkung**
		Katholisch	Protestantisch						
Jonke Maria, Kauf-mann Johan, geboren am 18. Juli 1872 in Laiba und dahin zuständig das natürl. Johan Jonka, Kaufmann … und dem ebl. Maria, geb. Kol-mann, beide kath. ehliche Tochter ✝ *16. VI 1947 in Baden, H A Nr. 106/47.*	Baden, Harry 3.	1	"	27	1	"	*Johann Jonke … Wien, III. … H.: 9 … Ludwig Daniel Privatier in Baden, Bahngasse in Verwaltung des August Lutter Fleischhauler in Baden Bahngasse … aller Drei kath. Bad.*	1. / 1.	*(handwritten annotations, numbered 1–6, dated 6. 13. und 15. August 1899, references to documents, dates 1895, 1897, 1899)*

angepöbelt (wie es Kollmann in der politischen Auseinandersetzung mit deutschnationalen Schönerianern mehrmals passiert ist). Vielleicht spielte dabei die Tatsache, daß sie ein überdurchschnittlich schönes Deutsch sprachen, eine Rolle. Die Gottscheer Mundart ist nach Meinung der Sprachwissenschaftlerin Maria Hornung das eigentümlichste, aber auch schönste Idiom der deutschen Sprache (!). Dies hauptsächlich durch den reichen Bestand an Vokalen, auch an Nebensilbenvokalen.[11] Kollmann hat als Kind ähnlich wie die Deutschen Nordböhmens gesprochen, so berichtet einer seiner Mitschüler.[12] Davon mag auch beim erwachsenen Kollmann noch etwas zu bemerken gewesen sein, wenngleich er sich der ortsüblichen Badener Sprechweise durchaus angepaßt haben soll.

[11] 600 Jahre, S. 38. Hornung selbst bezeichnet ihre Meinung als subjektiv.

[12] BA „Kollmann" 1. Teil.

Im letzten Jahrzehnt des 19. Jahrhunderts begann die Bevölkerung der Sprachinsel zu schrumpfen. Eine Auswanderungswelle begann, die in die USA und nach Kanada führte, wo bald mehr Gottscheer wohnten als in der Heimat. Überflüssig zu sagen, daß die Sprachinsel nach zwei Weltkriegen nicht mehr besteht. Heute liegt der Ort in Slowenien, nahe der kroatischen Grenze, und heißt Kocevje[13].

Die Verhältnisse, unter denen der Knabe Kollmann dort aufwuchs, können wir nach den spärlichen Nachrichten nur ahnend nachzeichnen. Der Großvater Ranzinger war ein Kleinunternehmer, der eine Glasfabrik und eine Kohlengrube betrieb. Dessen Tochter Amalia hatte den ärmlichen Bauernsohn Josef Kollmann aus Grafenfeld bei Gottschee geheiratet. Zuständig war die Familie nach Lienfeld.[14] Kollmann sen. war der Sohn des Hüblers (d. h. Kleinbauern) Josef Kollmann, der mit Maria geb. Rankel verheiratet war; vermutlich auch ein bodenständiger (süddeutscher) Name[15]. Vater Kollmann war mit der Familie in die Stadt gezogen, nach Laibach, konnte aber nach dem frühen Tod seiner Frau Amalia die Familie mit drei Kindern nicht beisammenhalten und schickte den fünfjährigen Knaben Josef zu den Großeltern. Das Schicksal der anderen beiden Kinder ist mir unbekannt. Er selbst heiratete wieder, nämlich seine Schwägerin, und zog nach Wien.

Der kleine Josef hat höchstwahrscheinlich eine glückliche Kindheit unter der Obhut der Großeltern erlebt und dort die einklassige Fabriks(?)volksschule besucht, also frühe Eindrücke aus einem geschäftlichen Unternehmen aufgenommen.[16]

Schon frühzeitig bestanden enge Beziehungen der Familien Kollmann und Jonke. Jonke ist wahrscheinlich ein älterer, in der Sprachinsel geläufiger Familienname. Darauf deutet die niederdeutsche Deminutivendung -ke hin.[17] Eine Tochter des erwähnten Hüblers Josef Kolmann (so die Schreibung in der unten angeführten Quelle), also eine Tante unseres späteren Bürgermeisters, heiratete am 18. September 1871 in der Stadtpfarrkirche Gottschee den Hausierer Johann Jonke, ehel. Sohn des Hüblers Johann Jonke aus Mösel, Diözese Laibach. Es ist jener Johann Jonke, der

[13] Frensing S. 10.

[14] Trauungsregister Baden St. Stephan, siehe hier S. 22. .

[15] Obergföll S. 16.

[16] Kurtics in: Festschrift S. 24.

[17] Obergföll S. 19.

Das Geschäft Jonke–Kollmann Pfarrgasse 3

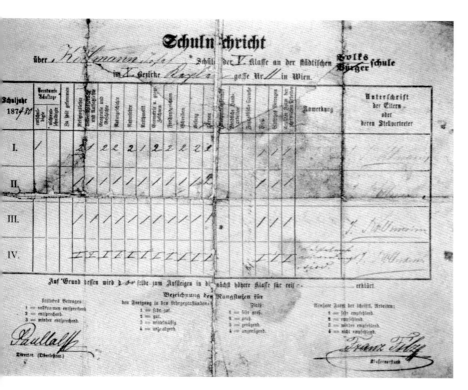

Schulnachricht für Josef Kollmann von der V. Klasse der Volksschule Keplergasse, Wien (1880)

Der Lehrling (1883–1887)

[18] Konskriptionsnummer 90. Dort wohnte später Julius Jahn (geb. 1897, gest. 1937), Neffe von Josef Kollmann und Mitchef der Fa. Josef Kollmann.

[19] Taufregister Baden St. Stephan tom. XVII, 1872, fol. 319.

[20] Todesanzeige in: BA „Jonke".

[21] Zeugnis abgebildet in: Festschrift, nach S. 24.

nach Baden zog, hier zunächst in der Frauengasse 4 wohnte[18] und am 29. Oktober 1871 in der Pfarrgasse 3 ein Wäschegeschäft begründete. Am 20. Juli 1872 wurde in der hiesigen Pfarre St. Stephan seine zwei Tage zuvor geborene Tochter Maria Jonke getauft, die also eine Kusine Josef Kollmanns war. Sie sollte später seine Gattin werden.[19] Kollmann sen. und Jonke sen. – zwei Migranten, die in der Enge ihrer Heimat nicht mehr unterkommen konnten und, so sagt man, ihr Glück suchten. Nur einer war erfolgreich, der andere aber hatte einen erfolgreichen Sohn, von dem diese Geschichte handelt.

Johann Jonke waren nur wenige Jahre in der neuen Heimat beschieden. Er starb am 27. Jänner 1878 38jährig. Die Großeltern Josef und Maria Kollmann kamen zu seinem Begräbnis nach Baden.[20]

Schule: Wien, Lichtenthal

Im April 1879 holte der Vater den kleinen Josef nach Wien in die Roßauer Vorstadt. Die wirtschaftlichen Verhältnisse waren weiterhin ärmlich. Josef junior besuchte zunächst die Volksschule in der Liechtensteinstraße 127, nahe dem Linienwall, wechselte aber im November in die städtische Volksschule Keplergasse 11 im 10. Bezirk. Das Zeugnis der V. Klasse über dieses Schuljahr spiegelt den erfolgreichen Anpassungsprozeß eines Späteintreters: Von acht Zweiern im ersten Quartal kam er bis zu durchwegs „römischen" Einsern im Schlußzeugnis und der Anmerkung: *Leistet mehr als verlangt wird.*[21] Das beweist überdurchschnittliche Lern- und Anpassungsfähigkeit.

Der Handelsangestellte (1889)

Josef Kollmann als Soldat. Seinen Militärdienst leistete er in Graz ab, wo er zum Rechnungsunteroffizier vorrückte.

Ein Übertritt in die Mittelschule schien angemessen, blieb aber Wunschtraum. Wir erfahren von Kollmann selbst, daß die Abweisung von drei Gymnasien – Schotten-, Piaristen- und Wasagymnasium – wegen Überfüllung eine herbe Enttäuschung darstellte. Kollmann meinte dazu einmal lakonisch, er wäre wohl *ein mittelmäßiger Staatsbeamter wie viele tausende andere* geworden, *und da würde ich schon seit vielen Jahren ein Nutznießer einer bescheidenen Pension sein.*[22] Als er 1926 Minister wurde, war die fehlende Matura für übelwollende Kritiker ein Angriffsziel. Demgegenüber schrieb die Wiener Allgemeine Zeitung: ... *die Reifeprüfung hat Kollmann im Kampf ums Leben abgelegt und das Doktorat in seiner Eigenschaft als Bürgermeister des Kurortes Baden.*[23]

Er besuchte auch nicht die Bürgerschule, die damals deutlich eine Schule für sozial Bessergestellte war und wo Fachlehrer unterrichteten, sondern kehrte zurück an die Volksschule in der Liechtensteinstaße im 9. Bezirk am „Viriotbergl".[24] Dort galt es, noch drei Jahre zu verbringen, unterrichtet von einem allseits verehrten Lehrer, Rudolf Beer.

Über den Kollmann dieser Tage sind wir von Mitschülern einigermaßen gut informiert, nämlich durch Karl Seitz, den sozialdemokratischen Wiener Bürgermeister, und Otto Jungwirth, den berühmten Maler, Professor und Rektor an der Kunstakademie: *Ein lebhafter Junge, der sich eifrig zum Wort meldet und dessen klare Stimme man immer und überall hört. Seine prägnante Ausdrucksweise erin-*

[22] Ebd. S. 25.

[23] Wiener Allgemeine Zeitung 15. 1. 1926.

[24] Nach dem Stifter einer Kinderbewahranstalt, Frh. v. Viriot, benannt (Lexikon der Wiener Straßennamen, zsgest. von Friedrich Javorsky, 1964).

Stammbaum der Familien Kollmann und Jonke

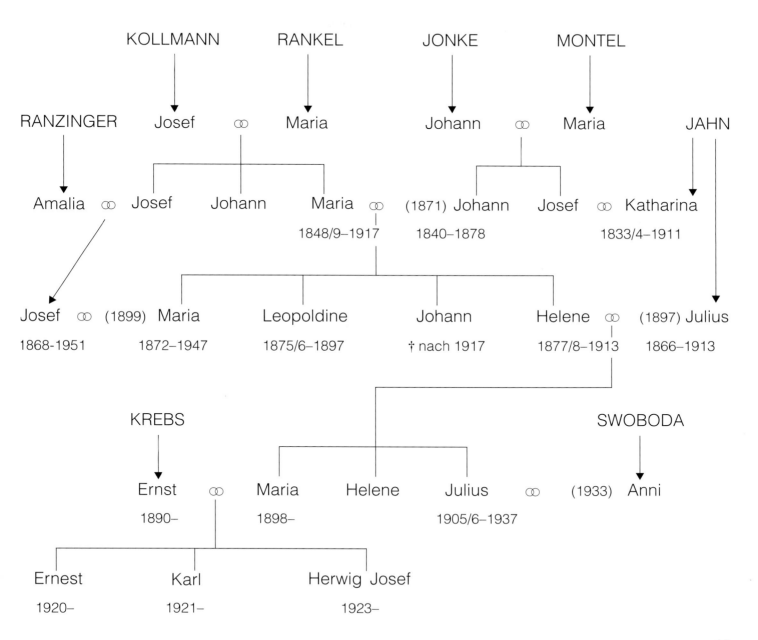

nert an die Sprache der Deutschen
Nord-Böhmens ... Er galt als der beste
Rechner in der Klasse – so Jungwirth.[25]
Und Kollmann sollte lebenslang ein ex-
zellenter Kopfrechner bleiben. Seitz, der
im Waisenhaus wohnte und täglich mit
den anderen Kindern in die Schule geführt wurde, bezeichnete Kollmann als
Vorbild und Konkurrenten, dem er nach-
strebte, ohne ihn einholen zu können:
gewissermaßen mein Erzieher. Er war
auf keinem Gebiet ein Tunichtgut, ein
Vorzugsschüler wie immer in seinem Leben.[26] In der Tat, Kollmanns Zeugnisse
können sich weiterhin sehen lassen:
Fleiß sehr groß, Sittliches Verhalten vollkommen zufriedenstellend. Im November 1882 bekam er als bester Schüler
Schillers sämtliche Werke und einen Du-
katen geschenkt.[27]
Noch in der Schulzeit wurde Kollmann,
damals 14, an einen Roßauer Kaufmann
vermittelt, bei dem er kleinere Arbeiten
verrichtete.[28] Am 19. Dezember 1883
begann er seine vierjährige Lehrzeit
beim Kaufmann Karl Fromm, der später
sein Geschäft in der Martinstraße 55,
Währing, an Josef Czerwenka übergab.
In der „Genossenschafts-Fachschule für
Handelsbeflissene in Hernals" bekam er
dafür vorzügliche Noten in den Zeugnissen vom Juli 1886 und Juli 1887, dazu
eine silberne Medaille. Nach der Lehrzeit verblieb er als Kommis im Geschäft.
Der Militärdienst beendete diese
Lebensepoche. Kollmann rückte am
1. Oktober 1890, knapp bevor er 22 war,
nach Graz (Train-Division 3, 73. Eska-
dron) ein und kam rasch in die Unteroffi-
ziersschule. Seine Dauerbeschäftigung
fand er aber, entsprechend seiner Bega-

Inserat des Wäschegeschäfts
„Johann Jonke" (1894)

bung, als Rechnungsunteroffizier. Am
6. April 1891 wurde er Korporal. Am
11. Oktober 1893 rüstete er als Rechnungsunteroffizier II. Klasse ab. 1899
wurde er in die I. Klasse dieser Dienst-
stellung befördert.

Baden: erste Jahre (1894–1903)

Die Abrüstung bedeutete für Kollmann
zunächst nicht eine Heimkehr. Ein Daheim gab es für ihn nicht. Es sei denn,
er hatte sich den nächsten Schritt
schon seit längerer Zeit vorbehalten,
was wir nicht wissen. Nach, wie gesagt
wird, vergeblichem Suchen in der
Reichshauptstadt wandte er sich nämlich nach Baden an seine Tante Maria

[25] Manuskript BA 153/8. – Fest-
schrift S. 90. – Wolkerstorfer
S. 10, 130 nach Aussage von
KR. Ernst Krebs, dem Groß-
neffen Kollmanns (siehe
Stammbaum).

[26] Festschrift S. 21f.

[27] Über Lehrzeit und Militär
Kurtics, Festschrift S. 26, und
die Mitteilungen von Ernst
Krebs bei Wolkerstorfer S. 9f. u.
130.

[28] Jungwirth wie oben.

Erste Vereinstätigkeit in der Kurstadt: Österreichischer Gebirgsverein. Auf der Rax

[29] BZ 1946, Nr. 43, S. 2.

[30] Trauungsregister, siehe hier S. 22

[31] Die Tante, Marie Jonke geb. Kollmann verstarb am 27. April 1917 im 69. Lebensjahr. Das Badener Volksblatt widmete ihr einen Nachruf (BVb. 1917, Nr. 18, S. 7).

[32] Festschrift S. 26. – Prozeß S. 22 u. 24.

[33] Festschrift S. 27.

[34] Ebd.

schon die Leinenwaren-Niederlage Krebs – schrieb die Badener Zeitung: *Es gereicht diesem Hause zum Lobe, wenn ausnahmslos jede Kunde immer wieder erklärte, bei Jonke, oder bei Kollmann, ist es zwar etwas teurer, aber ... Und dieses angenehm gedehnte „aber" beinhaltete eine Fülle des Lobes über höchste Qualität und beste geschäftliche Zuvorkommenheit.*[29]

Bald war Kollmann, wie man zu sagen pflegt, die Seele des Geschäfts. Ein weiterer Schritt auf dem Erfolgsweg: die Tante übergab ihm das Geschäft, und er bekam die Tochter zur Frau, seine eigene Cousine Maria. Wie schon erwähnt, hatten sie die gemeinsamen Großeltern Josef und Maria Kollmann. Dazu bedurfte es eines päpstlichen Dispenses.[30] Die Übergabe des Geschäfts *für eigene Rechnung* fand am 1. August 1899 statt[31], am 15., dem „Frauentag", die Hochzeit. Kollmann besaß nach eigener Aussage zu diesem Zeitpunkt 1200 Gulden, seine Frau 8800. 1910 erwarb er das Haus Pfarrgasse 6, dem Geschäft schräg gegenüber, dessen Wert er mit 80.000 Kronen angab. Das Ehepaar bewohnte eine aus zwei Zimmern bestehende Hofwohnung der Pfarrgasse 3.[32] Die Ehe Kollmanns blieb kinderlos. Vielleicht resultiert daraus Kollmanns legendäre Kinderfreundlichkeit. Er adoptierte die Kinder seiner Schwägerin Helene Jahn, der Schwester seiner Gattin, nachdem sie und ihr Mann Julius Jahn 1913 gestorben waren.[33] Die Eheleute Josef und Maria Kollmann teilten ein ganzes Leben bis an die Schwelle der Goldenen Hochzeit – knapp davor starb die Gattin, am 19. Februar 1947.[34]

Jonke geb. Kollmann, die Schwester seines Vaters. Es liegt auf der Hand, daß dieser Schritt der beiden verschwägerten Familien von Anfang an geplant war, und zwar schon in Gottschee. Zu zwingend ergibt er sich aus der Logik der Dinge.

Wie schon oben erwähnt: Maria Jonke war die Witwe nach dem 1878 verstorbenen Johann Jonke, der Anfang der siebziger Jahre in der Pfarrgasse 3 ein *Schnitt-, Wäsche- und Wirkwarengeschäft* gegründet hatte. Dort trat Josef Kollmann am 18. März 1894 als Handelsgehilfe ein. Das Geschäft annoncierte damals *Leinen- und Baumwollwaren, Herren- und Damen-Taschentücher in Leinen und Batist, Neuestes in Kaffee-Gedecken.* Die Inserate des angesehenen Jonke-, später Kollmann-Geschäftes erschienen ab Frühjahr 1873 bis 1938 permanent in den lokalen Zeitungen. Zum 75jährigen Jubiläum – da war es

Den Kollmann der Anfangsphase seines Weges, der erst im Begriffe war, sich selbst zu dem zu machen, der er später war, kennen wir nur erstaunlich wenig. Wir sind auf Rückschlüsse und Vermutungen angewiesen, wenn wir darüber sprechen. Nämlich über einen jungen, etwas fremdländisch wirkenden Geschäftsmann, der durch redliche Arbeit und Fleiß den Jonkeschen Laden in der Pfarrgasse führte und zu einer Badener Institution machte.

Soviel ist sicher: Vor dem Eintritt in die Politik stand der Schritt ins Vereinsleben. Kurz nach 1894 trat Kollmann in die Badener Sektion des Österreichischen Gebirgsvereins ein.[35] Kollmann nahm an den Ausflügen teil, führte sie auch selbst, z. B. in das Raxgebiet, stellte sein Geschäft zur Mitgliederbetreuung zur Verfügung, etwa zu Anmeldungen zu den populären *Schuhplatt-lerausflügen* u. dgl. 1896 war er einer der beiden „Ausschüsse". 1899 verhinderte er durch energisches Handeln eine Vereinskrise. 1900 gab er die Anregung zur Gründung eines Vereinsorchesters. Kollmann saß bei den Proben, die an jedem Montag im Gasthaus Wiesbauer am Wilhelmsring stattfanden, regelmäßig dabei und erinnerte sich noch in hohem Alter an die einzelnen dort gespielten Musikstücke. Die Weihnachtsfeier fand traditionell in Sittendorf statt. Dabei wurden jeweils zwölf Kinder mit Kleidern und Schuhen beteilt. Ab 1902 wurde Kollmann für einige Jahre Obmann. Ab 1906 – da war er schon politisch tätig – ist seine Mitar-

beit nicht mehr nachzuweisen, 1907 war er nur noch Obmannstellvertreter.[36] Im Vereinsleben fiel zuerst seine Rednergabe auf. Als ihm jemand das Konzept seiner Rede versteckte, soll er frei fehlerlos gesprochen haben.[37] Das klingt freilich wie eine typische Wanderanekdote, dennoch ist sie für die Beurteilung des Rednertalents glaubhaft. Es fiel auf, *mit welch eigenartig eindringlicher Beredsamkeit dieser Mann zu überzeugen und zu gewinnen vermochte,* schreibt einer der erfahrensten Journalisten der Zeit, der Redakteur der Reichspost Friedrich Funder, in Erinnerung an den *Volksmann* Kollmann[38]. Diese Begabung ist am Anfang einer Schilderung der Kollmannschen Karriere zu betonen.

Die innere Logik und Konsequenz des Aufstiegs von „ganz unten" sucht ihresgleichen: vom Volksschüler über den Lehrling, den Rechnungsunteroffizier, den honorablen Ehe- und Geschäftsmann, der er als Übersiedler in eine für ihn zunächst fremde Umgebung gestellt ist, zum Vereinsfunktionär. Er blieb in allem der Vorzugsschüler, der er am Anfang war.[39]

Daß Kollmann dem Grundsatz vom lebenslangen Lernen huldigte, beweist seine Mitgliedschaft beim Gabelsberger-Stenographenverein[40]. Er begab sich auf die *Spuren der Stadtgeschichte* und fand den Zugang zu den 1892 gegründeten Niederösterreichischen Landesfreunden: Er förderte deren im Kaiser Franz Josef-Museum verankerte historische Forschungs- und Sammeltätigkeit,

[35] Begründet 1891, 1897 hatte sie 94 Mitglieder (Calliano, Gustav: Baden 1848–1898, S. 108).

[36] StA B, VB 113. – Johann Steindl in: Festschrift S. 129.

[37] BZ 1951, Nr. 25, S. 1.

[38] Friedrich Funder in: Festschrift S. 107.

[39] Vielleicht hat er die in seinem Sozialisationsprozeß offenbar fehlenden „Flegeljahre" in der von ihm so geliebten politischen Streitkultur in späteren Jahren nachgeholt.

[40] BVb. 1912, Nr. 14, S. 6, zur 10jährigen Mitgliedschaft.

[41] Nelda Calliano in: Festschrift S. 115 ff. – Der niederösterreichische Landesfreund Nr. 6/Dezember 1913, S. 53 f. – Das Glas existiert heute nicht mehr (freundliche Mitteilung Reg.-Rat Raimar Wieser).

[42] Prälat Josef Stoiber in: Festschrift S. 101.

[43] 1912 hieß das Blatt *Organ des christlichsozialen Vereines Baden-Weikersdorf*, ab 1913 *Unabhängiges Wochenblatt für den politischen Bezirk Baden*. Ursprünglich war es von 1902 bis 1911 Organ des *deutschchristlichen Wahlvereines*; denn Wahlen waren die ursprüngliche Zweckbestimmung dieser und anderer ähnlicher Gruppierungen, die sich nur gelegentlich *Parteien* nannten.

wurde stellvertretender Obmann, Museumskurator und in den 30er Jahren Vereinsobmann. Dort war ihm als Mitglied der Tischgesellschaft ein wappengeschmücktes Bierglas mit Namenszug gewidmet.[41]

Seine enge Bindung an das kirchliche Leben bezeugt die Betrauung mit dem Amt des Patronatskommissärs am 7. Jänner 1905, nach dem Tode seines Vorgängers Johann Schiestl. Damals war Kollmann nur als reeller Kaufmann und neugewählter Gemeinderat bekannt. Er behielt dieses Amt, bis es infolge der politischen Verhältnisse im Jahre 1939 erlosch.[42]

Bei einem Blick auf Kollmanns Lebensplanung, wie sie sich damals abzeichnete, fällt auf, daß er das Überstürzen nicht liebte, sondern die jeweils ersten Schritte geradezu übervorsichtig setzte (siehe das oben erwähnte, oft wiederholte Plädoyer für das Wartenkönnen). Zunächst stand seiner politischen Tätigkeit die Tatsache im Wege, daß der Besitzer des Hauses Pfarrgasse 3, der Volksschullehrer und Druckereibesitzer Hans Wladarz, ein prominenter liberaler Stadtpolitiker war, der seinem Geschäft schaden konnte. Wladarz war seit 1896 Besitzer und Herausgeber des Badener Bezirks-Blattes (ab 1897 Badener Zeitung, ab 1908 bis 1922 *Deutsch-freiheitliches und unabhängiges Organ*), das in einem permanenten Schlagabtausch mit dem Presseorgan der Christlichsozialen stand, dem Badener Volksblatt.[43]

II. Einstieg in die Politik

Gemeindepolitik um die Jahrhundertwende

Die Ausgangslage für eine Karriere als angesehener Geschäftsmann, der gleichzeitig in der Gemeindepolitik engagiert ist, schien also gegeben. Kollmanns nie angezweifeltes Vorbild war Dr. Karl Lueger, der seit 1893 in Wien eine „Christlichsoziale Partei" anführte. Lueger formte das politische Profil des Wiener Kleinbürgertums, das sozusagen bei ihm in die Schule des politischen Lebens ging. Dieses Profil schloß eine „demagogische Wende" ein, die sich in der Richtung einer antisemitisch gefärbten Politik bewegte, mit deren Hilfe er Wahlen gewinnen konnte.

Lueger wurde 1897 zum Bürgermeister gewählt, aber erst nach vier Vetos des Kaisers im Amt bestätigt. Seine Reformtätigkeit beruhte im wesentlichen auf der Kommunalisierung lebenswichtiger Einrichtungen wie der Gas- und Elektrizitätswerke, der Verkehrsbetriebe, des Bestattungswesens, der Sparkassen, medizinischer und volksgesundheitlicher Einrichtungen u. ä. Diese Tätigkeit ging bis zum Tode Luegers 1910 ungebrochen voran, also in der Zeit, für die Kollmann nun zu planen hatte. Wir werden sehen, wie sehr die in Wien vom Reformwillen Luegers angesprochenen Themen auch bei uns an Aktualität gewannen und gewissermaßen auf einen Badener Lueger

warteten. Wir werden aber auch sehen, daß bei einem solchen Vergleich Einschränkungen gemacht werden müssen.[1]

Kollmanns Eintritt in die Gemeindepolitik geschah mit den Gemeindewahlen des Jahres 1903. Um die Zustände im Gemeindeausschuß (heute „Gemeinderat") und das dort herrschende Kommunikationsklima zu charakterisieren, muß man zum Jahr 1897 zurückgehen. In diesem Jahr war es innerhalb der Gemeindevertretung zum Eklat zwischen den Liberalen, damals *Deutschfortschrittlichen*, und der „antiliberalen" Opposition gekommen. Aber letztere spaltete sich in die schon erwähnte christlichsoziale Lueger-Gruppe und eine extrem deutschnationale *(alldeutsche)* Schönerer-Gruppe. Die beiden kämpften gegeneinander oft heftiger als gegen die Liberalen, gegen die sie doch eigentlich angetreten waren. Sie ziehen sich gegenseitig der Abtrünnigkeit von der gemeinsamen Sache und des Verrats an ihren Prinzipien. Gemeinsam war ihnen der Antisemitismus und der Antitschechismus.

Über den Antisemitismus, der natürlich Jahrhunderte alt ist, wissen wir heute dank der Aufklärungsarbeit der Historiker deutlich mehr als noch vor Jahrzehnten. Er beruhte nicht nur (wie der Antitschechismus) auf der Fremdenfeindlichkeit und der Angst vor der Zuwanderung

[1] Kollmann der Lueger Badens? Lueger wollte, vereinfacht ausgedrückt, Wien aus einer Stadt der (teilweise jüdischen) Bürger zu einer Stadt der (nicht-jüdischen) Kleinbürger machen und erreichte dieses Ziel teilweise, vor allem auf kulturellem Gebiet. Er hat freilich den urspünglichen „Sozialismus der Kutte" (gegen den „Sozialismus des Kaftans", wie man ebenso peinlicherweise den späteren Erzfeind, die Sozialdemokraten, nannte) durch ein Bündnis mit den Konservativen (und dem rücksichtslosen „Hausherren-Kapitalismus") zuletzt stark reduziert (Hamann, Hitlers Wien, S. 202 ff.). Für eine Kurstadt zählen andere Kriterien. Kollmann erhob sich über solche auch hier lebendigen Tendenzen, um den Kurort mit der Welt zu verbinden (Knoll, Reinhold: Zur Tradition der christlichsozialen Partei. Ihre Früh- und Entwicklungsgeschichte bis zu den Reichsratswahlen 1907, Wien 1971, S. 205 f.).

[2] BVb. Jg. 1/1902, Nr. 2.

[3] Zit. nach: Drimmel, Heinrich: Vom Justizpalastbrand zum Februaraufstand. Österreich 1927–1934, S. 91.

[4] Der Begriff „Arbeiter" war nicht auf Industriearbeiter beschränkt. Als Beispiel für diese sozialen Ängste nennt Gutkas die durch *das Steigen der Mietzinse in die Hinterhöfe verbannten Handwerker* (Gutkas Karl, Geschichte des Landes Niederösterreich, S. 460. *Das einigende Band … war der politische Antisemitismus, der nach 1880 als Reaktion auf den unwahrscheinlichen Aufstieg der österreichischen Judenschaft in Erscheinung trat …* (S. 461).

[5] Danach *tosender Beifall und andauernde Hochrufe.* So aus einer typischen Passage in einer Rede Luegers herausgegriffen (Brigitte Hamann, Hitlers Wien, S. 468).

[6] Sie schaffte es beispielsweise ohne weiteres, den „Landesverräter" Dreyfus von seiner Sträflingsinsel wegzubringen, was normalen christlichen Sträflingen nie gelingen konnte (!) (Wahlrede von Bielohlawek in: BVb. 1902, Nr. 7, S. 2). Ein Blick in antiliberale Zeitungen fördert wahllos boulevardhaft verallgemeinernde Sprüche zutage, die etwa nach dem folgenden Schema ablaufen: *Der Jude befördert die Trunksucht – selber aber bleibt er nüchtern.* In gewissem Sinn zeittypisch ist der Gebrauch des Rassebegriffs. Denn auch von Bielohlawek, selber tschechischer Abstimmung, dem aktivsten Wahlkämpfer neben Lueger selbst, konnte man den oft zitierten Hetzvers hören: *Die Religion ist uns einerlei, in der Raß'* (sic) *liegt die Schweinerei* (BVb. 1903, Nr. 7, S. 4). Es stimmt nicht, daß der Rassenantisemitismus ein Monopol der Schönerer-Partei war (vgl. BVb. 1904, Nr. 6, S. 2 u. BVb. 1903, Nr. 34, S. 2).

im Zug der Industrialisierung und Kommerzialisierung, also einer zentripetalen Wanderungsbewegung Richtung Hauptstadt. Man baute vielmehr die bestehenden Vorurteile bis zum „historischen" Entscheidungskampf der Religionen aus. Das konnte man dann zur Stimmenmaximierung wahlkampfwirksam einsetzen. Die Häufigkeit der Wahlen begünstigte diese Strategien. Man ging so weit, den Antisemitismus bzw. den Antislawismus als ein edles Ideal hinzustellen, das man propagieren müsse, um die erhabenste Tugend der Deutschen, die *deutsche Treue, die festhält am gegebenen Manneswort,* zu retten. So stand es nicht in einer betont deutschnationalen Zeitung, sondern im christlichsozialen Badener Volksblatt![2] Aber ausschlaggebend war doch für die meisten Menschen die starke positive Komponente, die in dem Wort „sozial" steckte, und damit ein antiliberaler, antikapitalistischer Zug. Der Antisemitismus wurde mit dem „Antikapitalismus" Luegers (oder des Lueger, den sich der „kleine Mann" vorstellte) gleichgesetzt.

Auch Kollmann benutzte in dieser Phase sporadisch das Wort „Kapitalismus" als rhetorische Waffe. Doch die Keimzelle der christlichsozialen Partei war der von Kunschak 1892 gegründete „Christlichsoziale Arbeiterverein", der sich wiederum auf die Enzyklika *Rerum novarum* von Leo XIII., den Schlüsseltext der christlichsozialen Bewegung, berief: *Der revolutionäre Geist ist in alle Bereiche des menschlichen Lebens eingedrungen, und die Praxis des Wuchers hat die Menschen in einen Zustand zurückgeworfen, der wenig besser ist als die Sklaverei.*[3] Die Christlichsozialen vermeinten damals, mit ihren antisemitischen Angstthesen die simpelste Begründung für einen Kampf gegen das liberale Großbürgertum gefunden zu haben.[4] Hinter dessen Geld- und Pressemanipulationen, die für den Kleinbürger undurchschaubar waren, wurde generell die Hand *des Juden* angenommen, die dämonisierend mit Unehrenhaftigkeit und Wahrheitsverdrehung gleichgesetzt wurde. Und dies in einigen wenigen, ständig wiederholten typischen Zerrbildern. Gegen die legendären Rothschilds war der kleine Gewerbetreibende, der kleine Beamte aufgerufen, den christlichen Charakter des Abendlandes zu bewahren. Vergleiche mit der Türkenzeit wurden angestellt. Jetzt galt es, wie damals die *Türkennot,* so jetzt *eine größere Not* zu bekämpfen, *nämlich die Judennot.*[5] Die jüdische, weltweit wirksame Geldmacht,[6] so die von allen Antiliberalen akzeptierte Version, habe sich die Presse *gekauft* und übe damit einen kontrollierenden Einfluß in den Regierungen und Machtzentren der westlichen Welt aus, neben dem wirtschaftlichen vor allem auch auf kulturellem Gebiet, ganz zu schweigen vom „jüdischen" Marxismus, der das Maß der irrationalen Vorstellung einer apokalyptischen „Weltverschwörung" voll machte. Auf die gefälschten „Protokolle der Weisen von Zion", die mit Sicherheit in den folgenden Jahrzehnten von vielen der hier genannten Personen gelesen wurden (wahrscheinlich guten Glaubens), sei nur hingewiesen. Reaktionen dieser Art gehören wahrscheinlich letztlich zu den Begleitphänomenen des Aufeinanderpralls zweier verschiedener religiöser Grundüberzeugungen.

Sogar eine terminale Katastrophe wird beschworen, so in einer Artikelserie mit der Überschrift *Panjudaismus*, wo es horror-prophetisch schon 1903 (!) heißt: *Denn es muß der Tag kommen, an dem das ganze Teufelswerk aufgeht in Rauch und Feuer!*[7]

Dies als notwendige Vorinformation zu den gemeindepolitischen Ereignissen in Baden. Als im Juni des Jahres 1897 die Mandatare der antiliberalen Opposition, in diesem Punkt einig, die Sitzungen boykottierten, löste der Landesstatthalter kurzerhand die Gemeindevertretung per Dekret auf. Ein erst 34jähriger Beamter, Dr. Johann Ritter von Galatti, regierte fast ein halbes Jahr autoritär. Er ernannte vier diagonal durch die Badener Gesellschaft ausgewählte „Beiräte" und genoß allseits Sympathien, weil *endlich etwas voranging*. Erst im November war dann durch die Abhaltung von Gemeindevertretungswahlen die Kontinuität wiederhergestellt, ganz im Sinne der Liberalen und Deutschnationalen. Die Amtszeit Dr. Horas, des nächsten Bürgermeisters, währte freilich nur kurz, da er am 27. Mai an einem Lungenleiden plötzlich starb. Eine Woche später wurde Rudolf Zöllner zum Bürgermeister gewählt und 1904 wiedergewählt.

An dieser Stelle sei ein kurzer Seitenblick gestattet. Man ist versucht, neben den gewiß sehr verantwortungsbewußt geführten Auseinandersetzungen auch manche das Niveau einer Lokalposse streifende „Affären" anzumerken – ein allgemeines Problem der Kommunalsoziologie. Dazu zählen etwa die Episode der eingemauerten angeblichen Majestätsbeleidigung, die Affäre des aus der Stadt ausgewiesenen Journalisten Goldschmidt alias Waldheim, die allerdings beide mit Kollmann nichts zu tun haben; der Abort am Josefsplatz (s. u. S. 49), die „Luftsteuer" (s. u. S. 74).

Die erste der Grotesken: Es hieß, der führende Kopf der Lueger-Partei, der Baumeister Foller, habe (um 1890) im „Danglschen" Haus in der Franzensstraße Nr. 21 (heute Kaiser Franz-Ring 23) wissentlich eine „Majestätsbeleidigung" eingemauert (was immerhin ein bezeichnendes Licht auf den Respekt vor der Unantastbarkeit der kaiserlichen Majestät auch in den radikalen Fraktionen wirft). Diese Behauptung wurde Jahre später von Freunden Josef Herzogs, des demagogisch agierenden Spitzen-Schönerianers in Baden, in anonymen Briefen aufgestellt. Foller kandidierte gerade – erfolgreich übrigens – für den Reichsrat. Es kam zum erwarteten Prozeß und man begann, tatsächlich Mauern aufzubrechen etc., was natürlich außer Nervenzusammenbrüchen nichts erbrachte. Auch die „Arbeiter-Zeitung" berichtete damals darüber, wie der nachmalige Innenminister Oskar Helmer in seinem Erinnerungsbuch erzählt. Aber, wie das beim Weitererzählen schon so ist, nach ihm soll die Sache im Herzoghof passiert sein. Er berichtet auch, daß die Setzer der Wr. Neustädter Druckerei, in der er damals als Lehrling arbeitete, sich wegen ihrer gehässigen Artikel weigerten, die Herzog-Zeitung „Deutsche Wacht" herzustellen. Daraufhin habe Herzog das Erscheinen der Zeitung eingestellt (Oskar Helmer, 50 Jahre erlebte Geschichte, Wien 1957, S. 39 f.). In Wahrheit hat er nur den Na-

[7] BVbl. 1903, Nr. 34, S. 2.

Der Gemeinderat Kollmann (1903)

A. Wolff
BADEN B/WIEN
K. u. K. ERZHERZOGL. KAMMERFOTOGRAF.

[8] Belege aus Lokalzeitungen vgl. BA „Witzmann", „Galatti", „Foller" und „Herzog". – Oskar Helmer, 50 Jahre erlebte Geschichte, S. 39 f. – Gustav Waldheim, Schriftstellername für Goldschmidt, geb. 1862, war nach eigenen Angaben außer Landes Schauspieler, später Journalist und verdienstvoller Autor von Adreßbüchern und mehrerer anderer Nachschlagewerke. 1901 begründete er die „Badener und Vöslauer Kurgäste-Zeitung", die bis 1908 erschien. Er war in unzählige Prozesse verwickelt, die er zumeist in aggressivem Stil selbst provozierte. Man assoziierte mit seiner selbstbewußt dandyhaft auftretenden Person (ob immer zu Recht, sei dahingestellt) den Revolverjournalismus, d. h. die Methode, wie man durch Androhung von denunziatorischen Pressemeldungen hiesige Geschäftsleute, die sich weigerten, in seiner Zeitung zu inserieren, unter Druck setzen konnte. Mit einem Kaiserin-Elisabeth-Denkmal-Verein, den er gründete, fiel er durch. Er wurde zum Schreckgespenst der Gemeindevertretung. Am 25. Juni 1909 faßte diese in vertraulicher Sitzung kurzerhand ohne Debatte den Beschluß, ihn aus der dem Kurrayon „auszuweisen", Waldheim rekurrierte bei der Landesregierung zwar offenbar mit Erfolg, doch tauchte er danach nicht mehr auf. (Sitzungsprotokoll der Gemeindevertretung, 25.6.1909, S. 2–4.)

[9] Gutkas S. 470.

men geändert – die Zeitung hieß nun „Deutsche Wacht im Wienerwald".[8]

Wahlen in der k. u. k. Monarchie

1902 erlebte Baden wieder einmal einen heftigen Wahlkampf, als in Niederösterreich – das noch immer offiziell „Österreich unter der Enns" hieß und die Reichshauptstadt Wien einschloß – im Oktober Landtagswahlen anstanden. Der Deutsch-christliche Wahlverein Baden begründete hier am 29. März sein Organ „Das Badener Volksblatt", das *gegenüber der goldenen und der rothen Internationale* Erfolge versprach. Im Landtag hatten die Christlichsozialen die Chance, stärkste Fraktion zu werden. Der Erfolg gab ihren Erwartungen recht. Sie gewannen 45 der 78 Mandate.[9]

1903 war das nächste Wahljahr: Gemeindewahlen in Baden, bei denen erstmals Kollmann in die Gemeindevertretung gewählt wurde. Wie spielten sich damals Wahlen ab? Es gab kein Verhältniswahlrecht wie bei uns, sondern ein Mehrheitssystem, gemäß dem jeder Kandidat gezwungen war, die absolute Mehrheit der abgegebenen Stimmen auf sich zu vereinigen, also mehr als 50 % der abgegebenen Stimmen. Wurde diese nicht beim ersten Durchgang erreicht, so gab es Stichwahlen. Damit bestand kaum eine Chance für Minderheiten, ihre Kandidaten durchzubringen. Vielmehr mußte jeder Kandidat vermeiden, von einem Grundkonsens – sehr wichtig war die Betonung des Deutschtums – allzusehr abzuweichen, ehe er seine Persönlichkeit ins rechte Licht stellte. Der Vorteil des Mehrheitswahlrechts lag zweifelsohne darin, daß jeder

Kandidat sich um die Gunst der Wähler persönlich bemühen mußte.

Allerings war das Wahlrecht nicht allgemein. Die wahlberechtigte Bevölkerung war nach der Steuerleistung in drei, ab 1905[10] in vier Wahlkörper eingeteilt, sodaß das Gewicht der Stimmen ungleich verteilt war. Der 4. Wahlkörper war der „allgemeine", zu dem jeder ab dem 24. Lebensjahr gehörte, der mehr als drei Jahre in Baden wohnte. Zu diesem 4. Wahlkörper gehörten auch die Wähler der drei anderen, worauf ausdrücklich in den Zeitungen hingewiesen wurde: *Wenn also ein Wähler schon im ersten, zweiten und dritten Wahlkörper vorkommt und die übrigen Bedingungen erfüllt, muß er im IV. Wahlkörper noch einmal vorkommen.*[11] Das führte freilich zu kaum nachprüfbaren Verzerrungen des Wahlergebnisses. Zweifache Stimmabgabe gab es aber auch schon vorher. So war mein Großvater, Schulrat Franz Martin,[12] im II. Wahlkörper als Bürgerschuldirektor, im III. Wahlkörper als Grundbesitzer, zusammen mit seiner Gattin, wahlberechtigt. Ob er seine Stimme zweimal abgegeben hat, weiß ich nicht.

Im I. Wahlkörper wählten die Ehrenbürger, die Pfarrer und Rabbiner, die Beamten des Hofstaates, des Staates, des Landes, Offiziere im Ruhestand und die Direktoren und Professoren der höheren Lehranstalten. Neben diesen „Intelligenzwählern" gab es die „Besitzwähler", eingestuft nach der Steuerleistung (ab 1905 Personen mit mindestens 200 Kronen Einkommensteuer). Die Zahl der „Intelligenzwähler" war sogar größer als die der „Besitzwähler", zumindest bis 1905, wenn wir Kollmann glauben dürfen – er schätzte

damals ihren Anteil auf 90 von 145. Der I. Wahlkörper wählte zwölf Beiräte.

Im II. Wahlkörper wählten die Bürger Badens (eine begrenzte Anzahl der Einwohner), die übrigen Geistlichen, Beamte (ab der 10. Rangklasse), heimatberechtigte Akademiker und definitive Lehrpersonen „der 1. Klasse". Sie wählten ebenfalls zwölf Beiräte.

Niedere Beamte und Personen mit einer Steuerleistung zwischen 20 und 100 Kronen verblieben für den III. Wahlkörper (mit zwölf Beiräten). Dort war die Masse der übrigen (immer noch privilegierten) Wahlberechtigten beheimatet. Der IV. Wahlkörper wählte sechs Beiräte. Der Gesamtstand in der Gemeindevertretung war somit (ab 1905) 42.[13]

Auch Frauen hatten das Wahlrecht, wenn sie Steuern zahlten. Bei Reichsratswahlen traf dies nur für die erste Kurie, also die Großgrundbesitzerinnen, zu.[14] Die wahlberechtigten Frauen machten in Baden gut ein Viertel der wahlberechtigten Personen aus, wie aus den Wählerlisten hervorgeht. Allerdings mußten sie einem Manne, meist dem Gatten, eine Vollmacht ausstellen, was für die Boulevardblätter oft eine Quelle ehrenrühriger Behauptungen war. Erst nach der Wahlreform übten die Frauen ihr Stimmrecht selbst aus.

Nehmen wir, um ein statistisches Bild zu bekommen, die Wählerlisten, wie sie bis 1903 und ab 1905 bestanden.[15]

	bis 1903	ab 1905	
I. Wahlkörper	143	582	Wähler
II. "	364	601	"
III. "	1930	732	"
IV. "	–	1935	"

[10] Gemeindewahlgesetz vom 23. Juli 1904 (BZ 1905, Nr. 38).

[11] BVb. 1905, Nr. 14.

[12] Franz Martin (1858–1940), Bürgerschuldirektor nach Fitzga (1902–1920), mehrmals in den Gemeinde-Ausschuß gewählt.

[13] BVb. 1905, Nr. 17 u. 1912, Nr. 41.

[14] 1906 verloren sie dieses Wahlrecht, so daß die Einführung des allgemeinen gleichen Wahlrechts paradoxerweise die Frauen schädigte (Österreich-Lexikon I, S. 344). Bei Landtagswahlen war ihnen das Wahlrecht schon 1888 wieder genommen worden (Nö. Landesausstellung *Aufmüpfig und angepaßt,* Kirchstetten 1998, Saal 31).

[15] StA B, GB 31 u. GB 34.

Summe der Wahlberechtigten demnach vor Einführung des IV. Wahlkörpers 2437, danach 3850.[16] Zum Vergleich: Bevölkerung Badens (Volkszählung 1901) 12447, davon männlich 5604.

1905 verschoben sich also auf Grund des neuen Wahlgesetzes die Zuordnungen gründlich und nicht immer durchsichtig. Allgemeine Voraussetzung für die Ausübung des Wahlrechts war zweijährige Seßhaftigkeit in der Stadt; nur beim IV. Wahlkörper war die erforderliche Frist drei Jahre und das Mindestalter 24 Jahre. Jeder Wähler mußte zehn Namen ankreuzen, dazu vier von Ersatzmännern. Wurden weniger gewählt, gab es Stichwahlen zwischen den zwei nächstgereihten Kandidaten. Das passierte auch Kollmann. 1905 entging er nur um Haaresbreite der Abwahl.

Listen wurden jeweils vor Wahlgängen der Öffentlichkeit vorgelegt. Die Arbeit des Verwaltungsapparates war mustergültig. Zwar gab es Gruppierungen, die sich „Parteien" nannten und die den Wählern Listen anboten, sie waren jedoch nicht in unserem Sinn straff organisiert und ideologisiert. Die Christlichsozialen waren neben den Sozialdemokraten die ersten, die sich eine „moderne" Kohärenzstruktur gaben, ihre Wahlziele klar definierten und damit auch Wahlerfolge erzielen konnten – in Baden zunächst allerdings nur die Christlichsozialen. Den Sozialdemokraten gelang es vor 1919 nie, in der so bürgerlich dominierten Stadt die Hürde des Mehrheitswahlrechts zu überspringen, sie bekamen üblicherweise nur wenig über hundert Stimmen. Die Wahlen fanden an mehreren Tagen hintereinander statt, in verschiedenen Stimmlokalen, etwa dem Kurhaussaal. Sie hatten zumeist Volksfestcharakter. Populäre oder auf Populismus verständige Politiker führten vor den Wahllokalen das große Wort. Die Wahlbeteiligung kann nur sporadisch ermittelt werden. So gaben etwa 1904 von 2446 Wählern des III. Wahlkörpers 1475 gültige Stimmen ab, also etwa 60 %. Im II. Wahlkörper lag die Wahlbeteiligung bei 66 %.[17]

Kollmann erstmals in der Gemeindevertretung: 1903–1905

1903 raffte man sich zu einem zaghaften Experiment auf. Die Wahl sollte ohne Exzesse verlaufen. Sie sollte *unpolitisch* sein, Sacharbeit hervorheben. Man strebte eine Parteieneinigung an und wählte *den Wahlspruch unseres erhabenen Monarchen „viribus unitis"* zum Motto. Dr. Lantin, der Obmann des unpolitischen Hausherren-Vereines, lud die Vertreter der Deutschfortschrittlichen (der Altliberalen), der Deutschen Volkspartei (der *Völkischen,* auch *Neuliberalen*), der Christlichsozialen und der Alldeutschen zu einer Besprechung ein. Die letzteren erschienen nicht, da die Christlichsozialen sich mit Herzog, dem alldeutschen Führer und notorischen enfant terrible, nicht an einen Tisch setzen wollten. Ohne sie wurde also ein überparteiliches Wahlkomitee gegründet und ein erstaunliches Bild der Geschlossenheit geboten. Der Geist der Eintracht wurde beschworen. Offen wurde betont, daß es um *die Gesundung der Gemeindewirtschaft* gehe.

[16] BVb. 1905, Nr. 14, S. 1.
[17] BZ 1904, Nr. 17.

Alle Berufsgruppen waren vertreten. *Es sollte wieder dahin kommen, daß die Gemeindevertreter die Achtung der Wählerschaft genießen.* Die Liste, die den Wählern des III. Wahlkörpers vorgelegt wurde, umfaßte zehn Namen mit der Bezeichnung der Genossenschaften und Interessenverbände, für die sie standen, der Gemischtwarenhändler, Gastwirte, einiger Hauer, sodaß sich ein beinahe ständestaatliches Konzept herauslesen läßt.[18] An 4. Stelle der im Prinzip alphabetischen (!) Reihung steht der Name *Josef Kollmann, Joh. Jonke's Nachfolger, Leinenhändler, Pfarrgasse.* Der Beisatz lautet: *Ist als Vertreter der Kaufmannschaft nominiert, bekannt und geschätzt durch seine Konzilianz und Tüchtigkeit als Geschäftsmann.* Kollmann wurde mit 892 von 1510 abgegebenen Stimmen gewählt, also mit einer sicheren Mehrheit – er stand an dritter Stelle des III. Wahlkörpers. Die überparteiliche Wahlaktion hatte also durchschlagenden Erfolg, *ein geradezu vernichtendes Urteil über das gegenwärtige Gemeinderegime.*[19]

Wie war es zu Kollmanns Kandidatur gekommen? Angeblich wurde die christlichsoziale Parteileitung in Wien 1901 auf Kollmann aufmerksam und gewann ihn für Parteiaufgaben in Baden.[20] Es ist interessant, daß Kollmann, zumindest offiziell, nicht in erster Linie als prominenter Parteimann gewählt wurde. Ob er sich an Wahlkämpfen überhaupt an führender Stelle beteiligt hat, ist nicht evident, das Blatt der Christlichsozialen nennt seinen Namen erst in Zusammenhang mit der überparteilichen Lantin'schen Aktion. Jedenfalls wurde er als Vertreter seines Berufsstandes unter einem Motto aufgestellt und gewählt, das nicht den Parteistandpunkt, sondern die Solidarität betonte. Er war damals 35 Jahre alt.

Der Teilerfolg der Christlichsozialen beschränkte sich auf den III. Wahlkörper, auch manchmal *die arbeitende Bevölkerung* genannt. Neben drei weiteren Christlichsozialen, darunter dem Weingartenbesitzer und Groß-Fuhrmann Franz Gehrer, der mit 1465 Stimmen fast einhellig gewählt wurde, setzte sich die Gemeindevertretung weiterhin aus einer satten Mehrheit von 16 Liberalen und neun *Völkischen* zusammen.

Kurz darauf war alles wieder anders. Daß das überparteiliche Konzept sich sehr bald als gescheitert herausstellte, daß *Reue* über diesen *Schwabenstreich* einkehrte[21], soll hier nicht weiter verfolgt werden. Ebenso, daß die Wahl auf Anordnung des Landesstatthalters großenteils wiederholt werden mußte, ohne daß das Ergebnis des III. Wahlkörpers davon betroffen war. Der aufreibende Streit zwischen Herzog und der Gemeindeführung zwang Zöllner gegen Ende 1904 zum Rücktritt. Medizinalrat Dr. Franz Trenner, Arzt im Rath'schen Krankenhaus (1864–1956), wurde am 16. Dezember mit 18 von 28 Stimmen zum Bürgermeister gewählt.

Die Turbulenzen hörten unter seiner Amtsführung nicht auf, doch bewies Trenner mehr Stehvermögen. Nach einer unvorsichtigen Bemerkung in Gegenwart eines Zeugen, die man als Koalitionsangebot ansehen konnte, klagte ihn Herzog auf *Wortbruch* (das war damals noch möglich); der Bürgermeister wurde

[18] BVb. 1903, Nr. 20, S. 2.

[19] BVb. 1903, Nr. 49, S. 2.

[20] Nachruf Bgm. Kollmann, in: BZ 1951, Nr. 25, S. 1, gezeichnet mit R. H.

[21] BZ 1904, Nr. 21, S. 3.

Der Gemeinderat (1903)

kurz nach Amtsantritt zu einer Geldstrafe von zehn Kronen (oder zwölf Stunden Arrest) verurteilt.[22]

Zurück zu Kollmann in diesem nur kurz dauernden Gemeindeausschuß. Er verhielt sich zunächst auf dem neuen Parkett unauffällig und gar nicht vorlaut. Er bewegte sich, folgt man den Protokollen der Gemeindevertretungssitzungen, eher selten. Wenn er sich zu Wort meldete, dann zu Formalitäten der Geschäftsordnung. Von der Arbeit in den Ausschüssen erfahren wir wenig. Er wurde unter anderem in das Spitals- und in das Rechnungsrevisionskomitee gewählt.

Vor allem in kurörtlichen Fragen war er von Anfang an eher auf der Linie des Bürgermeisters, ungeachtet der ideologischen Differenzen. Trenner betrachtete sich als Anhänger einer Deutschen Volkspartei, die kaum in Erscheinung

trat, war Einzelgänger, mehr national als liberal. Als Bürgermeister war er beinahe Opportunist, der sich Mehrheiten in allen Lagern suchte, was ihm schwere Vorwürfe und Beschimpfungen durch die extremistischen Alldeutschen einbrachte. Seine griffige, offensiv klingende Devise lautete: *Baden ist nicht gewesen, Baden wird erst sein.*[23] Das war der Anspruch auf den Rang als Weltkurort. Dieser Linie also schloß sich Kollmann implizit an oder widersprach ihr nicht. Überraschend wurde er bei der Wahl Trenners zum Bürgermeister als dessen Nachfolger zum Gemeinderat (entspricht dem heutigen Stadtrat) gewählt, was nur mit Stimmen der Trenner-Anhänger und Liberalen (mit 17 von 28) möglich war.[24] Das allein läßt auf klug dosiertes Kompromißverhalten schließen. Zum ersten Mal tritt Kollmann als Politiker mit Profil am 4. April 1905 in einer Versammlung des deutsch-christlichen Wahlvereins auf. Hier machte er sich den Wählern überhaupt erst bekannt und eröffnete gleichzeitig mit einer Grundsatzrede die Wahlkampagne seiner Partei für die im Mai stattfindenden Wahlen. Dazu muß gesagt werden, daß es üblich war, daß auch der politische Gegner, also in diesem Fall die Liberalen und Nationalen, anwesend waren. Kollmann sprach streng sachlich über Gemeindeangelegenheiten, hielt eher ein Referat als eine Wahlrede, dem Niveau und der Diktion eines Musterbeamten entsprechend, der einer vorgesetzten Dienststelle Bericht erstattet. Zuletzt pries er die Stadtverwaltung, die es fertig brachte, daß Baden die einzige Stadt sei, wo noch vor Ende der

[22] BA „Herzog", 2. Teil, „Trenner", 1. Teil.

[23] BA „Trenner", 1. Teil, Bl. 105 (August 1905).

[24] Prot. 16. 12. 1905.

Reklamationsfrist jedem Wähler eine Wählerliste zugesendet werde. Kaum eine Spur von Polemik. Die Bedingungen der Verstadtlichung des Gaswerks, das in privater Hand war, und den Verlauf der Verhandlungen hatte er im kleinen Finger. Erst danach kam die Polemik, die sich ausschließlich mit dem „enfant terrible" Herzog beschäftigte, ohne daß er starke Worte gebraucht hätte.[25]

Die Reaktion in Herzogs Blatt auf Kollmanns *Jungfernrede* kann nur als flegelhaft bezeichnet werden. Kollmann wurde als *Windischer* bezeichnet und mit *fremdem Gesindel* auf eine Stufe gestellt. Er wurde beschimpft als einer, dem *Papp ins Hirn gestiegen* sei, der nicht reden könne, der *das sich steigernde ‚Blinzeln' mit den Augenliedern (sic) für den Ausdruck größter Weisheit zu halten scheint* u. dgl.[26] Wir wissen nicht, ob beim letzten Punkt auf eine tatsächliche Gewohnheit angespielt wird – warum sollte nicht die gegnerische Polemik ein Körnchen Wahrheit enthalten? Das Blatt, in dem die Attacke herauskam, die ‚Deutsche Wacht im Wienerwald', erschien zwischen 1902 und 1905 und betonte sein Alldeutschtum dadurch, daß es die deutschen Monatsnamen – *Hartung* für Jänner, *Hornung* für Februar usw. – verwendete und für die Ersetzung der christlichen Chronologie durch eine Zählung nach der Schlacht bei Noreia eintrat, also das Jahr 2014 statt 1901 schrieb, weil die Schlacht von Noreia im Jahre 113 v. Chr. das erste Erscheinen der Germanen auf österreichischem Boden bezeichnete.

Ein anderes Mal hieß es gar in der Deutschen Wacht: *Was glauben Sie wohl, was die Windischen in Krain sagen würden, wenn ein Badener zu ihnen käme und ihnen in Versammlungen vorschreiben wollte, wie sie sich ihre Einrichtungen zu verwalten haben? Sind Sie nicht der Meinung, daß die Windischen einen solchen Badener erschlagen würden?*[27]

Der „Vorwurf" der slawischen Abstammung wurde immer wieder erhoben, verstummte nie ganz. Noch 1932 heißt es in der DÖTZ, der Zeitung der „Nationalen" und Nationalsozialisten, späten Nachfahren der Alldeutschen, bei einem Vergleich zwischen Kollmann und Schmid, damals dem einzigen NS-Parteigenossen im Gemeinderat und späteren Bürgermeister, mit deutlich abfälligem Akzent auf dem letzten Wort: *Schmid ist geborener Niederösterreicher, Kollmann stammt aus Gottschee.*[28]

Der Angegriffene überging die Entgleisung nicht. In seiner Wahlrede vom 16. April ging er auf die persönlichen Attacken des alldeutschen Blattes auf seine Art ein: *Wenn ein Mann, wie das bei Herrn Herzog der Fall ist, Gelegenheit gehabt hat, die Mittelschule zu absolvieren, ferner die Universität zu besuchen, und 40 Jahre alt wird, ohne im Stande zu sein, sich eine soziale Stellung zu erringen, so ist das gewiß ein – meine Herren ich darf es nicht sagen, weil mich Herr Herzog klagen könnte und ich würde eingesperrt werden ... .*[29] (weil Herzog als Reichsratsabgeordneter von Trautenau parlamentarische Immunität genoß). Kollmann bediente sich hier zum ersten Mal einer Argumenta-

[25] BVb. 1905, Nr. 15.

[26] Deutsche Wacht im Wienerwald 1905, Nr. 15.

[27] BA „Herzog", 1. Teil.

[28] Deutsch Österreichische Tageszeitung v. 2. 7. 1932. – BA „Kollmann", 6. Teil.

[29] BVb. 1905, Nr. 17.

30 BZ, Nr. 38, S. 4 u. Nr. 39, S. 4.

31 BB 1907, Nr. 22, S. 1. – BA „Zeiner". – Zeiners Auftreten im Parlament wurde auch genau unter die Lupe genommen und – wohl mit Recht – stark kritisiert, nicht nur von Parteigegnern. Man warf ihm Untätigkeit vor. Schließlich kam er wegen Äußerungen zur Antisemitismusposition seiner Partei ins Gerede. Als er anläßlich der Zionistendebatte nach einem halben Jahr endlich seine Jungfernrede hielt, drückte er seine Absicht aus, sein Scherflein dazu beitragen zu wollen, wenn der letzte Jude aus Österreich auswandert. In einer späteren Berichtigung im Zuge des erwähnten permanenten Pressekrieges bestritt Zeiner, ein Rassenantisemit zu sein, und beteuerte, daß er zwar, dem Programm der christlichsozialen Partei getreu, den Antisemitismus vertrete, daß er dies aber stets in gesetzlich erlaubter Form tue. Dies wieder brachte das Herzog-Organ auf. Es spottete über den Judenfreund, belegte ihn mit dem besonders geschmacklosen Namen Zeinerleben. Herzog scheute nicht vor öffentlichen Beleidigungen zurück; so, als er während der Stimmabgabe zur Gemeindevertretungswahl ihm Maul halten zurief, um ihn zur Klageerhebung zu zwingen. Die Laufbahn Herzogs, der zuletzt allein gegen die von ihm so apostrophierten Judenliberalklerikalen stand, neigte sich ihrem Ende zu. Er erkrankte und starb am 25. August 1911. 1938 enthüllten, nur konsequent, die Nazis eine Gedenktafel für ihn am Badener Stadtfriedhof (BA „Zeiner" und „Herzog").

tion, die er später öfter gebrauchte. Sie spiegelte seinen eigenen Autodidaktenstolz: Was hat dir dein Studium genützt?

Die Zeit von 1905 bis 1908

Für den Mai 1905 waren also jene neugeregelten Gemeindewahlen ausgeschrieben, nunmehr mit erweiterten Wählerlisten für vier Wahlkörper. Kollmann kandidierte im Wahlkörper IV, wo sich die Christlichsozialen die meisten Gewinne versprachen, an der dritten Stelle. Es stellte sich aber heraus, daß diesmal Zersplitterung und Wahlmüdigkeit groß waren, Beamte und Bürger, also der Mittelstand, nicht wählen gingen. Von 1927 Wahlberechtigten gaben nur 1143 ihre Stimmen ab, von denen Kollmann nur 550 gewann. Er mußte in die Stichwahl gehen. Diese gewann er zwar, aber mit noch weniger Stimmen, nämlich nur 527, mit einem knappen Überhang von nur zehn Stimmen. Eine Ursache für diesen Popularitätsrückgang ist nicht auszumachen. Das eher zurückhaltende Votum galt den Christlichsozialen überhaupt. Sie erreichten lediglich vier (sichere) Mandate, je zwei im II. und im IV. Wahlkörper. Herzog gelang es, mit großem „Polster" in den III. Wahlkörper einzuziehen. Insgesamt erreichten die Liberalen (Deutschfreiheitlichen) 17, die Deutschnationalen (mit verschiedenen Intensitätsgraden der „Deutschheit") 15.[30]

Die Christlichsozialen waren deswegen nicht in der Krise oder wenn, dann ging sie bald vorüber. Foller, dessen Gesundheit und Familienleben durch den fortgesetzten Kleinkrieg Schaden genommen

hatten, war im Jahre 1904 gestorben (er war erst 40 Jahre alt). Nun war der Gymnasialprofessor Ernst Zeiner (geb. 1867) der führende Kopf der Christlichsozialen (1908 wurde er Direktor des Gymnasiums). Nicht gerade ein begnadeter „erster Mann", machte er eine unerwartete politische Karriere. Im Mai 1907 – das waren jene Schicksalswahlen mit allgemeinem und gleichem Wahlrecht – schaffte er, von einer Lueger-freundlichen Sympathiewelle geschoben, den Einzug in den Reichsrat. Er kam im Wahlbezirk 39, der neben Baden die Städte Mödling und Schwechat umfaßte, in die Stichwahl und wurde dort, mit einem Vorsprung von nur 22 Stimmen vor dem Sozialdemokraten Winarsky, überraschend Abgeordneter. Damit hatte er den hochfavorisierten Deutschliberalen Marchet geschlagen. Mit Harm und Betrübnis, mit Arg und Unbehagen nahm der liberal-fortschrittliche Badener Bote das Ergebnis zur Kenntnis und beschwerte sich über die Unsicherheit der Badener, die das bestimmt nicht wirklich gewollt hätten. Die BZ sprach gar pathetisch von einer Schande Badens und von einem Fleck auf der Ehr.[31]

Werfen wir einen Blick auf Kollmanns Position in dieser Phase. Seine in den Protokollen der Gemeindevertretung bzw. der Presse ausgewiesenen Stellungnahmen ergeben eine Art Psychogramm seiner gemeindepolitischen Betätigung. Deutlich wird ein gemeinsamer Nenner seiner Stellungnahmen, nämlich das Bestreben, der Gemeinde Auslagen zu ersparen.

Es ging um den Arenaumbau, der den aus Holz bestehenden alten Kasten

Der alte Herzoghof (um 1890)

durch einen komfortableren Bau – selbstverständlich mit Rauchfreiheit – ersetzen sollte. Gleichzeitig sollte er ein technisch ans Sensationelle grenzendes verschiebbares Glasdach und einen Reklamevorhang haben. Die Christlichsozialen unter Führung Zeiners gehörten zu den Gegnern des Unternehmens. Sie sahen darin nur eine Rettungsaktion für den Theaterdirektor Schreiber und seine aussichtslosen Pläne einer Wintersaison, die zu retten sich nicht lohne. Aber Zeiner und Kollmann blieben in der Minderheit, übrigens um eine einzige Stimme. Kollmann beteiligte sich nicht an der

sehr lebhaften Debatte und stimmte gegen das Projekt wie die meisten Christlichsozialen. Es ging ihm und den Kritikern wohl in erster Linie um die hohen Kosten, die in ein Risikounternehmen gesteckt wurden.[32] Am 14. Dezember 1905 stellte er den Antrag, vor Inangriffnahme des Projektes mit dem Theaterdirektor ein Übereinkommen zu treffen, daß aus einer verspäteten Fertigstellung keinerlei Forderungen an die Gemeinde gestellt werden dürften.[33] In der Sitzung am 7. 3. 1907 – da war der Bau schon fertig – verweigerte Kollmann neuerlich die Zustimmung, diesmal zur Aufnahme

[32] Prot. 7. 12. 1905. – BZ 1905, Nr. 98, S. 2 ff., u. Nr. 99, S. 2 f. – Wallner, Viktor, Badener Theaterg'schichten, S. 9.

[33] BZ 1905, Nr. 100, S. 3 ff.

[34] Protokolle für Gemeindeausschuß-Sitzungen Bd. V, S. 365 ff. – Jahre später legte er als Bürgermeister in der Frage der Finanzen der Kurkommission selbst eine gewisse Unbekümmertheit an den Tag.

[35] Prot. 14. 9. 1906.

[36] BZ Nr. 80, S. 3 ff.

eines Nachtragskredits. Seine genaue Begründung: er konnte in den vorgelegten Berechnungen keine notwendige Kostenüberschreitung finden.[34]

In vielfacher Weise finden wir Kollmann eingesetzt. Am 14. September 1906 wurden die Delegierten zum V. deutschösterreichischen Städtetag in Wels benannt. Kollmann wurde als Dritter neben dem Bürgermeister und dem Vize-Bürgermeister nominiert – ein ehrenvoller Auftrag. In der folgenden Debatte setzten die Gemeindevertreter die Teilnahme von weiteren drei Delegierten durch.[35]

Vom 4. bis 6. Oktober fand in Baden der „Erste Kongreß der hauszinspflichtigen Gemeinden Niederösterreichs" statt. Kollmann hielt mit seiner nun schon gewohnten Sachkenntnis das Hauptreferat, in dem er auf die Überforderung der Gemeinden durch die Finanzierung der Krankenhäuser einging und das Land zum Zahlen aufrief.[36]

Am 18. Oktober begann die Gemeindevertretung einen der heikelsten Punkte im kurörtlichen Sachbereich zu besprechen, das Thema „Herzoghof". Es sollte die kommenden Jahre beherrschen und nur zeitweilig dem Thema „Stadttheater" Platz machen. Diese beiden Themen waren mit dem kommenden Kaiserjubiläumsjahr 1908 verbunden, dem überall maßgebenden Jahresregenten. Sie hatten aber ihre Eigenlogik entwickelt, denn es ging um zwei städtische Objekte, die dringend der Erneuerung bedurften – das Stadttheater widersprach sogar schon den Polizeivorschriften.

Der Herzoghof, seit 1716 städtisch, stand in Konkurrenz mit der dynamisch aufstrebenden privaten Gründungstätigkeit (Quisisana 1901, Melanie 1907, Exquisite und Silvana 1912). Die Frage, was mit dem veralteten und vernachlässigten Kurhotel geschehen sollte – Neubau oder Umbau – wurde von Trenner dadurch aufgeworfen, daß er den Antrag stellte, 5000 Kronen für die Anfertigung von Plänen zu bewilligen. Einige Stimmen, darunter auch Kollmann, warnten vor Übereilung. Trotzdem wurde der Antrag mit großer Mehrheit angenommen. Die Badener Hoteliers standen einem aufwendigen Neubau mißtrauisch gegenüber. Anderseits war das Schlagwort vom *Weltkurort* zu griffig (wenn auch überzogen) und die angeführten Argumente zu einleuchtend, um einem bequemen Quietismus das Wort reden zu können. *Der Herzoghofneubau (sollte) der Weg vom Sommerfrischen-Kurort zum Heilbad sein.* Baden sollte nicht nur „auch Kurort" sein, sondern eine ernstzunehmende Konkurrenz zu den renommierten Kurorten, die weitab von Wien lagen.[37]

Kollmann sprach sich von nun an unterstützend für die anlaufenden Bemühungen aus und bereitete sich gründlich darauf vor. Er nahm an Studienreisen nach Budapest und Herkulesbad (bei Temesvar) teil und bezahlte sich diese Reisen selbst.[38] Aber das war nicht alles. Am 25. September 1907 brach eine Delegation zu einer Studienreise auf, in deren Verlauf ca. 14 Tage lang *modernste Badeeinrichtungen* in ausländischen Kurorten visitiert wurden, die *zur hierortigen Einführung gebracht werden* sollten. An ihr nahmen, neben Bürgermeister Trenner, die Gemeinderäte Moritz Laschitz und Kollmann sowie Baudirektor Hofer und Architekt Luksch teil.[39]

Das Problem „Stadttheater": Ganz im Unterschied zu den Vorbehalten beim Arenabau wurde Kollmann hier sogar initiativ. Er regte am 14. Februar 1907 die Gründung eines vorbereitenden Theaterbaukomitees an. Den Antrag auf Erbauung eines Jubiläums-Stadttheaters stellte Zeiner am 8. April. Fast ein Jahr später, am 7. März 1908, konstituierte sich ein Theaterbaukomitee mit Kollmann als Schriftführer. Am 9. Juli wurde der Bau beschlossen.[40]

Aber es gab auch Probleme rein ökonomischer Art, die dem Geschäftsmann Kollmann mehr lagen: Die Badener beschäftigte Jahre hindurch die längst fällig gewordene Auflassung der Märkte. Sie wurde immer wieder hinausgeschoben, möglicherweise nach dem Trägheitsgesetz liebgewordener Traditionen. Aber auch hier walteten eben Interessengegensätze. Kollmann in lehrhaftem Ton in der Gemeindevertretungssitzung

[37] Holzer Robert, Heilbad Baden zwischen zwei Kriegen, in: Festschrift S. 79. – Auch: Prot. 8. 10. 1906.

[38] Holzer a. a. O.

[39] BZ 1907, Nr. 77, S. 3.

[40] BVb. 1909, Nr. 15, S. 3f.

vom 27. Juni 1907: *Warum sind die Märkte geschaffen worden? Weil damals die Leute noch nicht in der Lage waren, ihre Bedürfnisse in den Ortschaften, in denen sie wohnten, zu decken. Heute ist das, besonders in Baden, längst nicht mehr der Fall. Deshalb ist es ganz unrichtig, daß man jetzt Leute nach Baden zieht, die einen oder zwei Tage hieher kommen, hier Tausende von Kronen verdienen, nachdem sie höchstens den wenigen in unmittelbarer Nähe des Marktes befindlichen Wirten und Hauern einen kleinen Verdienst gelassen haben. Schuster, Binder, Schneider, Hutmacher und alle Kaufleute würden durch den Markt geschädigt.*[41]

Zuletzt aus dieser Phase noch zwei „kulturelle" Themen: Wohltuend, auch für heutige Leser, zu vernehmen, daß er als Spitalsreferent den Dringlichkeitsantrag stellte, die erste Frau an einer Sekundararztstelle im Rath'schen Krankenhaus anzustellen. Freilich wurde dieser Antrag nicht etwa mit Gleichstellungsargumenten begründet, sondern lediglich damit, daß die Kandidatin Dr. Karin Schuhmeister, die eben erst promoviert hatte, voraussichtlich lange verfügbar sein würde, während ihr an sich besser qualifizierter Konkurrent nebenbei auch andere Pläne hatte. Der Antrag auf Anstellung *des weiblichen Arztes* wurde sogleich angenommen[42].

Der nächste wichtige Punkt, der in der Sitzung am 14. Dezember 1905 behandelt wurde, war die geplante Errichtung der Landes-Oberrealschule. Es ging um die Subventionen, die für die Erhaltung der Schule notwendig waren. Die Verhandlungen mit den umliegenden Ge-

meinden, dem Land und dem Staat waren festgefahren. Kollmanns Redebeitrag war ein verbaler Kraftakt. Sein Zorn richtete sich gegen die Staatsregierung, die er dafür verantwortlich machte, daß nichtdeutsche Länder der Monarchie die besseren Aussichten auf Gewährung einer Subvention hätten. *Fragen wir uns, wer hat denn die Mittelschulen zu erhalten? Der Staat! Wenn das Land Mittelschulen errichtet oder unterstützt, so geschieht es nur deswegen, weil der Staat seiner Pflicht nicht nachkommt. Aber es ist schon so. Wir in Deutsch Österreich (!) bekommen nichts. Wenn in irgend einem Winkel eine kleine Nation einen Wunsch äußert, die bekommt sofort.*[43] Eine interessante Äußerung aus dem Munde Kollmanns und ein interessanter Einblick in die nationale Konfliktsituation innerhalb der Monarchie! Der Antrag fand erst seine Umsetzung, als Kollmann ihn als Landtagsabgeordneter fördern konnte. Es ist der Beginn einer schulfreundlichen Position, die Kollmann während seiner gesamten Karriere durchzog. Sie zeigt, daß er aus seiner eigenen Biographie gelernt und die richtigen Schlüsse daraus gezogen hat.[44]

Die Zeit von 1908 bis 1911

1908 gab es wieder Gemeindewahlen. Die Mandate, die nach dem Wahlgesetz von 1904 durch das Los ausschieden, mußten sich einer Wiederwahl stellen. Wieder gab es einen von den Zeitungen erbittert geführten Wahlkampf und einschlägige Prozesse. Einer lief unter dem Namen *Wahlheurigerprozeß.* Der Deutschnationale Ferdinand Hölzl (1852–1918), ein notorischer „Losge-

[41] Prot. 27. 6. 1907. – BVb. Nr. 26, S. 2.

[42] BZ 1905, Nr. 100, S. 3 (Sitzung v. 7. 12. 1905).

[43] BZ 1905, Nr. 100, S. 4. – Siehe auch Sulzenbacher in: Festschrift S. 93 ff.

[44] Beispiele hiefür die Förderung der höheren Frauenbildung, also des Mädchen-Realgymnasiums und des unter der Ägide von Adolfine Malcher stehenden „Vereines für erweiterte Frauenbildung", sowie die Gründung der Städtischen Handelsschule 1924 (Festschrift S. 95 f.).

her", fühlte sich von einem Artikel des christlichsozialen Blattes provoziert, beschimpfte Kollmann beim Heurigen Johann Rampl als einen *Denunziantenjungen* und verwendete gegenüber dem, wie er sagte, *korrupten Gesindel* (den Christlichsozialen) den „*Götz von Berlichingen*". Es waren genug Zeugen anwesend und Hölzl wurde zu einer Geldstrafe verurteilt.[45]

Daß die Christlichsozialen diesmal das deutlichere Programmprofil hatten, dafür war zu einem beträchtlichen Teil die Rede Kollmanns maßgebend, die er vor dem „christlich-sozialen Wahlverein" hielt. Ein neuer, selbstbewußterer Ton ist nicht zu überhören, obwohl die formelle Anrede – *Hochansehnliche Versammlung* – noch eine gewisse Steifheit verrät. Eine wichtige Rolle in seinem Bericht spielten wiederum die Gemeindefinanzen. Besonders hob er z. B. hervor, daß es gelungen sei, Kosten auf den Landesausschuß (Landtag) abzuwälzen. Kollmann war Spitalsreferent und wir erfahren hier etwas aus seinem Tätigkeitsbereich: Errichtung von Freiliegehallen, Erbauung des Erzherzog-Rainer-Pavillons, der interessanterweise im Kriegsfall als Lazarett benutzbar sein sollte, Pläne zur Erbauung eines modernen Infektions-Pavillons und einer modern eingerichteten Desinfektionsanstalt, schließlich Erbauung einer Kapelle. Er vergaß nicht herauszustreichen, daß für die Kapelle und für die Freiliegehallen keine Gemeindemittel notwendig sein würden.[46]

Der nun einsetzende Wahlkampf spiegelte die Stimmung in den verschiedenen Lagern. Während die liberale Badener Zeitung immer pessimistischer

wurde und von einer *Zeit der trostlosen Entartung und der inneren Entwertung* philosophierte, nannte das christlichsoziale Badener Volksblatt in Aufbruchsstimmung vier Aufgaben für die nächste Zukunft: *Herzoghof, Bäder, Realschule, Gaswerk.*[47] Es ist nicht ganz klar, warum das Theater ausgeklammert blieb. Der Schwung ging immer noch, wie in den vergangenen Jahren, von Luegers Persönlichkeit aus. Er bewirkte, daß die Christlichsozialen allein gegen die übrigen Parteien standen. Er war der Motor der politischen Auseinandersetzung mit hochgestecktem Ziel, nichts weniger als *die Reformierung des Reiches, resp. der Reichsgesetzgebung und der Reichsverwaltung im Sinn des christlichen Kulturfortschritts.*[48]

Die Wahlen fanden vom 11. bis 16. Mai statt. Vor den Wahllokalen ging es wieder lebhaft zu, wie ein knapper Bericht der Zeitung vom Theaterplatz, wo sich eines der drei Wahllokale befand, zeigt: *Die Agitation leitete in glänzendster Weise der Gemeinderat Kollmann, während Reichsratsabgeordneter Zeiner den äußeren Dienst, nämlich die Überwachung der Gegner und* Verhinderung *eventueller Übergriffe derselben, übernommen hatte* und J. Fischer („*Wälzerl*" genannt) *die Gegner durch seine köstlichen, witz- und humorvollen Schlager gänzlich mundtot machte.* Zusätzlich belebend wirkte das Gerücht, Kollmann solle Bürgermeister werden, obwohl es umgehend dementiert wurde.[49]

Im Endergebnis rechneten die Parteien verschieden. Die Christlichsozialen nahmen sensationelle 16 Mandate für sich in Anspruch (die BZ kam nur auf 14); wei-

[45] BZ 1908, Nr. 38, S. 6f.

[46] BVb., Extrablatt v. 7. 5. 1908, S. 1f.

[47] BZ 1908, Nr. 3. – BVb. Nr. 19.

[48] BVb. 1908, Nr. 22, S. 1.

[49] BVb. Nr. 20.

ters gab es 16 Liberale und 10 Nationale.

Bei der Konstituierung der Gemeindevertretung am 1. Juni wurde Trenner fast einstimmig wieder zum Bürgermeister gewählt. Uns interessiert besonders, daß Kollmann, neben dem (liberalen) Notar Emil Grab, nun in die Kurkommission entsandt wurde. Die Kurkommission war ein aus Badenern und Weikersdorfern paritätisch zusammengesetztes Gremium zur Wahrnehmung der Interessen des „Kurrayons", der aus beiden Gemeinden zusammengesetzt war. Längst war die Vereinigung der beiden Orte und die Verwandlung des Kurrayons in eine einzige Gemeinde fällig, wurde aber von handfesten Interessen in beiden Gemeinden verhindert bzw. hinausgeschoben.

Die neue Gemeindevertretung beschloß, den Themen „Herzoghof" und „Stadttheater" je eine Sitzung zu widmen. Kollmann war Schriftführer eines Komitees, dem der Kaiserliche Rat Künast vorstand. So war er auch mit dieser Hauptfrage befaßt, die Baden besonders bewegte, weil es hier nicht nur galt, die Sommergäste zu befriedigen, sondern weil auch eine Winterspielzeit für die Einheimischen zur Debatte stand. Er war jetzt völlig auf der bürgermeisterlichen Linie. Er wandte sich entschieden gegen den einzelgängerischen Antrag Grabs, das Theater auf dem Leopoldsplatz (heute Brusattiplatz) und den Herzoghof auf dem Theaterplatz zu bauen.[50] Das war offenbar ein Versuch, die Sache zu verzögern. Aber er *begrüßte es, wenn bei der Beratung so hochwichtiger Angelegenheiten alle dagegen, wenn auch nur scheinbar sprechenden Umstände vorgebracht werden.* Für ihn könnte Baden die finanzielle Belastung des Theaterbaus *ganz leicht* erfüllen, ein deutliches Zeichen seines inneren Engagements.[51] Man rang sich schließlich dazu durch, einen *Monumentalbau* mit einer aufwendigen Fassade und einer Zuschauerkapazität von 1000 zu projektieren und dazu den prominentesten Theaterbaumeister der Zeit, Ferdinand Fellner, zu engagieren.

Bei den Fragen, ob das „Batzenhäusel", eine Kopie des Bozener „Batzenhäusels", nur Badener Wein oder auch anderen ausschenken dürfe und ob dem Bezirkshauptmann oder dem Bürgermeister ein Logensitz zukomme, hielt sich Kollmann im Hintergrund; sicher nicht nur aus Bescheidenheit, sondern weil es ihn wahrscheinlich nicht interessierte.[52]

Die beiden Großprojekte liefen parallel. Am 27. Oktober 1908 wurde mit der Demolierung des Herzoghofs begonnen, am 2. Dezember wurde der Grundstein des Stadttheaters gelegt. Das Theater wurde am 2. Okober 1909 eröffnet, am 28. April 1910 wurde auch der neue Herzoghof der Stadtgemeinde übergeben. Der Bau des Herzoghofs war für Kollmann ein Sprungbrett, die erste Diskussion, bei der er im Vordergrund stand. Wie schon erwähnt, nahm er auf eigene Kosten an der Bäderreise teil, die Dr. Trenner am 25. September 1907 antrat.[53] Er unterstützte den Bürgermeister bei dessen Bestrebungen, ein von der Stadt geführtes Badehotel gegen die Widerstände der Hoteliers durchzusetzen, die die Konkurrenz fürchteten.

[50] Der Standort Leopoldsplatz war schon 1895 einmal diskutiert worden (Maurer, Rudolf: Der grüne Markt, S. 72).

[51] BVb. 1908, Nr. 28, S. 2.

[52] Wallner, Badener Theaterg'schichten, S. 30.

[53] Siehe Anm. 39. – Vgl. Holzer in: Festschrift S. 80.

Die Herzoghof-Abrechnung stand freilich erst ein Jahr nach der Eröffnung auf der Tagesordnung. Sie wies die erkleckliche Gesamtsumme von ca. 1,8 Millionen Kronen aus – etwa 110.000 K Mehraufwand gegenüber dem Voranschlag. Es gab gewiß Vorzüge, die unbestreitbar waren, denn sie wurden bereits anderswo nachgeahmt: *elektrische Lichtsignale, Staatstelephone* in allen Zimmern u. dgl. mehr. Aber die *Geldverhältnisse* wären bei einem früheren Bautermin besser gewesen (ein späterer Termin allerdings hätte eine noch schlechtere Situation vorgefunden).

Bei dieser Debatte bat der Sprecher der *freisinnigen* Mehrheit, Kollmanns Hauptgegner Hölzl, den Bürgermeister um Erlaubnis, in die einschlägige Buchhaltung Einsicht nehmen zu dürfen. Da bemerkte Kollmann höhnend, der Referent hätte doch wohl die Pflicht, alle einlaufenden Rechnungen ständig zu kontrollieren, ohne erst um Erlaubnis zu fragen – eine typische Kollmann-Wortmeldung. Aber man muß sie mit den Schikanen vergleichen, die Kollmann den Gemeinderäten bei ähnlichen Ansinnen in den Weg legte, als er dann selbst Bürgermeister war.[54]

Kollmann im Nö. Landtag

Ein weiterer Karrieresprung, der zweitwichtigste nach der Wahl in die Gemeindevertretung, wurde vorbereitet, als Kollmann am 4. Sept. 1908 in Leobersdorf von einer christlichsozialen Vertrauensmännerversammlung einstimmig zum Kandidaten für den niederösterreichischen Landtag nominiert wurde. Der zuständige Wahlkreis war der 4. Städte-wahlkreis Baden – Weikersdorf – Vöslau – Berndorf – Hirtenberg – St. Veit; *als einer der Besten, über den die christlichsoziale Partei verfügt,* hieß es.[55]

Am 7. November 1908 erhielt er das Mandat in der „Census-Kurie", die nur etwa die Hälfte der „allgemeinen Kurie" umfaßte. Der Deutschnationale Ferdinand Hölzl unterlag (in Baden mit 477 gegen 386 Stimmen). Der Landtag war längst zur Domäne der Christlichsozialen geworden, die die absolute Mehrheit innehatten. Voraussetzungen für diesen Wahlsieg waren intensive Bemühungen der Luegerianer, die auch manipulative Wahlkreiseinteilungen sowie die Erweiterung der Mandatszahl von 78 auf 127 einschlossen.[56]

Um die Tätigkeit Kollmanns im Landtag beurteilen zu können, müßte man vor allem die weniger sichtbare Tätigkeit in den Auschußsitzungen gewichten können.[57] Von 1908 bis 1934 fuhr Kollmann in der Regel mehrmals wöchentlich nach Wien, meist mit der Lokalbahn. Das verschaffte ihm auch in Baden eine geänderte Position, da man sich mit Problemen an ihn wenden konnte, zu deren Lösung seine parlamentarischen Kanäle beitragen konnten. Gegenläufig allerdings wirkte seine häufige Abwesenheit von Baden, weil man sich beim Amtsverkehr mit seiner Person danach richten mußte, ob er in der Hauptstadt einen Sitzungstermin hatte.

Allein die Fülle des im Landtag Bearbeiteten zwingt Achtung ab. Eine Zusammenfassung in Stichworten mag genügen.[58]

Weinbau: Überschwenglich war der Dank, den die Weinhauer dem Land-

[54] BVb. 1911, Nr. 40, S. 3.

[55] BVb. Nr. 36, S. 2.

[56] Gutkas S. 470.

[57] Das stenographische Protokoll von 1908 bis 1915 umfaßt 28 Bände.

[58] StA B, HB 269.

tagsabgeordneten Kollmann dafür abstatteten, daß er ihnen in den Jahren 1910 und 1911 durch entsprechende Anträge half, daß die Hagel- und Engerlingschäden durch Notstandsunterstützungen abgegolten wurden. Die Rückzahlungsfrist der unverzinslichen Reblaus-Notstands-Darlehen wurde auf Kollmanns Betreiben verlängert.[59] Zu den Hilfsmaßnahmen für die Weinhauer zählte auch die Einführung einer Biersteuer, die freilich nicht überall so populär war. Im nächsten Wahlkampf bekam Kollmann von der Gegenseite den Kampfruf *Bierverteuerer* zu hören.[60]

Gewerbeförderung: Das Gewerbe, Kollmanns ureigenstes Interessensgebiet und Kampffeld, sollte durch den Befähigungsnachweis gegen die Hausierer geschützt werden, aber auch gegen die von den Sozialdemokraten propagierten Konsumvereine.

Schulwesen: Die herausragende Leistung war die Errichtung der Oberrealschule in Baden, wobei die Hauptfrage die Finanzierung war. Kollmann sah seine Aufgabe darin, den Landtag zu einer dahingehenden Entschließung zu bewegen. Der Antrag, den er am 7. Oktober 1910 einbrachte, sah eine dreiklassige Oberrealschule des Landes NÖ vor. Sie sollte dem bestehenden Landesgymnasium in der Biondekgasse angegliedert werden. Die Stadtgemeinde sollte eine Pauschalvergütung leisten, die Landesregierung die Lehrkräfte beistellen. Am 16. Februar 1911 wurde der Antrag angenommen, im Herbst gab es die erste 5. Klasse.[61]

Kinderfürsorge: Kollmann, Anderle, Jukel und Genossen setzten sich für die Vermehrung der Landesfreiplätze für skrofulöse Kinder ein.

Fremdenverkehr und Kurorte: Vehement trat Kollmann für die Interessen Badens ein. Man solle nicht nur kleine Gemeinden mit 500 bis 600 Einwohnern fördern. Dann ein uraltes Problem, dessen Unlösbarkeit noch heute notorisch ist: *Eine schlechte Behandlung erfährt der Kurort Baden zum Beispiel auch vonseiten der Südbahn. Es war trotz aller Versuche nicht möglich, die Fernzüge, welche den Kurgast aus dem Süden nach dem Norden bringen, in Baden zum Halten zu bringen. Alle Versuche bei der Direktion, alle Eingaben bei den Ministerien haben zu keinem Ergebnisse geführt und wenn heute jemand von der Riviera oder von Meran nach Baden fahren will, muß er in Wr. Neustadt umsteigen, muß sein ganzes Gepäck ausladen und dann kann er erst in Baden aussteigen.*[62] Die Südbahnsanierung war übrigens Gegenstand einer eher kuriosen Anfrage im Landtag, die sogar in die Außenpolitik hineinspielte. Sie warf nämlich die besorgte Frage auf: Welche Zugeständnisse hat man den Franzosen gemacht? Denn 1859 – so weit griff man zurück –, habe doch Bontroux, der französische Besitzer der Südbahn, den Aufmarsch der österreichischen Truppen sabotiert, um den Franzosen zu helfen. Daher sei die Schlacht bei Solferino verlorengegangen![63]

Auch im Landtag war Kollmann persönlichen Angriffen wegen seiner Herkunft ausgesetzt. Unter „Wahlhumor" bringt eine Wiener Zeitung im Oktober 1908 das Scherzchen: Ein Wähler hatte sei-

[59] Breinschmied, Leopold: Wo der Wein blüht, in: Festschrift S. 121–123. – BVb. v. 4. 10. 1912, S. 4.

[60] So z. B. in Mödling (DVb. 1911, Nr. 23).

[61] Jahresbericht des Bundesgymnasiums 1935/36. – Sulzenbacher in: Festschrift S. 93. – Gamauf S. 229f.

[62] BVb. 1912, Nr. 6, S. 2.

[63] BVb. Nr. 41, S. 3.

nem Stimmzettel für Hölzl ein Zettelchen beigelegt: *Na, na, dös tua i nit, kan Schwarzen wähl i nit und kan Kraner ... wähl i erst recht nit.*[64]

Das Badener Volksblatt, das gelegentlich aus dem Landtagsprotokoll zitiert, bringt in einem ähnlichen Kontext den folgenden Debattenauszug:

Abg. Kollmann (ist am Wort. Er antwortet auf den Vorwurf, in der sogenannten Komensky-Affäre nicht deutschnational genug zu sein, da er der Meinung ist, daß dies eine Wiener Angelegenheit sei): *Wenn in Mödling einmal eine nationale Gefahr auftritt ...*

Abg. Tamussino: Da werden Sie helfend beispringen!

Abg. Kollmann: ... so wird der Bürgermeister von Mödling die Aufgabe haben, das Deutschtum zu schützen und dann werden wir alle, ob christlich oder deutschnational, an seiner Seite stehen.

Abg. Tamussino: Dann werden wir Sie holen, Herr Slowene! ...

Abg. Wieninger: Und was ist es mit Tamussino?

Abg. Tamussino: Ich bin ein geborner Mödlinger!

Abg. Kollmann: Ganz gewiß werden Sie die christliche Hilfe brauchen, denn allein werden Sie das nicht imstande sein.

Ruf: Wir Deutsche werden uns schon selber zu schützen wissen; dazu brauchen wir keine Italiener.

Abg. Tamussino: Ich bin kein Italiener. Es wäre gut, wenn Herr Abg. Kollmann ein so guter Deutscher wäre wie ich! Er ist ein Slowene!

Abg. Kollmann: Sie lügen bewußt. Wenn der eine Kollmann, der andere Tamus-sino heißt, wer von beiden ist dann der Deutsche?

Abg. Tamussino: Ich bitte, da hört sich doch alles auf, ich werde nächstens meinen Taufschein mitbringen!

Abg. Kollmann: Ich kann ihn mitbringen, denn ich bin deutscher Abstammung.

Abg. Pittner: Aber die Handlungen sind nicht deutsch![65]

1907 kam es, von den USA ausgehend, weltweit zu einer Wirtschaftskrise, die Arbeitslosigkeit und Teuerung zur Folge hatte und in der weiteren Folge den Sozialdemokraten Auftrieb gab.[66] Immer weniger sprach das christlichsoziale Programm die Arbeiterschaft an, immer stärker wurde die Bindung der Partei an das Bürgertum, aber auch an die Kirche und die habsburgische Innen- und Außenpolitik, genauer: an die des Thronfolgers. Die Partei war geradezu zur *Regierungsschutztruppe* aufgerückt.

Das wirkte sich insgesamt, zumal nach dem Tod Luegers am 10. März 1910, negativ auf die Stimmenzahl für die Christlichsozialen aus. So kamen die koalierenden bürgerlich-liberalen und nationalen Parteien noch einmal zu einer Mehrheit, innerhalb der Geschichte der Monarchie zu einer Spätblüte, vor allem als am 13. und 20. Juni 1911 nach dem vorzeitigen Ende der Legislaturperiode der Reichsrat neu gewählt wurde. Dabei galt das 1907 eingeführte allgemeine gleiche Wahlrecht. Kollmann trat, wie konnte es anders sein, für den Baden einschließenden Städtewahlkreis an. Er erhielt zwar in Baden die meisten Stimmen (914 von insgesamt 1936), im gesamten Wahlkreis aber nur 1934 und lag

[64] BA „Kollmann" 1. Teil.

[65] BVb. 1912, Nr. 6, S. 1 f.

[66] Gutkas S. 479.

damit an dritter Stelle. Es wäre nicht auszuschließen, daß wieder die (diesmal vom Deutschnationalen Kraupa aufgebrachte) grobe Wahllüge, die ihn als Slawe bezeichnete[67], eine Rolle gespielt hat, ihn das Mandat gekostet hat. Der Deutschfreiheitliche Dr. Hans Schürff ging gegen den sozialdemokratischen Krankenhausangestellten Paul Richter in die Stichwahl. Schürff, ein bis dahin wenig bekannter Deutschradikaler, ein politischer Schüler Schönerers, Zielscheibe heftiger Propaganda von Seiten des christlichsozialen Badener Volksblatts (30-semestriger Doktor), siegte mit 4337 gegen 3838 Stimmen, zweifelsohne also auch mit (angeblich 1300) Stimmen von Christlichsozialen.[68] Diese rügten in ihrem Parteiblatt, daß ausgerechnet Lehrer unter ihnen gewesen sein mußten, da viele von ihnen im Gasthaus Kerschbaum am Abend nach der Wahl eine laute Siegesfeier abhielten und offenbar vergaßen, daß Kollmann es war, der ihnen durch seine Anträge im Landtag die Gehälter aufgebessert hatte, obwohl er durch die lehrerfreundliche Gehaltsregulierung das Odium einer neuen Steuer (der Biersteuer) auf sich genommen hatte.[69] Keiner wußte, daß die Gegner der Reichsratswahl im nächsten Jahrzehnt in führenden Positionen der Republik wieder aufeinandertreffen würden.

[67] BVb. Nr. 24, S. 2.
[68] BVb. Nr. 26, S. 3.
[69] BVb. Nr. 28, S. 3.

III. In der Opposition

Vereinigung von Baden und Weikersdorf 1911/1912

Die Auseinandersetzungen um die Reichsratswahl waren hitzig, doch die Geschichte Badens tangierte das wenig. Dort hieß das Hauptthema des Tages *Vereinigung.* Baden und Weikersdorf, ein ungleiches Brüderpaar, sollten endlich zu einer Gemeinde *Groß-Baden* vereinigt werden! Seit 1842 gab es einen gemeinsamen Kurbereich und eine gemeinsam eingehobene Kurtaxe für die Fremden. Bei der Durchführung des Gemeindegesetzes 1849 blieb es kurzsichtigerweise

bei der Trennung. Bemühungen des Badener Fortschrittsvereins stießen damals auf die Ablehnung der Weikersdorfer.

Der Verlauf der Schlußphase der Wahlkampagne wäre ein Buch. Es war gewiß nicht der seltene Umstand, daß die beiden Bürgermeister Franz und Josef Trenner ein Brüderpaar waren, der die beiden Gemeinden zusammenführte. Die Diskussion drehte sich vielmehr um die Stadtfinanzen, um die Bauareale zukünftiger Stadterweiterungen, um Sanierungen der Weikersdorfer Infrastrukturmängel u. ä.

In der Gemeindevertretungssitzung am 31. Jänner 1911 teilte Kollmann mit, daß er und Zeiner vom Landesstatthalter eingeladen worden seien. Der Grund: mögliche zwangsweise Vereinigung der beiden Gemeinden. Merkwürdig die Argumentation des Landesoberhauptes: In England (!) hätten neuerdings Erfahrungen gezeigt, daß auf Gemeindezusammenlegungen gewöhnlich ein ökonomischer Aufschwung erfolgte. Kollmann plädierte demgegenüber für den Grundsatz der Freiwilligkeit.[1]

Am 8. Februar 1911 konstituierte sich ein Komitee zur Vorbereitung der Vereinigung, dem je fünf Delegierte von beiden Gemeinden angehörten. Die beiden Bürgermeister waren die Vorsitzenden, der Badener fungierte als der geschäftsführende. Kollmann und Adalbert Seyk wurden zu Schriftführern gewählt. Abwech-

Bürgermeister Dr. Franz Trenner

[1] BZ 1911, Nr. 10, S. 3.

selnd tagte man insgesamt acht Mal im Badener und im Weikersdorfer Rathaus. Bis 30. April hatte man sich über alle Punkte geeinigt, d. h. sofortige Vereinheitlichung hergestellt, wo sie herstellbar war, Termine festgesetzt, wo man die Dinge zunächst weiterlaufen lassen wollte, z. B. bei den Turnusarbeiten der Badener Handwerksbetriebe für die Gemeinde, die auf drei Jahre unverändert bleiben sollten. Eine 18jährige Steuer- und Umlagenfreiheit sollte bestehen bleiben.

Am 31. März begab sich eine Deputation, der die beiden Bürgermeister Franz und Josef Trenner, die Abgeordneten Zeiner (Reichsrat), Kollmann und Anderle (Landtag) angehörten, zum Finanzminister und zum Landesstatthalter, um Verhandlungen aufzunehmen.[2]

Bleiben wir bei der Sitzung der Badener Gemeindevertretung vom 21. Juli 1911, bei der die Entscheidung erwartet wurde. Der Bürgermeister begründete seine Fürsprache, zunächst objektiv, dann aber auch mit emotionaler Verve. Schuld an der Emotion sei das von *drüben*, also aus Weikersdorf, herüberwehende *Staubmeer*, m. a. W. – hier bricht die Bruderzwiststimmung wieder voll durch – die *Engherzigkeit, Saumseligkeit und Langsamkeit der betreffenden Organe in Weikersdorf ... Meine Herren! ... Ich wünsche jetzt im Sommer, daß Sie einmal an meiner Stelle im Bureau sitzen und bloß durch einen Monat hindurch die mündlichen und schriftlichen mit Unterschriften versehenen und auch anonymen, kotzengroben Zuschriften bekommen, ... wo geklagt wird, daß in Baden zuwenig gespritzt wird, daß zuviel Staub vorhanden ist (Ruf: Richtig!) ... solange in Weikersdorf eine so kurzsichtige Politik gehandhabt ... wird ... solange auf den Weikersdorfer Straßen massenhaft Staub liegt, werden wir auch den Staub in Baden haben.* Analog steht es mit den *Sicherheitszuständen.* Aber dafür: *Jetzt haben wir das Theater. Die Gelegenheit, daß jetzt die Weikersdorfer zu uns kommen und auch indirekt zur Mitzahlung veranlaßt werden, dürfen wir nicht vorübergehen lassen.*[3] Damit sind nur einige der Gründe genannt, die auch FÜR die Vereinigung ins Treffen geführt wurden. Die Gegner eines Vereinigungsbeschlusses führten die vorauszusehenden Mehrkosten an und vergaßen auch nicht, sich als grundsätzliche Befürworter einer Vereinigung zu bezeichnen.

[2] StA B, HB 298/6.
[3] BVb. Nr. 31, S. 1f.

Ganz im Gegensatz dazu die Rede Kollmanns. Er sprach sich uneingeschränkt für die Vereinigung aus. Als Vorbild führte er die Eingemeindung der Vororte in Alt-Wien an. Und gab es nicht schon hierorts einen Präzedenzfall: die Eingemeindung Leesdorfs 1848? Er sah Weikersdorf gar nicht als rückständige, sondern als aufstrebende Gemeinde, da die Entwicklung dort dynamischer verläuft. Es würde irgendwann in der Zukunft nicht heißen „Weikersdorf bei Baden, sondern Baden bei Weikersdorf", mahnte er Heiterkeit erregend. Er belegte diese Tendenzen mit eindrucksvollen Ziffern, dem Anstieg des Zinswertes *drüber der Schwechat,* also in Weikersdorf, um 131 % innerhalb der letzten 13 Jahre, in Baden nur um 25 % usw. Parallel dazu gab es einen Zuwachs von Gewerbetreibenden in Weikersdorf von 150 auf 384, in Baden von 1321 auf 1352. Er prognostizierte einen massiven Zuzug der Wiener Beamtenschaft, d. h. jener Hauptstädter, die sich im Helenental ihre Pensionssitze suchen würden, das zwar „Helenental in Baden" heißt, aber in Weikersdorf liegt. Die Kurkommission nannte er ein für Baden unergiebiges *Zwitterding,* das 168.000 Kronen einnehme, in Baden aber keinen Heller ausgebe.[4]

Der Antrag auf eine Volksabstimmung fand keine Mehrheit. Am 1. August 1911 wurde vielmehr der Antrag auf die Vereinigung der beiden Gemeinden mit einer Stimme Mehrheit[5], nämlich mit 17:16 Stimmen, angenommen. Am 23. Sept. 1911 wurde dieser Beschluß vom Landesausschuß des „Erzherzogtums Oesterreich unter der Enns" bestätigt.

Am 22. Februar 1912 wurde Kollmann vom Kaiser mit dem Goldenen Verdienstkreuz mit der Krone ausgezeichnet. Das gehörte zum allerhöchsten Ordensregen, der nun als ein Nachhang zur Vereinigung auf mehrere Personen niederging. Was Kollmann betraf: die an höchster Stelle vermerkten Verdienste erwarb sich nicht der „kleine" Gemeindebeirat, sondern der Landtagsabgeordnete. Aus dem übrigen Programm: Der Bezirkshauptmann Johann Ritter von Galatti erhielt das Ritterkreuz des Franz-Josef-Ordens, der gewesene Bürgermeister von Weikersdorf Josef Trenner das Ritterkreuz und der gewesene Gemeindesekretär der gewesenen Gemeinde Weikersdorf Heinrich Roleder das „einfache" Goldene Verdienstkreuz.[6]

In der Defensive: 1912

Unverzüglich machte man sich an die Vorbereitung zur Wahl der neuen Gemeindevertretung, die die Neu-Badener aus Weikersdorf einschließen sollte, und zwar nach folgender Aufschlüsselung: Im IV. (allgemeinen) Wahlkörper sollten von der Gesamtgemeinde sechs Vertreter gewählt werden, von den übrigen drei Wahlkörpern von (Alt-)Baden je neun, von Weikersdorf je drei Vertreter. Unabhängig davon waren dem III. Wahlkörper fünf Zwölftel, dem II. Wahlkörper vier Zwölftel und dem I. Wahlkörper drei Zwölftel der wahlberechtigten Bevölkerung zugeteilt. Insgesamt gab es wieder 42 Mandatare. Nur daß die einzelnen Mandate für die nun über 20.000 Einwohner umfassende Gemeinde teurer geworden waren.

[4] Ebd. S. 3f.

[5] Es soll die Stimme Gustav Callianos gewesen sein, nach den Worten Kollmanns beim Nachruf auf diesen in der Sitzung vom 18. Februar 1930 (Prot. 18. 2. 1930, S. 2f.).

[6] StA B, HB 298/32.

Die Wahl fiel für viele doch sehr unerwartet aus. Bleiben wir zunächst noch bei der Schlammschlacht, die ihr voranging, im besonderen, was die Position Kollmanns anlangt, die erstaunlicherweise fragwürdiger war, als sie uns erscheinen mag. *Der erste, der umgebracht werden soll, ist natürlich der Kollmann.*[7] Über den – hier ironischen – Gebrauch des Namens mit dem bestimmten Artikel als Vertraulichkeitssymbol ist nichts weiter anzumerken. Die Badener Zeitung und erst recht der Deutsche Volksbote verwendeten aber auch aggressiv herabsetzende Prädikate. Man sprach vom *Terrorismus in der Gemeindestube durch Herrn Kollmann*, die sonst so seriöse Badener Zeitung war hier mit von der Partie.[8] Kollmann wurde z. B. beschuldigt, 35.000 Kronen *zu verstecken oder bereit zu halten*. Dieser Betrag taucht immer wieder auf. Er geht zurück auf eine beiläufige Bemerkung Kollmanns bei der oben erwähnten Herzoghof-Abrechnung, als er sagte, daß, falls der Prozeß der Gemeinde mit einem Wiener Baumeister (?) *flöten* gehen sollte, schon eine bestimmte Summe *reserviert* sei. Wozu die Badener Zeitung lapidar anmerkte, daß ja alle Beträge über 400 Kronen vom Gemeindeausschuß bewilligt werden müßten.[9] Völlig absurd klang der Vorwurf, den die BZ[10] als *Heldenstückchen* ins Spiel brachte: Kollmann habe den Sooßern Geldmittel aus dem Maikäfervertilgungsfonds versprochen, die in jährlichen Raten von 3000 K abzuzahlen wären. Eine zweite größere Sache war ein Grundtausch mit einer Frau Keller (Nonnbügel gegen „Haderergrund" im

oberen Kurpark). Angeblich auf Grund der Empfehlung Kollmanns wurde er für die Gemeinde äußerst nachteilig (um 400 K statt möglicherweise 8.000 K) abgeschlossen, was einer Verschenkung gleichkäme. Kollmann mußte sich in einer Wahlkampfrede am 8. Dezember (im Hotel „Zum goldenen Löwen") vehement verteidigen.[11]

In beiden Fällen wies Kollmann eine persönliche Schuld von sich, bezeichnete sich sogar als grundsätzlichen Gegner der inkriminierten Aktionen. Zur Finanzreserve in der Herzoghof-Angelegenheit: die Rechnung mußte fertiggestellt werden, um das Geld endlich dafür aufzunehmen und die Gewerbetreibenden bezahlen zu können. In der Grundtauschangelegenheit verwies er auf einen vorhergehenden Beschluß des christlichsozialen Klubs, den er damit freilich in ein schiefes Licht rückte. Ob er sich nicht auch das „Wäschegeschäft" am Herzoghof *unter den Nagel gerissen habe*? Hier konnte Kollmann darauf verweisen, daß Mitglieder des Komitees, das die Arbeiten vergab, selbst keine Arbeiten übernehmen durften.

Kollmanns Hinweise auf eine höchst erfolgreiche Tätigkeit in der Gemeindevertretung, in der die Christlichsozialen stark vertreten waren, wenn sie auch nicht die Mehrheit hatten oder gar die alleinige Verantwortung trugen, halfen wenig; auch nicht die als sehr fair empfundene Dankadresse an den Bürgermeister Trenner für dessen *Objektivität* gegenüber den christlichsozialen Vertretern zum Jahresende 1911. Sie mußten nun einmal, wie das in der Politik häufig vorkommt, für die Teuerungswelle büßen,

[7] BVb. Nr. 41, S. 4.

[8] BZ 1912, Nr. 79, S. 4.

[9] BZ Nr. 78, S. 5, und Nr. 79, S. 4.

[10] Nr. 90, S. 6.

[11] Sie ist wie immer ausführlich in seinem Leibblatt (BVb. Nr. 51, S. 1ff.) wiedergegeben.

und zwar gleich mit dem Verlust aller ihrer Mandate bis auf eines, das von Kollmann. Nach dem herrschenden Wahlsystem genügte dazu ja nur ein Defizit von einigen Prozent an Stimmen. Auch Kollmann blieb unter den erforderlichen 50 % und mußte in die Stichwahl gehen. Er erhielt im IV. Wahlkörper über 1014 Stimmen und lag an 7. Stelle – das waren mehr als 100 Stimmen zu wenig. Sein Gegner bei der Stichwahl war der Maurerpolier Fritz Schmidt, für den die Sozialdemokraten stimmten. Ihn schlug er (mit nunmehr 996) um ganze 16 Stimmen! Es war ein erstes Kräftemessen mit den im Stadtparlament noch nicht vertretenen Sozialdemokraten. Diese 16 Stimmen wurden Monate später zu einer magischen Ziffer: Sie war identisch mit der Anzahl der Badener Laternenanzünder, denen die Gemeinde den kärglichen Lohn von 66 auf 60 K herabsetzte. Kollmann hatte sich – übrigens vergeblich – für sie eingesetzt. Erfolgreiche Wahlkampftaktik, wie man sagte? Es war noch nicht alles: Im deftigen Schlammschlachtstil des Wahlkampfs hatten die Christlichsozialen behauptet, daß sich bei der Enthüllungsfeier des Strauß-Lanner-Denkmals Gäste auf Kosten der Gelder, die den Laternenanzündern *abgezwickt* worden waren, *angefressen und angesoffen* hätten. Als sich der Gemeinderat Schabner in der Gemeindeausschußsitzung darüber erboste, war der Vorsitzende, Bürgermeister Trenner, angewidert und ließ keine Debatte darüber zu mit der Begründung, es handle sich um eine Zeitungspolemik. Darüber beschwerte sich Kollmann lautstark mit dem entrüsteten Ausruf: *Knechtung der Freiheit*.[12]

Nun ging es ans Triumphieren auf der einen, an die obligaten Schuldzuweisungen, nur ganz selten Schuldeingeständnisse, auf der anderen. Der billige Triumph fehlte nicht: Gegnerische Anhänger brachen vor dem Geschäftslokal Kollmanns in der Pfarrgasse in *ironische Heilrufe* aus. *Mephisto in dieser Bettelbrüderherberge*, höhnte die BZ dem Wahlergebnis nach – und versah Kollmann so mit einem neuen, diesmal aus der Literatur stammenden, mythologischen Beinamen. Es sollten noch einige folgen.[13]

Am 5. Februar wurde Trenner einstimmig zum Bürgermeister gewählt. Ferdinand Gall, der zuletzt der Hauptsprecher der Weikersdorfer gewesen war, wurde erster Gemeinderat und damit Vizebürgermeister, obwohl man ihm im Wahlkampf persönlich hart zugesetzt hatte[14]. Wahlsieger war ein auf der Optimismuswelle ad hoc gegründeter *Wirtschaftsverein*, in dem sich die Nationalen und Liberalen als *Deutschfreisinnige* oder *Deutschfreiheitliche* zusammenschlossen. Wie schon bei vorangegangenen Wahlplattformen trafen sie sich, ohne ein eigentlich politisches Programm zu haben. Der parteiungebundene und unbestechliche Kritiker Johannes Mayerhofer nannte die seltsame Koalition eine *Verwirtschaftensvereinigung*. Kollmann, der *in selbstloser und hingebungsvoller Weise nur für die Gemeinde tätig war*, hätten – auch das war Mayerhofer eine Erwähnung wert – die Bürgerlichen zum Sieg verholfen.[15] Kollmann bezeichnete die programmatische Betonung der Ökonomie durch den Wirtschaftsverein als einen *Dreh: Jede Partei ist eine politische Partei!*[16]

"Kollmann, der Einzelkämpfer" war nun die Devise. Er stand allein gegen den Rest der Gemeindevertretung. Und das für die kommenden sechs Jahre, denn weitere Wahlen fanden in der Monarchie nicht mehr statt. Wir finden ihn um kein Jota bescheidener oder kompromißbereiter; im Gegenteil kämpferischer und immer aufgelegt zu lebhafter Polemik. Es klingt paradox: Es war jene Phase, in der er seine moralische Autorität als der künftige Bürgermeister aufbaute. Er war nun nicht mehr geschäftsführender Gemeinderat, sondern nur noch Gemeindebeirat und hatte keine Position in einem der Ausschüsse *(Sektionen)*. Erst ganz zuletzt, am 15. April 1918, wurde er in einer Ergänzungswahl wieder in das Spitalskomitee berufen.[17] Er verkörperte eine Ein-Mann-Opposition. Seine Vorgangsweise war zweigeteilt: kritische Offensive bei den laufenden Angelegenheiten war der eine Schwerpunkt, notwendige Defensive, d. h. Verteidigen und Rechtfertigen der Positionen, die er in den vergangenen Jahren eingenommen hatte, der andere. Dabei war ihm wichtig – und das war wohl auch ein Vorteil seiner isolierten Stellung –, daß er nicht Opposition um ihrer selbst willen betrieb, sondern auch sachlich begründete Gegenvorschläge vorbrachte. Das schloß ein, daß er sich auch gelegentlich den Schlußfolgerungen der Stadtregierung anpaßte. In seinen eigenen Worten: *In der Wassermesserfrage habe ich mich als Oppositionsmann so anständig benommen wie nicht bald jemand. Ich habe unten gesagt: ich sehe ein, dass der Wassermesser einmal kommen wird und einmal kommen muß. Als Opposi-*

[12] Prot. 11. 11. 1912, S. 29.

[13] BZ 1912, Nr. 3, S. 4.

[14] Man beschimpfte ihn sogar wegen seines ungepflegten Äußeren: *speckiger Anzug* (BVb. Nr. 46, S. 2). Als er 1913 starb, war er allerdings im Nachruf *ein fleißiger, stets hilfsbereiter und pflichteifriger Arbeiter und freute sich allgemeiner Beliebtheit* (BVb. 1913, Nr. 40, S. 4).

[15] Freie Badener Bezirksrundschau, hrsg. von Johannes Mayerhofer, Jg. 1912, Nr. 2, S. 1.

[16] BVb. Nr. 51, S. 3. – Lustigerweise hatten sich 15 Jahre zuvor die antiliberalen Proto-Christlichsozialen unter Foller auch als *Wirtschaftsverband* konstituiert.

[17] Prot. 15. 4. 1918.

tionsmann hätte ich nichts anderes tun brauchen, als nur schimpfen und schreien. Ich habe das nicht getan, im Gegenteil, ich habe an der Sache mitgearbeitet. ... Wenn ich heute die Wassermessereinführung verhindern könnte, so würde ich es mit Vergnügen tun ...[18]

Kollmann sah sich naturgemäß der Kritik ausgesetzt, die an seiner Tätigkeit als Spitalsreferent geübt wurde. Es ging um das Rath'sche Krankenhaus, um das er sich ja besonders gekümmert hatte. Am 27. Dezember 1912 kam es zum Zusammenstoß zwischen dem neuen und dem alten Spitalsreferenten, als der neue, Hölzl (mit dem Spitznamen *Pupperl*), zugleich einer der „Führer" der regierenden Wirtschaftspartei in der Gemeindevertretung, seinen Bericht vorlegte: Er habe (ausgenommen Küche und Krankensäle) einen *Schweinestall* vorgefunden; es sei keine reguläre Übergabe erfolgt, was ein Gebot nicht nur der Höflichkeit gewesen wäre. Nun kam eine längere Liste von Fehlern und Nachlässigkeiten, die besonders die Abrechnungen der Küche betrafen. Da der Bericht sieben Monate nach der Übergabe (Jahresbeginn 1912) erfolgte, konnte Hölzl bereits auf Kostensenkungen hinweisen. Letztere hätten sich allein schon dadurch ergeben, daß Hölzl die Vergabe der Wäschelieferungen an jüdische Firmen erreicht habe, die wesentlich preisgünstiger waren als die der „arischen" Lieferanten (wofür er sich allerdings, wie er betonte, *als Deutscher* geschämt habe). Im Ganzen seien die Rückstände von 129.000 auf 85.000 K reduziert worden. Kollmann setzte dem eine rhetorische Frage entgegen: Von wann stammt der Bericht? Er ist sieben Monate nach der Amtsübernahme abgefaßt (Zwischenruf von Hölzl: *7 Tage!*), folglich sind – für Kollmann – die Mißstände erst nach seinem Weggang eingetreten; er hätte auch eine ordentliche Buchführung übergeben können, wenn er dazu eingeladen worden wäre! Die Rechnungslegung in der Küche sei freilich schon immer erst Wochen später durchführbar, war daher nicht termingerecht fertig. Kurz, es wurde eine jener Redeschlachten, bei der man nicht sicher ist, was Faktum und was Trick war. Natürlich ist das, was hier, 85 Jahre nach den Ereignissen, beurteilt werden kann, mehr die Rhetorik als die Sache; denn die objektiven Unterlagen liegen nicht vor oder sind zu dürftig.

Der Bürgermeister setzte ein Revisionskomitee ein, bestehend aus den Herren Josef Trenner, Infang und Mayer von Maybach. Ihr Bericht wurde in der nächsten Gemeindeausschußsitzung verlesen. Sie vermochten nicht, Kollmann gänzlich zu entlasten, fanden aber einen Hauptschuldigen in der Person des Spitalsverwalters Schaffhausen. Was wieder Hölzl zu der Bemerkung veranlaßte, der sei ja als Parteifreund des Spitalsreferenten (also als *Schwarzer*) angestellt worden. Es blieb die Behauptung im Raum stehen, daß hinter der formalen Korrektheit *Verschleierungen* stecken könnten. Dr. Arthur Mayer, der Sprecher des Wirtschaftsvereins, legte noch belastendes Ziffernmaterial nach. Hölzl bescheinigte Kollmann *jesuitische Begabung*. Das Wort wurde häufig als antiklerikales Schimpfwort verwendet, um damit dem Gegner Obskurantismus zu unterstellen.

[18] Prot. 12. 1. 1914.

Kollmann bedauerte in seiner Replik *von Herzen*, nicht in einem Jesuitenkollegium gewesen zu sein. Als Meister von resümierenden Schlußworten verzichtete er darauf, Hölzl Vorwürfe zu machen wie dieser ihm – eine von Kollmann häufig gebrauchte dialektische Schlußwendung –, denn erstens sei Hölzl nicht für die Arbeitsrückstände eines überlasteten Beamten verantwortlich zu machen und zweitens verstehe er nichts von diesem Geschäft, könne also nichts dafür, daß er nicht der geeignete Mann dafür sei.[19]

Nicht erst seit damals waren Kollmann und Hölzl „unzertrennliche" Gegner im Wortgefecht, sei es im Gemeindeausschuß, sei es in „ihren" Lokalzeitungen, da Hölzl den Deutschen Volksboten, Kollmann das Badener Volksblatt als Sprachrohr benützte. Die Zeitungspolemik wurde als Wechselrede im Sitzungssaal fortgesetzt und umgekehrt. Als Hölzl, nicht ohne Häme, über vergebliche Interventionen beim Landesreferenten Bielohlawek berichtete – Bielohlawek war der Erzfeind der Liberalen, daher seine Aversion gegen Baden –, warf ihm Kollmann nur vor, es nicht gleich noch einmal versucht zu haben: *Wenn er nicht sekkiert wird, wird er* (der Landesausschuß) *nichts geben.*[20] Übrigens war Kollmann gegen eine Übernahme der Krankenhäuser durch den Staat; der baue Spitäler *in Galizien, Dalmatien, Böhmen*, nicht aber hier bei uns; wieder ein Reflex der Nationalitätenkämpfe, wie sie damals überall in der Monarchie tobten.

Der Zensor: 1912/1913

Kollmann meldete sich zu beinahe jedem Thema zu Wort, ohne zuständiger Referent zu sein; z. B. bestritt er am 2. Oktober 1912 nicht weniger als 19 der insgesamt 85 Wortmeldungen – ein gutes Fünftel. Nur der Bürgermeister als Vorsitzender sprach öfter.

Wie sehr Kollmann bestrebt war, nichts durchgehen zu lassen und die Kontrollrechte der Gemeindevertretung zu verteidigen, belegt seine erstaunte Anfrage an den Bürgermeister in der Sitzung vom 4. April 1912: *Es ist das Stadtarchiv so ganz sang- und klanglos aus dem Badener Rathaus übertragen worden. ... Ob es gut oder nicht gut ist,* wolle er hier nicht besprechen, sondern er hätte *nur gewünscht, dass die Übertragung des Archivs für so wichtig gehalten worden wäre, dass der Gemeindeausschuss dazu hätte Stellung nehmen sollen oder können. Die Übertragung wird nicht allein Kosten verursachen, beispielsweise durch den Transport, das ist zweifellos, es wird auch eine gewisse Anzahl von Herstellungen notwendig sein, wir hätten daher doch wissen sollen, was das kostet und wie die Sache bezüglich der Ausführung gedacht ist.* Bürgermeister Trenner versicherte, daß die Aufstellung des Archivs keine großen Kosten verursachen werde und daß jedenfalls an den Ausschuß *wegen Genehmigung* herangetreten werde, *wenn die Sachen durchgeführt sein werden und dann alles vollkommen klar ist.* Übrigens sei die Transferierung eine notwendige Maßnahme, *damit wir die Geschäfte der früheren Gemeinde Weikersdorf und die Beamtenschaft derselben herüber bekommen.*[21] Was die eigentliche Kollmann-Geschichte betrifft, ist diese Sache relativ unerheblich, aber für den Autor als Mitar-

[19] Prot. 27. 12. 1912.

[20] Prot. 26. 11. 1917, S. 17.

[21] Prot. 4. 4. 1912, S. 54. – Übrigens übernahm man die Sitzbänke des Weikersdorfer Rathauses ins eigene, das dadurch eine neue, bei Hinterbänklern und Journalisten unpopuläre Sitzordnung mit an die ABC-Schützen-Zeit erinnernden Bankreihen bekam (BA „Trenner" 6. Teil, Nr. 49).

beiter des Rollettmuseums ist es doch „die eigene Sache": Bald darauf folgte die Übersiedlung des Rollett-Museums in das ehem. Weikersdorfer Rathaus. Das Museum hatte seit dem Abbruch des Redoutengebäudes in der Boldrini-Stiftung (ehem. Armenhaus, Antonsg. 25) ein eher unbeachtetes Dasein gefristet. Ein Dreierkomitee, bestehend aus Altbürgermeister Zöllner, Bürgerschuldirektor Martin und Gemeinderat Leopold Schmid, wollte es daraus erwecken und stellte die nötigen Anträge im Gemeindeausschuß. Sie kooptierten ein erweitertes Prominentenkomitee, in dem sich u. a. Regierungsrat Dr. Emil Rollett, direkter Nachfahre des Gründers der Sammlungen, befand. Als Zöllner die vermutlichen Kosten mit 20.000 K bezifferte, gab es ein erstauntes Raunen und ein höfliches Abwinken des Bürgermeisters. Kollmann jedoch meldete sich diesmal nicht zu Wort. In der nächsten Sitzung bewilligte man dafür einen Kredit von 15.000 K.[22] Als Kollmann im September 1913 eine Mehrbelastung von 5000 K entdeckt zu haben glaubte, ließ er sich von Bürgermeister Trenner unwidersprochen korrigieren: es waren nur 3000 K durch fünf Jahre.[23]

Zu anderen Problemen. Pachtvertrag mit der Kuranstalt: Kollmann beschwert sich darüber, daß der Bürgermeister der Gemeindevertretung nichts über die Pachtgesellschaft mitgeteilt hat und daß er den Vertrag nicht in 15 Minuten *verdauen* könne. (Zwischenruf von Hölzl: *Schlechter Magen.*) An dieser Stelle wären wieder einmal die nicht so seltenen Fälle zu erwähnen, in denen Kollmann später als Bürgermeister „seine" Gemeinderäte nicht viel anders behandelt hat.[24]

Die Übernahme (Verstadtlichung) des Elektrizitätswerks durch Ankauf von der Gasgesellschaft kann hier nur gestreift werden. Sie war ein unerschöpfliches Thema für zahlreiche Debatten in den Budgetsitzungen der Gemeindevertretung und daher für *Oppositionsmeier,* wie Kollmann einer war. Es gab Unstimmigkeiten über den Schätzwert, das Angebot eines Schiedsgerichts, zuletzt eine Kompromißlösung. Kollmann verteidigte die Haltung der alten Gemeindevertretung und wies den Vorwurf der falschen Schätzung zurück, wiewohl er zugeben mußte: *Über die technische Seite des Vertrages spreche ich nicht, da ich sie nicht verstehe, aber von Ziffern verstehe ich was und werde von denselben sprechen.*[25] Schließlich bot die Gesellschaft die Einlösung des E-Werks um 1,125 Mio. K innerhalb von zwei Jahren, wonach alle Differenzen mit ihr ausgetragen sein sollten. Kollmann hielt eine lange, mit Zahlen über und über gespickte Verteidigungsrede, bestand auf sofortiger Übernahme der Verantwortung und stimmte dann doch für den Mehrheitsantrag. Er verlangte – erfolglos – eine Herabsetzung des Strompreises. Als er über die Finanzierungspläne des E-Werkes Auskunft wollte, stellte der Bürgermeister einen Bericht darüber in Aussicht.[26] Da die Frage in jeder Jahresabrechnung notwendig an prominenter Stelle immer wieder auftauchte, gab es genügend Gelegenheit zu der von Kollmann so geschätzten Sportart der polemischen Auseinandersetzung.

Es folgte in dieser Sitzung noch eine – sachlich wenig belangreiche – Kontroverse mit dem deutschnationalen Ge-

[22] Prot. 11. 11. 1912, S. 22–27, und 27. 12. 1912, S. 37.

[23] Prot. 17. 11. 1913, S. 5.

[24] Prot. 15. 2. 1928. – Kommentar zum Trinkhallenbau in: Badener Wacht 1928, Nr. 8, S. 3.

[25] Prot. 3. 5. 1912.

[26] Protokolle 2. 4., 23. 5., 14. 6., 3. 7. 1912.

meindebeirat Reigl, die er sich für eine Presseerwiderung in seiner Zeitung aufhob: *Ist Ihnen bekannt, daß ein verantwortliches Mitglied der Christlichsozialen etwas getan hat, was mit dem Begriff „Recht und Ehre" unvereinbar ist, dann heraus damit!* Auf Schmähung *(Büberei)* reagiere er nicht (wobei er nie vergißt, dies zu betonen und also doch zu reagieren).[27]

Anderes, das man unter Kleinigkeiten einordnen kann: Kollmann forderte Gleichstellung der Beamten und Wachleute von Weikersdorf und Baden in ihren Bezügen.[28] Ferner beschwerte er sich erfolglos darüber, daß drei Delegierte zum neugegründeten „Verband deutsch- österreichischer Theater" nicht mit Stimmzettel von der Gemeindevertretung gewählt wurden.[29] Da die Wasserableitung vom Mitterberg durch den Rolletlschen Garten in der bisherigen Bergstraße (sie wurde in derselben Sitzung nach dem verdienstvollen Politiker Gustav Marchet benannt) führen sollte, amüsierte sich Kollmann darüber, daß dies (laut Antrag des Gemeinderats Hölzl) ein *zwangsweises Servitut* sein solle; was rechtlich gar nicht möglich sei. Wasseranschlüsse in Weikersdorf: Kollmann setzte sich dafür ein, daß man menschlich und rücksichtsvoll wie zuvor in Baden vorgehen solle.

Der Rechnungsabschluß für 1911: Kollmann setzte sich ausführlich mit dem Referat des GR Dr. Mayer auseinander. Natürlich verteidigte er die Ausgabenpolitik der letzten sieben Jahre, an der er maßgeblich beteiligt gewesen war, auch was das Theater betraf. Dabei entfuhr ihm ein Satz, der beim besten Willen nicht als besonders theaterfreundliches Argument bezeichnet werden kann: *Was würden Sie heute machen, wenn wir damals nicht in den sauren Apfel gebissen hätten?*[30] Heftige Kritik übte Kollmann immer wieder am „sorglosen" Umgang der Gemeindevertretung mit Gemeindegeldern: Sie hätte leicht 60.000 K ersparen können, ja müssen. Aber es wurde keine sachliche Debatte – wieder wurde ein Zeitungskrieg entfacht und in der Form offener Briefe ausgetragen. Kollmann (oder der Redakteur) nannte die im Deutschen Volksboten veröffentlichten Benachrichtigungen Hölzls *Pupperlbriefe* (nach dem bekannten Spitznamen des Absenders).[31] In der Sitzung des Gemeindeausschusses wurde die Polemik fortgesetzt. Diesmal antwortete sogar der Bürgermeister persönlich, der die Zeitungspolemiken sonst immer aus den Gemeindevertretungssitzungen herauszuhalten trachtete, durch eine *Interpellationsbeantwortung.* Kollmann replizierte wie üblich in „seinem" Blatt und zerpflückte die Ausführungen vor allem der Gemeinderäte Hölzl und Dr. Mayer zum Defizit bei der Heilanstalt. Am Schluß: *In die Kloake folge ich dem Herrn* (Hölzl oder Mayer) *nicht, die niedrigen Angriffe und Beschimpfungen, welche mit advokatischer Kniffflichkeit abgefaßt sind, werden, da ich diese Form der Angriffe nicht durch gerichtliche Entscheidung entsprechend beleuchten kann, durch ein „Eingesendet"* (d. h. durch Leserbrief) *an anderer Stelle erledigt.*[32]

Antrag auf Verbesserung der Schulbänke. Rauchverbot auf den Galerien des Rathaussitzungssaales: entweder

[27] BVb. 1912, Nr. 28, S. 2f.

[28] Prot. 14. 6. 1912.

[29] Prot. 3. 5. 1912.

[30] Prot. 3. 5. 1912.

[31] *Offener Brief an meinen Freund Kollmann* (DVb. Nr. 38, S. 4). Darauf das *Schwarzblattl* (BVb. Nr. 39, S. 2): *Offene Antwort auf den offenen „Pupperl"-Brief.*

[32] BVb. 1912, Nr. 46, S. 5, u. Nr. 47, S. 1ff.

aufheben oder auf den ganzen Saal ausdehnen.[33]

Die „Abortgeschichte": Im Winter 1912/1913 stellte die Lokalbahngesellschaft den Winterbetrieb der Vöslauer Bahn ein, was in Baden große Mißstimmung erregte. Die Gemeinde erwog *Repressalien* gegen die Gesellschaft, nämlich die Schließung der städtischen Abortanlage am Josefsplatz (die aber immerhin 2300 K Gewinn brachte!). Das sollte die Lokalbahn zwingen, einen eigenen Abort zu errichten, der ohnehin gesetzlich vorgeschrieben war. Aber da bestrafte man die Badener Bevölkerung just im Winter. Wie sollte man ihr erklären, daß man sich in einem *Kriegszustand* befinde? Kollmann kämpfte unverdrossen für eine gütliche Lösung und möglichst geringe Belästigung für die Badener. Ein Kompromißvorschlag, die Gesellschaft durch die drei Gemeinden Baden, Vöslau und Sooß zu subventionieren, fiel durch.[34] Immerhin: Es gelang Kollmann – nur ihm, wie das Badener Volksblatt festhielt –, die Vöslauer Bahn durch Vermittlung privater Gelder wieder flott zu machen.[35]

„Badeblatt": Eine Firma Sohr & Co. wollte ein „Badeblatt" herausgeben, das auch die Kurliste führen sollte. Kollmann warnte – *Das Blatt wird herausgegeben, um den Geschäftsleuten Geld für Inserate abzunehmen* – und war für öffentliche Ausschreibung. Diese jedoch erbrachte nichts. Sohr bekam den Auftrag trotzdem, aber die Warnungen erwiesen sich als triftig. Finanzielle Nachteile waren die Folge.[36]

Turnusarbeiten (ein brisantes Thema): Dabei handelte es sich um die Vergabe von Gemeindearbeiten an Badener Gewerbetreibende und Handwerker. Es gab eine umfangreiche Liste jener Baumeister, Dachdecker, Spengler etc., die für die einzelnen insgesamt 71 städtisch administrierten Objekte zuständig waren. Kollmann verlangte Veränderungen und sprach von *Machtdemonstration*. Die BZ hielt dem *Pfaidler* (= Hemdenmacher) Kollmann vor, daß zur Zeit der vorhergehenden Gemeindevertretung Parteifreunde gefördert worden seien.[37]

Und schließlich: Kollmann wies darauf hin, daß der *Konkurrenzkurort* Pystian von der ungarischen Regierung mit 60.000 K unterstützt werde.[38]

Spielbank, Wahlrecht: 1913/1914

1913 tauchte die Frage einer Spielbankgründung in Baden auf. Zur Vorgeschichte: 1878 war ein „Casino-Verein" gegründet worden. Er sollte sich der Pflege von *Conversation, Gesellschaftsspiel, Musik, Deklamation, Vorlesung, Theater, lebenden Bildern, Tombola etc., schließlich mit Tanz (die Damen selbstverständlich in einfacher Haustoilette)*[39] widmen und die vielleicht von den Kurgästen verwöhnten Badener auch im Winter einmal die Woche mit Amüsement versorgen. Von Glücksspiel war keine Rede. 1887 löste er sich freiwillig wieder auf.

Aber schon 1873 war ein „Kasinoklub" gegründet worden, der nun als Lobby der sogenannten *Kasinotten* fungierte. Im August 1913 bildete sich ein vorbereitender Ausschuß, dem Mitglieder der Gemeinderatsmehrheit angehörten. Es war klar, daß Hasardspiele grundsätzlich verboten waren und bleiben mußten.

[33] Prot. 27. 2. 1913.

[34] Prot. 2. 10. 1912, S. 8 ff., und 11. 11., S. 13 ff.

[35] BVb. Nr. 46, S. 4.

[36] Sitzung der Kurkommission am 7. 4. 1913 (BZ Nr. 29, S. 3).

[37] BZ 1913, Nr. 30, S. 3. – Prot. 8. 4. 1913, S. 4.

[38] BZ 1913, Nr. 27, S. 2 f.

[39] Leserbrief, gez. „Mehrere Familien" im Badener Boten, Dezember 1873.

Aber eine Fraktion, die sogenannten *Abbazianer,* wollte wenigstens die Legalisierung der sogenannten kleinen Kasino-Spiele durchsetzen, wie sie in Abbazia und Grado üblich waren. Die Spielbank sollte von der „Abbazianer Gesellschaft" betrieben werden. Unglücklicherweise hatte aber diese Schwierigkeiten. Der Minister des Inneren sperrte das Kasino von Abbazia, hauptsächlich deswegen, weil man sich über ein Sinken der Kaufkraft der Kurgäste beklagte, die ihr Geld in der Spielbank verspielten, während die erhofften Einnahmen ausblieben. Die nö. Statthalterei war und blieb strikt gegen die Einführung einer Spielbank in Baden; das Kasino selbst *als Sammelpunkt eines distinguierten Publikums* wurde aber begrüßt.[40]

Auch Kollmann war deklarierter Gegner des Glücksspiels und legte mit großem Nachdruck Protest ein, der aber auf der Gemeindeausschußsitzung von der Mehrheit zurückgewiesen wurde.[41] Das wunderte niemanden, denn Rechtsvertreter der Spielbank war Dr. Arthur Mayer, die „Nummer eins" der liberalen Wirtschaftspartei. Wie ernst war aber die Behauptung des Badener Volksblatts zu nehmen, daß Kollmann sein Landtagsmandat durch ein Unterlassen des Protestes *gesichert* hätte?[42]

Der Kasinoklub wollte zunächst den ersten Stock im Badehaus pachten, mietete sich aber dann in der Löwenstein-Villa (heute Haus der Kunst) ein, die ab Januar 1913 renoviert wurde. Mehr als 100.000 K wurden angelegt. Die Bezirkshauptmannschaft ließ sich aber nicht irreführen. Sie verbot sogenannte Geschicklichkeitsspiele als getarnte Ha-

sardspiele und ordnete am 19. Juli 1914 die Versiegelung der Räume des Klubs an.[43] Daß die Nachfrage vorhanden gewesen wäre, belegt eine Zeitungsmeldung:[44] Die Polizei hatte am 7. Juli um halb 3 Uhr früh eine Spielgesellschaft im Esplanade ausgehoben, die als Sportklub getarnt war.

Der Rechnungsabschluß 1912, der am Ende des Jahres 1913 behandelt wurde, war ausgeglichen. Nur das Krankenhaus wies das übliche Defizit aus, diesmal 29.000 K. Kollmann bezeichnete den Bericht sogleich als *befohlene Arbeit der Beamten.* In Wahrheit betrüge das Gesamtdefizit 16.000 K. Mehr noch – der Bericht entspreche nicht den Tatsachen, sondern *anbefohlenen Verhältnissen.* Noch wurden die beiden Gemeinden beim Rechnungsabschluß getrennt behandelt. Der Weikersdorfer Abschluß war angeblich so übersichtlich gearbeitet, daß er nicht vorgelesen werden mußte, doch Kollmann ließ sich nicht täuschen. Er fand, daß in Wahrheit dieser umgearbeitete Entwurf ein Defizit von 20.000 K versteckte: Wasserleitung und Kanalisierung waren nicht berücksichtigt worden. Zuletzt wurde, wie es hieß, der Bericht *aus Courtoisie* angenommen.[45]

Im Mai 1913 setzte Kollmann einen bedeutsamen Schritt. Er begann beim Städtetag die Kampagne für die Einführung des Verhältniswahlrechts bei Gemeindewahlen. Seiner Meinung nach sei das gültige Mehrheitswahlrecht dazu angetan, geradezu den Charakter zu verderben (was man in anderen Ländern auch schon vom Verhältniswahlrecht gesagt hatte). Unbestreitbar ist, daß bei einer Drei-Parteien-Konstellation theore-

[40] BVb. 1914, Nr. 8, S. 3.

[41] Prot. 30. 10. 1913.

[42] BVb. Nr. 39, S. 2.

[43] BVb. 1913, Nr. 42, S. 3. – DVb. Nr. 44, S. 3f. – BVb. 1914, Nr. 15, S. 1f., und Nr. 30, S. 1.

[44] BVb. 1914, Nr. 28.

[45] Prot. 11. 12. 1913.

tisch die stärkste Partei leer ausgehen kann, dann nämlich, wenn sich die beiden anderen zu einer gebundenen Liste vereinigen.[46] Was Kollmann – er sprach natürlich im Namen seiner Partei – hier vorbrachte, war nicht mehr und nicht weniger als die Vorwegnahme einer kommenden Verfassung, ja geradezu die gedankliche Konstruktion eines neuen Staatswesens, das auf diesem Wahlrecht gründen und sich in diesem definieren würde, nämlich des uns geläufigen Parteienstaates. Natürlich konnte Kollmann damals nicht wissen, daß dieses Staatswesen eine Republik sein würde. Aber er vermeinte, daß es ein modernerer Staat sein würde, in dem sowohl die demokratischen wie auch die von ihm vertretenen christlichsozialen Grundsätze leichter durchsetzbar seien. Bei Beibehaltung des Mehrheitswahlrechts hätte die spätere Republik ein anderes Gesicht gehabt.[47]

Die Liberalen wehrten sich. Dr. Mayer erklärte, Niederösterreich sei noch nicht reif für das Verhältniswahlrecht, womit er es allerdings anerkannte und seine Einführung für eine fernere Zukunft geradezu in Aussicht stellte. Doch die christlichsoziale Landtagsmehrheit beschloß das neue Gesetz binnen 14 Tagen (am 25. und 26. Februar 1914) und schloß sich damit anderen Kronländern an, die es bereits eingeführt hatten. Auch in Niederösterreich gab es in Wiener Neustadt und in Waidhofen an der Ybbs, Städten mit eigenem Statut, schon das Verhältniswahlrecht. Im Oktober 1914 sollten die Neuwahlen auch in den niederösterreichischen Land- und Industriestädten in dieser neuen Form stattfinden und

eine neue Ära einläuten. Nicht Kandidaten sollten gewählt werden, die sich aus freiem Willen zu einer Partei bekannten, sondern Parteien, die eine Liste IHRER Kandidaten präsentierten.

Das Schicksal bestimmte es bekanntlich anders. Der Krieg brach aus, Wahlen fanden nicht mehr statt. Für vier weitere Jahre blieb der Gemeindeausschuß in seiner nicht gerade „zufälligen", aber doch zeitgebundenen Zusammensetzung bestehen und Kollmann allein in der Opposition. Gelegentlich wurde er von anderen darin unterstützt, so von Moriz Rollett.[48]

Kollmann setzte sich für die Leesdorfer Hausbesitzer ein. Sie wollten eine Herabstufung der HausZINSsteuer in eine HausKLASSENsteuer. Die liberale Mehrheit lehnte ab. Sie argumentierte, daß nur 40 % des Wohnraums unvermietet sei.[49]

Vielleicht eine Bagatellsache: Jeder Badener kennt den Wasserleitungsweg, der im Anschluß an die Mautner-Markhof-Straße durch die Weingärten nach Pfaffstätten führt. Der Gemeindebeirat Baumeister Seyk referierte über die Herstellung dieses Weges. Gemeindebeirat Fischer beantragte daraufhin eine Stacheldrahteinfriedung beiderseits des Weges, da die Weingärten durch die erhöhte Frequenz durch Kinder, Hunde etc. zu leiden haben würden. Gemeinderat (also der Ranghöhere) Mayer hielt diese Forderung für berechtigt und machte darauf aufmerksam, daß dann, um in die Weingärten zu gelangen, *Türln* notwendig seien. Nun meldete sich Kollmann zu Wort und erklärte sich jederzeit bereit, berechtigte Wünsche der Weinbautreibenden zu unterstützen. Dieser

[46] Das kann schon passieren, wenn nur zwei gegeneinander antreten, wie 1897, als es den von Kunschak geführten Wiener Christlichsozialen gelang, die Sozialdemokraten Viktor Adlers vorübergehend aus allen Wahlkreisen zu verdrängen (Knoll, S. 205f.).

[47] Das praktisch lupenreine Verhältniswahlrecht hat vielleicht dazu beigetragen, sie zu ruinieren, da sie die Macht der Parteizentralen übermäßig gestärkt hat.

[48] BVb. 1914, Nr. 7 und 10.

[49] BVb. 1914, Nr. 28, S. 1.

Bürgermeister Kollmann als Förderer des Weinbaus

Wunsch sei jedoch unbillig und er müsse entschieden dagegen auftreten. Die Kosten beliefen sich auf 6600 K. Man müsse dann in allen anderen Fällen bei Wegen durch die Weingärten Gitter machen. Warnungstafeln erfüllten beim Badener Publikum ihren Zweck vollauf. Bei der Abstimmung wurde der Antrag des Gemeindebeirates Fischer abgelehnt, und zwar einstimmig, also auch mit der Stimme des Antragstellers, was lebhafte Heiterkeit hervorrief. Bis heute gibt es diesen Drahtzaun nicht. Ein Beleg für verantwortungsvolle Gemeindepolitik, die sich auch einmal gegen die „eigene" Lobby wendet.[50]

Der Rhetoriker: I. Teil

Um ein gerechtes Bild vom Beitrag Kollmanns zur Gemeindepolitik in den Jahren vor dem Ersten Weltkrieg zu bekom-

men, müßte man sich in die „Niederungen" der damaligen alltäglichen Auseinandersetzungen in der Gemeindevertretung begeben, d. h. ihre Motive und Hintergründe, den berühmten roten Faden, besser kennenlernen. Das scheitert schon an der überaus fleißigen Betriebsamkeit dieser Körperschaft und damit an der Langeweile, die man notwendigerweise verbreiten müßte, wenn man sie ins Detail hinein verfolgen wollte. Man täuscht sich, wenn man die Gemeindedemokratie geringschätzt, die unter des Kaisers Souveränität existierte. Die Protokolle der Debatten zeugen von Lebendigkeit, Geist und Mut zur Auseinandersetzung mit Freund und Feind. Bestimmend war auch die Verletzlichkeit mancher Abgeordneter (z. B. Josef Herzogs), was zu Ehrenbeleidigungsklagen führte. Das Interesse des zeitunglesenden Publikums für Vorgänge in der Gemeindepolitik war offenbar wesentlich größer als heute; denn die genaueste, facettenreichste Berichterstattung darüber war gang und gäbe, Reden wurden oft wörtlich wiedergegeben. Anderseits hat man sicher Dinge, die heutiger Medienvielfalt leichter zugänglich wären, beharrlich totgeschwiegen oder mit billiger Polemik zugedeckt, statt sie ernsthaft zu untersuchen.

Kollmanns Beiträge waren schon im Reichtum der Aspekte positiv, eher kritisch bis hin zur ungeschminkten Aggressivität, doch selten von bloßer Kritiksucht geleitet. Seine Tätigkeit in Landtag, Gemeinderat und Kurkommission steht dabei in engem inhaltlichem Zusammenhang. Es kam auch vor, daß Kollmann seine ablehnende Haltung zu-

[50] Prot. 12.1914. – BVb. 1915, Nr. 1, S. 4.

rückstellte und für einen Antrag stimmte, nur um die Sache noch in die laufende Landtagssession einbringen zu können. Von Bedeutung ist dabei der rhetorische Aspekt. Kollmann hatte nicht nur die Gabe der sachlichen Darstellung eines Problems, die er mit stupender Zahlenkenntnis garnierte und dem weniger vorbereiteten Zuhörer an den Kopf warf. Er hatte auch seine eigene Formulierungskunst. Er verstand es nämlich, aus der Not seiner formalen Bildungsdefizite eine Tugend der – nicht nur syntaktischen – Vereinfachung zu machen. Das reichte zwar nicht zu philosophischem Tiefgang, den er nicht anstrebte, höchstens als Spielmaterial benutzte, aber doch zu entwaffnenden Feststellungen und Einsichten im Grundsätzlichen. Die Vereinfachung war für ihn eine Schiene für die aufzubauende Beweisführung. Dafür war er für oft pedantische Kontrollsucht bekannt. Vgl. Hölzl (in der Frage des Wasserverbrauchs): *Er muss es gewußt haben – er weiss ja immer alles schon im vorhinein, kann auch in die Zukunft* blicken ...[51]

Friedrich Funder gibt einen Eindruck davon, wie es Kollmann im Klub der Landtags-, später Nationalratsabgeordneten fertigbrachte, andere zu überzeugen. *Wenn er sprach, dann horchten alle auf. Erschien eine Sache in dem Widerstreit der Meinungen schon ganz verwickelt und konnte man zweifeln, welche Schale der Waage den gewichtigeren Inhalt erweisen werde, da alles im Ungewissen war, da meldete sich Josef Kollmann zum Wort. Merkwürdig, wie dieser Mann dann nüchtern, sachlich Argumente, die falsch waren, zerfaserte und die Dinge, um die es ging, mit klaren Sätzen vor seine Zuhörer hinzustellen verstand, nicht selten die Rede mit Humor würzend und mit wuchtigem Pathos einfallend, wenn es not tat. Er war eine packende Erscheinung, wenn er so mit blitzendem Auge seine Sache verfocht.*[52]

Die folgenden Quisquilien sind willkürlich herausgegriffen. Mit Absicht sind Ausführungen an den Anfang gestellt, in denen er zunächst tastend Schritt vor Schritt vorgeht, um sicheren Boden zu gewinnen. (Schlußfolgerung:) *Wenn wir uns die Ursachen, die zu diesem günstigen Ergebnisse geführt haben, etwas näher ansehen, so kommen wir zu besonderen Merkmalen. Das eine Merkmal ist, dass die Stadtgemeinde Baden durch den Krieg an den Einnahmen in keiner Weise eine Schmälerung erlitten hat ..., die zweite Erscheinung ist die, dass im Gegenteil ein Teil des Gemeindebetriebes gerade während des Krieges eine ausserordentliche Steigerung der Einnahmen zu verzeichnen gehabt hat.*[53]

(Pädagogik im Gemeinderat, vielleicht auch Selbsterziehung:) *Ein sogenanntes Prinzipienreiten mag unter Umständen gut sein. Im praktischen Leben nicht immer. Wenn ich sehe, dass ein Prinzip zu meinem Ruin ausgeht und zum Ruin der ganzen Gesellschaft, so muss ich endlich und schließlich mir vorstellen, ist das Prinzip das richtige und ist es auch dasjenige, von dem ich glaube, dass es Erfolg verspricht? Wenn ich aber erkenne, dass es keinen Erfolg verspricht, so muss ich es aufgeben. Die Sache ist zwar ideal, aber praktisch ist sie nicht.*[54] (Der kleine Unterschied:) *Weil der Gegner glaubt, seine Argumente könnten auf die Mitglieder der Mehrheit einen Einfluß*

[51] Prot. 12. 1. 1913, S. 8.

[52] Friedrich Funder in: Festschrift 107 f. – Vgl. die ausgezeichnete Charakteristik hier S. 106 f.

[53] Prot. 31. 10. 1916, S. 8.

[54] Prot. 11. 11. 1912, S. 14 f.

gleich den Sirenenklängen ausüben: *Die Sirenenklänge gewiss nicht, aber vielleicht ihr Inhalt.*[55]

(Zum Einfluß des Wetters auf Fremdenverkehr und Kurbetrieb:) *Ich nehme an, dass die Gerechtigkeit so weit geht, denn alle Menschen sind gleich, dass nicht für den einen ein besseres und für den anderen ein schlechteres Wetter gemacht wird.*[56]

(Wechsel in der Politik:) *Eine Gemeinde lebt ewig, die Gemeinde stirbt nicht, es sterben nur die einzelnen Vertretungen, einmal die eine, einmal die andere.*[57]

(Macht und Recht:) *Der Herr Referent hat soeben gesagt, dass die Differenzen sehr geringfügig sind. Daraus gehe hervor, dass es sich um eine ganz gewöhnliche Machtdemonstration gehandelt hat, die beweisen sollte, dass wir machen können, was wir glauben. ... Er sehe ganz gut ein, dass, wenn jemand zur Macht kommt, er sich gleich und möglichst rasch im Vollgenusse der Macht fühlt. Es sei dies eine menschliche Schwäche, die überall zu Tage tritt, also auch hier. Die Sache ist aber anders dadurch, dass es sich um ein Vertragsrecht gehandelt hat. ...*[58]

(Verträge:) *Es geht nicht an, dass über Verträge so einfach abgestimmt werde, damit alles so gemütlich ablaufe, während hinterher sich dann Mängel und unangenehme Folgen ergeben.*[59]

(Standfestigkeit:) *Was Herr Hölzl in so liebenswürdiger Weise vom Wind gesagt hat, so muss ich konstatieren, dass vom Wirtschaftsverein aus ein Wind geht, aber nur ein Wind, der mich gern verblasen möchte. Diese seine Sorge ist ganz unbegründet.*[60]

Hier ist eine Notiz anzubringen, die mir wichtig zur Beurteilung der Wirkung auf andere Gemeindepolitiker erscheint. Kollmanns Standfestigkeits-Syndrom, bestehend aus mehreren zusammenfließenden Eigenschaften wie Überzeugungsfestigkeit, Schlagfertigkeit, Fitneß („Kondition") waren tatsächlich in der Lage, politische Gegner aus dem Gleichgewicht zu bringen, so daß sie entweder dazu neigten, Fehler zu begehen und sich Blößen zu geben, in cholerische Attacken zu verfallen, oder überhaupt den Kampf aufgaben. Die liberalen Alois Schabner und Dr. Arthur Mayer, Anwalt, könnten Beispielsfälle dieser Art gewesen sein. Letzterem fehlte die nervliche Widerstandskraft gegenüber Kollmanns Angriffen, um den Aufgaben der Führung der Wirtschaftspartei gewachsen zu sein. Er galt als nervös und reizbar. Er verzichtete im Januar 1913 auf seine Position als Sprecher seiner Fraktion und sogar auf das Gemeinderatsmandat, erschien aber einige Monate später ganz einfach wieder in der alten Rolle, als ob nichts gewesen wäre.

Es mögen hier noch in einer – natürlich unchronologischen und nicht flächendeckenden – Aufzählung ein paar für Kollmann typische Aussprüche und Wortmeldungen aus dem Alltag der Gemeindepolitik angeführt werden. Auch Bagatellsachen sind darunter, die als Hintergrundtapete des damaligen Debattierstils dienen mögen.

(Theater:) *Ich werde dem Herrn Direktor* (Heiter), *einem gewiegten Kaufmann, keinen Vorwurf machen, er führt es sehr gut, das muß ich zugestehen, allerdings*

[55] Ebd., S. 13.

[56] Prot. 2. 10. 1912, S. 41.

[57] Ebd., S. 41.

[58] Zum Thema „Turnusarbeiten" Prot. 8. 4. 1913, S. 4.

[59] Sitzung der Kurkommission zum Thema „Sohr" am 7. April 1913 (BZ Nr. 29, S. 3). Der Gemeinderat Grab setzte freilich in der Diskussion nach: *Wenn Herr Kollmann in der Sitzung nicht geschlafen hätte ...*

[60] Zum Thema „Hausklassensteuer" 5. 2. 1914, S. 7.

nicht vom künstlerischen Standpunkt, weil ich zu wenig in's Theater gehe ...[61] (Dasselbe:) *Wenn ich auf den Zuruf des Herrn Berichterstatters „kleinlich" zurückkomme, so sage ich: „Kleinlich ist gar nichts." Wir stehen dem Herrn Direktor als Partei gegenüber, der eine gibt, der andere übernimmt, ein kleinlicher Standpunkt ist da nicht gegeben.*[62]

(Geschichtsphilosophisch:) Gegen den Vorwurf sich wehrend, es würde die Absicht bestehen, *bestimmte Sachen zu trüben ... Ich muss demgegenüber feststellen ..., dass der Bürgermeister, und das scheint ein Prinzip der Neuzeit zu sein, die Geheimniskrämerei stark eingeführt hat ....*[63]

(Proportionalwahlrecht:) *Das Proportionalwahlrecht verhindert die Majorisierung der stärksten Partei durch die verschiedensten kleineren Gruppen und es verhindert die schmählichen und schmutzigen Kompromisse. ... Das demoralisiert das ganze politische Leben. Bei der Einführung des Proportionalwahlrechts wird auch folgendes verschwinden: Jene Leute, die auf allen Seiten sein wollen, die auf jede Suppe ein Schnittling sind, die werden verschwinden von der Oeffentlichkeit, das sind keine Charaktere; die nicht den Mut der offenen Ueberzeugung haben, haben auch nicht das Recht, öffentlich mitzureden ...*[64]

(Politische Moral:) *Eine Partei, die eine Vertretung ganz beherrscht, man kann es ruhig sagen, verdirbt unbedingt, es ist notwendig, daß eine Opposition besteht.*[65]

(Widerstand gegen Staatsgewalt:) *Wir sind in Österreich sehr gute Staatsbürger, wenn man nämlich den Standpunkt einnimmt, dass derjenige ein guter Staatsbürger ist, der es so tut, zu allem und jedem, was die hohe Regierung anordnet, das Maul zu halten. Ich bin aber der Anschauung, dass man sich in solchen Fällen, wo seitens der Behörden so grosse Fehler geschehen sind, nicht alles ruhig so gefallen lassen kann, weil sonst die Meinung auftaucht und auftauchen könnte, dass das, was von oben verordnet wird, richtig sei, während es tatsächlich nicht das Ideal von dem bedeutet, was man sich vorstellt.* Das Thema war die in der letzten Phase des Krieges von den Behörden angekündigte Gemüsesperre.[66]

(Über Technik:) *Über die technische Seite des Vertrages spreche ich nicht, da ich sie nicht verstehe, aber von Ziffern verstehe ich was und werde von denselben sprechen.*[67]

(Politische Moral bei Berichterstattungen:) Kollmann nennt es eine Ungehörigkeit, wenn Hölzl als Referent im Plenum seine eigene Meinung und nicht die der Sektion vertritt. Es geht um eine „Benzinmotorwalze" für den Straßenbau.[68]

(Das wird immer so sein:) Da die Linken die Meinung geäußert hatten, die Zurschaustellung von Reichtum sei Zündstoff für soziale Unruhen. *Ich erlaube mir ... eine gewisse Anfrage an die Herren Vertreter der sozialdemokratischen Partei, ob etwa die Errichtung einer Pension zu einer Anhäufung von Zündstoff beiträgt, wenn sie ja sagen, dann bin ich bereit, derselben nicht zuzustimmen bei der Zündstoffmenge. (Ruf: Das ist ein Witz!) Ich höre, in den Pensionen, da leben die Leute und da saufen sie. (Ruf der Frau GR Brunner: Das dürfte auch*

[61] Prot. 26. 10. 1915, S. 16.

[62] Ebd., S. 17.

[63] Prot. 27. 4. 1914, S. 41.

[64] In der Wähler-Versammlung der Christlichsozialen am 31. Mai 1913 (BVb. Nr. 23, S. 4).

[65] Ebd.

[66] Prot. 9. 9. 1918, S. 26.

[67] Prot. 2. 4. 1912 (Debatte über die Verstadtlichung des E-Werks).

[68] Prot. 3. 5. 1912.

auf Wahrheit beruhen.) Das wird immer wahr sein, solange die Welt besteht, wenn Sie in ihrem eigenen Kreise Umschau halten, so werden Sie finden, dass Leute, die Geld haben, besser leben.[69] Und er selbst im Urteil des Gegners: *Er ist eben die Opposition, daher die verfluchte Pflicht und Schuldigkeit, alles, was wir beginnen und wollen, schlimm zu machen* (Zwischenruf Kollmann: *Oh nein!*). *Er ist ein Politiker, sonst ein anständiger Mensch und es ist nichts gegen ihn einzuwenden; aber Politik verdirbt den Charakter, er kann nicht anders.*[70]

Kriegsjahre 1914–1916

Die liberale Presse rätselte, erstaunlich hellsichtig, schon lange vor dem Krieg an einer knapp bevorstehenden Katastrophe herum. Schon am 16. April 1913 (!) erschien in der Schlagzeile der Badener Zeitung das Wort „Weltkrieg" *(Warum kam es nicht zu einem Weltkrieg?)*, und zwar bei der Analyse der morbiden Balkanzustände. Man muß demnach die Ansicht relativieren, daß die öffentliche Meinung im Juli 1914 einen Weltkrieg und damit eine längere Kriegsdauer allgemein ausschloß. Daß gerade die Provinzpresse sich so zeitig in Pessimismus erging, überrascht. Nach der Affäre Redl, der am 25. Mai 1913 Selbstmord beging, hieß es gar im Deutschen Volksboten, wieder in der Frageform: *Ist das das Ende?* Der Artikel ortete mit deutlich pessimistischem Akzent *Treulosigkeit und Verrat an allen Orten*, der *Tag des Zusammenbruchs* wurde angekündigt. Analoge Visionen haben wir schon bei den liberalen Wahlniederlagen vermel-

det. Dennoch zeichnet sich mit dem Wort *Zusammenbruch* ein die Geschichte der Folgezeit bestimmender weiterer Mythos ab: „das Ende" allgemein, wenn auch noch nicht unbedingt das Ende der Monarchie, wie es dann gekommen ist. Es wird noch lange nach dem Ereignis – neben dem Wort *Umsturz* – verwendet. Bemerkenswert ist aber, daß es eine deutschnationale Zeitung ist, die es benützt.

Am Tage der Überreichung des Ultimatums an Serbien verwendet sie es noch einmal und wiederum nicht in patriotischem Überschwang, sondern wieder in einem oppositionellen Sinn, im Kontext einer erstaunlich kritischen Wirklichkeitseinschätzung: *Nicht Krieg, sondern Energie und sozialer Weitblick kann den Zusammenbruch verhindern.*[71]

Man muß, wie ich meine, den vielleicht naiven, aber jedenfalls ehrlich gemeinten Optimismus eines Kollmann und der Christlichsozialen dagegenhalten: Treue zum Kaiserhaus, aber noch mehr die Überzeugung, daß das Grundsätzliche des von ihm vertretenen, im Katholizismus wurzelnden Parteiprogramms erhalten bleiben wird, wie immer die Zukunft ausschauen wird; und auch, daß der Kampf für das Verhältniswahlrecht sich lohnen und eine Stütze sein würde. Den Liberalen dagegen, einschließlich der antiösterreichisch orientierten deutschnationalen „Liberalen", fehlte eine Stütze dieser Art, weil sie ihnen ihre ideologischen Programme nicht gaben.

Am Vormittag des 28. Juni 1914, einem Sonntag, wurden im ehemaligen Weikersdorfer Rathaus, der *„Trutzburg"* der *Weikersdorfer Autonomisten* (die es

[69] Vrtr. Prot. 10. 3. 1919, S. 15f. – Frau Brunner *ist eine Sozialdemokratin. Vertreter ihrer Partei nannten das „gute Leben"* mancher Kreise in der Nachkriegszeit Zündstoff für soziale Unruhe.

[70] Bürgermeister Dr. Trenner im Affekt während einer „heißen" Debatte über die „englische Reklame" (Prot. 27. 4. 1914, S. 47). Zu anderen Zeiten ging er mit Kollmann pfleglich um.

[71] DVb. 1914, Nr. 30.

nach wie vor gab), die Städtischen Sammlungen eröffnet. Natürlich war „tout Baden" da, wie in den Zeitungsberichten aufgezählt. Der Name Kollmann fehlt. Ein Gemeindebeirat in Opposition war vielleicht nicht im Blickfeld der medialen Aufmerksamkeit. Der Landtagsabgeordnete hätte es sein müssen. Wie erinnerlich, hat er die Ausgaben der Gemeinde für die Einrichtung des Rollettmuseums mit seinen Argusaugen verfolgt, wenn auch nicht bekämpft. Auch war er Obmann-

Stellvertreter der Niederösterreichischen Landesfreunde und daher seine Abwesenheit möglicherweise eine Art Demonstration im Rivalitätskampf der beiden Museen. Andere Funktionsträger des Kaiser Franz Josef-Museums waren aber sehr wohl anwesend und wurden sogar an vorderster Stelle genannt.

Zu gleicher Zeit, ja faktisch zur selben Stunde, als das Rollettmuseum eröffnet wurde, wurde in Sarajevo der Thronfolger, Erzherzog Franz Ferdinand d'Este

[72] Formulierung des Deutschen Volksboten u. a.

[73] Vielleicht durch ein Telegramm an Baronin Rumerskirch, die im „Kaiserhaus" wohnte (BZ Nr. 53, S. 3).

[74] Stefan Zweig, Die Welt von gestern. Fischer Verl. 1962, S. 200 f.

[75] BZ Nr. 52, S. 3.

[76] BVb. 1914, Nr. 27, S. 5. – Noch eine Katastrophe ereignete sich am 28. Juni 1914, der Brand am Trabrennplatz. Hiezu muß der Name Kollmanns genannt werden; denn er war es gewesen, der vor der Errichtung hölzerner Pferdeboxen gewarnt hatte. Er verlangte eine namentliche Abstimmung – eine Seltenheit –, die gegen den Bau ausging. Aber das nächste Ansuchen des Vereines wurde bewilligt und auch Kollmann stimmte zu, da wenigstens eine harte Eindeckung und 2 Hydranten mehr geplant waren. Am Ende war das alles umsonst. 147 Boxen wurden vernichtet. 3 Rennpferde verbrannten. Einige meinten, daß der Brand die himmlische Strafe dafür gewesen sei, daß eine Grenzsäule zwischen Baden und Pfaffstätten kurz zuvor versetzt worden war (Prot. 27. 4. 1914, S. 23. – BZ Nr. 52, S. 4. – Wallner, 100 Jahre Trabrennverein, S. 37 f.).

[77] BZ Nr. 52, S. 2.

[78] BVb. 1914, Nr. 27. Das Blatt tadelte das Café Schopf, weil es am Abend des Mordtages (für *die Juden*) Zigeunermusik spielte. Vgl. auch Vogel, Margit: Der gesellschaftliche Wandel in meiner Heimatstadt Baden. Hausarbeit Baden 1982, S. 37.

[79] BVb. 1914, Nr. 2, S. 2.

und Höchstseine Gattin[72] Sophie von Hohenberg erschossen.

Die Welt hielt den Atem an. Stefan Zweigs Schilderung des Sonntagnachmittags im Badener Kurpark, als die Nachricht während des Kurkonzertes eintraf,[73] gibt uns einen unnachahmlichen Eindruck. Während er in seine Lektüre vertieft war, hörte die Musik plötzlich auf zu spielen und die Musiker packten ihre Instrumente ein. Der Autor vergißt nicht zu sagen, daß der Thronfolger nie sehr populär war, daß die Nachricht von seiner Ermordung keine tiefe Anteilnahme erregte.[74] Noch am selben Tag gab es Extraausgaben des Badener Volksblatts (was den Neid der Badener Zeitung erregte, die nachträglich den Sonntag für zu heilig dafür hielt).[75] Populär oder nicht, jedes Kind wußte, daß der Thronfolger die Christlichsozialen favorisiert hatte. Bürgermeister Dr. Trenner berief für den 1. Juli eine Trauersitzung der Gemeindevertretung ein. Er hielt einen Nachruf auf den Thronfolger – vor teilweise leeren Bänken, wie das Badener Volksblatt verärgert schreibt. Zahlreiche liberale Gemeindevertreter waren nicht anwesend. Trenners Textierung des Nachrufs (… *dessen Wiedergabe unsererseits aus bestimmten Gründen unterbleibt*) war der Zeitung zuwenig einfühlsam, obwohl er natürlich durchaus korrekt gehalten war. Ähnliches geschah bei der Durchfahrt des Trauerzuges am 2. Juli um 9h 36, als Pfarrer, Beamte und nur ganze 15 Gemeindevertreter (Kollmann natürlich eingeschlossen) auf der Abfahrtseite Richtung Wien, das „Volk" auf der gegenüberliegenden Seite Spalier bildeten.[76]

Die Badener Zeitung in ihrem Leitartikel bestätigte die öffentliche Meinung, daß das *national gesinnte Deutschtum seiner Regierung mit einiger Sorge entgegensah*.[77] Dagegen beeilten sich die Christlichsozialen, eine Loyalitätserklärung *an die Stufen des Thrones* gelangen zu lassen, und zeigten so den anderen, was sich für Patrioten gehört hätte.[78] Bemerkenswert ist, daß offenbar das Prinzip der traditionellen Überparteilichkeit des Kaiserhauses nicht mehr galt, sobald ein Mitglied desselben Partei ergriff. Und in diesem Fall war es kein beliebiges Mitglied: es war der künftige Kaiser und die Partei, die er begünstigte, waren die Christlichsozialen.

Die Quellen zeigen, daß die Krise kam, als zumindest für den kurörtlichen Bereich die Apokalypse nicht erwartet wurde. Man setzte in der Saison vor dem Krieg verstärkt auf Auslandspropaganda; die „Welt" sollte nach Baden kommen, wo man nach abgeschlossener Kur die Krücken wegwerfen könne. Seit etwa Jahresbeginn erwartete man sich Wunder von englischen Kurgästen, die für den Frühsommer angekündigt waren. Ein englischer Agent, der (angebliche) Dörrgemüse-Großhändler Charles Marks, verlangte (und erhielt) schon zu Jahresbeginn für Werbung 12.000 K. Zunächst hörte man von 1200, bis der Druckfehler erkannt wurde.[79] Fast ungläubig richtete Kollmann in der Gemeindeausschußsitzung am 9. März eine Anfrage an den Bürgermeister. Kollmann habe Mitteilungen erhalten, daß die Belastung des Gemeindebudgets um 12.000 K nur für das erste Dritteljahr gelte. Müsse man nun mit jährlichen Kosten von 36.000 K rechnen?

Am 25. April hieß es, 150 Engländer würden am 28. April ankommen.[80] Als sie auch im Frühsommer nicht kamen, machte man sich selbst im Ausland lustig über Baden. In den ‚Meggendorfer Blättern‘, einer Münchener humoristisch-satirischen Zeitschrift, erschien ein einschlägiges Scherzgedicht, die Kunde von der Badener Misere war schon über die Landesgrenzen gedrungen.[81] Noch wenige Tage vor dem Kriegsausbruch tüftelte man daran herum, wunderte sich über das Ausbleiben der Engländer und suchte Schuldige unter den Gemeindevertretern. Zwischen 13. und 17. Juli noch sollten *Lichtbildervorlesungen* in Sunderland, Newcastle-on-Tyne, York, Manchester, Liverpool über Baden bei Wien stattfinden – so berichtete das deutschnationale, den Hoteliers nahestehende Blatt. Niemand wußte, ob sie je stattgefunden haben.[82] Kollmann war der einzige, dem am 21. Juli einfiel, daß man spätestens am 1. September den Vertrag kündigen müsse, weil sonst erneut Kosten aufliefen. Dem Bürgermeister Trenner, dem er vorwarf, alles in einer vertraulichen und nicht in einer öffentlichen Sitzung zu behandeln, gingen beinahe die Nerven durch, er nannte es *dumm und blöd*, öffentlich über Reklame zu reden, und beruhigte sich erst, als er die halbwegs abschließende Formel fand: *Wir können aber nicht anders, weil in Baden alles in Grund und Boden verschimpft wird.*[83] Und das christlichsoziale Blatt höhnte am 25. Juli, dem Tage des Abbruchs der Beziehungen zu Serbien und der ersten Teilmobilisierung der

österreichisch-ungarischen Streitkräfte: *Lieber Marks! Bitte, schicke uns doch Engländer; wann und wo sie kommen, ist alles eins, sie können auch aus Galizien und Rußland sein, aber schicke, schicke, schicke, sonst ist alles aus!* Die darin enthaltenen Anspielungen konnte niemand überhören.[84] Zuletzt betrug das aufgelaufene Defizit für die *englische Propaganda* bei Kriegsausbruch fast 28.000 K.

Um der Wahrheit die Ehre zu geben: Der sarkastische Ton des Kollmann-Blattes bezog sich primär auf den Rechnungsabschluß 1913, den das Blatt (bzw. Kollmann) wieder einmal nicht nachvollziehen konnte. Zu kritisieren war, daß der darin ausgewiesene „Überschußbetrag" von 47.000 K unbezahlte Steuern ignorierte und dafür Ersparnisse und Verkaufserlöse der alten Kollmann-dominierten Gemeindevertretung vor 1912 einsetzte.

Aber mit dem Kriegsausbruch wehte sehr bald auch für Baden ein anderer Wind, vorrangig für die Gemeindeverwaltung. Es übersteigt beinahe unsere Vorstellungskraft, daß 62 Gemeindebeamte einrücken mußten, alle (!) 39 Sicherheitswachleute einberufen wurden und von den Straßen verschwanden, auf denen nun Feuerwehrmänner und ein paar Freiwillige als Bürgerwehr Dienst taten, und daß alle Ärzte bis auf zwei einberufen wurden; ein ärztlicher Nachtdienst war nicht mehr möglich. Da auch einige Gemeindevertreter wegfielen, mußte eine Regelung für das Quorum bei Abstimmungen getroffen werden. Sitzungen begannen jeweils eine Viertelstunde später, waren dann nur bedingt

[80] BVb. 1914, Nr. 17, S. 5.

[81] BVb. 1914, Nr. 24, S. 2.

[82] Die Frau eines Bürokollegen des Gemeinderates Schabner, wie dieser ernsthaft versicherte, war in London bei Verwandten, deren Arzt wußte nichts von Vorträgen …

[83] Vertr. Prot. 21. 7. 1914. – Kurdirektor v. Becker faßte zusammen: die Reklame war für die Vorsaison zu früh, für die Nachsaison zu spät und für die Hauptsaison zu teuer (BZ 1914, Nr. 35, S. 3 f).

[84] BVb. Nr. 30, S. 1.

beschlußfähig, d. h. Beschlüsse mußten an Folgeterminen ratifiziert werden.[85]

Am 16. August vereidigte Bezirkshauptmann von Galatti im Vestibül des Stadttheaters in feierlicher Weise die Bürgerwehr. Mitglieder des Turnvereins taten nachts, Hoteliers tagsüber auf den Straßen ihren Patrouillendienst, später auch Frauen.[86]

Die *Truppenverschiebungen*, wie man die Umquartierungen übertrieben und im ungewohnten Kriegsjargon nannte, hatten kurzfristig eine Krise in der Approvisionierung (Lebensmittelversorgung) zur Folge, was Anlaß zu Preissteigerun-

gen gab. Im einschlägigen Komitee setzte sich Kollmann, selber Geschäftsmann, mäßigend mit dem Problem auseinander. *Ausnahmsmaßregeln* seien möglich. Aber *in 3–4 Tagen (ist) der ganze Rummel vorüber.*[87]

Eine Anfrage Kollmanns betraf die Möglichkeit allenfalls epidemisch auftretender Krankheiten, die Cholera mit eingeschlossen. In diesem Zusammenhang erwähnt Bürgermeister Dr. Trenner, daß von der Militärbehörde in der Braitnerstraße Baracken erbaut würden, die – worauf Kollmann drängte – auch für die Zivilbevölkerung zugänglich gemacht

[85] Prot. 1. 8. 1914.

[86] StA B, HB 746.

[87] BVb. 1914, Nr. 31, S. 4.

werden sollten. Kollmann stellte damit unbewußt für seine spätere Amtszeit als Bürgermeister eine Weiche, die in eine höchst ungewisse Zukunft führte.[88]

Ab April wurde auf den Doblhoff'schen Gründen am Ende der Vöslauerstraße ein Kriegsspital von 22.000 qm errichtet. Es bestand aus 21 Hauptobjekten, nämlich 15 Spitalsräumen, 2 Kanzleiräumen, Küche, Operationssaal usw. Am 1. August 1915 fand die Einweihung statt. Im Dezember wurde ein Kirchensaal hinzugefügt. Der Leiter des ganzen war Oberleutnant Heinrich Baron Doblhoff, der Majoratsherr auf Schloß Weikersdorf. Die Bestandsdauer der Baracken sollte sieben Jahre sein. Das war illusorisch. Am Ende hielten sie als Zivilwohnungen in der einen oder anderen Form bis in die Hitlerzeit.[89]

Für die Fraktionen im Gemeindeausschuß galt ein – freilich sehr wackeliger – Burgfriede: *Mit Rücksicht darauf, dass wir im Kriege sind und dass harte Kämpfe in der Gemeindestube sich nicht abspielen sollen.*[90] Kollmann nahm dies buchstabengetreu genau, da *wir in außerordentlichen Zeiten leben,* wollte er auf strenge Kritik verzichten. Dabei blieb er auch, als der Hauptredner auf der „Regierungsbank", Gemeinderat Hölzl, dies als *Hinterhältigkeit* bezeichnete und ihn aufforderte, seine Stellungnahme abzugeben, auch und gerade wenn sie negativ sei. Kollmann: *Ich bin der Herr meines Willens und wenn ich sage, ich werde es unterlassen, darüber zu sprechen, so werde ich das tun, was ich will, und nicht das, was Herr Hölzl will, und wenn er bei diesem Anlasse nichts besseres zu tun weiss, als mit dem gröbsten Geschütze*

aufzufahren, so ist das nicht zweckmäßig. Ich habe nicht die Absicht, darüber zu debattieren und werde es nicht tun. Darüber werde ich erst etwas sagen, wenn die Zeiten andere sein werden, dann werden Sie genauso, wie heute, meine Einwendungen gegen den Abschluß parieren und widerlegen können, wie Sie es heute wollen. Das hinderte ihn nicht daran, eine Kritik auszusprechen, aber auch gelegentlich als *Oppositionsmann* (wie er selbst zugibt: *es mutet komisch an*), als *Finsterling …, der für das Licht kämpft,* der Gemeinde zu helfen, den Gebarungsabgang zu verkleinern.[91]

Angeblich, d. h. nach Angabe seiner Parteizeitung, soll Kollmann die in patriotischer Gesinnung erfolgende Anregung zur Umbenennung des Bahnhofplatzes in Conrad von Hötzendorf-Platz gegeben haben. Sie wurde dann freilich auf Antrag des – in der Hackordnung höheren – Gemeinderats Hölzl zum Beschluß erhoben.[92]

Anlaß zu einer Diskussion bildete ein relativ kleiner Posten des Rechnungsabschlusses, der im kritischen Volksmund als „Luftsteuer" kursierte. Mehreren Geschäftsleuten wurde eine Vorschreibung zur Zahlung eines *Anerkennungszinses für ein Steckschild …, für eine Plache oder für ein Portal oder für das Ausstellen der Ware* vor dem Geschäftslokal, kurzum für die *Benützung des öffentlichen Luftraumes,* zugestellt. Muß doch der Luftraum als *Eigentum der Gemeinde* betrachtet werden. Der Anerkennungszins bedeute auch keineswegs, daß man Rechte auf den Luftraum erwerben könne. Auch sei keineswegs an eine zusätzliche Einnahmequelle gedacht –

[88] BVb. 1914, Nr. 43, S. 2f.

[89] StA B, HB 746.

[90] Prot. 26. 10. 1915, S. 15.

[91] Ebd. S. 4f.

[92] Prot. v. 8. 7. 1915.

natürlich der Hauptpunkt der Kritik –, sondern an einen Appell an das Gerechtigkeitsgefühl (!). Sonst könnte womöglich ein Recht ersessen werden. Schön, man wolle nicht aus einer Mücke einen Elefanten machen, meinte Kollmann, aber er wollte doch wissen, worauf der Beschluß basierte. Es sei ein Gemeinderats- (d. h. Gemeindevorstands-)beschluß gewesen, so die Antwort. Auf weiteres Nachfragen: Das entsprechende Papier sei nicht auffindbar. Der Bürgermeister, der sich bei der ganzen Sache auf eine ähnliche Verordnung des Wiener Gemeinderates berief, gab zu, daß die seinerzeitige Beschlußfassung etwas tumultuarisch verlaufen war. Übrigens: Heurigenanzeiger waren nicht von der Luftsteuer betroffen.[93]

Kollmann erhielt am 8. Dez. 1917 das Kriegskreuz 3. Klasse für Zivilverdienste, gleichzeitig mit Herrn Wladarz, seinem Hausherrn (Bürgermeister Trenner wurde, seinem Rang entsprechend, mit einem höheren Orden, dem Offizierskreuz des Franz-Josef-Ordens, ausgezeichnet). Er mitunterzeichnete einen Aufruf des Vereins der Niederösterreichischen Landesfreunde *an alle Patrioten* zur Errichtung einer *Ehren- und Ruhmeshalle*, die als Anbau zum Kaiser Franz Josef-Museum auf dem Mitterberg entstehen und die Namen aller gefallenen Badener *verewigen* sollte.[94]

Das Armee-Oberkommando in Baden: 1917–1918

Für den Kurort war der Kriegsausbruch bei weitem nicht so verlustreich, wie man vermuten könnte. Die Kurfrequenz sollte, der Erwartung entsprechend, eher sin-

ken, sie stieg aber an, nämlich von 29.349 im Jahre 1905 auf 34.404 im Jahre 1914 – allerdings mit dem Krisenjahr 1908 dazwischen, wo sie sogar unter 7000 fiel. 1915 fiel sie auf 32.020, um 1916 mit 37.229 ein Langzeithoch zu erreichen, das erst 1922 wieder überboten wurde. 56–59 % waren weiblich, etwa 87–90 % Inländer, fast alle Wiener.[95]

Das Ende der franzisko-josephinischen Ära, wenn wir sie wirklich mit dem Ende der Regierungszeit des Langzeit-Kaisers gleichsetzen, brachte für Baden eine überraschende Wende. Der junge Nachfolger verlegte das Armeeoberkommando (AOK) der Monarchie hierher. Ein Grund dafür war, daß er sich von der Dominanz der Deutschen Obersten Heeresleitung (DOHL) freimachen wollte. Dann war die Kurstadt Baden – eine Kurstadt mußte es ja sein, das galt der Elite der höheren Kriegskunst schon immer als gute Tradition – auch seiner Lieblingsresidenz Laxenburg nahe. So teilte der Bürgermeister am 15. Dezember 1916 der Gemeindevertretung mit, daß die Armee die folgenden Objekte für sich in Anspruch nehmen werde: Pfarrschule und Batzenhäusel (hier richtete sich der Generalstab ein), Karolinenhof, Esplanade, Boldrinihaus, Hotel Kolbe, die Zanderräume in der Kuranstalt.[96]

Die Übersiedlung des AOK in die Kurstadt ließ die Kurfrequenz wieder drastisch (auf unter ein Drittel) sinken, da strenge Ausweisbestimmungen für das Stadtgebiet und einige angeschlossene Gemeinden erlassen wurden. Wenn Wiener nach Baden wollten, benötigten sie einen Reisepaß und mußten drei bis vier Mal aufs Kommissariat gehen, kritisierte

[93] Prot. 27. 1. 1916, S. 8 ff.

[94] BA „Kollmann", Nr. 8. BVb. v. 8.12.1917.

[95] Hermann Walter, Die Kurstadt Baden, Baden 1925, S. 80.

[96] Prot. 15. 12. 1916.

Kollmann am 7. Februar 1918.[97] Dafür konnte Baden nicht unbedeutende Vorteile bei der „Approvisionierung" genießen. Da sich die Armee selbst versorgte, konnte die Militärverwaltung nicht selten aushelfen, wenn die zivile Verwaltung bei der Anlieferung von Lebensmitteln oder bei Kohlelieferungen ins Trudeln kam oder dringende Kabelarbeiten durchzuführen waren.[98] Einiges hatte man sogar dem persönlichen Einschreiten des Kaisers zu danken. Der hatte offenbar auf seinen Spaziergängen mit der Kaiserin einen ungünstigen Eindruck von Badens Ernährungslage gewonnen oder man hatte ihn dahingehend *belästigt* (dieses kritische Wort wurde vom Verbindungs-offizier Oberst Kundtmann gegenüber dem Bürgermeister gebraucht). Es hieß, daß es im Februar 1917 in Baden kein Brot gebe. Das war zwar etwas übertrieben, aber eine Mehlkrise bestand. Kollmann fand sich an jedem Vormittag im Rathaus ein oder fuhr einmal nach Wien, ein anderes Mal aufs Land, um sich um die „Approvisionierung" zu kümmern. Die „Rayonierung", die viel zu spät eingeführt wurde, lief keineswegs nach Plan, und die Pläne liefen an den Notwendigkeiten vorbei. Vom 29. Jänner bis 3. Februar 1917 waren Hölzl und Kollmann, in diesem Punkt eines Sinnes, sogar in Belgrad, um dort Lebensmittel einzukaufen.[99] Eines Tages wurde Kollmann

[97] BVb. 1918, Nr. 6, S. 6.

[98] BZ 1918, Nr. 4, S. 3.

[99] BA „Trenner", 8. Teil.

in Wien von der Nachricht überrascht, Baden werde von nun an *wie im Frieden* versorgt.[100] Welche Hand im Spiel war, konnte man erahnen, aber dennoch erwies sich die Nachricht als Übertreibung. Da half dann nur noch: Man schickte Inspektor Spitzer, *einen energischen Mann. Derselbe geht zu dem Waggon hin, setzt sich drauf, geht nicht weg, holt ihn heraus.*[101] Damit lange nicht genug. Kollmann unterstützte leidenschaftlich die Bäcker, die dagegen protestierten, daß man Brot aus Brotfabriken anliefern wollte, was einer Vernichtung ihrer Existenz gleichkam. Sie wollten lieber das Mehl von einer verteilenden Behörde mit dem abschreckenden Namen *Kriegsgetreideverkehrsanstalt.* Kompromisse wurden mühsam ausgehandelt.

Der den Beamten auferlegte Berufsstreß stieg gewaltig an. Eines Tages erklärte der Polizeioberkommissär Lutter, er mache nicht mehr mit, er fühle sich zurückgesetzt und unterbezahlt, zog sich Zivil an und begab sich zwar ins Amt, sagte aber den Dienst auf. Allgemeine Ratlosigkeit in der Gemeindestube. Kollmann – sich alles anhörend und wieder einmal als einer der letzten redend – bediente sich zunächst seiner typischen Art des abwartenden understatements: Ja, er habe im Gasthaus gehört, daß mit dem *Justizminister von Baden* etwas los sei. Dann aber plädierte er selbstverständlich für ein verständnisvolles Vorgehen und eine amikale Lösung. Die folgte dann auch.[102]

Am 6. Juli 1917 fand ein Besuch des deutschen Kaisers Wilhelm II. statt. Ein Ölgemälde, das den Empfang vor dem Rathaus darstellt, bildet rangordnungsgerecht den Bürgermeister und einige Angehörige der Gemeindeprominenz ab, die in respektvoller Entfernung warten, bis sie gefragt werden. Der Oppositionsmann Kollmann ist unverkennbar einer von ihnen. Der Maler Probst sollte 15.000 K dafür bekommen. Für weitere Reproduktionen hieß es in der vertraulichen Sitzung[103] dann noch, die Hälfte der Kosten seien von denjenigen zu tragen, die auf das Bild kommen.

Im übrigen verliefen die Gemeindeausschußsitzungen in den gewohnten Geleisen. Die Hauptpunkte betrafen die Versorgung der Haushalte und Betriebe mit den „jungen" Energieformen Gas und Elektrizität. Jede Gemeinde mußte für sich selbst sorgen, eine zentrale oder regionale Versorgung fehlte. In Baden entschloß man sich für die Kommunalisierung. Das hatte zur Folge, daß sich die damit befaßten Gemeindevertreter mit technischen und ökonomischen Detailfragen auseinandersetzen mußten, über die sie sich während der Sitzungen oft wortreich stritten. Es mußte ständig über die Differenzen mit der „Gasgesellschaft", später über jeden Heller, den die Benutzer mehr zahlen mußten, beraten und abgestimmt werden. Die Gemeindevertreter, die die schwierige Materie in ihrer Freizeit als Referenten bearbeiten mußten, waren nicht zu beneiden. Die Fragen, die dabei auftauchten, waren knifflig und die Debatten darüber lang. Es war nur gut, daß keine Wahlen bevorstanden – in der Kriegszeit war das nicht zu erwarten –, sonst wäre auch noch der politische Aspekt dazugekommen.

Aber diese Debatten waren das Schlachtfeld, auf dem sich Kollmann entscheidend für das Bürgermeisteramt be-

[100] Vrtr. Prot. 23. 2. 1917.

[101] Vrtr. Prot. 3. 4. 1917, S. 3.

[102] Vrtr. Prot. 10. 4. 1917. – Hans Lutter starb am 11. 7. 1919 im 65. Lebensjahr (BA „Lutter").

[103] Vrtr. Prot. 21. 10. 1917.

währte, und zwar ohne Hilfestellung von „seiner" Partei. Er ließ nach wie vor keinen Satz, keine Berechnung, der auch nur im kleinsten eine Schwachstelle anzumerken war, unkommentiert. Es schien – und der Erfolg gab ihm recht –, daß er alle die oben genannten Anforderungen an einen Kommunalpolitiker gleichzeitig zu erfüllen imstande war. Man ließ allerdings nicht unerwähnt, daß er seinen Freizeitüberschuß vielleicht dem Umstand zu verdanken habe, daß seine Frau sein gut gehendes Geschäft auch allein besorgen könne, was ihm in Debatten mehrmals – gegen seinen zornigen Protest – vorgehalten wurde.

Er kannte sich in geschäftlichen Dingen aus; diese Seite des Problems setzte er obenan. Die Gemeinde sollte keine Verluste erleiden, war oberstes Prinzip. Dazu holte er sich die Argumente auch, so gut er konnte, auf technischem Gebiet, gleichzeitig beteuernd, daß er nichts davon verstehe. Es wurde über die Anschaffung eines – oder doch lieber mehrerer? – *Lastenautos* oder die Anlegung von Schleppgeleisen zum Gaswerk befunden, als ob hier lauter Fachleute beisammen wären. Kollmann setzte sich für ein energisches Vorgehen zugunsten des Prinzips ein, daß in Betrieben, wo es elektrisches Licht gab, die Gasgeräte abzumontieren seien.[104]

Während sich die Gemeindevertretung nach wie vor weigerte, ihn zum Gemeinderat zu wählen – er erhielt am 15. März 1917 bei Nachwahlen innerhalb der Gemeindevertretung nur eine einzige Stimme –, läßt sich mit einigem Recht behaupten, daß er das Ohr beim Volk hatte. So schimpfte er über den *elenden Verkehr der Elektrischen Rauhenstein – Südbahnhof.* Wie anders freilich die Verkehrsdichte und damit die Zeitkalküle der damaligen Benützer von öffentlichen Verkehrsmitteln waren, zeigt die Begründung: *eine mit raffinierter Bosheit ausgedachte Quälerei* sei es doch – so das Protokoll –, wenn der Fahrgast am Josefsplatz 8–12 Minuten warten muß, weil der Anschluß einige Sekunden zu früh wegfährt.[105]

Mehrmals merkte Kollmann an, daß die Gaspreise für den Konsumenten unnötig hoch seien; daß es nicht sinnvoll sei, die Betriebe um ihrer selbst willen auf Gewinn hin zu führen; sie seien schließlich für den Bürger da. Freilich war Kollmann hier, anders als in der Spitalsdebatte, der persönlich unbelastete Angreifer. Die Probleme selbst gehören nicht zum Thema, das würde zu weit führen. Die herausragende Leistung dieses Gemeindeausschusses war der Umbau des E-Werkes der Stadt Baden, der 1916 unter Kriegsbedingungen in die Wege geleitet und zu Ende gebracht wurde. Der zuständige Gemeinderat Oberingenieur Alois Schabner, den Kollmann in den Debatten oft und gründlich zerzauste, trat einmal aus Verärgerung über die ständigen Angriffe Kollmanns zurück. *Was Herr Kollmann treibt, ist keine Opposition, sondern, ich weiß nicht, wie ich sagen soll, dumme Bosheit, jemanden zu verunglimpfen, Herr Kollmann ist ein solcher Oppositionsmeier, der keinen duldet, der selbständig arbeitet, der überall an der Spitze sein will, bei dem alle an seinem Seile nachziehen sollen, derjenige, der das nicht tut, wird angegriffen, verleumdet ..., es wird eine Ex-*

[104] Prot. 15. 10. 1918.
[105] Ebd.

traausgabe seiner Zeitung veranstaltet, um ihm ein Klampfel anzuhängen (= ins Unrecht zu setzen), so die überempfindliche, aber auch aufschlußreiche Klage des angegriffenen Ressortleiters.[106] Schabner wurde dennoch, und sicher zurecht, für die damals erworbenen Verdienste taxfrei mit dem Bürgerrecht belohnt – drei Jahre später, und zwar durch den Bürgermeister Kollmann.[107]

Kollmann ärgerte sich darüber, daß am 12. November 1917 der Rechnungsabschluß 1916 nicht rechtzeitig fertig war. Die Arbeit hätte mit der Schreibmaschine in einigen Stunden getan werden können.[108] Die darin ausgewiesenen Überschüsse sind, wie er richtig bemerkt, nicht echt erwirtschaftet, sondern durch Kriegsbedingungen nicht ausgeführte Planungen.

Man hatte bei aller kriegsbedingten Tätigkeit doch auch Muße, über Projekte nachzudenken, die eigentlich friedliche Aufbauarbeit waren. Eine besonders langlebige Planung war eine projektierte Straße, die vom Helenental oberhalb der Putschanerlucke zum Rudolfshof führen, weiter in die Schiestlstraße münden und die Verbindung zur Flamminggasse herstellen sollte. Sie wurde nie gebaut, mit Ausnahme des kurzen Stückes, das heute Johann-Wagenhofer-Straße heißt. Man verband damit die nebulose Vorstellung eines neuen Villenviertels entlang dieser Straße bis in Rudolfshofnähe. Waren das letzte Ausläufer des *Baden-wird-erst-sein*-Utopismus Trenners? Wie auch immer, Kollmann benützte den Anlaß einer Grundtransaktion in der Mautner-Markhof-Straße, um gegen das Straßenprojekt so eindeutig Stellung zu beziehen, als es seiner Rhetorik möglich war. Diese *Strasse über die Putschanerlucke hinüber kostet … soviel Geld, dass wir alle längst in der Erde vermodert sein werden …* Der Bürgermeister konterte: *Ich habe Herrn Kollmann so gerne, dass ich ihm ein viel längeres Leben wünsche,* und beharrte darauf, daß wenigstens die *sanft ansteigende* Straße zum Wasserreservoir gebaut werde, auch weil *Herr Schiestl ein sehr energischer Mann ist.* 1933 wurde dieses Stück Schiestlgasse benannt.[109] Es erstaunt allerdings, daß wir das Straßenprojekt zehn Jahre später, also in der Amtszeit Kollmanns, wiederfinden. Es sickerte im Februar 1926 durch, daß die Gemeinde den Plan einer Autostraße zum Rudolfshof, vorbei an der Bienenburg und am Landesmuseum, zur Hochstraße plane.[110]

Kollmann kritisierte den ungeregelten Koksverkauf. Die Gemeinde – sprich: das Gaswerk – solle sich auch um eine gerechte Verteilung kümmern, nicht 25-kg-Säcke hinstellen, die dann die Käufer mühsam nach Hause schleppen müssen.[111]

Der Gemeinderat Laschitz beantragte am 15. April 1918 eine Erhöhung des Gaspreises von 30 auf 34 Heller (pro Kubikmeter), die aber nicht in Kraft treten sollte, wenn das geplante Schleppgeleise beim Gaswerk errichtet worden sei. Das wollte er im Einverständnis der meisten anderen Mitglieder des Gemeindeausschusses schon im Protokoll der vorhergehenden Sitzung änderungsweise vermerken lassen, da es angeblich dem Sinn der Beschlußfassung entsprochen hätte. Eine Kameraderie unter Insidern? Mit schärfsten Worten wies Kollmann

[106] Prot. 25. 7. 1916, S. 12.

[107] BVb. 9. 8. 1919, S. 7.

[108] Vgl. jedoch das Tempo Kollmanns, in dem er in seiner Bürgermeisterzeit die Rechnungsabschlüsse durchpeitscht!

[109] Prot. 12. 11. 1917, S. 13. – Zur Straßenbenennung Prot. 7. 7. 1933, S. 14.

[110] BZ 1926, Nr. 11, S. 2. – Und es scheint auch noch im Protokoll der Gemeinderatssitzung vom 29. März 1927 auf, wo es im Anschluß an den Kaufvertrag mit Herrn Georg und Frau Anna Müller heißt, daß sie *den für die Automobilstrasse zum Rudolfshof notwendigen Grund* zweier Parzellen im Ausmaße von 160 qm und 11 qm, K. G. Mitterberg, kostenlos an die Gemeinde abtreten (Prot. 29. 3. 1927, S. 11).

[111] In der Sitzung am 28. 6. 1917.

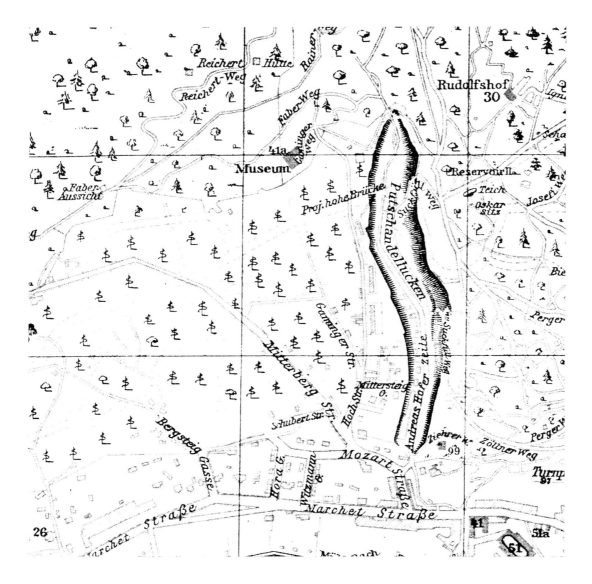

darauf hin, daß man doch ein geschrie-
benes Protokoll nicht nachträglich ändern dürfe – und setzte sich durch.
Überdies erklärte er, auch aus sachlichen Gründen gegen die Erhöhung des
Gaspreises zu sein. *Er wurde schon so
viel erhöht, endlich wird es einem zu
dick.*[112] Im September stieg der Gaspreis
sogar auf 40 Heller. Grund der Gasmi-
sere war ein Stocken der Anlieferung, da
die letzten Arbeiter des Gaswerks den
Einberufungsbefehl bekommen hatten.
Kollmann forderte den Umstieg auf elektrischen Strom dort, wo es möglich sei.

[112] Prot. 15. 4. 1918, S. 6.

Einige Male (am 17. September 1917 und am 17. Juni 1918) war Kollmann in der Sitzung der Gemeindevertretung nicht anwesend. Warum das erwähnenswert ist? Die Sitzung war sehr kurz. In der ersten der genannten Sitzungen wurde eine Erhöhung des Gaspreises ohne lange Debatte angenommen.

Ein ganz anderes Kapitel, das in die Kriegszeit eigentlich nicht hineinpaßt: In der Sitzung vom 15. April 1917 setzte sich der Arzt Dr. Trenner als Bürgermeister dafür ein, daß Baden die Berufung habe, etwas gegen die sich bedrohlich ausbreitende Lungentuberkulose zu unternehmen. Er schlug als geeigneten Platz zur Errichtung einer Heilstätte ein Waldstück des Sooßerwaldes vor.[113] Bei der Lage „Ofenloch" am Ende der Probusgasse, wo heute das Kollmanndenkmal steht, fand kurz darauf eine Begehung statt. Kollmann unterstützte zunächst – voreilig – diesen Plan, mußte sich aber bald von seinen Parteifreunden belehren lassen, daß sich die Interessen des Kurortes mit den humanitären Absichten des Bürgermeisters nicht vereinen ließen. Alland wurde als abschreckendes Beispiel genannt, wo bekanntlich eine Lungenheilstätte bestand, die eine Sommerfrische Alland unmöglich gemacht habe, die Reichenauer wollten ein TBC-Heim nicht einmal geschenkt haben, Semmering reagierte analog.[114] Welcher Umgangston zwischen den Behörden Usus war und welchen Grad munizipaler Autonomie man sich zutraute, zeigt eine Anfrage der Gemeindeausschüsse Mayer und Laschitz: *Ist der Herr Bürgermeister geneigt, den Herrn Landtagsabgeordneten der Stadt Baden* (also Kollmann) *zu ersuchen, beim hohen Landesausschusse vorstellig zu werden, damit dieser die Steuerbehörde belehre, dass die Bücher der Stadtgemeinde Baden unter Kontrolle des Landesausschusses stehen und ein Zweifel an der Richtigkeit der Eintragungen eine unzulässige Beleidigung der Stadtgemeinde Baden darstellt?* Kollmann sollte also nicht nur den Vermittler spielen, er wurde geradezu als Garant der Glaubwürdigkeit und Ehrenhaftigkeit der Stadt mobilisiert. Was aus dieser Eingabe geworden ist, bleibt ungewiß; schon deswegen, weil, wie wir in einem anderen Zusammenhang erfahren, der Landtag längst nicht mehr arbeitete.[115]

Soviel zum Verkehr zwischen den Behörden. In vertraulicher Sitzung äußerte man sich gelegentlich noch freimütiger. Als aus irgendeinem Grunde Kinder drei Stunden in Eiseskälte umsonst auf das Kaiserpaar warten mußten, wetterte der Deutschnationale Trenner in einer vertraulichen Sitzung empört: *Hässlich ist dieser erzwungene Patriotismus. In dieser Beziehung könnte ich Stücke erzählen, wenn ich gefragt würde ... Ich ärgere mich oft, ich kann aber nichts machen, ich bin ohnedies miserabel angeschrieben.*[116]

Auch die Bezirkshauptmannschaft setzte damals *einen unfreundlichen Akt,* der Kollmanns normales Desinteresse für das Theater auf einmal ins Gegenteil verkehrte. Sie drohte ausgerechnet jetzt, mitten im Krieg, eine Theatersperre an, weil die Sitzreihen im Parterre zu lang seien und im Gefährdungsfall nicht schnell genug verlassen werden könnten. Man erfuhr beiläufig, daß der Akten-

[113] Prot. 15. 4. 1918, S. 10f.

[114] BVb. 1918, Nr. 19, S. 5.

[115] S. u. S. 82. – Prot. 15. 4. 1918, Beilage.

[116] Vrtr. Prot. 26. 11. 1917.

lauf bereits auf den Theaterneubau 1908 zurückging. Die Entscheidung aber kam jetzt für die Öffentlichkeit unerwartet. Kollmann: *Ich habe erst heute von dieser langen Wurst Kenntnis bekommen und mich erkundigt, was da eigentlich ist, dass wir den Auftrag bekommen haben, in welchem es sich um die Sitzordnung handelt ...* Bürgermeister Dr. Trenner (der dabei nicht sehr gut dastand, da er sich um die Sache zu wenig gekümmert hatte)*: Herr Abgeordneter Kollmann, Sie sind gegenwärtig* (!) *immun?* Womit er auf die Möglichkeit einer möglicherweise riskanten Intervention im Landtag anspielte, die für einen immunen, also nicht klagbaren, natürlich leichter fiel als für einen normalen Sterblichen oder gar einen im Dienstrecht eingebundenen Beamten. Nur leider war der Landtag zu dieser Zeit längst aufgelöst, nämlich seit 9. September 1915, woran sich nicht einmal der Bürgermeister mehr erinnern konnte. Kollmann sah als Pragmatiker die Notwendigkeit eines Theaters, gerade in Notzeiten. In Kinos und Theatern im Wiener Volksprater (!) seien die Verhältnisse noch weit schlechter. Tatsächlich hatten Alarmübungen ergeben, daß das Badener Theater in sieben Minuten *trotz Garderobe* leer sein könne.[117]

Das nahende Kriegsende

Am 23. August 1918 war in Baden Fliegeralarm, Gottseidank nur probeweise. Kurios mutet es an, wenn wir lesen, daß man sich gegen „Fliegerschäden" versichern lassen konnte, also gegen Schäden durch Bombenabwürfe feindlicher Flugzeuge. Für die Gemeinde stellte sich die Frage, ob das tunlich wäre. Es wurde ein diesbezüglicher Antrag im Gemeindeausschuß gestellt, *weil die Bevölkerung, wenn doch ein Malheur geschieht, den Vorwurf erheben könnte, warum hat die Gemeinde ihre eigenen Häuser nicht versichert.* Der Bürgermeister gestand ein, daß er privat davon Gebrauch gemacht habe und 23 Kronen Prämie zahle. Der Geschäftsmann Kollmann wandte sich – vergeblich – entschieden gegen den Antrag. Er hielt es für *zur Gänze* hinausgeworfenes Geld, zumal es die Bewohner Badens der Gemeinde nachtun würden. In diesem Punkt irrte er allerdings; der Krieg währte nur noch zwei Monate.[118]

Gegen Ende des Krieges hätte es für Kollmann noch die Gelegenheit gegeben, die Betreuung der problematischen bis katastrophalen Versorgungslage auf Bezirksebene zu übernehmen. Am 15. Oktober 1918 referierte er im Gemeindeausschuß über die Gründung einer Bezirkswirtschaftsstelle, einer Genossenschaft mit beschränkter Haftung. Schon am 18. August waren die Satzungen beschlossen worden. Am 25. Oktober fand die konstituierende Sitzung im Rathaussaal statt. Der erste Vorsteher war Bürgermeister Trenner, der zweite der Bürgermeister von Vöslau, der dritte der von Altenmarkt. Kollmann war eines der Mitglieder. Das Hauptanliegen ergab sich aus der prekären Lage der Lebensmittelversorgung. Über Arbeitsweise und Erfolge dieses Unternehmens gibt es keine greifbaren Quellen. Es dürfte die letzte Aktion während der Kriegszeit gewesen sein, an der Kollmann führenden Anteil nahm.[119]

Die Ernährungslage führte dazu, daß sich schon lange vor der Ausgabe von Le-

[117] Prot. 26. 11. 1917, S. 17. – Prot. 4. 10. 1917, S. 9f. – BVb. 1917, Nr. 41, S. 7.

[118] Prot. 9. 9. 1918, S. 29f.

[119] Prot. 15. 10. 1918. – BZ Nr. 88, S. 2. – Bei der genannten Sitzung wurde in einem Nachruf des am 22. Sept. verstorbenen Gemeinderats Ferdinand Hölzl gedacht.

bensmitteln Warteschlangen vor den Geschäften bildeten, was von den Zeitungen jeweils als rekordverdächtig gemeldet wurde. Einmal wußte das Volksblatt von einem *Anstellrekord* beim Fleischhauer Lutter, als sich schon um 7 Uhr abends 30 Personen um das für den nächsten Morgen erwartete Schweinefleisch – um 30 K das kg – anstellten[120]. Wie sehr das christlichsoziale Badener Volksblatt noch treu zu Kaiser und Reich hielt (übrigens bis über den *Umsturz* hinaus) zeigt die Einschaltung vom 28. September 1918, also fünf Wochen vor dem Waffenstillstand, in der den Schulbehörden eingeschärft wird, daß die ihnen anvertrauten Schülerinnen und Schüler beim Singen der Volkshymne nicht auf das *richtige Atmen* zu vergessen hätten.[121]

Am 23. Oktober 1918, da war der Auflösungsprozeß der Monarchie schon in vollem Gange – ein Deutsch-Österreich hatte sich am 21. Oktober in der Herrengasse als provisorische Nationalversammlung erklärt – wurde Kollmanns 50. Geburtstag gefeiert.[122] Es mutet schon etwas seltsam an, daß das Parteiblatt, offenbar unbekümmert von den nicht zu übersehenden und überhörenden Symptomen der Auflösung und des drohenden Chaos, hier in bürgerlicher Wohlgesinnung und Wohlbehütetheit seinen Spitzenmann feierte, als ob nichts geschehen wäre. Daraus läßt sich erkennen, daß, wie schon gesagt, die Partei nicht nur ungeschmälert den Reichsuntergang zu überleben gesonnen war. Sie bot sich als eine lebendige Zelle für das kommende, noch undefinierte neue Staatswesen an. Dieser neue Staat sollte von der Partei und von einer christlichsozialen Gesellschaft geprägt sein, nicht umgekehrt. Daß am 21. Oktober 1918 die Hauptversammlung des Kirchenbauvereins Weikersdorf stattfand, auf der Kollmann in den Revisionsausschuß gewählt wurde, zeigt dieselbe Tendenz. Die geplante Albrechtskirche sollte auf Antrag des Pfarrers Artner eine Friedenskirche werden.[123] Das wurde sie freilich erst nach einem weiteren Krieg. Im nächsten Jahr ehrten die Niederösterreichischen Landesfreunde Kollmann mit einer von J. Prinz geschaffenen Plakette, die die Aufschrift trug: *In Dankbarkeit und Verehrung für seine großen Verdienste um das öffentliche Wohl.*[124]

Das Badener Volksblatt, seit 1892 ein kämpferisches Parteiorgan,[125] zeigte sich in einem moderneren Gewand, es benützte ab dem Jahresbeginn 1917 das in der Journalistik relativ junge Bildmedium. Es wurde vom Wiener Herold-Verlag herausgegeben und erschien, beträchtlich erweitert, ab nun stets mit einem Frontblatt, das ein aktuelles Thema in eine allegorische „Rede mit dem Zeichenstift"umsetzte und auch im Inneren interessant bebildert war, freilich mehr zur politischen Indoktrinierung und zur Illustrierung patriotischen Leids und gelegentlicher Hoffnungen als zur Unterhaltung. Aber nun war das Blatt aus einer Lokalzeitung ein verlängertes Zentralorgan für die Region geworden, mit wenig Lokalnachrichten, dafür fünf bis sechs Seiten Außen- und Weltpolitik. Kollmanns bisher darin geübte und von seinen Gegnern gefürchtete Zeitungspolemik kam auf diese Weise nicht mehr so zum Tragen.

[120] BVb. 1918, Nr. 38, S. 8.

[121] BVb. 1918, Nr. 39, S. 5.

[122] BVb. 1918, Nr. 43.

[123] BVb. 1918, Nr. 38, S. 7f.

[124] Abb. in: Festschrift, vor S. 49.

[125] Vom Gegner *Schwarzblatt!* genannt.

*Plakette des Vereins der Landesfreunde für NÖ.
von J. Prinz (1919)*

Mehr beiläufig beantragte Kollmann wenig spektakuläre Dinge wie die Gleichstellung der Bezüge der städtischen Wachleute mit denen der Gemeindebeamten. Er hatte überhaupt deutliche Sympathien für die Polizei. So forderte er die Anstellung eines Detektivs bzw. Geheimpolizisten, als Spielhöllen in der Stadt überhand nahmen. Später, als Bürgermeister der Stadt, stellte er gleich mehrere an. Als sie dann eher unschuldige Tarockrunden nicht überführen konnten, belangte er diese wegen Übertretung der Lichtsparvorschriften.[126]

Schon im Jänner 1918 hatte sich ein entscheidender innenpolitischer Szenenwechsel abgezeichnet. Friedenshoffnungen wurden von der Presse (auch von der Lokalpresse) durch das dauernde Reden über den bevorstehenden Frieden im Osten genährt, wo die leninistischen *Maximalisten* in der „Oktoberrevolution" einen Sieg davongetragen hatten, der auch als ein indirekter Sieg der Mittelmächte gefeiert wurde. Auf der andern Seite standen die Versprechungen, die man aus den Worten des jungen Monarchen heraushörte, der sich schon jetzt einen *Friedenskaiser* nannte. Sie bewegten die Menschen, sensibilisierten sie aber auch zu selbständigen Aktionen. Es erstaunt sehr, daß ausgerechnet die Badener Zeitung, ein „deutschfreiheitliches" Organ, nichts dabei fand,

[126] Prot. 28. 7. 1919, S. 20.

der oft beschworenen Waffenbrüderschaft zum Hohn und derb kalauernd gegen die deutschen *Siegfriede* Front zu machen, die den Österreichern mangelnde Begeisterung für einen *Siegfrieden* vorwarfen. Diese frömmelnden *Hetzpastoren,* die in deutschen *Hetzblättern* schrieben, sollten vielmehr den Friedenswillen Kaiser Karls, der einen Verständigungsfrieden ohne territoriale Veränderungen anstrebte, respektieren.[127] Auch die Vertrauensmänner der Arbeiterschaft fühlten sich in diesem Punkt mit dem Kaiser solidarisch, wenigstens wenn man den Presseberichten Glauben schenkt, die *das einfache Wesen und die rührende Güte des Kaisers* priesen und davon schwärmten, *wie gründlich der Monarch über jede Einzelheit unterrichtet ist.*[128] Am 21. Jänner 1918 fand im städtischen Kurhaus in Baden eine Arbeiterversammlung statt, die nicht weniger als 3000 Besucher zählte. Es war dies der verlängerte Arm einer Streikbewegung, die seit einigen Tagen in den Industrieorten rund um Baden die Menschen in Atem hielt. Noch lief alles in geregelten Bahnen, die Badener Versammlung war gut bewacht, Ruhe und Ordnung herrschten, *wie es unserer Stadt würdig ist.*[129] Eine Debatte fand im Anschluß an die Rede des Sozialdemokraten Paul Richter vorsichtshalber gar nicht erst statt. Andernorts gab es Protestkundgebungen und Demonstrationszüge, so in Traiskirchen von den Semperitarbeitern und -arbeiterinnen. In vielen Betrieben dominierten die Frauen.

Es war klar, daß dies ein deutliches Lebenszeichen der sozialdemokratischen Partei war, deren Basis von der russischen Oktoberrevolution fasziniert war und mit der eher vorsichtigen Führung nicht ganz konform ging.[130] Die Reaktion der bürgerlichen Presse auf solches Theoretisieren blieb nicht aus. Man einigte sich auf die Formel: Sozialdemokratie ist gleich *Kriegsverlängerung.* Die etwas weit hergeholte Begründung: die sozialistischen Parteien der Westmächte sind Gegner des Verständigungsfriedens; denn sie haben sich die Beseitigung der mitteleuropäischen Kaiserreiche auf ihre Fahnen geschrieben.

Die Regierung plante, offenbar ebenfalls als Reaktion auf die Streikbewegung, eine so einfache Maßnahme wie die Errichtung einer öffentlichen Arbeitsvermittlungsstelle, also eines Arbeitsamtes (wie es später hieß). Im Gemeindeausschuß war man dagegen. Baden sei nicht der geeignete Ort, habe keine Industrie; man zwinge die Arbeiter, stundenlang nach Baden zu fahren. Damit kommen wir wieder zu Kollmann: Für ihn war ein anderer Punkt der maßgebende für seine Ablehnung: er war vor allem dagegen, daß Baden die finanziellen Lasten tragen mußte, aber keinen Einfluß auf die Besetzung des Leiterpostens hätte.[131]

[127] BZ 1918, Nr. 8, S. 1.

[128] BZ 1918, Nr. 7, S. 1. – Kaiser Karl wollte ein „Arbeiterkaiser" sein (Polzer-Hoditz).

[129] BVb. 1918, Nr. 4, S. 5.

[130] BZ 1918, Nr. 7, S. 2.

[131] Prot. 11. 2. 1918. – BZ Nr. 14, S. 2.

IV. Erster Mann der Stadt

Die Republikgründung 1918/1919

Am 1. November teilte der Bürgermeister dem Gemeindeausschuß mit, daß das AOK sich von Baden verabschiede. Es übersiedelte zwischen 4. und 6. November von Baden und Vöslau nach Wien, weil *eine geregelte Tätigkeit ... in Baden nicht mehr möglich war,* der innere Dienst und die Fernverbindungen *in immer größere Unordnung gerieten;* weil sich Soldatenräte und *sonstige* (nach Meinung des Generalstabschef Arz von Straußenberg) *unbegründete Ansprüche der Mannschaft vertretende Organisationen* gebildet hatten – das war wohl mit der *Unordnung* gemeint.[1] Es ist schwer zu sagen, ob diese Befürchtung zu Recht bestand, oder ob sie vielleicht nur für Vöslau und nicht für Baden zutraf, da Vöslau zunehmend ein Boden für Radikalismus wurde. Aber auch in den Badener Heeresbaracken mutierten viele der Insassen zu Soldatenräten, später zu sozialdemokratischen Gemeindepolitikern. Das könnte vielleicht sogar eine Erklärung dafür sein, daß das Radiogramm der österreichischen Waffenstillstandskommission, das in Villa Giusti am 2. November um 22 Uhr abgeschickt wurde, erst am 3. November gegen Mittag in Baden eintraf, keine Kleinigkeit im historischen Ablauf der Dinge, wie wir wissen.[2] Aber das ist Spekulation und läßt nicht sinnvoll auf Unregelmäßigkeiten oder Sabotagehandlungen von in Baden stationierten Truppeneinheiten schließen.

Wie immer, für Baden war es von Wichtigkeit, daß das AOK abzog; es ließ etwas zurück, das nun der Stadt zugute kam, nämlich Lebensmittel und die schon erwähnten Spitalsbaracken. Gleichzeitig teilte der Bürgermeister mit, daß die Aufstellung einer *Nationalgarde,* wie man in Anspielung auf bekannte Beispiele aus der Vergangenheit sagte, geplant sei. Noch war man *kaiserlich,* dennoch spürte man die revolutionären und Unruhe stiftenden Kräfte, die sich die Straße erobern wollten. Doch schon gab es einen anderen, einen republikanischen Begriff von Ordnung. Die Volkswehr, wie vor allem die Sozialdemokraten sie gerne nannten, war nach den Intentionen dieser neuen, revolutionären, an die Macht strebenden Kräfte die neue *deutschösterreichische bewaffnete Wehrmacht,* die schon existierte, ehe die alte k. u. k. Armee von der Bildfläche verschwunden war. Am 8. November gab der *Oberste Befehlshaber* dieser Truppe, General Boog, Richtlinien zu ihrer Aufstellung heraus.[3] Die Bürgerwehr dagegen gab es schon seit Kriegsbeginn 1914. Sie patrouillierte, zusammen mit Turnern und Feuerwehrleuten, die nicht eingerückt waren, in den Straßen, um die Sicherheit zu gewährleisten. Ab

[1] Arz v. Straußenberg, Zur Geschichte des Großen Krieges 1914–1918, S. 379.

[2] Kleindel, Österreich-Chronik.

[3] Ebd.

1917 übernahmen wohl die dem AOK zur Verfügung stehenden Truppenteile diese Aufgabe.

Die noch bestehenden normalen Verhältnisse zu schützen, dazu sollte also die Nationalgarde dienen, die im Wachlokal in der Jägerhausgasse einzog. Der Name wurde bald ungebräuchlich, und da man mit *Volkswehr* die neuen Linksgerichteten einer republikanischen Wehrmacht verband, bevorzugte man schließlich den bekannten Namen *Bürgerwehr* für die lokale zivile Selbstschutzorganisation.

Mit der Aufstellung der Badener Nationalgarde verband man keine sehr hochfliegenden Pläne. *Die militärischen Dinge verstehe ich nicht*, so der Bürgermeister, *da muss ich mir jemanden suchen.*[4] Um das Hemd zu schützen, wenn der Rock abhanden zu kommen drohte, gedachte man, alle Männer zwischen 18 und 50 in der neuen Bürgerwehr zu erfassen. War doch, wie Vizebürgermeister Brusatti alarmierend mitteilte, der Feind *bereits in der Nähe von Graz.* Gemeint war die Eisenbahnstation Ehrenhausen unweit Spielfeld-Straß. Sicherlich war es eine übertriebene Alarmmeldung, aber man konnte ja nie wissen, was noch passierte, da die Kampfhandlungen an allen Fronten noch in vollem Gang waren. Baudirektor Hofer forderte daher vom AOK zu diesem Zweck Waffen an. In Kürze werde ein *Nationalrat* aus Wien eintreffen – *behufs Kontrolle und überhaupt behufs Disposition*, wie sich Hofer vage, aber der Unberechenbarkeit der Lage entsprechend, ausdrückte.[5]

Kein *Nationalrat* erschien und auch kein anderer Emissär aus der Hauptstadt.

Das Wort – *Nationalrat* – spielte wohl, obwohl es den Titel noch gar nicht gab (und eigentlich auch heute nicht gibt; das Wort bezeichnet die Körperschaft, nicht die Person), auf den einzigen wirklich revolutionären Akt an, der bereits stattgefunden hatte, nämlich auf die Konstituierung einer *provisorischen Nationalversammlung Deutschösterreichs* am 21. Oktober im niederösterreichischen Landhaus in der Herrengasse. Dort hatten sich die Abgeordneten der deutschsprachigen Wahlkreise des Abgeordnetenhauses Cisleithaniens versammelt und eine Unabhängigkeitserklärung beschlossen, die sie allerdings neun Tage später in einem historischen Selbstwiderspruch wieder aufhoben, indem sie den neuen Staat als Bestandteil der deutschen Republik erklärten. Es

[4] Prot. 1. 11. 1918, S. 9.

[5] Ebd.

war, wenn man so will, ein zweiter revolutionärer Akt, denn weder der eine noch der andere Staat bestanden legal, immer noch existierten die alten Monarchien.

Am Sonntag, dem 3. November, dem Tage der Unterzeichnung des Waffenstillstandes, der durch ein vom AOK aus Baden abgeschicktes Telegramm in die Wege geleitet wurde, erschien nachstehende Verlautbarung:[6]

An die Bevölkerung des politischen Bezirkes Baden! Ein von den politischen Parteien des Bezirkes Baden heute beschlossener Wohlfahrtsausschuß für den politischen Bezirk wird die Geschäfte der Bezirkshauptmannschaft mit dem gegenwärtigen Leiter Herrn Statthaltereirat Freiherr von Bosizio weiter führen.

Bis zu der am Mittwoch erfolgenden Konstituierung werden die Gefertigten die Aufgabe des Wohlfahrtsausschusses erfüllen.

Die Bevölkerung wird daher aufgefordert, Ruhe und Ordnung zu bewahren. Die Errichtung einer Volkswehr im ganzen Bezirke ist im Zuge.

J. Kollmann   F. Stika   Dr. Fr. Trenner
Baden   Hirtenberg   Baden

Der Name Kollmanns, des einfachen Mandatars, auf diesem Dokument mag zunächst überraschen. Aber das war der entscheidende Sprung: Die Namen, die diese Verlautbarung an die Bevölkerung zeichneten, standen für die drei politischen Gruppierungen auf der Bezirksebene. Erstmals erschienen auf einem Dokument jene Parteien, die von nun an das Schicksal des Landes lenkten (soweit es von diesem Land gelenkt werden

konnte und nicht großräumigen äußeren Entscheidungen zum Opfer fiel). Damit war ein neuer Vorhang aufgegangen – eineinhalb Wochen vor dem Ende des ancien régime, der längst nicht mehr guten „alten Zeit". Eine jahrtausendealte, von Monarchien geprägte Geschichtsepoche ging dem Ende zu. Man brach in eine neue auf, ehe sie wirklich zu Ende war. Es waren neue, schon durchaus erkennbare und benennbare Kräfte, auf deren Zusammenarbeit man bauen mußte. Dennoch – der *Zusammenbruch* oder *Umsturz*, wie er dann allgemein hieß, brachte nur bedingt einen wirklichen Neubeginn. Für einen Kurort wie Baden am allerwenigsten. Das lebendige Sozialwesen Gemeinde war zwar gewiß kein perfekt funktionierender Organismus, hatte aber vorher und nachher Bestand, in kaum veränderten Strukturen. Das gilt umso mehr von der speziellen Sozialfunktion „Kurort", die vom Strom der politischen Ereignisse weitgehend abgekoppelt ist, zumindest solange es eine Gesellschaftsordnung gibt, die Kurgäste produziert.

Die Parteienlandschaft änderte sich nicht allzusehr. Verändert wurde das Wahlrecht und damit die Parteidisziplin, und zwar gemäß den Ansätzen, die es am Ende der Vorkriegszeit in Richtung Proportionalwahlrecht gegeben hatte. Es war die Stunde der hochtalentierten Führernaturen wie Kollmann; sie erlangten die Chance, auf dem Weg über eine Spitzenposition in „ihrer" Partei, die strengeren Ordnungsgrundsätzen unterworfen wurde, zu Führungspositionen in ihrem Gemeinwesen zu kommen und diese in ebenso quasi-autoritärer Weise

[6] BZ 1918, Nr. 89, S. 1.

auszufüllen – sei es in der Gemeinde, im Land, im Staat oder in berufsständischen Gremien. So lauteten die neuen Spielregeln.

Kollmann gehörte zu denjenigen, die die Bindungen an die Monarchie nicht ganz abreißen ließen. Er stimmte nicht für die Republikgesetze vom 3. April 1919,[7] ohne daß er deswegen damit später eine explizit legitimistische Überzeugung verbunden hätte.

Kehren wir zur konkreten Entwicklung in Baden zurück. Wir lesen in der Verlautbarung vom 3. November das Wort *Wohlfahrtsausschuß*. Dieser Begriff ist aus der Geschichte der Französischen Revolution geläufig und vorbelastet. Nun sollte er so etwas wie eine Interimsinstitution bezeichnen, die mit Hilfe von Notmaßnahmen bis zur Herstellung normaler und legaler Verhältnisse die exekutive Gewalt ausübte. Er konstituierte sich am 5. November unter dem Vorsitz von Bürgermeister Dr. Trenner. Jeder der Unterzeichner der Verlautbarung kooptierte drei Parteifreunde. Man einigte sich darauf, daß je ein Mitglied in einem eigenen Kanzleilokal der Bezirkshauptmannschaft vier Stunden am Vormittag und drei Stunden am Nachmittag Dienst tun sollte. Im Wohlfahrtsausschuß selbst wurden neben Kollmann die Christlichsozialen Thörr, Jäkel und Theiner nominiert, ferner die Sozialdemokraten Stika, Häuser, Brunner und Kieslinger sowie die Deutschnationalen Dr. Trenner, Brusatti, Laschitz und Dr. Mayer.[8] Der dortige Proporz sollte wohl auf eine gewählte Bezirksvertretung umgelegt werden, ein revolutionäres Konstrukt, das dann nicht verwirklicht wurde.[9]

Die Angelegenheiten der Volkswehr wurden geteilt, wobei Stika den Gerichtsbezirk Pottenstein und vier Ortschaften des Gerichtsbezirkes Baden, Gemeinderat Laschitz den Hauptteil des letzteren übernehmen sollte. Die Agenden der Arbeitsvermittlung übernahm Kollmann. Für die heimkehrenden Soldaten – man rechnete offenbar damit, daß sie irgendwie in geschlossener Formation anrükken würden – hatte die Baracke „Kriegsspital" geräumt zu werden.[10]

Um die Badener Bürgerwehr, die sich nun nach einer Versammlung im Kurhaussaal spontan zusammenfand, kümmerte sich Gemeinderat Laschitz. Unter den etwa hundert Freiwilligen findet man die Namen Gartner, Pamperl, Prof. Bednar, Schuster, Zinnober, Brandl, Schumits, Koller.[11] Den überall entstehenden Arbeiter- und Soldatenräten wollte man bewußt Bürgerräte an die Seite stellen. Einer dieser im engen Sinn bürgerlichen Räte, der den eigentlichen Charakter einer Bürgerwehr hatte, wurde gebildet, um den Eigentumsschutz der Häuser der oberen Welzergasse und ihrer Seitengassen zu garantieren. Er wurde am 15. April 1919 gegründet und stand unter dem Kommando von Oberstleutnant Knappe, Grillparzerstraße 12.[12]

Auch einen Bürger- und Angestelltenrat gab es (auch auf der Bezirks- und Landesebene), natürlich um die überall florierenden Arbeiter- und Soldatenräte zu konterkarieren. Er wurde ebenfalls am 15. April 1919 gegründet und zerfiel in die vier Interessengruppen der Gewerbe- und Weinbautreibenden, der Hausbesitzer, der Staats- und Stadtangestellten und der Privatangestellten.

[7] Josef Dengler in: Festschrift S. 111.

[8] BZ Nr. 92, S. 2.

[9] BZ 1918, Nr. 90, S. 1f.

[10] Ebd., S. 2.

[11] BA „Trenner", 8. Teil/109.

[12] BVb. 1918, Nr. 48, S. 2. – StA B, HB 746, Nr. 42.

Kollmann bediente sich gelegentlich dieses Forums. So sprach er z. B. am 14. Dezember 1919 bei dessen Hauptversammlung.[13]

Ein größerer Einsatz blieb der Bürgerwehr erspart. Der von der Stadtverwaltung ausgegebenen Aufforderung zur Ruhe und Ordnung widersetzte sich niemand. Nur am 6. November gab es auf dem Kaiser-Karl-Platz *eine sehr erregte Stimmung. ... Es bildeten sich dichte Knäuel und das Gedränge wurde fast lebensgefährlich, so daß Volkswehr, Polizei und Gendarmerie eingreifen mußte.* Der Grund für die Aufregung war ein Gerücht, daß ausgerechnet im Geschäft des Gemeinderats Laschitz 4000 kg Zucker gehortet seien. Das Geschäft wurde teilweise geplündert.[14]

Einen spektakulären Zwischenfall gab es in Sooß, wo die Bürgerwehr von der Waffe Gebrauch machte, als ihr eine Arbeitslosendemonstration zu turbulent erschien. Es gab einen Toten. Das Ersuchen der Felixdorfer an die Badener um Hilfeleistung in einem ähnlichen Fall wurde abgelehnt.[15]

In der nächsten Sitzung des Bezirks-Wohlfahrtsausschusses am 11. November, dem letzten Lebenstag der Monarchie, machte Bürgermeister Trenner die Mitteilung, daß er in Baden den Antrag auf Schaffung einer Allparteienvertretung, somit auf Einbeziehung der Sozialdemokraten, stellen werde. Er wolle sich dabei am Proporz der Fraktionen des Abgeordnetenhauses orientieren, die dort seit den Wahlen des Jahres 1911 bestanden. Der Pragmatiker Kollmann sah das anders und tat den entscheidenden weitergehenden nächsten Schritt: Er stellte den – erfolgreichen – Antrag, daß paritätisch vorgegangen werden sollte, d. h. daß jede der drei Parteien zu einem Drittel vertreten sein sollte. Das sollte überdies eine Empfehlung an alle Gemeinden des Bezirks sein.[16]

Am 16. November traf man sich wieder. Kollmann war auf der Sitzung des Wohlfahrtsausschusses und daher nicht anwesend. Inzwischen war die Volkswehr aufgestellt. Sie bestand aus etwa 230 Mann. Nun aber stellte sich heraus, daß sie der Kompetenz der Bezirksstellen entzogen werden sollte, da sie ihre eigene Befehlsstruktur gewonnen hatte. Ein Oberleutnant Vetter vom inzwischen gebildeten *Staatsrat* (das spätere *Ministerium*) in Wien übernahm das Kommando und vereidigte die Truppe als Bestandteil nicht mehr des k. u. k. oder k. k., sondern des neuen republikanischen Heeres. Folgerichtig, und das war im Augenblick für die Gemeindeverwaltung primär, war damit die Kostenfrage geklärt. Sie wurde an den Staatsrat weitergereicht; das schaffte spürbare, auch in den Debatten hörbare Erleichterung.[17] Nun mußte man sich gegen jene Elemente wehren, die sich mit rot-weiß-roten Armbinden versahen und den Leuten Geld aus der Tasche lockten, angeblich, um die Sicherheit ihrer Häuser zu gewährleisten. Das Volkswehrbataillon Baden unterstand Wiener Kommandostellen. Prompt kam es zu Mißverständnissen und Reibungen. Kollmann appellierte an die Volkswehr, sich bei Requirierungen zurückzuhalten. Man stellte Wachen vor die vom AOK zurückgelassenen Lebensmittellager. Gerüchte tauchten auf, daß man sie sich mit Gewalt an-

[13] StA B, HB 746/3, Nr. 43, 45, 48.

[14] BZ Nr. 90, S. 2. – BVb. Nr. 45, S. 5, und Nr. 46, S. 4.

[15] Prot. 18. 11. 1918, S. 25.

[16] Prot. 18. 11. 1918, S. 28–30.

[17] BZ 1918, Nr. 94, S. 2f.

eignen wolle. Der Bürgermeister mußte beruhigen. Das Monturenmagazin im Sauerhof war in Gefahr, gewaltsam aufgebrochen zu werden. Kollmann forderte die Schlüssel ein und vermittelte die ordnungsgemäße Abgabe an die Heimkehrer durch den diensthabenden Offizier.[18]

Die Kommandanten der Volkswehr wechselten rasch. Ein Oberst Dr. Orestes von Wolff und ein Oberleutnant Arpad von Müller, die im Kommando des Volkswehrbataillons genannt sind, scheinen dem Namen nach noch der alten k. u. k. Vielvölkerarmee zuzugehören.[19] Eine einheitliche Linie war noch nicht gefunden. Aber daneben stehen einige Unteroffiziere wie der Wachtmeister Franz Alter. Man hatte bald neue Vorstellungen darüber, wie man eine gehobene Dienstposition erreichte. Offiziere wurden nun nicht mehr nur von oben ernannt. Vier Wochen nach jeder Ernennung meldete der Soldatenrat, ob sich ein Kandidat das Vertrauen der Mannschaft erworben hatte oder nicht.[20] Im März 1919 forderte der Kreisausschuß der Arbeits- und Soldatenräte die Dienstgrade sogar auf, ihre Distinktionen abzulegen.[21] Die Führer seien nach ihrer Funktion, nicht nach ihrer früheren Charge auszuwählen. Solche und ähnliche Dinge brachten der Volkswehr von konservativer Seite den Vorwurf des Radikalismus und Bolschewismus, der mit Entrüstung zurückgewiesen wurde. Man werde gegen den inneren Feind genauso schneidig vorgehen, wie zuvor im Krieg gegen den äußeren.[22] Daß die Volkswehr keine Polizeibefugnisse hatte, mußte erst in Erlässen eingeschärft werden.

Auch sonst gab es Kinderkrankheiten der neuen Ordnung. Als einmal ein Revisionsorgan der Volkswehr mit einer Bescheinigung des Staatsamtes für das Heerwesen in Baden erschien und nach der *Kaiservilla* fragte, wo angeblich das Badener Kommando liege, wurde ihm von einem Wachmann bedeutet: *Es gibt keine Kaiservilla*, worauf sich die Revision erübrigte. Denn daß die Villa der Frau Ruttersheim (besser als Löwenstein-Villa bekannt, heute Haus der Kunst) damals im Volksmund auch *Kaiserhaus* hieß, weil hier Kaiser Karl seine Audienzen gehalten hatte, wußte er nicht.[23] In diesem Hause, das der gefeierten Bühnenkünstlerin Frau von Ruttersheim gehörte, war auch einer der angeblich neun Spielsalons, die man in den Jahren nach dem Umsturz ausgehoben hatte. Frau von Ruttersheim wurde in der Folge in Baden von der Gendarmerie gesucht, weil sie in Wien eine Arreststrafe antreten sollte. In Baden ließ sie sich krank schreiben, wurde aber daraufhin zwangsweise ins Garnisonsspital gebracht, wo sie ständig von zwei Exekutivbeamten bewacht wurde.[24] Auch Betrügereien kamen vor. Im „Krankenrat" – auch so etwas gab es – des Garnisonsspitals wurden Unterschlagungen aufgedeckt, u. a. bei einer Festivität im Sauerhof.[25]

Kollmann berichtete über seinen Tätigkeitsbereich „Arbeitsvermittlung". 37 Arbeitsstellen waren vermittelt worden. Arbeitslosengeld wurde in der Höhe des Krankengeldes tageweise plus 1 Krone für jedes Familienmitglied ausbezahlt.[26] In Baden gab es Anfang 1919 ca. 1200 Arbeitslose, die eine Arbeitslosenunter-

[18] Privatbestand Krebs, verwahrt im StA B, BA, S. 27.

[19] StA B, HB 746.

[20] BZ 1918, Nr. 104, S. 1.

[21] BZ 1919, Nr. 26, S. 3.

[22] Am 17. 1. 1919 (StA B, HB 746, Nr. 4).

[23] Ebd., Nr. 20.

[24] XY (sic): Von der Schwefeltherme zum Roulette. Die Illustrierte Zeit. Illustrierte Zeitschrift für Kultur und Kunst. Jg. 1934, Folge 1, S. 13f. – In der Löwenstein-Villa alias *Kaiserhaus* spielte man übrigens vorübergehend schon 1912 „La Boule", eine Art Roulettespiel.

[25] StA B, HB 746, Nr. 15.

[26] BZ Nr. 94, S. 2.

stützung bezogen. Das erwähnte Kollmann in der Sitzung vom 10. März 1919. Die Forderung der Sozialdemokratie, die Unterstützung um 50 % zu erhöhen, hätte über eine Million Kronen erfordert. Kollmann bezeichnete sie als unerfüllbar. Der 3-Parteien-Ausschuß, der sich der öffentlichen Wohlfahrt annehmen hätte sollen, lebte nicht lange. Am 20. November befand die n. ö. Landesregierung, der Wohlfahrtsausschuß habe zur *selbständigen Exekutive* keine rechtliche Grundlage, und beschloß in der Sitzung vom 3. Dezember, die weitere Tätigkeit einzustellen.[27]

Welche Gremien aber hatten eine rechtliche Grundlage? Wie sah es überhaupt in den Köpfen der Menschen aus, die jäh einen verlorenen Krieg und einen drastischen Wechsel der Regierungsform, wie er nur alle Jahrtausende vorkam, hinzunehmen hatten?

War es überhaupt möglich, ein klares Bild von den ringsum stattfindenden raschen Veränderungen zu bekommen? Ganz abgesehen von den lokalen Miseren – wer war in der Lage, den Kurs, den das Staatsschiff nehmen würde, vorzugeben? Vieles blieb ja erhalten, so die Strukturen der Verwaltung, das Schulwesen u. dgl. Wie weit würden die Dinge in der Hauptstadt noch verändert werden? Eine Unsicherheit, ja Ratlosigkeit war unleugbar vorhanden.[28] Man fand sich in republikanischen Verhältnissen nicht gleich zurecht. Kritik als vordergründige Reaktion wurde laut. Dem für seine ungeschminkten Aussagen bekannten Bürgermeister Dr. Trenner platzte in der Sitzung der Gemeindevertretung der Kragen: *Ich muss hier wohl sagen, dass ich*

es merkwürdig finde, dass in der Republik die an der Spitze der verschiedenen Ressorts stehenden Herren noch weit mehr gleichgiltig und indolent sind, als es die Vorgänger waren. Wenn ich an den früheren Herrn Statthalter von Niederösterreich geschrieben habe, so habe ich wenigstens eine Antwort bekommen. Von den gegenwärtigen Machthabern habe ich überhaupt noch keine Antwort bekommen. Der Bürgermeister von Baden ist dort gegenüber so hohen Herren eine Null.[29]

Eine grundsätzliche Ratlosigkeit zeigte sich schon sehr früh in den Kommentaren der Presse, die in den jähen politischen Veränderungen nach einem bleibenden Sinn suchten. Während die christlichsoziale Zeitung treu zur Dynastie stand, glaubte die bürgerlich-nationalliberale Badener Zeitung, den Schleier vor einem Götzenbild herunterreißen zu müssen. Schon am 16. Oktober hatte es dort geheißen: *Keine „Rührphrasen" sollen ein Staatsgebilde vortäuschen, das sein Dasein nur mehr dem Umstand verdankt, daß die Zensur die Veröffentlichung der Todesnachricht bisher verhindern konnte.*[30] Jetzt schrieb auf einmal die Badener Zeitung: *Wir haben diesen Krieg gehaßt und bekämpft ...*[31] Man kann sich nicht genug verwundern darüber, daß ausgerechnet dieses deutsch-freiheitliche Blatt auf einmal den Krieg als die 51 Monate dauernde *Herrschaft eines wie toll gewordenen Militarismus* (!) abqualifizierte,[32] ja sogar die Schuld am Ausbruch des Krieges den österreichisch-ungarischen und den deutschen Politikern gab, die den Krieg von langer Hand vorbereitet hätten (man

[27] BZ Nr. 99, S. 2.

[28] Vgl. Pollak, Walter: Dokumentation einer Ratlosigkeit. Österreich im Oktober/November 1918.

[29] Prot. 20. 1. 1919, S. 2.

[30] BZ 16. 10. 1918.

[31] BZ 1918, Nr. 88, S. 1.

[32] BZ 1918, Nr. 92, S. 1.

Alexander Berka (Sozialdemokrat), Schriftsetzer, Vorstands-
mitglied der Bezirkskrankenkasse, Vizebürgermeister
1919–1924, 1925–1929. Karikatur im Badener Volksblatt

berief sich dabei auf Akten des bayrischen Kriegsministeriums).[33]
Als aber dann die österreichische Regierung auf Grund von Gutachten einer Entente-Kommission durch die Unterschrift unter den Staatsvertrag von St. Germainen-Laye die Kriegsschuld einbekennen mußte, war der energischste Protest beinahe einhellig. Auch die Badener Zeitung hatte vergessen, was sie Ende 1918 geschrieben hatte. Am 18. Juni 1921 bezeichnete sie die Kriegsschuldbehauptungen der Siegermächte als *Lüge*, die *nicht oft genug ... zurückgewiesen* werden könne. Vielmehr seien *der brutale Konkurrenzkampf der Engländer und der Rachegeist Frankreichs* die wahren Schuldigen.[34] Daß dies dann der in Deutschland und Österreich unverändert kritiklos festgehaltene Standpunkt blieb, ist Teil der Geschichte der Zwischenkriegszeit, auch (und vor allem) der Mentalitätsgeschichte.
Liest man die Kulturnachrichten jener Tage des ausgehenden Jahres 1918, so hat man nicht den Eindruck umstürzlerischer Zeitströmungen oder radikaler Veränderungen. Im Stadttheater spielte man schon am 8. November ein Lustspiel mit Schauspielern des Hofburgtheaters. Am 11. war das erste Kammermusikkonzert einer prominenten Triovereinigung mit Werken von Rameau, Liszt und Mendelssohn angesetzt. Ganz zu schweigen vom Kino, das sich enormer Beliebtheit erfreute und den *ganz exzeptionellen* Sensationsfilm „Die Sonnenkinder" im täglichen Programm des „Neuen Pichler-Kinos" zeigte. Und auf das hochkulturelle Angebot im Theater- und Konzertleben des Hunger- und Mangeljahres 1919

kann man aus heutiger Sicht nur mit Neid blicken. Man staunt über eine gewisse Oberflächlichkeit, einen Verzicht darauf, tiefer danach zu fragen, was das alles für die Zukunft bedeuten könnte.
Am 25. November, nachmittags 4 Uhr, fand die konstituierende Sitzung des neuen Gemeindeausschusses als Dreiparteiengremium statt, vom Altersvorsitzenden Brusatti eröffnet. Jede Partei entsandte, dem Vorschlag Kollmanns gemäß, 14 Vertreter – ein demokratiegeschichtlicher Einschnitt ersten Ranges.

[33] BZ 1918, Nr. 96, S. 1 f.

[34] BZ 1921, Nr. 49, S. 2.

Denn die Mitglieder waren nun keine gewählten, sondern von Parteien nominierte Mandatare. Auch die Parteien waren, zumindest vorläufig, nicht gewählt worden. Sie waren als Hoffnungsträger anzusehende Ersatzbürokratien, die sich verpflichteten, sich demnächst der Wahl zu stellen, mit Zukunftsprogrammen im Gepäck, über die sehr viel zu reden und zu streiten sein würde. Ein Einheitsbewußtsein, das so dringend nötig gewesen wäre, wurde nicht gepflegt.

Nur die Deutschnationalen hatten zur Gänze dem bisherigen Gemeindeausschuß angehört, von den Christlichsozialen nur Kollmann. Die Sozialdemokraten unter der Führung des Schriftsetzers Alexander Berka, eines Vorstandsmitglieds der Bezirkskrankenkasse, griffen auf bestehende Parteikader zurück. Unter ihnen befand sich auch die erste Frau als Mitglied, Marie Brunner, die zusammen mit ihrem Gatten Ludwig Brunner diesem Gremium angehörte.

Zunächst wurden der Reihe nach drei Schriftführer und zwölf (drei mal vier) Gemeinderäte gewählt, Kollmann lediglich mit 26 Stimmen; er hatte also neben den Sozialdemokraten auch einige Deutschnationale gegen sich. Sodann wurden sechs Sektionen zu je neun Mitgliedern nominiert. Marie Brunner bekam das Mandat als 6. Gemeinderätin erst nach Verzicht ihres Gatten auf diese Position. Alles verlief sehr ruhig und ohne Debatte.[35]

Das schwierige Jahr 1919: Die ersten Wahlen

In der ersten Sitzung des Jahres erklärte Kollmann: *Heute ganz wunschlos, weil wir sehen, dass wir nicht wünschen dürfen, da wir das Geld nicht haben.*[36] Er beteiligte sich weder an den ideologisch gefärbten, von Wünschen überquellenden Debatten über noch nicht *retablierte* Schulen (Zwischenruf *Holz!*) oder über Beschwerden betreffs der provokativ zur Schau gestellten Wurstwaren, die keiner kaufen konnte, noch über die im Augenblick etwas aktualitätsfernen Kulturbeiträge des Vereins für Badener Familienchronik (Johann Wagenhofer), die die schon fertigen, aber noch nicht gedruckten Familiengeschichten der Schratt, Maynolo und anderer abhandelten.[37]

Am 13. April 1919 wurde Kollmann das Bürgerrecht verliehen. Auch das Volksblatt konnte nicht umhin, hervorzuheben, daß er – wenn auch nur durch Zufall als erster – *den Bürgereid auf den deutschen Charakter der Stadt Baden und auf die freie deutsch-österreichische Republik ablegte.* Bürgermeister Trenner stellte dabei in seiner Laudatio fest, *daß ihn Herr Kollmann bei allen großen, für die Stadt Baden wichtigen Fragen unterstützt.*[38] Eine Anmerkung, die Kollmann bei aller Gegensätzlichkeit der politischen Standpunkte nach zwei Jahrzehnten vice versa von Trenner machen konnte.

Kollmann hatte im November 1918 in wenigen Tagen etwa die Stellung wiedererreicht, die er bis zum Jahr 1912 innehatte: Er war in Baden Führer einer starken christlichsozialen Fraktion und gleichzeitig Parlamentarier in der Landeshauptstadt. Durch die Verlegung eines Teiles seiner Tätigkeit nach Wien schuf er sich freie Hand, die Dinge in Baden souverän zu gestalten, indem er die Badener zeitweise im Wartestand beließ, handelte sich freilich auch die

[35] Prot. 25. 11. 1918.
[36] Prot. 20. 1. 1919, S. 16.
[37] Ebd., S. 6f.
[38] BVb. 1919, Nr. 15.

94

Kritik des politischen Gegners ein, der ihm Versäumnisse vorwarf.

Seit 5. November gab es die Provisorische Landesversammlung, die die 1908 gewählten ursprünglich 120 Abgeordneten des niederösterreichischen Landtages (Wien inklusive) wieder versammelte. Kollmann war bekanntlich einer von ihnen.[39] Er wurde in der Sitzung des Finanzausschusses zum Finanzlandesreferenten gewählt, womit er sich „sein" ureigenes Ressort sicherte,[40] allerdings nur für kurze Zeit; denn am 4. Mai 1919 wurde der neue Landtag gewählt, was – nebenbei gesagt – die Zahl der Wahltermine vermehrte und das erste Aufbaujahr zum permanenten Wahlkampfjahr und damit zu einer Phase der überzogenen Polarisierung machte. Auch dieser *Gemeinsame Landtag,* dem Kollmann allerdings nicht mehr angehörte, hatte nur ein relativ kurzes Leben. Der nächste Landtag konstituierte sich nach den Wahlen vom 24. April 1921. Er führte die Trennung von Wien und Niederösterreich durch.

Aber Kollmanns Wiener Karriereschiene sollte sich bald noch zu seinem Gunsten verändern. An Stelle des Landtagsmandats entschloß er sich, ein Mandat in der Nationalversammlung anzustreben. Er nahm die Kandidatur an, die ihm durch die christlichsoziale Vertrauensmännerversammlung am Beginn des Jahres einstimmig angetragen wurde. Sogleich stürzte er sich in einen turbulenten Wahlkampf, der die kurzfristige relative Idylle der Republikgründungsphase schrill unterbrach. In Baden hatte er Karl Renner, damals Staatskanzler und damit Regierungschef, zum Gegner, der im Kurhaus über seine Version der klassenlosen Gesellschaft philosophierte, nämlich über das Kleinbürgertum als *Tandelmarkt aller Klassen* (*Hier kleidet sich der Kavalier als Strizzi und der Strizzi als Kavalier).*[41] Kollmann dagegen sprach selbstbewußt und ohne klassenkämpferische Dialektik vom *Mittelstandsgewerbe als dem Rückgrat des staatlichen Aufbaus.*[42] Im Triestingtal, wo Revolutionsstimmung herrschte, wurde er von angriffslustigen Jungproletariern erwartet; es ging ihm ja der Ruf eines streitlustigen *Schwarzen* voraus. Dort konnte es passieren, daß er bei eisigen Temperaturen auf einem Sessel stehend sich eine Wahlversammlung zurechtimprovisieren mußte, die offiziell vom Parteigegner zuvor abgesagt worden war. Es kam vor, daß man andere christlichsoziale Redner sprechen ließ, Kollmann aber tumultuarisch am Reden hinderte, weil ihm der Ruf des Scharfmachers überallhin vorauseilte.[43]

Wenig fruchtbringend für die kommenden Aufbaujahre war, daß die aussichtsloseste Methode der Auseinandersetzung gewählt wurde, die möglich ist, der ideologische Kulturkampf. Dadurch war es unmöglich, sich über die Tragweite des Wechsels von der Monarchie zur – demokratisch regierten – Republik klar zu werden. Anstatt eine Denkpause einzulegen, mußte man scharf zugespitzten Wahlkampftönen zuhören, die das Denken in enge Bahnen zwangen. So fragte Kollmann, ein Meister in diesem Genre, in einer Wählerversammlung rhetorisch: *Wir sind jetzt über ein Jahr in der freien Republik. Derjenige, der jetzt freier ist als früher, der möge aufstehen (Zwischenruf: Ja die Herren Arbeiterräte sind es).*[44]

[39] Riepl Hermann, Fünfzig Jahre Landtag von Niederösterreich, I. Teil, S. XXI und 4.

[40] BVb. 1918, Nr. 51, S. 5.

[41] BVb. 1919, Nr. 4, S. 2.

[42] Ebd.

[43] BVb. Nr. 2, S. 6.

[44] Auf einer Versammlung des Hauer- und Bauernvereines in Vöslau (BVb. 1920, Nr. 15, S. 4).

In der Stagnation der ersten Nachkriegszeit ging es noch nicht um wirklich durchsetzbare Interessen, also kämpfte man um ideologische Grundsätze, die ohnehin jeder kannte, und radikalisierte sie, ohne zu bedenken, daß man sich dadurch auf Jahre einbetonierte. Die wichtigsten Themen waren die von den Sozialdemokraten eingeforderte Ehereform und die Schulreform, bzw. die Warnungen davor. Um diese gab es verbissene Schlachten in der Presse und auf Versammlungen, nicht zu vergessen die Waffe der Karikatur und des Spottes, den Antiklerikalismus auf der einen, den Antisemitismus auf der anderen Seite.

Es ist festzuhalten, daß Kollmann sich von antisemitischen Äußerungen immer ferngehalten hat. Er sprach zwar, vielleicht der Parteilinie zuliebe, gelegentlich von *gewissen Leuten aus Galizien*, womit er die während und nach dem Krieg ins Land gekommenen ostjüdischen Zuwanderer meinte,[45] bewies jedoch in mehreren Fällen, daß ihm Vorurteile fremd waren. Er urteilte nach Einzelfällen. Hier ein paar Beispiele. Er trat in der vertraulichen Gemeinderatssitzung am 2. Juni 1920 für die Einbürgerung des jüdischen Geschäftsmanns Elias Hausmann ein, dem die Landesregierung die Staatsbürgerschaft verleihen wollte. Kollmann verwies darauf, daß er während des Krieges Baden mit Waggonladungen von Lebensmitteln geholfen und auch für die Zukunft Hilfe in Aussicht gestellt habe. Es half nichts. Sein Parteifreund Sulzenbacher war *dagegen, dass uns diese Ostjuden überschwemmen* und sorgte für die Ablehnung auch gegen die Stimme des Bür-

Dr. Otto Sulzenbacher, christlichsozialer Gemeinderat

germeisters.[46] Am jüdischen Kinderhilfstag, der am 29. Juli 1923 im Kurpark abgehalten wurde, kaufte er Blumen. Als er dafür vom völkischen Badener Bezirksboten angegriffen wurde, druckte er im Badener Volksblatt, die – für den Leser vielleicht erstaunliche – Erklärung ab, *daß ich mich als Bürgermeister der Stadt Baden, wenn es gilt ein Wohltätigkeitsunternehmen zu fördern oder zu unterstützen, nie auf den Standpunkt der Parteipolitik oder Rassenpolitik stellen werde, sondern einzig und allein den Grundsatz verfolge, wenn den Armen geholfen werden soll.*[47] Einmal versicherte er Dr. Justitz, er habe die Gemeinderatssitzung ihm zuliebe nicht am Freitagabend, dem Beginn des Sabbats, angesetzt (als Antwort auf dessen Beschwerde, daß Kollmann Sitzungen nur

[45] BVb. 1918, Nr. 5, S. 8.

[46] Vrtr. Prot. 2. 6. 1920, S. 10f.

[47] BBb. 1923, Nr. 13, S. 4. – BVb. Nr. 20, S. 3.

Kollmann als Teilnehmer an der Ehrung jüdischer Gefallener am israelitischen Friedhof 1932 neben dem Wiener Oberrabbiner Frankfurter

[48] BVb. 1921, Nr. 15, S. 5.

[49] Prot. 31. 7. 1922, S. 17.

[50] Festschrift S. 10.

[51] Prot. 1. 10. 1919, S. 28.

[52] Hack-Kaufmann (Prot. 1. 10. 1919, S. 26).

[53] Am 27. 11. 1932. Der „Bund jüdischer Frontsoldaten"in Wien hatte am 13. November 1932 in Baden eine Ortsgruppe gegründet (BZ 1932, Nr. 95, S. 2f.). Am 16. März 1935 stiftete diese ein Fahnenband mit einem Badener Wappen, wozu der Gemeindetag in der vertraulichen Sitzung am 27. 2. seine Genehmigung gab.

an den höchst seltenen Tagen ansetze, wenn er nicht in Wien sei). Dr. Justitz, der Hauptsprecher der sozialdemokratischen Fraktion, war ein 1919 eingewanderter Hautarzt, *halb tschechisch halb jiddisch*, wie das Badener Volksblatt über ihn als die Hauptzielscheibe seiner Propaganda spöttelte.[48] Daß Kollmanns Bemerkung eher eine gelungene Pointe war, mit der er einer – an sich nicht unberechtigten – Kritik auswich, dürfte außer Zweifel stehen.[49] Ich vermag nicht zu beurteilen, ob es mehr war als ein Gerede, daß es Kollmann gelungen sei, durch einen *Tempelgang* im Jahr 1919 die Badener *Judenschaft* auf seine Seite zu ziehen, sodaß er mit deren Hilfe die Sozialdemokraten knapp, aber doch besiegen konnte (so Oskar Helmer).[50] Ein Motiv, dem man die Glaubwürdigkeit nicht ganz absprechen kann, was immer unter dem *Tempelgang* konkret zu verstehen ist. Der jüdische Gemeinderat Hugo Leit-

ner, ein Sozialdemokrat, hat sich in der Hitze des Gefechts dazu im Oktober 1919, also noch unter dem Eindruck der Wahl, geäußert. Ich zitiere hier das Protokoll, das die Stellungnahme Leitners nur in der indirekten Rede wiedergibt: (...) *bezüglich des Verhaltens des Herrn Bürgermeisters gegenüber den Juden, dass er die Juden in seinen Schoss aufgenommen hat, weil sie Geld haben.*[51] Womit er offensichtlich eine lokal kursierende Fama artikulierte. Allerdings geschah dies während einer heißen Debatte, in deren Verlauf sich ein Sozialdemokrat auch einmal dazu hinreißen ließ, Kollmann – in einer wirtschaftlichen Notzeit – indirekt sein Körpergewicht von 120 kg vorzuhalten.[52]

Kollmann hat seine Haltung, die er schon vor 1919 offen zeigte, auch bis zur Zeit des autoritären Regimes 1934–1938 nicht geändert. Als Bürgermeister hat er sich gegenüber der israelitischen Kultusgemeinde in Baden nach den gebotenen Regeln der Loyalität verhalten, wie eine Photographie beweist, die Kollmann bei der Ehrung jüdischer Gefallener des Weltkriegs neben einem Wiener Oberrabbiner auf dem jüdischen Friedhof zeigt.[53]

Am 16. Februar 1919 fanden die Wahlen zur verfassunggebenden Nationalversammlung statt. Im Wahlkreis des Industrieviertels wurden Kollmann und zwei weitere Christlichsoziale (Rudolf Gruber und Franz Parrer) gewählt, ferner die Sozialdemokraten Karl Renner, Paul Richter, Robert Danneberg und Felix Stika sowie der Deutschnationale Hans Schürff. Schon in der Sitzung am 12. März – es war der Tag, an dem die

Versammlung offiziell Deutschösterreich als Teil der Deutschen Republik erklärte[54] – meldete sich Kollmann zu Wort. Er kritisierte die Übergriffe der Arbeiter- und Soldatenräte, berichtete über Vorfälle in Sooß, wo Wirtschaftsbesitzer angeblich zur Zahlung von Schutzgeldern erpreßt worden waren, und richtete die Anfrage an die Regierung, ob sie *geneigt sei, den rechtlosen, einem geordneten Staatswesen Hohn sprechenden Verhältnissen ein energisches Ende zu machen und Übergriffen des Arbeiter- und Soldatenrates in Baden ein rasches Ende zu setzen.* Eine schriftliche Beantwortung erfolgte am 7. Juni.[55]

Aggressive Akte der angesprochenen Räte fanden tatsächlich statt. Stand dahinter eine Entwicklung in Richtung der Ausrufung einer Räterepublik, also einer Diktatur des sozialistischen Lagers? Diese Frage wurde am 1. und 2. März auf einer Reichskonferenz der Arbeiterräte im Arbeiterheim Favoriten vorausentschieden. Dort setzten sich die Kommunisten (wie auch bei späteren Treffen dieser Art) nicht durch. Ihr Ziel war ganz explizit die Räterepublik nach dem Vorbild Ungarns (22. März Ausrufung der Räterepublik unter der Diktatur Bela Khuns). Die Zentren dieser Bestrebungen hierzulande waren Neunkirchen und Ternitz. Radikale Elemente begnügten sich schließlich damit, Freiwillige in diese Orte zu entsenden – dort sollten sie gegen die "Reaktion" kämpfen. Dazu dienten Aufrufe, die manchmal von Ort zu Ort weitergereicht wurden. In Trumau wollte man im Mai das Heiligenkreuzer Stiftsgut beschlagnamen, später bei einem weiteren Handstreich allen Ernstes doch

den Anstoß zur Ausrufung einer Räterepublik geben.[56] Renner und Helmer verhinderten dergleichen Gewaltaktionen, teilweise durch persönlichen Einsatz. Auch der Bezirks-Arbeiter- und Soldatenrat des Bezirkes Baden wandte sich gegen *gewisse Elemente*, die *unter der falschen Flagge* des Kommunismus auftreten würden.[57] Immerhin gab es am 15. Juni 1919 in Wien einen kommunistischen Putschversuch, der nicht ohne Blutvergießen im Keim erstickt wurde. Eine reale Chance, die Räterepublik wenigstens in Ostösterreich zu errichten, wäre nur gegeben gewesen, wenn die Volkswehr übergelaufen wäre, d. h. sich geweigert hätte, gegen die Putschisten vorzugehen.

Auf eine Behauptung der Zeitung ‚Volkspresse', Kollmann habe illegal Lebensmittel bezogen, reagierte dieser mit einer Klage gegen einen Herrn Besendorfer aus Gainfarn. Als Zeuge trat der sozialdemokratische Gemeinderat Franz Alter auf. Er berief sich auf Belege im Kriegswucheramt, die aber nicht auffindbar waren. Kollmann ließ sich von Anwalt Dr. Bousek vertreten.[58]

Das schwierige Jahr 1919: Wohnungsnot, Barackenelend

Von anderer Art und ohne die Hintergedanken eines möglichen Putsches, vielmehr geleitet von der Sorge um betroffene Bevölkerungsteile, verlief die Debatte unter den Badener Gemeindevertretern, die um die Linderung der Not insbesondere der Obdachlosen, Arbeitslosen und Kriegsversehrten entstand. Hier wollte und konnte sich ja niemand von humanitären Hilfsmaßnahmen ausschlie-

[54] Kleindel, Österreich-Chronik.

[55] Zit. bei Wolk. S. 35 aus dem Anhang zu den stenographischen Protokollen der Nationalversammlung 1920, S. 101 f. und 17 f.

[56] BVb. Nr. 17, S. 5, und Nr. 48, S. 4.

[57] BZ Nr. 37, S. 3.

[58] BA „Kollmann". Zeitungsausschnitt vom Juli 1919.

B. Säuglingsheim

Muß i denn, muß i denn, zum Häusle hinaus . . .

Der Sozialdemokrat Reinhold Sänger wurde 1923 als Leiter des Bundes-Säuglingsheims entlassen. Zeitungskarikatur

59 Vrtr. Prot. 30. 1. 1919.

ßen. Freilich war Baden privilegiert und Gegenstand des Neides der umliegenden Orte. In vertraulicher Sitzung forderte der Bürgermeister die Gemeindevertreter auf, *draußen* ja nichts über die vom AOK zurückgelassenen Lebensmittelvorräte verlauten zu lassen (!).[59]

Mit dem Einzug der sozialdemokratischen Mandatare in die Gemeindevertretung kam freilich eine Fraktion ins Spiel, die erwartungsgemäß andere Vorstellungen davon hatte, was für Baden und seine Bevölkerung notwendig und gut wäre, und diese Vorstellungen gingen nicht mit den Erfordernissen des Kurorts konform, wie sie nach Ansicht der bürgerlichen Parteien und vieler Unabhängiger bestanden. Die Sozialdemokraten traten primär für mehr Verteilungsgerechtigkeit auf dem Wohnsektor ein. Vor allem die Villenbesitzer, aber durchaus auch weniger begüterte Hauseigentümer sollten durch gesetzliche Maßnahmen dazu gezwungen werden, freistehenden Wohnraum an ärmere Wohnungssuchende abzugeben. Das aber hätte einen Verzicht auf Vermietung an Kur- und Sommergäste bedeutet. Auf deren Ankunft wieder hofften nicht nur die Vermieter, sondern auch viele andere Angehörige der Infrastrukturbetriebe.

Vor allem waren es die desolaten Verhältnisse im Barackenviertel in der Vöslauerstraße, die zu lauttönenden Protestreden auf der linken Seite der Gemeindevertretung führten. Am 7. April brachte Frau Brunner das Problem der ehemaligen Kriegsspitalsbaracken in der Braitnerstraße zur Sprache. In ihnen wohnten 34 Parteien mit 139 Personen, darunter Familien mit bis zu neun Kindern, die von Verlausung, fehlender Wasserspülung in den Klosetts, von Seuchengefahr und dergleichen mehr heimgesucht würden. Bürgermeister Trenner reagierte mit einem seiner Zornesausbrüche über den *Saustall*, den das Militär dort geduldet habe; wobei er keinen Unterschied machte zwischen monarchischem und republikanischem. Wie könne er etwas ändern, wenn man ihn als Zivilisten nicht einmal in die Baracken hineinlasse?[60]

Spätere Kritiken der Sozialdemokraten fügten dem hinzu: Beschädigte bis umfallende Zäune und Wände, Regen durchs Dach u. v. a. Das Thema Baracken blieb mehr als ein Jahrzehnt unverändert an der Tagesordnung. 70 bis 100 Barackenbewohner müßten hier in einem nur für zehn Jahre errichteten Notdomizil hausen, hieß es drei Jahre später. Einzelfälle wurden genannt, Familien, die *mit Regenschirmen sitzen* (so GR Meixner aus eigener schlimmer Erfahrung).[61] Drastische Vergleiche wurden gezogen, etwa mit dem Pferdestall Leuchtags:[62] *Wenn unsere Leute wenigstens einen solchen Pferdestall hätten*, so der Gemeinderat Sänger, der gleichfalls in einer der Baracken in der Vöslauerstraße Nr. 18 wohnte, in der Sitzung vom 23. Jänner 1924.[63] Ein Debattenredner, Dörer, sprach von einem Leben darin *wie Tiere.*[64] Ein Jahr später dieselbe Debatte. Kollmann wußte immer eine Antwort: *Ich hätte nichts dagegen, wenn sie eine andere Wohnung beziehen.*[65] Der Vizebürgermeister Berka sieht kommen, daß ein stärkerer Wind die Wände umblasen werde usw. Darüber hinaus forderte man die Inangriffnahme städtischer Wohnbautätigkeit und wies darauf hin, daß Baden sowohl über Baugrund als auch über Ziegeleien dafür verfüge.

Kollmanns Reaktionen waren weiterhin zumeist Hinweise darauf, daß niemand in Baden ohne Dach sei, oder konkrete Fragen: *Sagen Sie mir jemanden, der keine Wohnung hat.*[66] Kollmann, der sich sehr wohl auch an Ort und Stelle informierte, verstand es aber auch, in eskalierender Debatte bei passender Gelegenheit Loblieder auf die Baracken zu singen. Er würde gerne zehn bis zwölf Baracken dazubauen, erklärte er noch 1922. Wien wäre froh, wenn es sie hätte. Viele Leute würden aus den gemauerten Häusern hieher umziehen. Zu der ewigen Kritik an den Verhältnissen in den ehemaligen Spitalsbaracken meinte Kollmann einmal kaltschnäuzig: *Wenn ein Kranker drin wohnen kann, kann auch ein Gesunder drin wohnen.* Darauf Holzdorfer: *Dadurch zeigen Sie die Niedertracht Ihrer Empfindungen.* Kollmann: *Ordnungsruf oder Zurücknahme!* Da letztere nicht erfolgte, unterbrach der Bürgermeister die Sitzung. Der Streit wurde nur notdürftig beigelegt.[67] Ein Jahr später, am 15. Februar 1923, eskalierte er erneut derart, daß der Schriftführer aufgab und oft sinnverkehrt mitschrieb. Holzdorfer berichtete darüber, daß Kollmann die Delogierung einer Frau mit der Bemerkung gestoppt hätte, in Baden würden ja nur Arbeiter und Hausmeister delogiert; auch gebe es *geheime Konventikel*, die die Wohnungen vergäben. Kollmann wies das vehement als Lüge zurück und hielt Holzdorfer vor, er sei ja nie in den Sektionssitzungen anwesend, was Holzdorfer in der nächsten Sitzung *berichtigte.*[68]

Die Arbeiterräte sowie die Sozialdemokraten im Gemeinderat verlangten aber auch, um der von ihnen angestrebten Wohnungsgerechtigkeit zum Ziel zu verhelfen, eine Vermögensabgabe der Reichen, sprich: der Villenbesitzer (damit war nicht jene große Vermögensabgabe gemeint, die zwangsweise die Deponie-

[60] Prot. 7. 4. 1919, S. 22 ff.

[61] Prot. 15. 2. 1923, S. 31.

[62] Womit die Eugen-Villa gemeint war, deren Besitzer, Dr. Alfred Leuchtag, dort ein Trabergestüt eingerichtet hatte.

[63] Prot. S. 17. – Reinhold Sänger war als ehemaliger Arbeiterrat Verwalter des Bezirksarmenhauses geworden, und wurde zunehmend angefeindet, weil er die geistlichen Schwestern von dort, in welcher Weise immer, entfernen wollte und schließlich entfernt hatte.

[64] Prot. 22. 2. 1922, S. 13.

[65] Prot. 15. 2. 1923, S. 32.

[66] Was Dr. Justitz schon als Kollmanns Lieblingsspruch persiflierte (Prot. 8. 2. 1923, S. 8).

[67] Prot. 22. 2. 1922, S. 10 ff. – Die gespannte Atmosphäre war vorauszusehen. Der Bürgermeister habe, so Holzdorfer, vor der Sitzung zu ihm gesagt: *Machen Sie mir die Freude und kommen Sie nicht in die Sitzung.* Als Holzdorfer ihn während der Sitzung an die Worte erinnerte, meinte er, nun würde er sagen, das sei nicht wahr. Kollmann dazu: *Aber ja!* (Ebd. O., S. 12). Sebastian Holzdorfer, Angestellter der Wiener Lokalbahn, rede- und kritikfreudiger Gemeindevertreter, war so etwas wie das damalige enfant terrible, ein permanenter Unruhestifter, den es offenbar immer auch im Gemeinderat geben muß. Wegen seiner wechselvollen Parteizugehörigkeit – er war zuerst Wirtschaftsbündler, (erfolgloser) Nationalsozialist bei den Nationalratswahlen und schließlich seit 1923 auf der sozialdemokratischen Liste im Gemeinderat – büßte er allerdings stark an Glaubwürdigkeit ein (vgl. BVb. 1920, Nr. 40, S. 3).

[68] Prot. 15. 2. 1923, S. 33 ff.

rung und faktische Entwertung aller Staatsanleihen bis Mai 1919 betraf).

Die Methode der Räte, vor bevorstehenden Unruhen und *einem massenhaft aufgehäuften Zündstoff* zu warnen, bezeichnete Kollmann als Drohung. Er wandte sich in einem Aufruf direkt an die Öffentlichkeit, wies aber darin mit Nachdruck zurück, daß er jemals *die Vertreter des Soldatenrates „Blutsauger" genannt hätte.*[69]

Im Gemeinderat erklärte er: *Nachdem ich gewohnt bin, meine persönliche Anschauung klipp und klar zum Ausdrucke zu bringen, so sag ich es auch hier, trotzdem ich weiss, dass mich mancherlei Unannehmlichkeiten erwarten,* und er fügte noch hinzu: *ich werde sie auch noch übertauchen. Alles andere verträgt meine dicke Haut, das Leben wird es nicht kosten.* Dann aber machte er die (Partei)Linie klar: Trennung zwischen privater Wohltätigkeit einerseits, der Pflicht des Staates – und nicht der Gemeinde – zur Invalidenversorgung und zu den anderen nötigen Sozialmaßnahmen anderseits. Wohltätigkeit ja, aber ein Aufruf zur Wohltätigkeit muß anders aussehen. *Wenn Sie in die Tasche greifen und hergeben, dann ist das eine Wohltat, das soll nicht sein, ... die Vermögenden zur Abgabe der entsprechenden Mittel zu zwingen, niemand hat die Möglichkeit, die Gemeinde nicht, noch viel weniger der Arbeiter- und Soldatenrat. Dieser Akt, so löblich auch die Ursache ist und so gerne jedermann ohne Unterschied etwas dazu gegeben hätte, ist verhaut durch den Ton, in welchem die Aufforderung an das Publikum gerichtet ist. Wenn solche Sachen gemacht werden, so muss ich schon den Herren Vertretern des Arbeiterrates, die hier in diesem Saale sitzen, sagen, dass sie auf die Redigierung eines solchen Aufrufes entsprechenden Einfluss nehmen sollen, sodass es nicht aussieht, als ob Baden schon im Lager der Kommunisten und Spartakisten wäre.* Für eine Soforthilfe etwa für betroffene Heimkehrer trat er ein. Die Sozialdemokratin Brunner, Angehörige des Arbeiterrates, wies den Vorwurf der Drohung zurück und forderte schlicht eine freiwillige Vermögensabgabe für die, *die zum Leben zu viel und zum Sterben zu wenig haben.*[70]

Das schwierige Jahr 1919: Kollmann wird Bürgermeister

Mitten in den Wust von anstehenden Fragen und Unsicherheiten erklärte Bürgermeister Trenner am 15. Mai unerwartet seinen Rücktritt. Er gab an: *aus Familienrücksichten.*[71] Eine spätere Version: weil er bei der Landtagswahl im gleichen Jahr zu schlecht abgeschnitten hätte. Bis auf weiteres übte der Vizebürgermeister Alois Brusatti die Geschäfte aus. Jahre später, als wieder einmal Wahlkampf war und Trenner unter für ihn bedeutend ungünstigeren Umständen für die Großdeutschen kandidierte und auch gewählt wurde (1924), sprachen die Christlichsozialen in der Rückschau von *leeren Kassen* als dem wahren Rücktrittsgrund. Vor dem Zusammentritt des neuen Gemeinderats, in den Dr. Trenner gewählt worden war, am 17. Dezember 1924 fragte der Badener Bezirksbote, das Organ der Großdeutschen: *Herr Kollmann, wo sind die vollen Gemeindekassen?* Er spielte damit auf das Jahr 1919 und die damali-

[69] BVb. 1919, Nr. 6, S. 5.
[70] Prot. 10. 3. 1919, S. 30 f.
[71] BZ 17. 5. 1919.

gen Vorwürfe an. Kollmann reagierte sofort. In einem Brief, der dem Protokoll beiliegt, nannte er die exakten damaligen Ziffern, auf den Heller genau: 359.022 K 17 h, außerdem unbezahlte Darlehens-Annuitäten[72] 436.153 K 85 h und offene Rechnungen 78.127 K 36 h. Zur Behauptung des großdeutschen Blattes, Kollmanns Defizit betrage derzeit (1924) 2 Milliarden K, gab Kollmann auch hier die genauen Ziffern, die zusammengerechnet etwa die Hälfte der behaupteten Summe ausmachten. Es versteht sich, daß man die zwischen 1919 und 1924 eingetretene enorme Geldentwertung in Betracht ziehen muß.[73]

Was immer der wahre Auslöser für den Rücktritt Trenners gewesen sein mochte, ob die Angst vor dem ultralinken Terror (was er natürlich bestritt) oder das Scheitern im Amt, fest stand für die rückschauenden Kritiker des Jahres 1924 und nicht nur für diese, daß dies Kollmanns Stunde war. Und damit hatten sie nicht unrecht. Interessant sind in diesem Zusammenhang die Aussagen Dr. Trenners anläßlich seines Wiedereintritts in den Gemeinderat, die auf ein Aufeinandertreffen des alten mit dem neuen Bürgermeister hinausliefen. Er war nun nach den Wahlen Ende 1924 Sprecher der Opposition: *Ich möchte mich da sehr intensiv erinnern an den ehemaligen Gemeindeausschuss Kollmann; er hätte es uns niemals verziehen, wenn nur eine Krone unbedeckt gewesen wäre.* Jetzt aber würden gegen die vorgeschlagenen Erhöhungen in den Ausschüssen nie Bedenken geäußert.[74] Ob die von den Sozialdemokraten geforderte und von Trenner beantragte Arbeitslosenzulage – 3 Kronen zu der vom

Staat gezahlten Unterstützung von 6 K pro Tag –, die die Stadtfinanzen überforderten, mit Trenners Rücktritt zu tun hatte, kann nicht eindeutig bestätigt werden. Sie sollte vom 15. Mai bis Ende Juni ausbezahlt werden. In der Frage der Arbeitslosenzulage stritt man sich zur Einsetzung eines Komitees zusammen, das jeden einzelnen Fall prüfen sollte. Kollmann, der sich offensichtlich widerwillig in diese Verhandlungen hineinbegeben hatte – sein Hauptargument: *Baden steht vor dem Bankrott* –, erstattete am 4. Juni Bericht: Nur 73 Fälle fand das Komitee für unterstützungswürdig, nur solche, die für mehrere Personen zu sorgen hatten. Kollmanns ökonomischer Sinn hatte sich wieder einmal durchgesetzt; das Wichtigste war für ihn, daß die Ausgaben von 32.000 auf ca. 6500 K gesenkt wurden. Analoges geschah im Spitalsbereich: Drastische Kostenerhöhungen waren angesagt, da mochten die Sozialdemokraten noch so sehr humanitäre Argumente ins Treffen führen. Keine Frage, daß die Linke keine Entscheidung gegen ihn, Kollmann, als weit und breit einzig widerstandsfähiges Bollwerk der „Bürgerlichen" durchdrücken konnte.[75]

Eine Sitzung des Gemeindeausschusses während des Interregnums Brusatti, die am 26. Mai 1919 stattfand, interessiert uns am Rande, weil in ihr die Forderung des Ortsarbeiterrats nach käuflicher Überlassung des ehemaligen Weikersdorfer Rathauses, nunmehrigen Rollettmuseums, an die Gewerkschaften auf der Tagesordnung stand. Man wollte ein Arbeiter-Volksbildungsheim daraus machen. Der Antrag wurde jedoch nicht behandelt.[76]

[72] Im Protokoll heißt es kurioserweise „Annullitäten".

[73] Trenners Wahlkampagne in BBb. 1924, Nr. 48, S. 2.

[74] Prot. 31. 1. 1925, S. 9. – Vgl. u. a. Trenners Zitate aus Kollmann-Erklärungen zum Thema „Spielcasino"in Baden im Jahre 1933.

[75] Protokolle 26. 5. und 4. 6. 1919.

[76] Prot. 26. 5. 1919.

Immer noch bestand eine paktierte, d. h. nicht gewählte, provisorische Gemeindevertretung mit unberechenbaren Mehrheitsverhältnissen. Das mußte sich einmal ändern. Dazu waren für den 22. Juni 1919 zum dritten Mal in diesem Jahr Wahlen ausgeschrieben. Kollmann bereitete seinen in der Luft liegenden Wahlsieg gut vor, doch dieser konnte nur von einer Konzentration der Bürgerlichen errungen werden. Dazu erfand Kollmann die Vereinigte Arbeitspartei. Sie war theoretisch unschlagbar, denn sie vereinigte Christlichsoziale, Deutschnationale, Liberale und – Weinbautreibende. Draußen blieben die nicht-kooperativen Bürgerlichen, die sich „unpolitische" Wirtschaftstreibende nannten. Die Rechnung ging auf. Die Arbeitspartei gewann mit 23 Mandaten die Mehrheit. Sie gliederte sich allerdings in zwölf Christlichsoziale, und je vier Deutschnationale und Liberale. Die Sozialdemokraten hatten fünfzehn und der Unpolitische Wirtschaftsbund vier Mandate. Der Wahl Kollmanns zum Bürgermeister schien nichts mehr im Wege zu stehen, wenn man von dem kräftigen Widerstand der sozialdemokratischen Opposition absieht. Deren Listenführer Berka verlas eine Erklärung, in welcher er jedem Kandidaten Kooperation zusicherte, solange nicht ein *Kampfbürgermeister* – gemeint: Kollmann – aufgestellt werde. Seine Fraktion werde den Kandidaten Adalbert Seyk von der unpolitischen Liste unterstützen. Dann meldete sich der Sozialdemokrat Franz Alter zu Wort, der von nun an als Parteisprecher auftrat. Vor dem Krieg Buchhalter, war er Wachtmeister in der k. u. k. Armee und zuletzt Soldatenrat in den Spitalsbaracken, dort der Radikalsten einer, auch Bela-Khun-Sympathisant, wies also einen zeittypischen Hintergrund auf. Er erklärte, daß der Bürgermeisterposten eigentlich den Sozialdemokraten als der stärksten Partei zustehe und bezeichnete Kollmann als den *verhaßtesten* Kandidaten in der Stadt. Kollmann meinte dazu lakonisch, daß er die Kritik ertragen werde. Auf die Forderungen nach Absetzung, die in Versammlungen laut wurde: *Das ist eine Gewaltsache. Wir stehen auf dem Boden des Gesetzes.* Er forderte von den Herren, die nicht für ihn gestimmt hatten, *an der Arbeit mit teilzunehmen ... Wir werden ruhig in die Zukunft blicken* („ruhig" war ein positiv besetztes Lieblingswort Kollmanns, das er in seiner mittleren Lebensphase öfter gebrauchte). Zu Vizebürgermeistern wurden Leopold Schmidt und Alois Brusatti, Mitglieder der Arbeitspartei, gewählt (einen Vizebürgermeister aus den Reihen der Opposition zu wählen, war nicht gesetzlich vorgeschrieben).[77] Die Wahl Berkas zum dritten Vizebürgermeister erfolgte dann doch am 1. Oktober 1919. Er bezeichnete sich – nach dem Vorangegangenen einigermaßen überraschend, aber weitsichtig – als *Brücke zwischen links und rechts ... geborener Optimist ... Als Figurant bin ich nicht zu gebrauchen.*[78] Welche Faktoren für die Wahl Kollmanns zum Bürgermeister ausschlaggebend waren, ist nicht schwer zu bestimmen. Sicher an vorderster Stelle seine führende Position in der christlichsozialen Partei, die bei der Gründung der Republik mit federführend gewesen war. Da war aber auch noch sehr gewichtig sein

[77] Prot. 11. 7. 1919.
[78] Ebd., S. 9.

unbestrittenes Engagement in der Gemeindestube, das weit über das anderer Gemeindepolitiker hinausging. Er wußte einfach mehr, er dachte und rechnete weiter voraus. Sein Rat galt auch bei politischen Gegnern, selbst wenn man seine Präferenzen kritisierte.

Nach Kollmanns Wahl gab es eine spürbar straffere Führung als unter Dr. Trenner, eine strengere Handhabung der Geschäftsordnung. Beim alten Bürgermeister tat man sich leichter bei Einwänden, sie konnten u. U. auch nach der Beschlußfassung vorgebracht werden und sogar noch zu einer Umstimmung führen. Dringlichkeitsanträge der Opposition wurden nun meist als „normale" Parteienanträge an das Ende der Sitzung zurückgestuft oder zur Überweisung an ein Komitee „abgeschmettert". Als das immer häufiger geschah, konnte man provokante Zwischenrufe hören wie *Die reinsten Maschinen* oder *Wie eine Militärdiktatur.*[79] In späteren Jahren wurden Anträge der Opposition überhaupt seltener, die Debatten dafür länger. War die Arbeit „hinter den Kulissen" intensiver geworden? Dafür wurden die Klagen der Opposition über Nichteinberufung von Ausschüssen häufiger. Und dies nachweislich mit einigem Recht.

Die politischen *Gewaltsachen*, wie es Kollmann ausdrückte, spitzten sich noch einmal zu. Am Sonntag, dem 13. Juli, dem Vorabend des Jahrestages des Bastillesturms, wollten Radikale in Vöslau (!) die *Räterepublik Niederösterreich* ausrufen und ließen sich von dem eilends angereisten Helmer nur mühsam davon abhalten. Manches spricht dafür, daß dies ein übernational ferngelenkter (und ge-

scheiterter) Höhepunkt der nachkriegszeitlichen Unruhephase in ganz Mitteleuropa sein sollte, bei dem die Vöslauer zu früh losgeschlagen hatten – mit der Strategie des Generalstreikaufrufes wollte die internationale Rätebewegung in ganz Europa gegen die Pläne der imperialistischen Mächte auf der Friedenskonferenz protestieren, insbesondere was die Lage in Ungarn betraf, wo das Bela-Kuhn-Regime wankte. Der Ausläufer traf unser Industrieviertel. Für Montag, den 21. Juli, wurde die Parole *Generalstreik im Industrieviertel* ausgegeben – ein Arbeitstag sollte es nämlich sein, um den Streikaufruf wirksam zu machen. Darin hatte sich die kommunistische Minderheit gegenüber den übrigen Fraktionen durchgesetzt, die mit einer Demonstration am Sonntag zufrieden gewesen wären.[80] Am 21. Juli marschierte also ein langer Zug, angeblich 4500 Männer und Frauen, ei-

[79] Prot. 28. 7. und 6. 10. 1919.

[80] Reventlow, Rolf: Zwischen Alliierten und Bolschewiken. Arbeiterräte in Österreich 1918 bis 1923. 1969, S. 98f.

Aufmarsch des Schutzbunds (1921?)

nige davon bewaffnet, aus Süden kommend nach Baden.

Was sich dann hier abspielte, muß man mühsam aus den gegensätzlichen Berichten des „Badener Volksblatts" und des sozialdemokratischen Parteiorgans „Gleichheit", das in Wr. Neustadt erschien, rekonstruieren. Kollmann lehnte die Arbeitsniederlegung mit der Begründung ab, daß Baden als Kurort saisonbedingt sich einen Einkommensverzicht nicht leisten könne; er hindere aber niemanden, dem Aufruf Folge zu leisten. Entscheidend für den Erfolg der Aktion war die Haltung der Volkswehr. Außerhalb Badens kursierende Horrorgerüchte besagten, daß der Bürgermeister verhaftet oder sogar ermordet worden sei. Umgekehrt war verbreitet worden, daß Kollmann die Demonstranten verhaften lasse, ja daß schon Schüsse gefallen seien, daß es Tote gegeben habe. Offenbar war aber sein Krisenmanagement erfolgreich. Ein Kompromiß wurde ausgehandelt, nach dem beide Parteien ihre Waffen an die Volkswehr ablieferten. Die Demonstranten hielten eine Versammlung im Hof des Garnisonsspitals (des Peterhofs in der Vöslauerstraße) ab und stimmten – nach Anhörung mehrerer Redner (unter ihnen Helmer) – der Einigung zu. Nur die Vöslauer Kommunisten stimmten dagegen. Schließlich bewegte sich der Zug „mit klingendem Spiel", 15 Radfahrer an der Spitze, durch die Stadt. Plakate hatten die Bevölkerung vorgewarnt. Die Geschäfte sollten geschlossen sein, den Kurgästen kein Essen gereicht werden. Der Kurpark wurde vorübergehend „besetzt". Flugzeuge, angeblich mit Maschinengewehren bewaffnet, tauchten auf. Die überraschte Bevölkerung ließ sich teils einschüchtern, teils winkte sie den „Aeroplanen" mit Taschentüchern zu.[81]

Rein verbale Gewaltreflexe gab es, als es um die Frage ging, ob Baden die Namen von Straßen und Plätzen behalten solle, die an die Monarchie erinnerten. Das betraf vor allem die Namen der mit Baden verbundenen Habsburger, in vorderster Linie den Kaiser-Karl-Platz. Die Erzherzogin Isabelle ließ man noch gelten, aber den Erzherzog Friedrich, den konturenlosen Oberbefehlshaber aus der Kriegszeit, und auf der anderen Seite den überdeutlich konturierten Conrad von Hötzendorf wollte man weghaben. Dem GR Hugo Leitner hielt Kollmann entgegen, daß *gerade unter dem Regime der Habsburger die Stammesgenossen des Herrn Leitner sich glänzend gestanden sind* – Hugo Leitner gehörte einer der prominentesten Badener jüdischen Familien an – *Geschichte läßt sich nicht mit dem Abreißen von Straßenschildern aus der Welt schaffen ...* Dann ins Unernste ablenkend: *Sie müssen ja nicht dorthin ziehen.* Kaiser Karl habe immerhin den Frieden herbeiführen wollen. Ein anderer Hauptgrund seiner Ablehnung (oder doch der, den man ihm am bereitwilligsten abnahm) war, daß eine Änderung 12.000 K kosten würde. Die Debatte artete schließlich in einen Tumult aus. Auf die Drohung Alters – *Wir werden sie (die Straßentafeln) herunternehmen!* – ging Kollmann nicht weiter ein.[82] Auch bei späteren Gelegenheiten blieb Kollmann dabei, Straßennamen nicht umzubenennen, keinesfalls – nach seinen Worten – *wie eben der Wind weht.*

[81] Berichte in der sozdem. Gleichheit (Wr. Neustadt), die regelmäßige Kurzberichte aus Baden brachte, sowie in BZ, bes. Nr. 59, S. 2, bzw. BVb.

[82] Prot. 1. 10. 1919, S. 22f.

So zehn Jahre später in der Sitzung am 26. Juni 1929, in einer beruhigteren Atmosphäre, anläßlich der Debatte um Straßennamen in der neuen Schützendörfl-Siedlung.[83]

In einer anderen ideologisch brisanten „Gretchenfrage" entgegnete Kollmann dem für Leichenverbrennung eintretenden Alter knapp und kühl an Stelle jeder wertbezogenen Beantwortung: *Haben wir Kohle zum Verbrennen?*[84]

Bei der Beratung des Voranschlages zum Jahresende gab es Gelegenheit – und das wiederholte sich Jahr für Jahr – zu Grundsatzdebatten. Alter belehrte den Bürgermeister über einen raschen Weg, die Gemeindefinanzen zu sanieren und den Kurort zum Blühen zu bringen. Dazu dürfe man nicht in kleinlicher Weise die *Fremden* belasten (durch höhere Mietpreise u. dgl.), sondern man müsse sich um die Kapitalhilfe finanzkräftiger ausländischer Konsortien bemühen. Das Angebot eines englischen Interessenten habe er bereits. Mit einem Schlag seien wir *aus der Schlamastik* heraus. 17 Millionen Schulden seien ja in Francs oder Dollars nur eine Bagatelle, das Zehnfache dieses Betrages könnte man von einem ausländischen Konsortium leicht bekommen. Man müsse nur den Herzoghof, den Kurpark usw. gegen die Kohleversorgung auf 99 Jahre verpfänden.[85]

Fünf Jahre später wäre er mit solchen Überlegungen gar nicht so weit weg von Kollmanns geheimen Plänen gewesen. Jetzt erntete er nur Achselzucken.

Denn den genau entgegengesetzten Standpunkt bezüglich der *Fremden* nahmen andere Mandatare ein. Man müsse die *Fremden*, nicht nur die Kurgäste, für

den Lebensstandard der Einheimischen zahlen lassen. Ein Spielcasino müsse her, so Holzdorfer, um der Stadt eine Einnahmequelle zu verschaffen. Auch diese Worte waren prophetisch, nur um mehr mehr als ein Jahrzehnt zu früh. Übrigens war damit der Redner keineswegs allein. Die *Hasardwut* der Kurgäste, meist ungarische Schieber und natürlich Juden, solle man nur kräftig benützen. Altersvorsorge, Zita-Heim, Infektionsspital seien als Sozialaufwand zuwenig und nur für die Reichen. Geld könne nur durch *Schröpfung* (sic!) der Kurgäste hereingebracht werden.[86] Ein sehr konservativer Mandatar sprach davon, daß man aus ihnen *alles Mögliche herauspressen* könne[87]. In der Tat gab es ja dazu seit dem Kriegsende eine beträchtliche Anzahl *Spielhöllen* in Baden. In der überaus langen Sitzung – es war schließlich die erste demokratische Sitzung dieser Art, wo über einen Voranschlag beraten wurde – ließ Kollmann, wie übrigens in anderen Budgetberatungen auch, der Diskussion freien Lauf und nahm dazu erst als letzter Stellung.

Die sozialdemokratische Opposition versuchte in den Monaten Februar bis April jene Politik, die sie in den Budgetberatungen – *Phantasie,* wie Kollmann sie nannte – anklingen ließ, in die Tat umzusetzen und verlangte einen sofortigen 10%igen Mietzinsaufschlag für Kurgäste: *Wir wollen, dass diejenigen, die unter dem Kurort leiden, daran partizipieren, und es ist selbstverständlich, dass wir nicht wollen, dass diejenigen daran partizipieren, welche die Mittel dazu haben, ihre Lebensmittel einkaufen zu können.* So Gemeinderat Berka am 15. April

[83] Siehe unten S. 144.

[84] Prot. 1. 10. 1919, S. 30.

[85] Prot. 30. 12. 1919, S. 24f.

[86] GR Schulz a. a. O., S. 31.

[87] GR Kühnelt-Leddihn a. a. O., S. 28.

1920 in seiner gewundenen Sprechweise. Daß seine Behauptungen über die allgemeine Notlage nicht völlig aus der Luft gegriffen waren, belegten Beispiele. So sei der Mietzins auf das 6- bis 10fache gestiegen, im Sommer seien die Gemüsepreise *Kurpreise*. Im Geist sah die Opposition Leute *in Todesängsten* vor der drohenden Delogierung herumlaufen.[88]

Kollmann und seine Parteifreunde befürchteten ihrerseits das *Todesurteil* für den Kurort, wenn man den sozialdemokratischen Anträgen nachgeben würde. Kollmann versicherte, daß *bis heute niemand in Baden obdachlos war*, allerdings auch – in offenbarem Widerspruch dazu –, daß es eben *eine Reihe von Leuten gibt, … die für jeden Hausbesitzer eine Qual werden und daher überall gekündigt werden*.[89] Kein Wunder, daß die Erregung anstieg – bis zu einem Höhepunkt, als Kollmann Alter einen *unverschämten Kerl* nannte, da dieser die Badener als *Bettler(volk)* bezeichnet hatte.[90] Es lohnt nicht, die später immer wieder aufflammenden Verbalkonflikte um eine mögliche Mietzinserhöhung und um die Preisentwicklung in Baden nachzuvollziehen. Sie haben, weil ideologisch tief eingewurzelte Überzeugungen, einen hohen Grad der Voraussagbarkeit und sind teilweise bis in die Gegenwart weitgehend gleich geblieben. Gelegentlich werden dabei aussagekräftige Zitate wieder lebendig, wie z. B. das folgende – Kollmann zu Alter, als der plötzlich eine Kehrtwendung in der Frage der Notwohnungen vollzog: *Die guten Gedanken und die hinkenden Rosse kommen immer hinten nach*.[91] Übrigens sprachen

Alter und Kollmann im Februar des folgenden Jahres ihr Bedauern über in früheren Sitzungen gefallene Beleidigungen aus.

1920/1921: Rebellion der Sparkassenbeamten?

Im Februar 1920 erkrankte Kollmann an schwerer Grippe, wahrscheinlich der berüchtigten „spanischen", die mehr Opfer gefordert haben soll als die Kriegshandlungen 1914–1918. 1920 war das Jahr, in dem die Trennung Niederösterreichs von Wien ernsthaft diskutiert wurde; oder, wie man auch sagte, die Zweiteilung Niederösterreichs oder, wie andere es nannten, die Trennung Wiens vom *flachen Lande*. Ein selbständiges Bundesland wurde Wien am 1. Jänner 1922. Dem Nationalrat Kollmann war der Wählerauftrag mitgegeben, soweit möglich für den Status quo einzutreten. Für den Fall aber, daß Niederösterreich eine eigene Hauptstadt bekommen sollte, müßte dies natürlich Baden sein.

Kurz vor der Nationalratswahl am 17. Oktober wurde Kollmann neuerlich krank. Nach der Gemeinderatssitzung am 6. Oktober kam er mit Fieber nach Hause. Damit entfiel auch seine Teilnahme an einer denkwürdigen Wählerversammlung im Gasthof Rubel in Weikersdorf. Eine erkleckliche Anzahl der Teilnehmer waren politische Gegner, wahrscheinlich aus den Industrieorten südlich von Baden, und hatten die Versammlung dazu auserkoren, mit Kollmann *abzurechnen*. Man wollte sogar in Rucksäcken versteckte Hiebwaffen erkannt haben. Durch die Abwesenheit Kollmanns kamen sie ebenso wenig zum

[88] Prot. 4. 2. 1920, S. 20.
[89] Ebd. S. 17.
[90] Prot. 4. 2. 1920, S. 20.
[91] Ebd.

Einsatz wie die Schauspieler und Choristinnen vom Theaterensemble, die Kollmann die Schuld an ihrer Arbeitslosigkeit ins Gesicht sagen wollten.[92]

Das gibt Gelegenheit, Kollmanns Theaterpolitik[93] zu streifen. Sie war Politik im eigentlichen Sinn, wie wahrscheinlich alles, was Kollmann tat oder ließ. Hier handelte es sich um eine Auseinandersetzung mit der Schauspielergewerkschaft, dem „Bühnenverein". Das Badener Theater war wieder einmal in einer Krise. Der letzte Zusammenbruch hatte sich im Oktober 1912 ereignet. Damals stand das Theater unter der Leitung des Tenors Ferdinand Schütz. Die teuren Eintrittskarten konnte sich ein Großteil des Publikums nicht leisten. Ab Neujahr 1913 gelang es aber dem aus Troppau stammenden rührigen Karl Heiter, eine Blütezeit herbeizuführen. Das Theater hatte während des Krieges seine beste Zeit. Die Schauspieler und Schauspielerinnen waren von der Einrückung befreit und daher willig, für billigen Lohn zu arbeiten. Direktor Heiter verfügte über genug Theatergeschick und, was noch wichtiger war, über Privatvermögen. Er starb aber 1919. Die Gemeinde schrieb die Stelle aus und vergab sie an Herrn Staud. Der sozialisierte das Theater (wie Kollmann sich ausdrückte), worunter wohl zu verstehen ist, daß die allmächtigen Interessensvertretungen der Künstler (der „Österreichische Musikerverband" und der „Deutsch-Österreichische Bühnenverband") kämpferisch die erhöhten Ansprüche des Personals vertraten. Daraufhin wurde der Winterbetrieb stark eingeschränkt. Trotzdem ließ Direktor Staud keine Hoffnung aufkommen, daß er seinen Pachtverpflichtungen nachkommen, geschweige denn eine ohnehin immer defizitäre Wintersaison durchstehen könne. Kollmanns Standpunkt: Man werde im Winter das Theater als Kino benützen (das gab übrigens Gelegenheit, über den Sittenverfall im allgemeinen und beim Film im besonderen mahnende Erklärungen abzugeben). Die Vertreter des Bühnenvereins, die Herren Ehrlich und Reinhardt,[94] waren zu den Verhandlungen nicht erschienen, der Bürgermeister also außer obligo. Dennoch wurde die Direktorenstelle nicht ausgeschrieben, sondern Stauds Vertrag um ein Jahr verlängert, hauptsächlich, um die Schauspieler nicht in Existenzschwierigkeiten zu bringen. Deren Gagenansprüche aber hatte der Wiener Theaterstreik in die Höhe getrieben, und das war eine politische Frage.[95]

1921 war Staud am Ende, es folgten zwei kurzlebige Direktoren (Weiß) und das Interim des Orchesterleiters Wiesmann, im Jänner des Jahres 1922 die Bestellung des Direktors Auderieth, dessen Ära bis Mai 1924 währte.[96]

Bei der Schlußkundgebung dieses Wahlkampfes vor den ersten Nationalratswahlen, an dem übrigens auch Adolf Hittler (sic) teilnehmen sollte (bei einer Versammlung der Nationalsozialisten im Kurhaus am 10. Oktober, zu der er aber nicht kam[97]), war Kollmann wieder dabei.[98] Er wurde natürlich wiedergewählt, im Wahlkreis 9 (Viertel unter dem Wienerwald) an 2. Stelle.

In der parlamentarischen Arbeit galt Kollmann von Anfang an als einer der prominenten Handels- und Finanzpolitiker der Christlichsozialen. Er wurde in den Aus-

[92] BVb. Nr. 41, S. 2.

[93] Nur um diese geht es hier, nicht um eine Geschichte des Badener Theaters.

[94] Ohne Nennung des Vornamens. Ob es sich hier vielleicht gar um Max Reinhardt gehandelt hat, der damals zwischen Wien und Berlin pendelte, war nicht feststellbar (Prot. 12. 10. 1921).

[95] BZ 1920, Nr. 79, S. 1 f.– Prot. 15. 4. und 29. 9. 1920.

[96] Fleischmann Kornelius, Baden 1918–1948. Baden 1979. S. 40ff.

[97] Er sagte wegen Kehlkopfentzündung telegraphisch ab (Ebd., S. 28).

[98] Die christlichsoziale Parteizeitung rief bei dieser Gelegenheit zur Erlösung des Christenvolkes in Deutsch-Österreich auf; es war klar, von wem es erlöst werden sollte (BVb. Nr. 42, S. 1).

schuß für Handel, Gewerbe, Industrie und Bauten und in den Ausschuß für soziale Verwaltung gewählt. Seit 3. Dezember 1920 war er Obmannstellvertreter im Finanz- und Budgetausschuß, später Obmann.[99] Er arbeitete in mehreren anderen Ausschüssen und Unterausschüssen, deren Aufzählung ohne die Kenntnis der oft leidvollen Finanzgeschichte der Ersten Republik wenig illustrativ ist. Die Badener Bevölkerung konnte sich durch einen Abdruck im Badener Volksblatt ein Bild von Kollmann als schlagfertigem Debattenredner machen. Am 14. September 1921 verteidigte er im Plenum des Nationalrats die Finanzpolitik der Beamtenregierung Schober. Da sie u. a. einen Wegfall der Staatssubventionen brachte, scheute er sich nicht, auch die *Brotverteuerung* zu rechtfertigen, da er den subventionierten Billigpreis als einen *unerträglichen Zustand* bezeichnete.[100] Vorwegnehmend aber sei ein Höhepunkt seiner Karriere erwähnt, der sich aus der Sanierungsaktion des Bundeskanzlers Seipel in Genf ergab. Es handelt sich um die am 4. Oktober 1922 unterzeichneten Genfer Protokolle und die in ihnen enthaltene Völkerbundanleihe für Österreich. Zur damit verbundenen Sanierung der Finanzen setzte Bundeskanzler Seipel einen „Außerordentlichen Kabinettsrat" (A. O. K.) unter Beteiligung der Opposition ein, dem Kollmann als Ersatzmann angehörte. Nach einer Meldung der Badener Zeitung vom 2. Februar 1923[101] erhielt er damit den Titel „Staatsrat" und bekleidete nun eine – von außen gesehen – beeindruckende Stellung unter den Politikern seiner Partei. Man beeilte sich hierorts, ihn vorwiegend mit dem neuen Titel anzusprechen. Kurz darauf meldete das Badener Volksblatt, daß es im A. O. K zu Tätlichkeiten gekommen sei. Sozialdemokratische Staatsräte hätten eine Abstimmung über die Angestellten-Abbau-Gesetzes-Novelle unter Gewaltanwendung verhindert, den Vizekanzler Dr. Frank am Rock gepackt und ihm das Papier mit dem Text, der zur Abstimmung kommen sollte, aus der Hand und in Stücke gerissen, eine Aschenschale sei geworfen worden. Seitz, Kollmanns ehemaliger Schulfreund, sei führend beteiligt gewesen. Kollmann versuchte zu beruhigen und zu vermitteln (Reminiszenzen an die Rollenverteilung in der Volksschulklasse?), lehnte jedoch Verhandlungen über den Inhalt der Novelle ab. Der Gesetzestext wurde schließlich als Verordnung der Regierung kundgemacht (was fatal an kommende Praktiken denken läßt).[102]

Die Wiener Agenden bedeuteten für Kollmann eine häufige Abwesenheit von Baden und damit ein zeitweiliges Aufmerksamkeitsdefizit. Just bei einer solchen Gelegenheit kam es zu unvorhergesehenen Turbulenzen. 13 Sparkassenbeamten (und drei Dienern) waren von der Sparkassenverwaltung ihre Lohnforderungen nicht bewilligt worden. Mit der Unterstützung ihrer Interessenvertretung, eines „Reichsverbandes der Bank- und Sparkassabeamten", traten sie am 22. November 1920 in einen unbefristeten Streik. Die Verwaltung verlegte sich auf die Dienstpragmatik, drohte mit der Entlassung der Angestellten und sprach diese schließlich aus. Nun schaltete sich Bürgermeister Kollmann als Vermittler ein und lud die beiden Streitparteien zu

[99] Leopold Kunschak in: Festschrift S. 13.

[100] BVb. 1921, Nr. 41, S. 6.

[101] BZ 1923, Nr. 5, S. 2.

[102] BVb. 1923, Nr. 6, S. 2. – Der A. O. K. existierte von 7. 12. 1922 bis 31. 12. 1923.

Verhandlungen. Diese verliefen vielversprechend und man näherte sich einer Einigung, nachdem den Streikenden mehrere Zugeständnisse gemacht wurden, u. a. die Anwesenheit eines Vertreters des Reichsverbandes. Für Sonntag, den 4. Dezember, ließ Kollmann zwei Räume im Rathaus heizen, womit die beiden Parteien auch getrennt beraten hätten können. Dazu kam es aber nicht mehr. Denn am Samstagnachmittag um etwa 3 Uhr sammelte sich eine Menschenmenge – angeblich waren es etwa 1000 – am Karlsplatz (wie die Alltagsbezeichnung für den jetzigen Hauptplatz, damals Kaiser-Karl-Platz, lautete), um zugunsten der Sparkassenbeamten zu demonstrieren. Es war also nicht etwa eine Demonstration DER Beamten, sondern FÜR sie.

Wie war es dazu gekommen? In Kollmanns Bericht lautet das so: Der Vertreter des Reichsverbandes wünschte eine Solidaritätskundgebung durch die Gewerkschaft. Er ging zum Obmann der Gewerkschaften, zum Krankenkassenbeamten Lang. Dieser berief eine Versammlung für Freitag, den 3. Dezember, ins Hotel Kolbe. Am nächsten Tag sollte eine großangelegte Demonstration stattfinden, zu der man an der legendären „roten" Südbahnstrecke und im Triestingtal aufrief. Es war klar, daß der vorauszusehende Wirbel weder mit dem Anlaß noch (vermutlich) mit der Parteifarbe der meisten Betroffenen zu tun hatte. Es war weiters klar, daß wie im Oktober Kollmann das Hauptziel der Triestingtaler war. Doch wiederum wie im Oktober stellte sich heraus, daß der Gesuchte nicht anwesend war. Kollmann befand sich in Wien auf einer Sitzung der Nationalversammlung. Und da die Kundgebung durch Plakate angekündigt war, hatte er alle Tore des Hauptplatzes sperren lassen, auch das des Rathauses. Die Polizei war einsatzbereit, freilich unsichtbar und im großen und ganzen machtlos. Um etwa halb fünf erhielt Kollmann telephonisch einen ersten Lagebericht. Er bezeichnete sie später als das Ärgste, was Baden *seit Jahrzehnten* erlebt hat. Die Demonstranten hörten zunächst einigen Reden zu, die teilweise vom Dach des Café Central gehalten wurden. Unter den Rednern befand sich der Bürgermeister von Schönau, Häuser. Bis jemand auf die Idee kam, daß die Redner vom Balkon des Rathauses sprechen sollten. Man verlangte von der Polizei die Schlüssel, bekam sie aber nicht. Begründung: die entsprechenden Räume gehörten nicht der Gemeinde, sondern dem Bezirksgericht. So schaffte man eine Leiter herbei, um von außen ans Ziel zu kommen.

Die Redner dürften nicht alle so maßvoll gewesen sein, wie später von sozialdemokratischer Seite behauptet wurde. Angeblich habe Kühlmeier, immerhin Gemeinderat, einfließen lassen, es komme heute auf mehr oder weniger Scheiben nicht an. Der Zug, eine erhobene Standarte an der Spitze, begab sich in die Pfarrgasse vor das Geschäft Kollmanns, wo Haustüre, Rollbalken und Fensterscheiben zertrümmert wurden. Angeblich mußte Frau Kollmann beschützt werden, und zwar von Dr. Justitz, zumindest nach dessen Aussage. Nach einem weiteren Scheibenbruch im Café Central erstürmte man das Hotel Bristol, das dem Vizebürgermeister Brusatti gehörte. Dort

Darstellung des „Sparkassen"-Krawalls („Der Liebessturm") am 4. Dezember 1920 in der Faschingsnummer des christlichsozialen Badener Volksblattes 1924

[103] BVb. Nr. 50, S. 4 f. – Ausführlicher Bericht Kollmanns im BVb. Nr. 52, S. 4 f.

[104] Prot. 22. 12. 1920, S. 4 ff.

[105] *Der Liebessturm*, Zeichnung in: BVb., Faschingsnummer 1924.

[106] Prot. 31. 1. 1925.

türlich gingen die Wogen hoch. Es kam zum (bis dahin einzigen) Exodus der Sozialdemokraten – und des mit ihnen sympathisierenden „unabhängigen" GR Holzdorfer –, denen man die Beteuerungen, sie hätten aus Solidarität gehandelt und durch „Abwiegelung" Ärgeres verhindert, nicht glauben wollte. Der Protestbericht Kollmanns sprach von *Einbrüche(n) fremder Menschen* (gemeint die pauschal so genannten *Triestingtaler*). Kollmann resümierte mit dem Ichbezug, den er hervorzukehren liebte: die Demonstration sei *aus Haß gegen mich mit der bestimmten Absicht vorgenommen* (worden), *dass mir das Leben hier oben zuwider wird. Da werden sie sich damisch täuschen.*[104]

Es gab einige Gerichtsurteile für das Einschlagen eines Glasschildes und für Diebstähle in Kollmanns Geschäft. Das Ereignis blieb noch mehr als ein Jahrzehnt ein markantes Datum der „unbewältigten Vergangenheit" der Parteien. Es erschien als eine Art Stellvertreterrevolution in Ermangelung einer echten. Die Christlichsozialen kramten es immer wieder hervor, z. B. als satirische Zeichnung anläßlich des Wahlkampfes zwei Jahre später.[105] Und die Großdeutschen vergaßen nicht, lautstark hervorzuheben, daß Kollmann in der Stadt nicht anwesend war, daß er es nicht einmal wagte, bis zur Endstation zu fahren und vor allem, daß er der Polizei verboten hätte einzuschreiten. So in Trenners Antrittsrede als Führer der Großdeutschen 1925. Unter ihm hätte die Polizei immer *schneidig* gehandelt.[106]

In der nächsten Sitzung, woran wieder alle teilnahmen, gab man sich versöhn-

kam es zu massiven Ausschreitungen und Plünderungen. Der Kassierin wurde die Halskette geraubt, der Mantel der Besitzersgattin mit einem größeren Geldbetrag wurde weggenommen, Pelze und Winterröcke sollen gestohlen worden sein. Kollmann, der die Lokalbahn benützte, war gewarnt worden, nicht bis zum Bahnhof oder gar zum Josefsplatz zu fahren, und stieg am Leesdorfer Frachtenbahnhof aus.[103]

In der nächsten Plenarsitzung des Gemeinderats am 22. Dezember gab Kollmann seine Darstellung der Dinge. Na-

lich. Nicht über die Demonstration als solche, sondern über die Folgen wurde *das tiefste Bedauern ausgesprochen.* Man wolle an die Landesregierung herantreten, daß sie mit Rücksicht auf die kurörtlichen Interessen solche Demonstrationen überhaupt verbiete.[107]

Die Meinungen zu Kollmanns Amtsführung blieben geteilt: Abwechselnd wurde er glorifizierend der *Befreier Badens,*[108] dann wieder, wegen seiner Alleingänge, der *Kaiser* von Baden oder gar der *Lenin* Badens genannt.[109]

Kollmann zum dritten Mal Bürgermeister: 1921–1923

Am 24. April 1921 fanden wieder Wahlen statt, diesmal Gemeinderats- und Landtagswahlen gemeinsam, mit einem Stimmzettel. Das kam einem Schicksalsschlag für Kollmann gleich. Denn es bedingte die Auflösung der „Arbeitspartei", Kollmanns Schöpfung von 1919, die damals nur für die Gemeindewahlen funktionieren konnte. Die Parteien gingen also getrennte Wege. Sie hatten sich endgültig als die alleinigen politischen Handlungsträger etabliert und waren es zufrieden. Jede rechnete sich das Ergebnis als Erfolg an.

Das bedeutete für Kollmanns Partei den Verlust der absoluten Majorität. Sie erreichte zwar um ca. 800 Wählerstimmen mehr als 1919 und war mit 18 Mandaten die stärkste Partei, stand aber jetzt nicht nur den Sozialdemokraten, die 15 (bisher 16) erreichten, sondern auch den Großdeutschen gegenüber, die jetzt neun Vertreter zählten.[110]

Bei der Bürgermeisterwahl unter dem Altersvorsitzenden Michael Eitler ging es folglich hart auf hart. Erst beim vierten Wahlgang wurde Kollmann mit 27 Stimmen zum Bürgermeister gewählt; 15 Stimmen erhielt der Sozialdemokrat Berka. Letztlich hatten die Großdeutschen doch für Kollmann gestimmt. *Nicht Anschluß an Deutschland, an Kollmann,* rief einer der Gemeinderäte nach der Wahl und kommentierte damit die wiedererstandene bürgerliche *Koalition.* Eine Koalition war es natürlich nicht, doch lud Kollmann alle zur *positiven Arbeit* ein. Dr. Justitz versprach sie für seine Partei, nur die Großdeutschen machten Schwierigkeiten. Kollmann nahm die Sozialdemokraten beim Wort. Sie erhielten die Obmannstelle der Abteilung I des Gemeinderates nebst mehreren Obmannstellen in den diversen Ausschüssen, z. B. dem Theaterkomitee, bei dem die Zeichen ja beinahe ständig auf Krise standen.[111]

Daß die Sozialdemokraten sich mehr denn je als Oppositionspartei fühlten, drückte der sozialdemokratische Sprecher Alter durch den halb-ironischen Zwischenruf aus: *Damals* (vor zwei Jahren) *war die Diktatur des Proletariats und heute ist die Autokratie.*[112] Als Alter am 12. Oktober 1921 sein Mandat niederlegte, angeblich weil er Baden verließ, meinte Kollmann dennoch versöhnlich: *Ich glaube, wir können ihm auch ein gutes Andenken bewahren.*[113]

Die anhaltende Geldentwertung machte eine geregelte Budgetierung völlig unmöglich. Die Versicherungsprämien, die die Gemeinde für Objekte zu zahlen hatte, betrugen nun das 100fache des angenommenen Wertes, die Feuerprämie das 200fache.[114] Eine 400-Kronen-

[107] Prot. 28. 12. 1920.

[108] Wolkerstorfer S. 58.

[109] So von Dr. Justitz im Prot. 8. 2. 1923.

[110] Wählerstimmen der Christlichsozialen 3760, der Sozialdemokraten 3208, der Großdeutschen 2017 (BVb. Nr. 50, S. 4 f.). – Bericht Kollmanns im BVb. Nr. 52, S. 4 f.

[111] Prot. 24. 4. 1921.

[112] Prot. 28. 5. 1921, S. 11.

[113] Prot. 12. 10. 1921, S. 2. – Am 16. 6. 1922 kam es im Café Josefsplatz zu einem Eifersuchtsstreit zwischen Alter und Weinhändler Alfred Süß, wobei ersterer nach Zeitungsberichten einen „Totschläger" benützte. Alter starb am 13. 1. 1936 im 61. Lebensjahr.

[114] Prot. 11. 2. 1922.

Wohnung vor der Inflation würde *heute* (im Februar 1923) 6 Millionen kosten.[116] Seit Oktober 1921 war die Vöslauer Bahn eingestellt. Man sprach schon davon, das Gymnasium zu verkleinern, wenn nicht ganz aufzulassen. Es gebe ohnehin zu viele Mittelschulen, wie sogar Sulzenbacher, der Direktor, gesagt haben dürfte.[116]

Der Bürgermeister mußte den Gemeinderat um die Vollmacht ersuchen, die Einnahmen und Ausgaben des Vorjahrs im Jänner und als Vorsichtsmaßnahme u. U. auch im Februar 1922 weiterlaufen zu lassen. Zu Jahresbeginn 1923 stellte er den gleichen Antrag, obwohl inzwischen die Währung saniert war, aber eine Änderung des Steuersystems machte Probleme. Am 30. Dezember 1921 gab es dennoch die traditionelle Grundsatzanalyse bei der Beratung des Voranschlags für 1922, diesmal in eher gemäßigtem Ton. Sänger bezeichnete den Bürgermeister als *einen unserer Fähigsten.* Auch sich als *Lueger der Zweite* tituliert zu hören, konnte dem Bürgermeister nicht eigentlich mißfallen. Er unterließ Bemerkungen, die provokativ wirken konnten, und ließ sich auch nicht provozieren – auch nicht durch eine Schilderung seiner Trinkgewohnheiten und der Verleitung von Wachebeamten, ein gleiches zu tun, nämlich die Sperrstunde zu ignorieren.[117]

Ein Reiz- und Dauerthema aber kennen wir schon lange. Sänger sprach es neuerlich an, die Doppelgleisigkeit Bürgermeister – Nationalratsabgeordneter: *Seine bessere Hälfte in Wien und seine schlechte Hälfte hier in Baden.* Darauf Kollmann in Anspielung an den 4. De-

zember 1920: *Man hätte mich umgebracht, wenn ich nicht dieses Rückgrat* (das Nationalratsmandat) *gehabt hätte.*[118] Im Mai 1922 erkrankte Kollmann wieder schwer, diesmal an einer Lungenentzündung. Er hatte bis zu 41 Grad Fieber. Sein Arzt war Dr. Stuchlik. Als er am 31. Mai die nächste Gemeinderatssitzung wieder eröffnen konnte, war der Saal festlich geschmückt.

Am 22. Juni erschien er auch zum erstenmal wieder in der *Donnerstagrunde.* Dieses regelmäßige Treffen von christlichsozialen Parteimitgliedern und ausgewählten Sympathisanten bestand seit 1922 und wurde von Prof. Leutgeb[119] betreut. Nach den Worten Kollmanns war es seinerzeit aus gemütlichen Altherrenabenden entstanden und hatte sich zu einer hocheffizienten Schulungsinstanz und zu einem Diskussionsforum weiterentwickelt, bei dem geladene prominente Gäste Vorträge hielten und Kollmann mit Vorliebe von seiner Nationalratstätigkeit berichtete. Außerdem gab es Gelegenheit zu Sprechabenden, die überreichlich genützt wurden.

Kollmanns Abwesenheit von den Geschäften stimulierte geradezu die Rebellion, wie im Dezember 1920 so auch jetzt. Diesmal kam es zu einem Streik der Gemeindearbeiter und Badeangestellten. Natürlich war das nicht nur eine lokale Angelegenheit. Es gab weitreichende Zusammenhänge: Die rapide Geldentwertung zwang zu Sanierungsmaßnahmen der Regierung, war doch die Krone innerhalb eines Jahres von 12.200 bis zu 360.000 Schweizer Franken gefallen. Daß am 31. Mai das Kabinett Seipel antrat, erwies sich als Wen-

[115] Prot. 8. 2. 1923, S. 2.

[116] Lt. Prot. 21. 9. 1922, S. 8. – Er schrieb allerdings nachträglich mit Bleistift dazu ins Protokoll *„glatter Unsinn".*

[117] Prot. 30. 12. 1921, S. 16f.

[118] Ebd., S. 15 und 18.

[119] Sulzenbacher war Stellvertreter, Guido Grundgeyer Schriftführer.

§ 11 — § 144

Dr. med. Siegfried Justitz, Hautarzt, Gemeinderat und Hauptsprecher der Sozialdemokraten 1919–1934. Karikatur im großdeutschen Badener Bezirksboten vom 10. Mai 1924. „§11" bedeutet „Schwachsinn", „§ 144" ist der Abtreibungsparagraph des ÖStGB (!). Dr. Justitz ist unter der Naziherrschaft von der SS erschossen worden.

wohner Badens. Die Straßenreinigung müsse jetzt eben von den Hausbesitzern durchgeführt werden. Dann veröffentlichte er die Lohnverhältnisse der Streikenden. Das nahm dem Streik, der sich wenig Sympathie in der Öffentlichkeit erfreute, die Spitze und brachte ihn schließlich aus dem Tritt. Zuletzt folgte die ausführliche Berichterstattung über die Vorgänge aus der Sicht der Gemeindeführung. Schließlich erklärte der Bürgermeister kategorisch, daß am Montag, dem 17. Juli, die Bäder wieder geöffnet würden. Charakteristisch der selbstbewußte Satz: *Sonntag wurde wohl ein Versuch gemacht, die Badeangestellten an dem Besuch der Besprechung zu hindern, ich konnte jedoch diesen Versuch mit einigen Worten abwehren.*[122]

Auch die sozialdemokratische Führung bekam ihr Teil ab – Kollmann antwortete auf eine von Dr. Justitz vorgebrachte Kritik überaus hart: *Den Streik der Badebediensteten habe ich als „Verbrechen" bezeichnet! Die Hervorrufung des Streiks ist immer ein Verbrechen und fällt die Verantwortung auf die Anführer zurück.* Und der zu erwartenden Kritik sogleich entgegnend: *Im übrigen muss ich Ihnen sagen, dass es einer Partei, die unausgesetzt durch Verminderung der Arbeitsleistung und Erhöhung der Arbeitslöhne die Teuerung schafft, nicht zusteht, andere dafür verantwortlich zu machen.*[123]

Zu den Anklagen des Dr. Justitz über einen – angeblichen – Milchpreiswucher sagte Kollmann: *Produzieren Sie selbst Milch, die freien Stallungen in der Prinz-Solms-Straße werden Ihnen zur Verfügung gestellt ...*[124]

depunkt, kurzfristig aber auch als Anlaß für eine Streikbewegung, zunächst unter den Verkehrsangestellten im Sommer 1922. In Baden dauerte der Streik vom 8. bis 17. Juli 1922.[120] Am 9., einem Sonntag, zogen die Streikenden in Viererreihen durch die Stadt.[121] Sie verlangten Lohnerhöhung und Indexanpassung. Nur die erstere wurde gewährt. Die Badewärter beriefen sich bei ihren Forderungen auf ihre Wiener Zentralstelle. Insbesondere sollten Trinkgelder in fixe Löhne umgewandelt werden.

Kollmann wandte sich zunächst mit einem beinahe zornigen Aufruf an die Be-

[120] Fleischmann S. 27.

[121] Die Gleichheit 1922, Nr. 52, S. 7.

[122] BVb. 1922, Nr. 29, S. 3.

[123] BVb. 1922, Nr. 31, S. 3.

[124] Ebd.

*Dr. Karl Höld, Zahnarzt.
Gemeinderat und Sprecher
der Großdeutschen*

*Dr. Karl Höld. Karikatur des Ba-
dener Volksblatts (März 1923)*

Groß=Deutschland steht und fällt mit uns!

[125] BVb. 1923, Nr. 7, S. 3.

Bleiben wir noch bei den *Gewaltsachen*, diesmal einer aus dem rechten Eck kommenden. Im Februar 1923 kam es zu einem für das Badener Kulturverständnis höchst blamablen Theaterskandal. Am 8. Februar 1923 stand auf dem Programm des Badener Stadttheaters eine Abonnementaufführung in jiddischer Sprache. Das weltweit bekannte jüdische Theater aus Wilna sollte in Baden gastieren, in künstlerischer Hinsicht an sich eine Auszeichnung. Zwei Tage vorher zeichnete sich ab, daß eine antisemitische Demonstration geplant war. Auch der Bürgermeister erfuhr davon und kontaktierte die Parteiführung der Großdeutschen (Dr. Höld), dann die der Nationalsozialisten, die es ja auch schon gab. Die aber erklärten, daß ihr Einfluß auf ihre Anhänger nicht so weit reiche, sie von einer Demonstration abzuhalten. Viele Menschen glaubten offenbar, daß Jiddisch keine Sprache sei, sondern ein Sprachgemengsel, (...) *das von den polnischen Juden hauptsächlich zu dem Zweck verwendet wird, um bei Geschäften von anderen, die ihrem Kreise nicht angehören, nicht verstanden zu werden.* So war es in der Zeitung zu lesen![125] Niemand von der Redaktion hatte also eine Ahnung von dieser aus dem bajuwarischen Deutsch des Spätmittelalters ausgeformten Sprache und ihrer Literatur, umso weniger konnte man dies vom Großteil des Publikums voraussetzen.

Der Bürgermeister instruierte also die Polizei und ließ den Dingen ihren Lauf. Aus dem Titel die *Tendenz* des Stückes zu erkennen, dazu habe er weder die Ausbildung noch die Zeit, erklärte er danach in der Gemeinderatssitzung. Theaterdirektor Karl Auderieth, der seine Sorgen hatte, im Winter überhaupt spielen zu können, war über den Publikumsansturm zunächst erfreut. Der „Fliegende Holländer" am Vortag hatte pikanterweise wenig Interesse beim Publikum gefunden. Die Vorstellung – man gab den *„Dybuk" („Zwischen zwei Welten")* von Anski, DEN Klassiker der jiddischen Literatur und ein Paradestück – wurde massiv gestört und mußte im zweiten Akt abgebrochen werden. 20 Männer und Burschen, die Hälfte davon über 30, wurden aus dem Saal entfernt und *beanständet.* Danach marschierte eine Gruppe von Demonstranten in geschlossenem Zuge zum Rathaus und zerstreute sich erst, als ihnen mitgeteilt wurde, daß niemand mehr sich in Haft befinde. Gelernt hat man aus der Affäre sicher nichts, wenn auch die Badener Zeitung anläßlich solcher Störaktionen vor einer *Gefahr für die Allgemeinheit* warnte und schrieb, man dürfe *nicht mit dem Feuer spielen.*[126]

Einer Anzeige gegen zwei Schüler des Gymnasiums bei der Bezirkshauptmannschaft wirkte Kollmann entgegen. Er war der Meinung, diese Anzeige solle nicht ihren vorgeschriebenen Weg gehen, man könne doch nicht den jungen Leuten wegen einer Dummheit ihr ganzes Leben durch eine Vorstrafe belasten.[127] So wurde das Image eines väterlichen Bürgermeisters verbreitet.

Aus dem reichlich vorhandenen Konfliktkatalog zwischen *Schwarz* und *Rot* sei hier ein Höhe- oder Siedepunkt herausgehoben, die nach Meinung der Sozialdemokraten mißbräuchliche Verwendung der Fürsorgegelder, d. h. der Sozialabgaben der Bürger. Diese sollten nur für soziale Zwecke, einschließlich der Unterstützung von Arbeitslosen, verwendet werden. In Baden wurden jedoch angeblich 2/3 dieser Beträge für die Schule aufgewendet. Die Sozialdemokraten aber hielten die Schulen für *Sache des Staates.* Streng genommen, waren die Fürsorgegelder zwar für Bedürftige, zumeist Arbeiter, die in Baden wohnten und hier arbeiteten, gedacht. Aber die Wirklichkeit war anders: Viele in Baden wohnende Arbeiter waren in anderen Gemeinden beschäftigt, von denen sie nichts zu bekommen hatten.[128] Was der Bürgermeister als Referent jetzt verlangte, erschien den Sozialdemokraten als unzulässige Provokation. Er beantragte die Gleichbehandlung des „roten" Säuglingsheimes des Landesjugendamtes und des privaten, hauptsächlich von Wohlhabenden beschickten Zita-Heimes und wollte die ursprünglich für das Kinderheim vorgesehenen 20 Millionen Kronen je zur Hälfte beiden Heimen zuteilen. In der Debatte klangen die klischeehaft vorgetragenen Rollen wie spiegelverkehrt. Sulzenbacher begründete den Antrag mit Argumenten, wie sie üblicherweise die Sozialdemokraten für ihre Sozialanträge verwendeten. Warum, fragte der GR Leitner, sprach er nicht fließend, wie sonst, sondern *mit stockender Stimme*? Schlechtes Gewissen also! Auch Koll-

[126] BZ 1923, Nr. 7, S. 2. – Bericht des Bürgermeisters in: Prot. 15. 2. 1923, S. 4ff.

[127] Prot. 21. 2. 1923, S. 28.

[128] Prot. 3. 8. 1923, S. 7.

mann soll sich ungewohnt gewunden ausgedrückt haben: *Ich habe mir gesagt: schau, du bist so objektiv, der Sache zu dienen, und du musst sehen, wie andere nur der Politik dienen* usw. Die Sozialdemokraten verließen den Saal und machten so die Versammlung beschlußunfähig.[129]

In der darauffolgenden Sitzung ließ der Bürgermeister keine Debatte mehr zu, obwohl Dr. Justitz geltend machte, daß die Sache nicht im Ausschuß vorberaten worden war. Die geschäftsordnungsmäßige Begründung Kollmanns klingt reichlich verworren, doch der Antrag wurde mit Mehrheit angenommen.[130]

Aber auf sozialem Gebiet gab es auch anderes, das weit in die Zukunft wirkte. In der Badener Zeitung erschien am 9. Februar eine Einschaltung, gezeichnet von „H". Sie sprach davon, daß *unser Bürgermeister ... im Amte keinen Parteiunterschied* kennt. *Seine Devise ist: ‚Recht und Gerechtigkeit, ohne Unterschied der Nationalität und Konfession'.* Nachdem Herr Bürgermeister Kollmann mit besonderem Eifer sich für die verschämten Armen einsetzt, erlaube ich mir zu diesem Zwecke die Gründung einer Stiftung anzuregen, die den Na-

men führt: *Josef Kollmann-Unterstützungsfonds für verschämte Arme ohne Unterschied der Nationalität und Konfession. Als Grundstein erlege ich bei der „Badener Zeitung" K 10.000.*[131] Man geht nicht fehl, wenn man „H." für „Hausmann" liest; das ist jener Geschäftsmann, der im Krieg Baden großzügig belieferte und trotz Kollmanns Fürsprache (damals) nicht eingebürgert wurde. Er hieß allerdings mit Vornamen Elias, nun nennt er einen mit A beginnenden Namen.[132] Fortan berichteten die in Baden erscheinenden Blätter ohne Unterschied der Parteifärbung regelmäßig über das Heranwachsen dieses Fonds, der „Kollmann-Stiftung". Schon am 24. März 1923 wurde vom Badener Volksblatt gemeldet, daß von einem *Herrn A. H.* 100.000 K eingegangen waren. Eine vom Inhaber des Cafés Central Wilhelm Rosenfeld durchgeführte Sammlung erbrachte im März 500.000 K. Von da an wurde beinahe wöchentlich eine Namensliste von Spendern veröffentlicht. Ein weiteres Beispiel: Théatre paré am 3. Mai 1924 zugunsten des Josef-Kollmann-Fonds, gegeben wurde Sudermanns Stück *„Es lebe das Leben".*[133]

[129] Prot. 19. 2. 1923, S. 26 ff.

[130] Prot. 21. 2. 1923, S. 2 ff.

[131] BZ 1923, Nr. 6, S. 2.

[132] Siehe S. 96 und 206. – Kollmann-Prozeß S. 8.

[133] BA „Kollmann", 8. Teil.

V. Glanzvolle Lebensmitte

Probleme des Kurorts

Mehr Kurort, forderte im Badener Volksblatt am 14. April 1923 ein ungenannt bleibender Gemeindevertreter, der Baden *zur ersten Heilstätte unseres Landes* gemacht haben wollte. Es ist klar, daß der Artikel die Meinung und die Absichten der Stadtspitze widerspiegelte. In kürzester Zeit rückten ehrgeizige Planungsabsichten von fast utopischer Dimension *(Weltkurort)* in erreichbare Nähe. Es kam nun darauf an, die Schritte zielstrebig und doch bedächtig – *ruhig*, wie Kollmann sagte – zu setzen.

Es ist ein erstaunliches Phänomen, daß intensive Bestrebungen Kollmanns in dieser Richtung ungehindert neben den ehrgeizigen bundespolitischen Karriereintentionen einherlaufen konnten. Letztlich ist nicht sicher, wie weit Kollmanns Ehrgeiz dort wirklich ging. Er war Pragmatiker genug, sich den Umständen nach zu orientieren. Es kam bekanntlich der Zeitpunkt, wo er zwischen dem Minister und dem Bürgermeister wählen mußte. Es war von enormer Wichtigkeit, daß dann die Weichen zur Kurortentwicklung schon gestellt sein würden.

Die Kurfrequenz legte seit dem Tiefpunkt 1918 kräftig und kontinuierlich zu, war 1921 etwa so hoch wie 1916, stieg 1922 infolge des größeren Ausländeranteils (Inflation) deutlich an und erholte sich nach einem kurzen Absacken 1923 in den folgenden Jahren, obwohl die Ausländerquote sank, was dem Nichtanhalten der Schnellzüge in Baden zugeschoben wurde. Die Kurgäste nahmen zu, die Sommergäste nahmen ab.[1]

Der XIV. ärztliche Fortbildungskurs versammelte Teilnehmer aus 17 Nationen. Dr. Raab hielt einen Vortrag, in dem er die Wirkung des Schwefels zeigte, der durch die Haut in den menschlichen Körper eindringt.

Nach den unmittelbaren Nachkriegsjahren, in denen die Not Maßnahmen diktierte, kam die Infrastruktur zuerst an die Reihe, so zum Beispiel die Pflasterung der Straßen der Innenstadt. Kollmann lud am 30. Juli 1923 die Vertreter der Lokalpresse zu sich, um die Bevölkerung über geleistete Arbeit und Zukunftspläne in Kenntnis zu setzen. Wir können kaum mehr ermessen, was etwa die Verzögerung bei der Fertigstellung eines Autosprengwagens für die Lebensqualität einer Stadt bedeutete, die bei Wind von dem von den Landstraßen hereingewehten, aber auch im Ortsinneren aufgewirbelten Staub geplagt wurde;[2] wie unangenehm anderseits die *Autorasigkeit* (Vizebürgermeister Brusatti) auf dem Franz-Josef-Ring und in der Braitnerstraße war, sodaß den Lastenautomobilen eine Beschränkung auf 12 km/h auferlegt werden mußte. Als der Autoverkehr dichter wurde, ging das *schrille Hupen* den Menschen auf die Nerven und sollte,

[1] Kurfrequenz: 1917 ... 11736, 1918 ... 11537, 1919 ... 22345, 1920 ... 26802, 1921 ... 36900, 1922 ... 40978, 1923 ... 38261, 1924 ... 41806. 1922 war der Inländeranteil mit 74 % am tiefsten, stieg aber innerhalb von zwei Jahren wieder auf 89 %.

[2] BVb. 1923, Nr. 31, S. 3.

wenigstens bei den roten Autobussen, durch *wohltönenderes* ersetzt werden (das forderte zumindest das Badener Volksblatt).[3] Kollmann verlangte, entgegen der damals geltenden Regelung und Spruchpraxis in Prozessen, daß in Kurorten so wenig wie möglich gehupt werden solle. Eine *Propagandawoche der Stille* wurde ernstlich erwogen. Allerdings war er auch dagegen, nach Wiener Vorbild Einbahnen einzuführen.[4]

Die Situation der Sommerbäder gestaltete sich besonders nachteilig für die Badener Bevölkerung. Der Doblhoff-Teich, früher im Rahmen eines Vergnügungsparks sehr frequentiert, erfüllte den gewünschten Zweck nicht mehr.[5] Die Großdeutschen stellten am 30. Mai 1923 einen Antrag auf Errichtung eines Bades auf den stadtwärts gelegenen Gründen des städtischen Gaswerkes.[6] Nebenbei: Der Badener Bezirksbote, der das berichtete, war das reaktivierte Organ der Großdeutschen, das ab 31. März 1923 erschien.[7]

Im Jänner 1924 war der Antrag schon wieder begraben. Stattdessen eröffnete man im Sommer das *Gänsehäufel*, ein mit kaltem Mühlbachwasser gespeistes Familienbad in der Mühlgasse gegenüber dem Trabrennplatz, das aus einem 40 mal 35 Meter großen Schwimmbekken bestand und dem eine mit Donauwellensand bestreute Liegefläche und ein separater Restaurationsbetrieb angeschlossen war.[8]

1923 wurde die Sauerhofquelle zu Trinkkuren eingerichtet. Der Sauerhof und der (heute nicht mehr bestehende) Peterhof mit drei Heilquellen wurden als sogenannte Mittelstandssanatorien zu einer (staatlichen) Heilanstalt mit angeschlossenem physikalisch-therapeutischem Institut vereinigt. Außerdem wurde das Kindersanatorium Beaulieu in der Marchetstraße 38 eingerichtet. Die Quelle des Mariazellerbades („Wohltätigkeit" genannt) war das Bad der Minderbemittelten.[9]

Schon am 13. Februar 1922 hatte Primararzt Dr. Schütz einen Vortrag über die „Ausgestaltung der Badener Trinkkur" gehalten. Kollmann begrüßte aufs wärmste den Antrag des Vortragenden, Kurmittel nur auf ärztliche Verordnung abzugeben. Damit sprach er ein problemreiches Kapitel an. Welcher Arzt sollte berechtigt sein, eine Verordnung wofür zu erteilen? Daß die Forderung immer wieder ausgesprochen wurde, deutet darauf hin, daß sie nicht hundertprozentig durchgeführt wurde. 1932 wurde der Verordnungszwang aufgehoben, um in einer Notzeit die Bäderfrequenz ansteigen zu lassen, was auch prompt eintrat.[10]

Im Gemeinderat stießen die Pläne der Einführung eines ärztlichen Verordnungszwangs auf den Widerstand der Sozialdemokraten, die einwandten, daß sich dann die ärmere Bevölkerung die Bäder nicht mehr leisten könne. Im Frühjahr 1923 galt die städtische Badeanstalt als nicht mehr benutzbar.[11] Die Benützung der Heilquellen als Reinigungsbad aber war nicht gestattet. Man bedenke, daß Badezimmer damals nicht allgemein verbreitet waren. Als der ärztliche Verordnungszwang tatsächlich eingeführt wurde, war ein Rückgang der Frequenz bei den Badeanstalten unausbleiblich.[12] Es gab nur noch die Privatbäder, die

[3] BVb. 1932, Nr. 36, S. 2.

[4] Sitzung der Kurkommission am 13. 10. 1932 (BZ Nr. 83, S. 1 f.).

[5] Meissner, Die Doblhoffs, S. 7.

[6] Vgl. BBb. 1923, Nr. 11, S. 3.

[7] Paradoxerweise im 50. Jg.; denn es nannte sich Nachfolgeorgan des traditionsreichen „Badener Boten". Von nun an hatte Baden ein durch und durch bürgerliches „Völkisches Wochenblatt".

[8] BBb. 1924, Nr. 25. – Fleischmann S. 31.

[9] Hermann, Die Kurstadt Baden, 1925.

[10] Prot. 3. 1. 1931, S. 47. – BZ 1932, Nr. 21, S. 1.

[11] BVb. 1923, Nr. 35, S. 3.

[12] Prot. 3. 8. 1923, S. 14.

MARIEN-QUELLE
nach Frau Marie Kollmann, Bürgermeisters-Gattin von Baden,
benannt

100 Mio. K Einrichtung und 200 Mio. K Pensionskonzession. Keine Debatte fand darüber statt. Hinter diesen kurzen Mitteilungen verbirgt sich der Beginn der Entstehungsgeschichte der „Marienquelle", die ein Dreivierteljahr später, am 15. August 1924, feierlich eingeweiht wurde[14].

Das Jahr 1924

Bei der Beratung des nächsten Voranschlages mit seinem üblichen „brainstorming" war es Dr. Justitz, der es in diametralem Gegensatz zu den meisten bisher geäußerten sozialdemokratischen Vorstellungen als Notwendigkeit erklärte, Baden als Kur- und Badestadt aufzuwerten. Dies könne und solle durch Schuldenmachen erreicht werden. Ja mehr noch, als besänne er sich auf seine Rolle als Oppositionspolitiker, er erklärte, daß man genau dies längst hätte machen sollen; denn hätte man es rechtzeitig gemacht, wäre man jetzt schon wieder schuldenfrei. Es genügt nicht zu sagen, Baden sei *die schönste Stadt, die best verwaltete.* Das seien nur *philiströse Ausdrücke,* gab er sich weltmännisch philosophisch.[15]

Die übrige Debatte lief in gewohnten Bahnen. Der Bürgermeister war im Dezember 1923 neuerlich erkrankt und stockheiser. Es war im vergangenen Herbst Wahlkampf gewesen und Kollmann hatte am 21. Oktober sein Nationalratsmandat erfolgreich verteidigt. Nun saß er stumm da und machte sich bei der Bäderdebatte nur einmal durch Handbewegung, zweimaliges Schlagen auf den Tisch, verständlich, als ihm eine Aussage nicht paßte.[16] Auf den Vorwurf

sich zunächst nicht an den Verordnungszwang hielten.[13]

Dann auf einmal eine unscheinbare, doch zukunftsweisende Information: Am 14. November 1923 teilte der Bürgermeister dem Gemeinderat mit, daß er durch Zufall erfahren habe, daß das Haus Braitnerstraße 3 käuflich sei, worauf er sofort zugegriffen habe. Die Begründung: Der Zugang zu den Schwechatbachquellen ist nur über dieses Haus möglich. Die Kosten beliefen sich auf 600 Mio. Kronen, die sich aufteilen ließen in 300 Mio. K Kosten der Realität,

[13] Prot. 23. 1. 1924.

[14] Prot. 14. 11. 1923, S. 2ff.

[15] Prot. 23. 1. 1924, S. 5ff.

[16] Ebd., S. 34.

der Unzulänglichkeit des Bäderange-
bots (es beschränkte sich auf die Mineralschwimmschule) antwortete er dann
doch in einer kurzen Stellungnahme, die
im wesentlichen auf den kryptischen Mit-
teilungssatz hinauslief: *Es wird gemacht
werden, bis die Zeit kommt.*[17] Was gemacht werden sollte, sagte er nicht.

Bald darauf wurde er deutlicher, wenn
auch noch nicht gegenüber der Öffentlichkeit. Am 12. April 1924 schloß sich,
wie fast immer, an die öffentliche Plenarsitzung des Gemeinderats eine vertrau-
liche an. Meist wurden dort persönliche
Angelegenheiten wie Ansuchen über
Verleihung von Konzessionen und dgl.
behandelt. Diesmal schlug der Bürgermeister einen Grundkauf vor, von dem
er die Öffentlichkeit ausgeschlossen
wissen wollte. Es handelte sich um die
Löwenstein-Villa samt angrenzendem
Park (und Weingarten), der sich bis an
die Villa Hallay erstreckte. Dieser Erwerb sei von größtem Interesse, weil
Baden dadurch den Kurpark vergrößern
könne. Erforderlich sei die Zustimmung
des Gemeinderats zu einem bei einem
Badener Geldinstitut aufzunehmenden
Darlehen von 2,5 Milliarden Kronen.
Ohne auch nur eine Wortmeldung wurden die Anträge angenommen. Wohl
wurde über einen Herrn Starnberg gesprochen, einen Anrainer, der sein
gleichgerichtetes Interesse angemeldet
hatte. Er wurde allerdings von Gemeinderäten der linken Opposition als *unse-
riös* bezeichnet.[18]

Am 14. Juni 1924 fand die nächste ver-
trauliche Sitzung statt, die uns für das
Verständnis der kommenden Dinge
höchst interessante Aufschlüsse gibt.

Der Bürgermeister berichtete über drei
Darlehensangebote in der Höhe von
15 Milliarden, eines davon in Kronen-,
zwei in Fremdwährung. Welcher von den
dreien überhaupt Geld hatte, wußte er
noch nicht. Sie seien die Vermittler. *Die
Sache muß rasch erledigt werden.* Der
Gemeinderat Leitner, selbst Bankier,
schlug sogleich vor, lieber österreichische Kronen zu nehmen, er, Kollmann,
sitze ja im Finanzausschuß des Nationalrats und höre *das valutarische Gras
wachsen.* Kollmann: Nur Dollar und
Krone seien stabil. *Es sind verschiedene
Dinge in Aussicht, die ich … aber noch
nicht sagen darf, sonst beginnt eine Trei-
berei … Lassen Sie die Gemeinde auch
einmal ein günstiges Geschäft machen
… Wenn Sie mir nicht glauben, dann leh-
nen Sie ab. Wenn Sie mir aber glauben,
dass wir die Last auf drei Jahre tragen
können, dann stimmen Sie dafür. (Zu
Leitner) Jetzt könnt ich Sie als Prophet
brauchen.* Man mag über solche freund-
schaftlichen Register, den Charme, den
Kollmann gelegentlich ausspielen
konnte, staunen. In diesem Fall waren
sie natürlich reine Politik. Ein Darlehen
konnte nur mit Zweidrittelmehrheit beschlossen werden, die Zustimmung der
Opposition war daher erforderlich. Und
sie erfolgte einhellig![19]

Im Frühjahr 1924 rückte wieder einmal
das Schmerzenskind Stadttheater in das
Blickfeld der Öffentlichkeit und damit
auch des Bürgermeisters. Dessen lang-
zeitlich durchgehaltener, hier mit einem
sehr überspitzten Vergleich ausgestatte-
ter Grundsatz aber lautete: Keine Subvention des Theaters durch die Gemeinde, *solange es noch hungernde*

[17] Ebd., S. 35.

[18] Vrtr. Prot. 12. 4. 1924, S. 3ff.
– Vgl. Prot. 9. 6. 1925: Im Endeffekt waren es 2,7 Milliarden
(270.000 S). Der Valorisierungsfaktor betrug 7500 gegenüber Vorkriegsgoldkronen,
5000 für Baugrund, 8000 für Vil-
len.

[19] Vrtr. Prot. 14. 6. 1924, S. 1ff.

Die christlichsozialen Gemeinderäte widmeten Kollmann zur Silberhochzeit diese Fotocollage (1924)

Kinder, unversorgte Waisen und unversorgte Invalide gibt[20].

Dem Direktor Auderieth wurden weder guter Wille noch Können abgesprochen. Er scheute vor keinem Schwierigkeitsgrad der künstlerischen Ausführung zurück, spielte Wagner- und Verdi-Opern.[21] Aber im Herbst 1923 war man wieder dort, wo man zuvor war, in der Finanzmisere. Wiener Blätter schrieben vom bevorstehenden Zusammenbruch des Badener Theaters.

Knapp vor der Weihnachtszeit, am 22. Dezember 1923, erschien Auderieth in Kollmanns Privatwohnung und erklärte sich außerstande, seine Angestellten zu bezahlen.[22] Kollmann improvisierte rasch. Über private Kanäle (die Herren Prokopp, Schilcher und noch einige andere) brachte er innerhalb eines Tages 31 Millionen auf, sodaß die weihnachtliche Spielzeit gerettet war. Warum Kollmann nicht Gemeindegelder angegriffen hatte? Das begründete er so: *Ich kenne meine Pappenheimer und weiß, daß sie darauf lauern, mir eine Ungesetzlichkeit vorwerfen zu können.* Der Gemeinderat hätte müssen gefragt werden, eine „Gemeindekrise" hätte sich entwickeln können.

Aber schon nach wenigen Tagen war Auderieth wieder beim Bürgermeister. Nun fehlten 65 Millionen. Jetzt gab es mehrere Stützungsaktionen, diesmal freilich mit dem expliziten Einverständnis der beiden anderen Parteisprecher. Man trennte das Operettenensemble vom Schauspielensemble und verlegte ersteres nach Wr. Neustadt. Im Mai 1924 hatte das Theater 480 Millionen K Schulden (Fürsorgeabgabe und Beleuchtung), die

die Gemeinde vorstrecken mußte. 22 Millionen wurden übrigens für den Ankauf eines Kinoapparates ausgegeben.[23]

Die Sache hatte ungeahnte Weiterungen, die beinahe wirklich zu einer Gemeindekrise führten. Am 26. Mai fand eine Sitzung des Theaterkomitees statt, bei der Kollmann nicht anwesend war. Kollmann besuchte nicht gern Ausschußsitzungen bzw. berief sie selten oder gar nicht ein. An jenem Tag weilte er in Wien (der Satz kommt uns bekannt vor). Die Mehrheit des Theaterkomitees fühlte sich *wie Schulbuben* behandelt und sprach, ihrem aufgespeicherten Groll freien Lauf lassend, ihr Bedauern über die Abwesenheit des Bürgermeisters aus. Fünf Tage später kanzelte Kollmann das Komitee in einer rasch von ihm einberufenen Sitzung lautstark ab, und als der Obmann des Theaterkomitees Werba den Bedauernsantrag wiederholte, drohte er sogar mit dem Rücktritt.[24]

Nun war die Angelegenheit zur „Koalitionsfrage" geworden, wenn wir die Kooperation der beiden bürgerlichen Parteien eine „Koalition" nennen wollen. Aber nicht Kollmann, sondern jemand ganz anderer war der Leidtragende, die großdeutsche Fraktion des Gemeinderats. Sie erlebte eine innere Spaltung. Vier von ihnen (Schilcher, Seyk, Bernhofer und Haydn) fühlten sich von einer solchen Zuspitzung überfordert und legten lieber ihre Mandate zurück; sie „fielen um", wie es im allgemein akzeptierten Politikjargon heißt. Der Bedauernsantrag, der in Wahrheit dem Bürgermeister das Mißtrauen aussprechen sollte,

[20] Von Kollmann gezeichneter Artikel v. 28. 6. 1924 in: BVb. Nr. 26, S. 3 f.

[21] Fleischmann S. 39 ff.

[22] Das Schauspiel hatte zur Winterspielzeit 14 Ensemblemitglieder, davon 6 Damen, in der Operette 12 (4) und im Chor 20 (10), in der Sommerspielzeit weitere 21 (10) Personen (Kobl S. 35).

[23] Prot. 23. 1. 1924, S. 36 f.

[24] BBb. Nr. 25, S. 3. – Alle Zeitungen sind in den folgenden Wochen voll davon.

wurde nach einer sehr wechselvollen vertraulichen Sitzung im Plenum des Gemeinderats mit 15 zu 14 Stimmen, also äußerst knapp, abgelehnt. Der Ton war scharf und freimütig. Einmal wollte der Bürgermeister den Theaterleuten etwas *zu fressen* geben; dann wieder versicherte er, er sei gegen Auderieth zu *weich gewesen: Wenn ich noch einmal eine ähnliche Sache zu vertreten hätte, so werden Sie mich so hart sehen, wie ich sonst war und wie es richtig ist.*[25]

Es war klar, daß ein Dissens in Theaterangelegenheiten allein den Bürgermeister nicht zu stürzen vermochte. Der Hintergrund dieser lautstarken Kontroverse, die im großdeutsch-nationalen Lager eine schwere Wunde hinterließ, waren die kommenden Gemeinderatswahlen. Die unmittelbare Frage war, ob die vier *umgefallenen* Gemeinderäte nun ihre Mandate behalten oder der Partei zurückgeben würden. Kollmann überredete sie zum Verbleib. Er wurde darin von Bezirkshauptmann Dr. Pilz unterstützt.[26] Das Theater wurde in der Folge auf drei Jahre an die Herren Karl Juhasz (aus Mödling) und Albert Hugelmann (aus Stettin) verpachtet. Auderieth ging nach Graz. Baden war um einen gestandenen „Theatermacher" ärmer. Am 1. September beschloß man den Ankauf eines *ansehnlichen Theaterfundus an Bekleidungs- und Ausrüstungsstücken sowie Requisiten,*[27] angeboten von einer Dame aus Karlsbad. Kollmann, Direktor Juhacs und Kapellmeister Wiesmann fuhren deswegen nach Karlsbad.[28] Den Fundus stellte die Stadtgemeinde dem Theaterdirektor zur Verfügung, der für die Benützung zahlen mußte.

Nichts konnte Kollmann jetzt – im Herbst 1924 – gelegener kommen als ein Wahlsieg. Seine anfangs erwähnte triumphalistische Selbstdarstellung aus Anlaß der Silbernen Hochzeit am 15. August deutete gute Auspizien an. Der Glücksfall der Entdeckung der neuen Quelle, die aufwendig und festlich begangene Taufe der Quelle auf den Namen *Marienquelle*, d. h. auf den Namen seiner Frau, am Festtag der hohen Namenspatronin[29], die Anwesenheit kirchlicher und staatlicher Würdenträger, das alles zusammen machte den Eindruck einer Fürsprache günstig gesinnter Schicksalsmächte. Die Aussichten, die sich daran knüpften, seine glückliche Hand darin, das alles schien ihm die nötigen Sympathien in der Bevölkerung schon verschafft zu haben. Gewiß feierte 1924 ein Großteil der Bevölkerung mit, weil es, wie gesagt, ohnehin ein religiöser Feiertag war und weil man gerne Feste feierte nach den Entbehrungen von Krieg und Nachkriegszeit, die damals noch kaum überwunden waren; die inflationäre Währungssituation, die an sich stabil war, endete erst im Jahr darauf mit der Einführung der Schillingwährung. Die Zeit war noch nicht ferne, da die Habsburger, durch das Gottesgnadentum als die Platzhalter einer „heilen Welt" ausgewiesen, regierten und die Straßen der Stadt nach ihnen benannt wurden. Dennoch wäre es verfehlt, diese Feier als monarchistische Kundgebung zu sehen; Kollmann wäre nicht dafür zu haben gewesen, er wollte auch selbst nicht als „Ersatzkaiser" fungieren. Er winkte ab, als man ihm an diesem Tag auch noch das Ehrenbürgerrecht verleihen wollte. Das Bürgerrecht hatte er am

[25] Vrtr. Prot. 31. 5. 1924.

[26] BBb. Nr. 24, S. 3, und Nr. 26, S. 3.

[27] Fleischmann S. 44.

[28] Prot. 1. 9. 1924, S. 2ff., 50ff. – Es hat längere Zeit bedurfen (sic), *bis sich die Dame von ihrem Schrecken erholt hat*, nämlich daß sie nur 100 statt 130 Millionen Tschechenkronen bekam.

[29] Auf Antrag des Gemeinderats Gleichweit am 13. August vom Gemeinderat beschlossen.

13. April 1919 erhalten. Vizebürgermeister Brusatti hatte die Urkunde schon ausgefertigt, doch die Verleihung unterblieb – auf Kollmanns Wunsch. Er winkte zweimal ab, bekam dennoch – zweimal – das Ehrenbürgerrecht.[30]

Doch von einer unerwarteten Seite konnte vor dem Wahltermin noch eine Beeinträchtigung dieser Sympathiewerte herkommen, als nämlich im Sommer eine „Panne" passierte. Aber auch sie endete möglicherweise mit einem Sympathiegewinn. Die Rede ist von einer „Spielbank", die im Kurhaussaal eine Art Wurfspiel mit Tennisbällen praktizierte. Ballwerferinnen waren engagiert. Es durfte kein Glücksspiel um Geld sein. Aber man konnte dort Medaillen gewinnen. Fest steht, daß im Mai 1924 ein Konsortium um die Überlassung des Kurhaussaales ansuchte und diese Erlaubnis erhielt. Auch Kollmann war dort, die Kurkapelle unter der Leitung von Wiesmann spielte auf und Kollmann soll eine goldene Medaille gewonnen haben, die er angeblich an die „Landesfreunde" weitergab.

Doch so harmlos waren die Spiele nicht. Die großdeutsche Zeitung, der Badener Bezirksbote, gab der Befürchtung Ausdruck, daß die Leute dort an Samstagen in Arbeitskleidung ihr sauer verdientes Geld verspielen würden.[31] Kollmann ersuchte die Staatsanwaltschaft in Wr. Neustadt, eine Überprüfung vorzunehmen und ging nicht auf das Ansuchen eines Herrn Leiser, Besitzer des Café Schopf, ein, *Spielgelegenheiten* im Kurhaussaal und im Café anbieten und betreiben zu dürfen. Auf zwei Schreiben (vom 28. 7. und vom 5. 8.) erhielt er

keine Antwort, aber in der Gemeinderatssitzung vom 13. August 1924 konnte der Bürgermeister über den Fall berichten, diesmal keineswegs „ruhig", sondern im Ton höchster Empörung. Was er sich eingehandelt hatte, war eine regelrechte Polizeiaktion *mit aufgepflanztem Bajonett* und eine gerichtliche Untersuchung samt Anzeige gegen ihn als Bürgermeister. Er habe die Erlaubnis zur Abhaltung der Spiele gesetzwidrig erteilt bzw. die Polizei daran gehindert, gegen das Kasino vorzugehen.[32] Die Vorgangsweise *(ärgste Diktatur)* war es, die ihn empörte. Den Staatsanwalt prangerte er in öffentlicher Plenarsitzung an, nicht etwa die Spielbetreiber. Er erklärte, daß er sich zu einer Beschwerde an die Landesregierung und das Justizministerium veranlaßt sehe.[33]

Der Prozeß fand am 15. Oktober 1924 vor dem Bezirksgericht statt. Die Anklage lautete auf Hasardspiel. Angeklagt war u. a. ein Italiener namens Vacchino. Es stellte sich heraus, daß außer den Medaillen auch Kupons ausgegeben wurden, die man an der Kasse einlösen konnte. Kollmann, als Nationalratsabgeordneter immun und vielleicht aus diesem Grund nicht angeklagt (so die großdeutsche Zeitung, nur sie schrieb darüber), wurde als Zeuge einvernommen. Die Zeitung glaubte, über seinen Auftritt feststellen zu müssen: *Sehr zurückhaltend ... und macht den Eindruck, daß er jedes Wort vorher genau überlegt. Auch versucht er wiederholt, mit viel Geschick den Fragen des Staatsanwalts auszuweichen oder sie zu überhören.*[34] Wie gesagt, dies beeinflußte nicht seine Chancen bei der wenig später erfolgten

[30] Festschrift S. 53. – Siehe S. 195 und 215.

[31] BBb. 1924, Nr. 25, S. 5, und Nr. 36, S. 3f. – BZ Nr. 24, S. 3.

[32] So im oppositionellen Bezirksboten v. 6. 9. 1924. Ihr zufolge seien zu viele Beschwerden laut geworden, daß die Bank den Spielern gegenüber zu sehr im Vorteil gewesen sei.

[33] Prot. 13. 8. 1924.

[34] BBb. 1924, Nr. 42, S. 6.

Wahl, nützte ihm vielleicht. Denn die Gemeinderatswahlen am 30. November 1924 brachten Kollmann den bisher größten Erfolg, die absolute Mehrheit. Die Christlichsozialen hatten sich von 41,8 % auf 53,4 % (22 Mandate) vermehrt, die Sozialdemokraten waren von 34,4 % auf 30,9 % (12) gefallen. Halbiert wurden die Großdeutschen – von 22,2 % auf 9,7 % (4). Dafür gab es, als Folge der Spaltung des „nationalen Lagers", 5,8 % (2) Nationalsozialisten. Eine Liste „Starnberg"– er ist uns als Kaufkonkurrent bei der Löwenstein-Villa bekannt – fiel mit 81 Stimmen durch; Starnberg war, wie Dr. Justitz eilfertig versicherte, nicht der *Kandidat der Judenschaft*,[35] was wiederum Spekulationen über deren Sympathiebindung an Kollmann nährte. Die Kommunisten erzielten 50 Stimmen.

Als der neue Gemeinderat am 17. Dezember 1924 zusammentrat, wurde Kollmann von 21 der 39 anwesenden Gemeinderäte wiedergewählt. Für Berka stimmten zwölf. Sechs Stimmzettel, die der Großdeutschen und der Nationalsozialisten, waren leer. Als Vizebürgermeister wurde Brusatti wiedergewählt. Erst in einer der späteren Sitzungen ließ sich Kollmann herbei, auch Berka als Vizebürgermeister wählen zu lassen. Von den 13 geschäftsführenden Gemeinderäten stellten die Christlichsozialen acht, die Sozialdemokraten vier und die Großdeutschen einen. Die Behandlung des Voranschlags wurde vertagt und erst am 31. Jänner in Angriff genommen. Als Grund dafür wurde die Einführung der Schillingwährung angegeben.

Keine Stadt, die ein solches Bad besitzt: Darlehenssicherung 1925

Von den „Neuen" im Gemeinderat waren ohne Zweifel der Altbürgermeister Dr. Trenner auf der Oppositionsbank und Prof. Zeiner auf der „Regierungsseite" die interessantesten Streitpartner. Trenner kam mehrmals auf seine eigene Amtszeit (1904–1919) zu sprechen, zog Vergleiche und hob hervor, was er anders gemacht hätte. Er scheute auch nicht davor zurück zu tadeln, wie Kollmann *in marktschreierischer Weise* die Einweihung der Marienquelle für parteipolitische Zwecke ausgenützt hätte. Das *Spiel im Kurhaus* verglich er mit der Affäre um das Abbazia-Projekt (1914). Er schlug die Aufnahme längerfristiger Darlehen vor, um die Last auch auf die Schultern der späteren Generationen zu legen – also genau das, was Kollmann versprochen und bereits eingeleitet hatte. Einige Wochen später, bei der Voranschlagsdebatte forderte er die Stadtregierung auf, *wissenschaftlicher zu arbeiten* und einen Chemiker anzustellen. Über das allgemeine Erscheinungsbild des Kurorts zog Dr. Trenner eine vernichtende Bilanz. Gelegentlich war er Arzt und Oppositionsredner in einem: Das ehemalige Kommunalbad beim Wiener Neustädter Kanal war verschwunden, die Bretter *in Tribuswinkel oder dgl. eingeheizt.* In der Mineralschwimmschule müßte erst einmal das Wasser täglich erneuert werden. *Denn wie es jetzt ist, verdient das Bad einen Ausdruck, den ich hier nicht bringen will.* Wannenbäder seien für

[36] Prot. 31.1. 1925, S. 9 ff.

[37] Ebd. S. 15 ff.

[38] Ebd. S. 44.

[35] BZ 1924, Nr. 48, S. 2.

Vier Bürgermeister der Stadt Baden. Fotocollage

Bürgermeister
Staatsrat
JOSEF KOLLMANN

Vizebürgermeister
Kommerzialrat
ALOIS BRUSATTI

Vizebürgermeister
ALEXANDER BERKA

Vizebürgermeister
Regierungsrat
ERNST ZEINER

Die vier Bürgermeister der Kurstadt Baden.

den zusammengebrochenen Mittelstand nicht mehr erschwinglich. Im Frauenbad seien die Kabinen zu klein, man müsse die Türen offenhalten. *Gewisse Geheimnisse in der Bekleidung der Damenwelt* genierten die anderen weiblichen Badegäste, berichtete Dr. Trenner über seine Erfahrungen als Kurarzt. Anderswo, z. B. in Bad Schallerbach, werde Baden mit abfälligen Bemerkungen bedacht.[36]

Dr. Justitz rief in seiner Stellungnahme in Erinnerung, daß das Land schließlich eine Krise durchmache, 75.000 Arbeitslose gebe es allein in den Bezirken Baden und Wr. Neustadt. Er scheint wenig Gehör gefunden zu haben. Bei den ideologischen Merkworten *Geist der Reaktion* vermerkt der Stenograph ein *ironisches Hüsteln,* nicht mehr als das, man kann sich denken, von welcher Seite es kam.[37] Auf die Lustlosigkeit der Debatte Bezug nehmend, meinte Sulzenbacher süffisant, Voranschlagsdebatten hätten früher *mehr Spaß* geboten.[38]

Viel interessanter waren der Mehrheit des Gemeinderats die kurörtlichen Belange und die Darlehensfrage. Hier waren Kollmann ja immer noch die Hände gebunden, denn er brauchte die Zweidrittelmehrheit des Gemeinderates, mithin 27 Stimmen, die nicht ohne die Sozialdemokraten zu erreichen waren. Die Sitzung am 9. Mai wurde, wie alle Gemeinderatssitzungen, mit „Mitteilungen des Bürgermeisters" eröffnet, die dann alles Wesentliche vorwegnahmen – Kollmanns Antrag lautete etwa so: Nach 14monatigem Bemühen sei es ihm gelungen, ein 200.000 $-Darlehen zu 12 % Zinsen zum Ankauf des Johannes- und

127

Ferdinandsbades zu erhalten. Die Sozialdemokraten verweigerten ihre Zustimmung, einerseits wegen des hohen Preises, andererseits, weil man erst zwei Stunden vor der Sitzung davon erfahren habe, zu wenig informiert sei. Doch Kollmann wollte seine genauen Pläne nicht preisgeben: *Sie verlangen ein Programm; wenn jemand mich aushohlen* (sic) *will, der mir nicht wohl will, der haut dann auf mich.* Eine Verlautbarung des Bauplatzes hieße, eine unerträgliche Hausse in Baupreisen provozieren. *Das Programm heisst betreffend der* (sic) *Marienquelle: Wenn hier eine Mehrheit ist, die den Mut und die Einsicht hat, das nötige Geld zu bewilligen, so werden wir sagen können, es gibt keine Stadt mit Heilwasser, die ein solches Bad besitzt.*[39] Doch diesmal ging Kollmanns Beredsamkeit ins Leere: Das Abstimmungsergebnis war 25:14, die Zweidrittelmehrheit nicht erreicht.

Das Bad, das keine andere Stadt besitzt, mußte bereits in einem engeren Kreis zum Gesprächsthema geworden sein; denn schon am 3. Oktober 1924 (!) hatte die Badener Zeitung unter dem Titel *Offene Frage – dem Vernehmen nach* die Verwertung der Marienquelle zum Thema gemacht und die Errichtung einer Thermalbadeanstalt in den Raum gestellt. Der Schreiber machte sich Sorgen um die Finanzierung einer *Fruktifizierung dieses Schatzkästleins* und fürchtete eine Inbesitznahme durch ausländische Interessenten. Um das zu verhindern, schlug er vor: die Aufbringung des Kapitals durch die Bewohner Badens selbst. Wenn nur jeder Badener Bewohner 200.000 Kronen zeichnen würde, kämen

4,5 Milliarden zusammen. Sollten wider Erwarten höhere Beträge notwendig werden, wäre dies das geringste Problem ...[40]

Am 9. Juni war plötzlich alles anders. Das gleiche Darlehen (200.000 $ bei 12 % Zinsen, Rückzahlung der Hälfte bis 1. Oktober 1925, des Rests bis 1926, Sicherstellung der gesamte (!) öffentliche UND private Besitz Badens) fand auf einmal die Zustimmung der Sozialdemokraten; noch dazu ohne langes Reden. Die Kooperation der sozialdemokratischen Spitzenmandatare in Darlehensangelegenheiten war dann überhaupt erstaunlich. Am 8. März 1926 z. B. erfragte Kollmann, da war er schon Minister, am Beginn der vertraulichen Sitzung ganz einfach von Dr. Justitz den neuesten Stand in den Unterhandlungen mit dem Bankhaus Kaspar Bloch. Justitz erklärte ihm rundheraus: *Wir haben uns mit dieser Angelegenheit befasst,* und empfahl die Ablehnung des Anbots.[41] Auch in die schließlich erfolgreichen Verhandlungen mit der Schweizer Firma „Vega" war Dr. Justitz eingebunden.[42]

Hinter einem von Kollmann angedeuteten Ankauf der Johannes- und Ferdinandsbäder steckten Schwierigkeiten bei der Fassung der neuen Quelle, die die Öffentlichkeit aufregten. Man sprach von einer *Quellenkatastrophe,* deren Ausmaß offenbar heruntergespielt werde. Was war geschehen? In einem allzu energischen Versuch, die unterirdische Konglomeratplatte, aus der die Quelle entsprang, zu durchbohren (vielleicht auch durch eine eigenmächtig durchgeführte Sprengung), erfolgte ein plötzlicher, unerwartet starker Wasser-

[39] Prot. 9.5. 1925, S. 35 ff.
[40] BZ 1924, Nr. 40, S. 2.
[41] Vrtr. Prot. 1. 2. 1926, S. 2f.
[42] Vrtr. Prot. 8. 3. 1926.

austritt, der nicht nur an Ort und Stelle Zerstörungen anrichtete, sondern auch in den benachbarten Johannes- und Ferdinandsbädern das Wasser absinken ließ. Deren Besitzer Smolcic drohte mit einer Schadenersatzklage. Schließlich ließ Kollmann, natürlich durch Gemeinderatsbeschluß, die Smolcicbäder um einen – nach den vorgelegten Berechnungen angeblich nur leicht erhöhten – Preis, nämlich um 600.000 Friedenskronen, kaufen; ein Umstand, den Kollmann sich für den Rest seiner Amtszeit als Vorwurf der Opposition anhören mußte.[43]

Natürlich meldeten die Großdeutschen neben der Kritik an dem überhöhten Kaufpreis für die beiden heruntergekommenen Bäder sofort Vorbehalte an, da müßten Verhandlungen *unter der Decke* stattgefunden haben, müsse ein Kompensationsgeschäft stattgefunden haben. Das wurde zwar bestritten, doch war unüberhörbar, daß die Sozialdemokraten *Wünsche äußern* durften (so wörtlich)! Auf der entsprechenden Liste befand sich u. a. die Eröffnung des Leopoldsbades, die Wiederaufnahme der Planung des Kommunalbades, Verbesserung bei den leidigen Baracken und noch einiges mehr.[44] Der Antrag wurde schließlich einstimmig, also auch mit den Stimmen der Großdeutschen und Nationalsozialisten, angenommen.

Dabei fand das erste Rencontre zwischen Kollmann und dem NS-Repräsentanten, dem späteren nationalsozialistischen Bürgermeister Franz Schmid statt, und wieder einmal ging es um die rechtzeitige Verständigung der Gemeinderatsmitglieder. Kollmann ist am Wort: *Ich stelle fest, dass die verspätete Hinaus-*

gabe der Tagesordnung an den Herrn GR Frz. Schmid keine Absicht war. (Frz. Schmid: Rückstellung!) Ich bitte Sie, Herr Direktor (Frz. Schmid: Hier bin ich nicht Direktor, sondern Gemeinderat). Wir haben in der Gemeindevertretung zwei Schmidt; ich kenne Ihren Vornamen nicht. (Frz. Schmid: Ich heisse Franz Schmid.) Ich werde nun sagen: Franz Schmid. Es ist ein Irrtum, wenn der GR Franz Schmid glaubt, ich hätte ihm die Tagesordnung vorenthalten. Sie wurde den Herren überreicht, wir hatten sie erst bekommen.[45]

Daß am 30. Juni, also nach der Bewilligung des Dollar-Darlehens, die Wassergebühr von 1,20 auf 2 Schillinge (pro Zimmer) relativ drastisch angehoben wurde, bezeichneten die Redner der Opposition entgegen der Darstellung Kollmanns keineswegs als Zufall.[46]

Erst zu Jahresbeginn 1926 befand man sich wieder im programmierten Zeitplan. Wieder gab es Überraschungen; doch diesmal schlug das Pendel nach der positiven Seite aus. Als am 11. Jänner 1926 das Strandbadkomitee erstmals zusammentrat, wurde Kollmann bereits als Finanzminister genannt. Die tatsächliche Berufung zum Finanzminister in der umgebildeten Regierung Ramek[47] erfolgte am 15. Jänner. Am 18. Jänner trat er deswegen als Bürgermeister, mit dem Ausdruck des persönlichen Bedauerns, zurück.[48] Der 75jährige Brusatti wurde praktisch einstimmig (bei zwei leeren Stimmzetteln, vermutlich der Nationalsozialisten) zum Nachfolger gewählt. Doch der *Geist von Kollmann bleibt in dieser Stube,* wie Dr. Justitz sagte, was von den Mandataren je nach Parteifarbe unter-

[43] Der Preis lag, nach Kollmann, um etwa den Valorisierungsfaktor 7500 des Vorkriegswertes (siehe oben S. 121 Anm. 18. – Prot. 11. 11. 1925).

[44] Prot. 9. 6. 1925, S. 3ff.

[45] Ebd. S. 13.

[46] Die Schillingwährung wurde, wie erwähnt, am 1. 1. 1925 eingeführt. Obwohl die Berechnung in der Kronenwährung mit 4 Nullen mehr weit umständlicher zu handhaben war, benutzte man sie noch mehrere Jahre lang, besonders um die Höhe von Summen übertrieben darstellen zu können.

[47] Der *Länderregierung,* wie Kunschak sie in der Festschrift S. 14 nennt.

[48] *Die Nationalversammlung hat mich für den Posten des Bundesministers für Finanzen bestimmt und ich bin, wenn auch schweren Herzens, dem Ruf gefolgt* (Prot. 18. 1. 1926).

schiedlich verstanden wurde. Nicht nur der Geist, auch die Person blieb zurück, wenngleich nur als „einfacher" Gemeinderat.

Das Strandbad wird gebaut: 1926

Das Strandbadkomitee, zu dem ich zurückkehren möchte, kümmerte das sowieso wenig; denn Kollmann blieb weiterhin dessen Vorsitzender und war bei jeder der über zwei Dutzend Sitzungen anwesend. Der Ministertitel änderte da gar nichts. Die Arbeitsbelastung war sein Problem.

Zu Beginn gab er die Erklärung ab, daß von den beiden zuvor in Erwägung gezogenen Standorten der Standort Doblhoffpark so gut wie undurchführbar war. Seinerzeit war er von der Gesellschaft „Badensia" vorgeschlagen worden und die Verhandlungen mit dem *Herrn Baron Doblhoff* [49] liefen noch. Man mußte sich noch auf eine angemessene Begründung einigen. Schließlich gab der Bürgermeister für seine hinausgezögerte Entscheidung die mangelnde Bereitschaft der Familie Doblhoff zu diesem Projekt an. Also trat die Alternative in den Vordergrund: die St. Genois-Bylhardt-Rheidt-Gründe in der Helenenstraße längs der Schwechat. Dafür setzte sich auch Dr. Lakatos, der Besitzer des Sanatoriums Esplanade, ein. Er soll sogar derjenige gewesen sein, der den Namen „Strandbad" vorgeschlagen hat, *mit seinem netten ungarischen Jargon: ‚No, Herr Bürgermeister, machen Sie Strandbad!'* [50] Damit war ein bedeutungsvoller Name in die Welt gesetzt, den in der Folge andere Badeorte aufgegriffen ha-

ben und der doch fest mit Baden verbunden blieb. Er beschreibt in einem Wort, was gemeint ist – die Verlegung des fashionablen Seebades ins Innere des Kontinents, eine phantasievolle Simulation der Adriaküste, *Lido in Baden* (Lakatos) so recht im Stil der zwanziger Jahre, die immer noch ein wenig nostalgisch auf die Monarchie zurückblickten, die diese Küste als ihr machtpolitisches und kulturelles Besitztum herzeigen durfte, oder, sachlich ausgedrückt: die *Kombination eines großen Freibades mit einem künstlich hergestellten Sandstrand,* [51] *als Strand-, Sport-, Kinderheil- und allgemeines Erfrischungsbad* gedacht [52]. Es sollte nicht so sehr den Kurgast als den mobilen Großstädter anlocken, die damalige Schickeria nicht ausgeschlossen.

Ein Hauptproblem war die Rohrleitung von der Marienquelle zum Strandbad. Noch lange danach hielt man Leichenreden darüber und diskutierte die Frage, ob sie aus Holz oder aus Blei hätte sein sollen. Und warum hatte man nicht gleich einen Karlsbader Experten geholt, statt die heikle Sache einem wohlfeileren *Brunnenmeister* (wie sich die Opposition ausdrückte) anzuvertrauen, der mit großer Mühe und zehn Waggons Zement die aus den Fugen geratene Situation meistern mußte? Gemeint war Thomas Hofer, der sich freilich in der Folge sehr bewährt hat. Was die Holzleitung anbetrifft, war sie zwar ein Fehlgriff, man mußte sie nach zwei Jahren auswechseln. Kollmann wendete aber später zu seiner Verteidigung ein, daß die Bleipreise inzwischen erheblich gefallen waren. Also wieder einer seiner legendären Glücksfälle? [53]

49 Heinrich II. Doblhoff-Dier, als Sparkassenpräsident und Mitglied der Kurkommission engagiert in der Gemeindepolitik, starb am 18. Mai 1926, eine Erklärung für das Stocken der Verhandlungen. Sein Sohn Heinrich III. (1894–1983) war der letzte Schloßherr und blieb unverheiratet. Er wurde im Ständestaat in den Gemeindetag berufen (zur Familiengeschichte vgl. Meissner Hans: Die Doblhoffs …). – Kollmann, wie die meisten Badener, gebrauchte grundsätzlich die vorrepublikanischen Adelsprädikate.

50 Robert Holzer in: Festschrift S. 82. – Auch Architekt Fiedler *aus Wien wird als Mit-Urheber bezeichnet* (Sitzungsprot. d. Strandbadkomitees 10. 2. 1926).

51 Ebd.

52 Baudirektor Hofer in: Prot. des Strbkom. 11. 1. 1926.

53 Prot. 29. 12. 1932, S. 18ff.

Schon in der ersten Sitzung des Strandbadkomitees riet Kollmann davon ab, jemand anderem als dem von ihm favorisierten Baumeister Alois Bohn die Bauleitung zu übertragen. Das Komitee entschied sich aber für ein Preisausschreiben als „Ideenkonkurrenz", an der nur Badener Bewerber teilnehmen sollten. In der zweiten Sitzung (am 16. Jänner) erschien Kollmann nicht mehr als Bürgermeister. In das Preisgericht wurden gewählt: Kollmann (als Gemeinderat), Arch. Franz Frh. von Kraus (Wien), Wilhelm Luksch (Baden), Bmst. Adalbert Seyk, Baudir. Thomas Hofer. In der Sitzung am 10. Februar wurde dann Baumeister Alois Bohn der erste Preis für das Projekt „Kollmann-Bad" zugesprochen. Den zweiten Preis erhielt Baumeister Wenzel König („An der Schwechat"), den dritten Architekt Josef Fischer („Zeitgemäß"). In einer Ausstellung am 14. Februar wurden die Projekte zugänglich gemacht. Bohn hatte sich, so Kollmann über seinen Favoriten, beim Theaterbau bewährt; seine Voranschläge galten als realistisch, d. h. nicht überschreitungsverdächtig. Die angegebenen Baukosten sind allerdings nicht miteinander vergleichbar. König und Fischer hatten weit niedrigere Beträge angegeben, die aber die Bassins und das Restaurant nicht inbegriffen. Bohn berechnete 10 Milliarden, König 4,2, Fischer 5,6.[54]

Mehr beiläufig wurde erwähnt, daß Dr. Aufschnaiter, Besitzer von Gutenbrunn und entschiedener Gegner des Projektes, energisch dessen Rückstellung verlangte, mit der erklärten Absicht, seinen Standpunkt bis zum Obersten Gerichtshof durchzufechten. Die Reaktion darauf

war: Das wird ein Jahr dauern, bis dahin ist das Bad gebaut. Aber aus der Klage wurde nichts, beim Eröffnungsdiner war Dr. Aufschnaiter mit dabei.

Es wurde diskutiert, ob eine Mischung von Schwefel- mit Schwechatwasser günstig sei und noch als Heilwasser bezeichnet werden könne. Antwort: Nein, es handle sich um erwärmtes Brunnenwasser. Letzteres wäre dem Flußwasser vorzuziehen, um nicht durch Hochwässer eine Verschmutzung zu riskieren. Die sportliche Ausstattung wurde eingehend diskutiert. Kaum ein Detailproblem, bei

[54] Strbkom. 10. 2. 1926.

Das Thermalstrandbad, eröffnet 1926

dem sich nicht Kollmann mit einem Lösungsvorschlag äußerte. Meistens wurde er letztendlich akzeptiert.

Die Arbeiten wurden im Anfang April begonnen und waren in der fabelhaften Frist von etwas über drei Monaten (80 Arbeitstagen) Mitte Juli fertiggestellt. 104 Unternehmen waren beschäftigt, am Höhepunkt der Arbeiten 1500 Männer im Einsatz. Der Bau umfaßte 870 Kabinen (je die Hälfte für Damen und Herren), 1200 Garderobekästen, überdies 20 „Kabanen", 20 Zelte. Das bestehende Schloßgebäude wurde in 28 Tagen in ein Restaurant adaptiert, wobei ein 2,5 Meter tiefer Keller angelegt werden mußte. Der Fassungsraum betrug 10.000. Bei schönem Wetter konnten 15.000 und 20.000 kommen. Die große Sensation aber war die 30 cm dicke Meersandschicht, die den Bassins in der gleichen Flächengröße vorgelagert war. Auf einem Presseempfang zur Eröffnung der Badesaison am 27. April 1951, die nach Kollmanns Tod im Radio und in der Trauersitzung des Gemeinderats am 19. Juni zu hören war, lüftete er ein Geheimnis: *Wenn Sie mit der Bahn bei Melk vorbeifahren, sehen Sie links oben einen Felsen, erinnern Sie sich? Das sind keine Felsen, das ist der Sand, der dort durch die Donau ... seinerzeit geschaffen wurde und dort festgeballt ist. Man gibt dort eine Patrone hinein und der ganze Sand rollt von oben herunter. Die entsprechenden Mengen haben wir gekriegt, also Glück gehabt. Der Mensch hat auch eine Sau im Leben ...* Anschließend daran gestand er reumütig einen Fehler ein: Er hatte es verabsäumt, ein Stück des Weilburgparks rechtzeitig zu kaufen, weil er *die Kreuzerln* nicht hatte. Damals (1930) kam es nur zu einem Pachtvertrag. Der „Fehler" wurde später gutgemacht.[55]

Am 15. Juli, in der 25. Komiteesitzung, wurde die Kollaudierung des Bades für den 24. Juli angekündigt. Die Eröffnung fand an diesem Tag, einem Samstag, in Gegenwart von Vizekanzler Waber statt, der den Bundespräsidenten vertrat. Sie war natürlich höchst feierlich und publikumswirksam gestaltet. 100 Schwimmerinnen und Schwimmer weihten das Becken ein. *Springer Farkas schlug auf dem Sprungturm einer Champagnerflasche den Hals ab und brachte dem Bürgermeister das erste Glas dar. Dann durchschnitt Österreichs Sprungmeisterin Klara Bornett die rotweißen Bänder und vollführte aus 10 m Höhe den ersten Sprung. Im Namen der Schwimmer erschien nun ein Redner in schwarzem Festgewand auf dem Sprungturm, dankte der Badener Gemeindeverwaltung und sprang in voller Kleidung ins Wasser, was großen Jubel auslöste.*[56]

Leider gab es tags darauf den ersten Todesfall; am ersten Badetag, einem Sonntag, an dem 15.000 Besucher kamen, ertrank der Malergehilfe Franz Kern aus ungeklärter Ursache in seichtem Wasser und wurde erst Stunden danach gefunden.[57]

Die Großdeutschen, obwohl in der Opposition, anerkannten das Hauptverdienst Kollmanns: *Dieser hervorragende Mann verstand es mit geschickter Hand, die Sache so zu führen, daß sich alle Parteien in gleicher Weise an dem Werk beteiligten,* schrieb ihre Zeitung.[58]

[55] Prot. 19. 6. 1951, S. 5f.

[56] BZ bei Fleischmann S. 47.

[57] BZ Nr. 60, S. 5. – Badener Wacht (fortan BW), die seit 1926 erscheinende sozialdemokratische Parteizeitung, Nr. 34, S. 2.

[58] BBb. Nr. 31, S. 5.

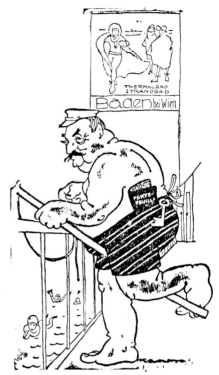

„Karikatur der Woche". Morgen (26. Juli 1926)

Nicht alle Einheimischen akzeptierten freilich das Bad. Sittenstrenge Kreise (Katholiken, orthodoxe Juden und besorgte Eltern) favorisierten weiterhin die Mineralschwimmschule, da sie Geschlechtertrennung hatte. In einem Leserbrief heißt es: ... *manche Eltern haben Bedenken, ihre Töchter in ein Bad zu führen, in welchem sie unwillkürlich Aktstudien machen.*[59] Oberstadtarzt Dr. Raab beantragte, den Männern die *„Spitzhosen"* zu verbieten.[60]

Bei der Diskussion der Kosten im Gemeinderat stellte der Sozialdemokrat Jorgo eine Kostenüberschreitung von 10.000 Millionen Kronen (= 1 Million S) fest. Überdies habe er diese Aufstellung erst eine halbe Stunde vor der Sitzung zu sehen bekommen. Er forderte einen Untersuchungsausschuß.[61] Sein Parteifreund Leitner, der Mitglied des Strandbadausschusses war, sprang in die Bresche; er erklärte, wie die Kostensteigerung zustande kam, als man von den ursprünglichen 15 Milliarden Kronen zuerst auf 1,5–1,8, dann auf 2,0–2,1 Millionen Schilling kam, schließlich bei 3,0–3,3 landete. Bei dieser Summe blieb es in etwa (plus ca. 760.000 Schilling für weitere *beabsichtigte Durchführungen*). Die Gründe für die Steigerung lagen nicht bei Fehleinschätzungen, sondern bei gesteigerten Qualitätsansprüchen, fügte Zeiner, Vizebürgermeister und Bäderreferent, hinzu und belehrte jedermann,[62] daß 2,2 Millionen als Baukosten, 1,1 als *Nebenkosten* anzusehen seien. Im großen und ganzen war man, erstaunlich nach den vorangegangenen Konflikten, um Konsens bemüht.

Karikatur der Woche.
Finanzminister Kollmann,
der Schöpfer des Strandbades in Baden bei Wien.

Die Herren Politiker, die wir ham,
Und 's Badner Strandbad, — wie reimt sich dös z'samm?
A bisserl a Wasser, a bisserl a Sand
Und a bisserl a Schwefel fan allweil beinand.

Die Sozialdemokraten, die wegen der Arbeitsbeschaffung zugestimmt hatten, bemängelten danach freilich, daß kaum Arbeitslose beschäftigt worden waren.[63] 1929, zu einer Zeit, da innenpolitische Kampfstimmung aufflammte und die Gegensätze sich wesentlich verschärften, sprach ein parteiinterner Bericht von Kollmann als einem *Mussolini in Westentaschenformat.* Keine Gnade findet dort

[59] Fleischmann S. 48.

[60] Strbkom. 9. 8. 1926.

[61] Prot. 21. 12., S. 5.

[62] Er war pensionierter Gymnasialdirektor.

[63] A. a. O., S. 10. – BZ 1926, Nr. 103, S. 1f.

das Strandbad. *Um seine Marienquelle nutzbar zu machen, hauste (er) in dem Park wie ein Vandale und wo früher herrliche schattige Bäume gestanden sind, wird eine Wüstenei mit Schwefelwasser, genannt Strandbad, um die Kleinigkeit von 40 Milliarden Kr. errichtet. – Freilich, daß das Wasser infernalisch stinkt und bei den Besuchern Schnupfen verursachen wird, konnte er nicht wissen ... Auf der Minusseite stehen außerdem die maßlose Verteuerung des Trinkwassers, von Licht und Gas; daß auf dem Gebiete des Wohnungswesens die Gemeinde gar nichts gemacht hat; ... daß wir keine Schlachtbrücke, keine Markthalle, keine Nahrungsmittel-Untersuchungsstation haben.*[64]

Aber alle Einwände konnten die Tatsache nicht trüben, daß das *Riesenstrandbad*[65] ein Erfolg war, dessen Echo aus fernen Weltgegenden zurückhallte. Die Werbung tat ihr übriges. Gerne zitiert man die Londoner „Illustrated News", die einen zweiseitigen Bericht brachte. Aus Nord- und Südamerika forderte man die Baupläne an. Studienreisen wurden unternommen.[66]

Und das gesellschaftliche Leben, welches das Bad schuf, wuchs heran wie aus dem Nichts. Feuilletonisten gerieten ins Schwärmen: *Ja, wenn der Sand sprechen könnte, da würde man manche Dinge erfahren, über die man staunen müßte. Die Badener Geschäftsleute samt dem Theaterdirektor lamentieren über die Konkurrenz, die ihnen das Strandbad macht ... Und was man am Strand alles zu sehen bekommt? Da gehört vor allem zum Stammpublikum eine Primadonna, groß, muskulös, ein Mann-*

weib, sie reitet bis zum Bad, dort steigt sie vom Pferde und vertauscht die elegante Reitdreß mit einem schicken Schwimmkostüm, um so manchem Badebesucher den Kopf zu verdrehen. ... da huscht eine tägliche Besucherin im blauen Trikot vorüber; ich habe sie die blaue Strandfee getauft ... da klopft mir jemand auf die Schulter, ich drehe mich um und vor mir steht eine wunderschöne Wassernixe in verführerischem Trikot, mit einem japanischen Sonnenschirm, es ist eine bekannte Wiener Opernsängerin, welche mit ihrem Auto eigens ins Badener Strandbad gefahren ist, um sich, wieder einmal, bewundern

Eine der „Nixen", die zum Besuch des Strandbads auffordern. Farbige Postkarte

[64] Parteiinterner Bericht *Kollmanns 10jähriges Bürgermeisterjubiläum* (Wolkerstorfer S. 78 f.).

[65] *Wiener Allgemeine Zeitung* v. 6. 6. 1926, S. 5.

[66] Wolkerstorfer S. 70.

zu lassen. Ihrer Einladung, mich mit ihr im Sand zu lagern, kann ich nicht widerstehen; plötzlich klingen die Töne des Jazz aus dem Restaurant herüber .... [67]

Im Folgejahr 1927 stieg die Kurfrequenz auf über 50.000. Der Zuzug der Deutschen wuchs um 1688,5 % auf 1292, der aus dem übrigen Ausland um 75,6 % auf 9478. [68]

Was dachten sich Leser der Badener Zeitung allerdings, als sie im Sommer 1927 allwöchentlich die Anzeige sehen konnten: *Thermal-Park-Strandbad Vöslau – Die größte modernste Badeanlage Europas?* Vöslau nannte sich seit 1926 „Bad Vöslau", und das mit gutem Grund. Es hatte tatsächlich am 20. Juni 1926 sein Thermalbad als umgebaute Bäderanlage eröffnet, also einen Monat vor dem Badener Strandbad. Der Badener Architekt Wilhelm Luksch, Erbauer des Herzoghofs, war damit betraut. Die Badener konnten aus der sozialdemokratischen Zeitung „Badener Wacht" die Einzelheiten erfahren, soweit sie dieses neugegründete Parteiblatt für den Bezirk Baden lasen. Dort erfuhr man auch, daß Bundespräsident Hainisch die Eröffnung vornahm (bei der Eröffnung des Badener Strandbades ließ er sich ja bekanntlich vertreten). Warum man das nicht in einer der bürgerlichen Badener Zeitungen lesen konnte? Nun, der Vöslauer Bürgermeister war der Sozialdemokrat Frimmel. Nicht nur lokalpatriotische, sondern auch parteipolitische Differenzen behinderten die Kommunikation.

Nach der Fertigstellung des Badener Strandbades versuchten die Vöslauer gleichzuziehen, indem sie die obere Teichanlage ihres Bades ausbauen ließen. Architekt war nun Dr. Louis Breyer. Nun konnte nur noch subjektive Wahrnehmung entscheiden, welches Bad den europäischen Spitzenplatz beanspruchen durfte. Was objektiv festzustellen war: Die Finanzierung ging über die erlaubten Risikogrenzen hinaus, 1933 wurde für die hochverschuldete Gemeinde Bad Vöslau von der christlichsozialen Landesregierung ein Zwangsverwalter eingesetzt. Der Gemeinde blieb nur ein geharnischter Protest (11. April 1933). Das Datum sagt alles. Es war die Zeit des beginnenden autoritären Kurses. [69]

Herr im Finanzministerium: 1926

Im Jahr 1925 arbeitete Kollmann intensiv an den bekannten Großprojekten. Er fuhr im Jänner als Vertreter des nö. Heilbäderverbandes nach Gastein zur Bundestagung dieses Verbandes – auf eigene Kosten, nachdem er in der vertraulichen Sitzung des Gemeinderates erklärt hatte: *Ich melde mich selbst zu dieser Teilnahme, da auf diese Weise der Gemeinde Fahrtkosten erspart werden.* [70] Er unternahm Reisen nach Rom (im April) und nach Frankfurt. Er wurde Ehrenobmann von allen Badener Männergesangvereinen. Er sah sich als Stadtoberhaupt in einer politisch gesicherten Position.

Aber das war noch nicht alles. Am 15. Jänner 1926 wurde Kollmann von Bundeskanzler Ramek als Finanzminister in die Bundesregierung berufen. Rudolf Ramek (1881–1941), ein *grundsolider Schlesier* (Heinrich Drimmel) gilt als derjenige Regierungschef, der während

[67] StA B, BB 352/2 (Ausschnitt aus einer Wiener Zeitung).

[68] Kurkommissionssitzung v. 5. 1. 1928 in den Badener Zeitungen.

[69] Über das Vöslauer Thermalbad B. W. 1933, Nr. 16, S. 5; Nr. 17, S. 3; Nr. 18, S. 6.

[70] Vrtr. Prot. 30. 12. 1924, S. 1f.

Der Finanzminiſter daheim.

JOSEF KOLLMANN · FESTE PREISE

— **Eine ſolche Schleuderwirtſchaft verbitt' ich mir. Hier iſt kein Finanzminiſterium.**

seiner Amtszeit (1924 bis 1926) das Sanierungswerk Seipels zu Ende geführt hat. Auf ihn gehen mehrere Dinge zurück, die bis heute eine Selbstverständlichkeit sind, so der Finanzausgleich und die Verfassungsnovelle, die die Rechte des Bundes gegenüber der Gesetzgebung der Länder festlegt. Auf der negativen Seite standen Bankenzusammenbrüche, aber auch Schwachstellen im Kabinett, so der mit Affären belastete Finanzminister Ahrer und der Außenminister Mataja. Der steirische Politiker Jacob Ahrer (1888–1962) flüchtete nach seiner Entlassung aus dem Kabinett im Herbst 1926 nach Kuba, angeblich aus Familienrücksichten. Man beschuldigte ihn, dem Hochstapler Bosel bei dessen Vertrag mit der Postsparkasse zumin-

dest günstige Bedingungen verschafft zu haben. Es war also kein leichtes Erbe, das Kollmann antrat.

Die Leser der Neuen Freien Presse, die nun Kollmanns Namen fast täglich lasen, oft auf den Titelseiten, mögen einigermaßen erstaunt gewesen sein, als ihnen der „homo novus" am 22. Jänner mit folgenden Worten vorgestellt wurde: *Der neue Finanzminister hat einen Vorzug. Er ist normal. Es mag verletzend klingen, eine solche Eigenschaft rühmend hervorzuheben. Aber unter Normalität verstehen wir nicht nur den vernünftigen Gebrauch der Sinne, nicht nur gerichtsordnungsmäßige Zurechnungsfähigkeit, sondern, politisch gesprochen, Geradlinigkeit und Einfachheit; das ist Freiheit von vorgefaßten Ideen und überspannten Theorien. Normalität, das heißt zugleich Abneigung gegen gewalttätige Eingriffe.* Weniger erstaunt dürften sie gewesen sein, wenn sie die allgemeine Lage mit den Worten charakterisiert sahen: *Nun sind wir ... auf dem Tiefpunkt angelangt.*[71]

Die Amtszeit Kollmanns als Finanzminister ist hier nicht Thema, könnte auch nicht ohne die Behandlung des größeren Rahmens dargestellt werden; ganz zu schweigen von den Hintertreppengeschichten, die etwa die dubiosen Geschäfte des Herrn Békessy, des Herausgebers des Boulevardblatts *Die Stunde,* hergeben würden, wenn man sie ans Licht brächte. Schon am Tag des Amtsantritts interviewte ein Journalist der *Stunde* Frau Kollmann, die Gattin des neuen Finanzministers. Damit wollte man sichtlich diesen günstig stimmen und von (vielleicht längst fälligen) rechtlichen

*Der Finanzminister daheim.
Karikatur der Arbeiter-Zeitung
1926.*

[71] NFrPr. Nr. 22039 v. 22. 1. 1926, S. 1.

Schritten gegen das Békessy-Imperium abhalten. Frau Kollmann wird stark verniedlichend porträtiert, wie sie an der Kasse des Geschäfts sitzt und an ihren Gemahl in der Himmelpfortgasse denkt: *Ihre Hand zittert vor Freude, in ihren Augen sind Tränen; stolz ist sie; arbeitet weiter.*[72]

Kollmann näherte sich seiner Aufgabe als Pragmatiker. Der Wiener Allgemeinen Zeitung gegenüber erklärte er in einem Interview: *Ich habe gar kein Programm. Ich gehe in das Ministerium vorurteilsfrei hinein und werde mir die Dinge erst, wenn ich im Ministerium bin, gründlich, wie es meine Art ist, ansehen, vor allem wie die Dinge laufen und wie sie liegen … ich kenne keine Herren und keine Herrenmenschen. Wir sind alle in diesem Staate nur dazu da, um zu dienen.*[73]

Und ‚Die Stunde' übertitelte ihren Leitartikel mit *Wien bei Baden*, was immerhin die Erwartungen widerspiegelt, die man in Kollmann setzte, der nicht etwa *ein österreichischer Landbürgermeister* ist, sondern *ein heller Kopf*.[74]

Vier Maßnahmenpakete strich er heraus, darunter *produktive Arbeitslosenfürsorge,* wie er es nannte, vor allem Rückführung früher in der Landwirtschaft tätiger Arbeitsloser in die alte Beschäftigung; Unterstützung eines Projekts ehemaliger Kriegsteilnehmerverbände, Arbeitslose in Rußland anzusiedeln (was uns heute eher kurios anmutet); öffentliche Bautätigkeit etc. Es gab eine Reihe von Reformplänen, die teilweise auch verwirklicht wurden: Steuererleichterungen für Investoren, Vorantreiben der Warenumsatzsteuer. Vor allem aber: Am 9. Juni wurde die Finanzkontrolle des

Völkerbundes über Österreich aufgehoben und der Generalkommissär Alfred Zimmermann reiste ab. Ramek und Kollmann vertraten in Genf vor der Völkerbundversammlung erfolgreich die Interessen des Landes.[75] Sehr hart ging Kollmann mit den Forderungen der Künstler und der Mittelschullehrer ins Gericht, besonders in vertraulichen Äußerungen im Ministerrat.[76] Das Unterrichtsministerium (nicht der Finanzminister Kollmann) überlegte sogar allen Ernstes, im Falle eines Lehrerstreiks die Mittelschulen nach dem ersten Semester zu schließen; die Semesterzeugnisse sollten als Schlußzeugnisse gelten.[77]

Die Persönlichkeit des Bundeskanzlers soll hier nicht beurteilt werden. Er mußte die Banken, die vor dem Zusammen-

[72] *Im Laden des neuen Finanzministers* in: Die Stunde v. 15. 1. 1926, S. 5. – Die Presse v. 7. 3. 1998, Spectrum S. IIIf. – Vielleicht interessiert am Rande die Identität des Reporters *Billy;* es handelte sich nämlich um den jungen Billie Wilder, der kurz darauf, seinem späteren Ruhm als Filmregisseur entgegen, nach Amerika emigrierte.

[73] Wiener Allgemeine Zeitung Nr. 14289 v. 15. 1. 1926, S. 1.

[74] Die Stunde v. 15. 1. 1926, S. 1.

[75] *Der Selfmademan in der Himmelpfortgasse* von Georg Zimmermann, Bundesfinanzminister, in: Festschrift S. 135 ff.

[76] Wolkerstorfer S. 50 f. nach Einsichtnahme in die Ministerratsprotokolle.

[77] Wiener Allgemeine Zeitung v. 2. 6. 1926.

„Damenwahl" auf der „Seipel-Redoute". Sonntagsbeilage der Arbeiter-Zeitung. Sie sah die Hand Seipels hinter der Berufung Kollmanns (17. Jänner 1926)

bruch standen, mit den Geldern der Steuerträger stützen, was in einer Art Blitzaktion geschah und auch die Badener Sparkasse rettete.[78] Er konnte aber vor dem parlamentarischen Untersuchungsausschuß, der ihn und Kollmann einem regelrechten Kreuzverhör unterzog, nur unzureichend bestehen. Das Frage- und Antwortspiel mit den oppositionellen Abgeordneten Danneberg und Eisler nimmt sich stellenweise peinlich aus. Kollmann gab zu oder erweckte den Eindruck, daß er über einen Dollarkredit von 210 Milliarden Kronen nicht oder nicht ausreichend informiert war; auch daß er auf bloße Intervention des Ministerkollegen Rintelen vier Milliarden an eine Bank vergab. Die Neue Freie Presse übertitelte nunmehr ihren Kom-

mentar mit der Schlagzeile: *Wühlen in Peinlichkeiten. Unzulänglichkeit der Verteidigung in der Zentralbankaffäre.* Sie knüpft daran den folgenden Kommentar: *Denn der Eindruck, besonders der Aussage des Finanzministers, ist, wir bedauern es sagen zu müssen, geradezu deprimierend. Wer dieses Frage- und Antwortspiel auf sich wirken läßt, die Katzbalgerei mit Danneberg und Eisler, der kann das Gefühl nicht los werden, daß dem Minister die Kraft gefehlt hat und daß die wirkliche Vorbereitung für eine solche Hauptschlacht gar nicht vorhanden war.* Die Zeitung machte aber anderseits sehr deutlich, daß sie die persönlichen Beschimpfungen und massiven Korruptionsvorwürfe, denen Kanzler und Kollmann in der Plenarsitzung des

[78] Woisetschläger Rudolf in: Festschrift S. 127f. – Ursache war der Zusammenbruch der Zentralbank deutscher Sparkassen.

Parlaments ausgesetzt waren, für völlig ungerechtfertigt und für ein Ablenkungsmanöver hielt.[79] Ob er wirklich als Minister *einen finanziellen Maria Theresien-Orden* verdient hat, weil er am Höhepunkt der Zentralbankkrise spontan und wider die massivste Oppositionskritik kurzfristig Geldstützungen ausgab und damit die kleinen Sparkassen vor dem drohenden Run auf die Konten bewahrte, wäre den Zeithistorikern noch als Frage vorzulegen.[80]

Worüber die Regierung Ramek II am Ende stolperte, war der Konflikt um die Beamtengehälter. Es ging um ein Ultimatum der Beamtenvertreter, die die Angebote der Regierung (in der Hauptsache 10 1/3 % Gehaltserhöhung) ablehnten und einen Beamtenstreik androhten, wenn nicht *ihr* Verhandlungstermin (der 8. Oktober, vier Tage vor dem von der Regierung angebotenen Termin) eingehalten würde. Als die Verhandlungen mit der Postgewerkschaft dem *toten Punkt* zuliefen, resignierte der Bundeskanzler und trat am 15. Oktober zurück. Am 20. Oktober ließ sich Dr. Ignaz Seipel wie schon in der Zeit der Sanierungspolitik (1922–1924) zum Bundeskanzler wählen. Ins Finanzressort holte er sich seinen damaligen Sanierungsminister, Dr. Viktor Kienböck.

Historiker urteilen über die Ära Ramek eher zurückhaltend und pauschal. Man beschäftigt sich lieber mit spektakuläreren Phasen der Republikgeschichte. Der Finanzminister Kollmann kommt dabei nicht besonders gut weg. Goldinger meint, daß *er sich ... den auf ihn einstürmenden Problemen nicht gewachsen zeigte.*[81]

Für die Badener Hauer hatte Kollmanns Amtszeit ihr Gutes gebracht, nämlich die Senkung der Weinsteuer durch die zweite Verbrauchssteuernovelle.[82] Ende April und Anfang Mai gab es dafür einen Bier-Boykott, den die Gastwirte gegen die Brauherren durchführten und der beträchtliche Aufregung in der Hauptstadt veursachte. Ob dieser Wirbel und die Semmelverteuerung von 6 auf 7 Groschen im Detail auf Kollmann zurückgehen, ist kaum nachvollziehbar. Damals war ein Minister noch nicht Objekt beinahe täglicher medialer Befragungen. Jedenfalls dankten auch die Zuckerrübenbauern ihm noch zu seinem 80. Geburtstag für eine produktionssteigernde Zollpolitik.[83]

In Kollmanns Ministerzeit gab es noch andere Dinge, die nicht gut aussahen. Die ‚Neue Freie Presse‘ brachte am 16. März 1926 die *Geschichte eines armen Teufels*. Heinrich Sch., ein in der Vergangenheit pflichteifriger Amtsdiener, Familienvater, hatte S 705,– veruntreut. Kollmann unterließ die Anzeige und verschaffte ihm ein Darlehen von S 1000,– als Chance der Schadensgutmachung, was der Gemeinderat guthieß. Eine spätere Anzeige brachte aber den Amtsdiener vor Gericht. Zwar sprach die erste Instanz den Beschuldigten frei, da Schadensgutmachung erfolgt war. Doch der Staatsanwalt berief, und der Amtsdiener mußte im Endeffekt eine Kerkerstrafe von sechs Monaten absitzen. Kollmanns menschliche Güte war doppelgesichtig gemäß der Doppelfunktion Kollmanns. Hatte er die Information über den Diebstahl als Privatperson, d. h. als Sparkassenpräsident, oder als Chef der

[79] NFrPr. 17. 9. 1926, S. 1.

[80] BZ 1928, Nr. 84, S. 3.

[81] Goldinger, Walter: Der geschichtliche Ablauf der Ereignisse in Österreich 1918–1945, S. 143.

[82] Georg Zimmermann in: Festschrift S. 134.

[83] *Zucker aus Österreich von* Hans Eichinger, in: Festschrift S. 125f.

Polizei, nämlich als Bürgermeister, erhalten? Das Urteil berief sich auf die Tatsache, daß in jedem Fall letzteres zutraf. So menschlich lobenswert sein Verhalten war, es geriet in Widerspruch zu einem Urteil des Obersten Gerichtshofes. Und so geriet auch der Finanzminister Kollmann in ein schiefes Licht.[84] Nicht in Baden; zumindest nicht, wenn man die Zeitungen als Maßstab nimmt, denn keine von ihnen brachte ein Wort darüber.[85]

Eine andere Sache beschäftigte die Zeitungen noch mehr, wurde aber nicht direkt mit Kollmann in Verbindung gebracht. Im Badener Landesspital (also nicht im Zita-Heim) waren sechs Säuglinge zu Tod gekommen. Diesmal waren auch Badener Zeitungen erschüttert. Die erste parlamentarische Anfrage an den Minister für soziale Verwaltung erging am 3. Dezember 1924. Zunächst nahm man an, daß die Todesfälle durch natürliche Zersetzung eines Antitoxins, also einen unvorhersehbaren Zufall, herbeigeführt wurden. Erst Mitte März 1926 kam es zum eigentlichen Skandal, als Prof. Graßberger erklärte, daß ein vorschriftswidriges, also schuldhaftes Handeln vorlag. Die Angelegenheit wurde zum Politikum, als auch eine dem Minister Rintelen nahestehende Person genannt wurde und in Korruptionsverdacht geriet.[86]

Wieder der erste Mann in Baden: 1926

Am 25. Oktober 1926 designierte der christlichsoziale Gemeinderatsklub Kollmann neuerlich zum Bürgermeister. Der Vorschlag kam von Bürgermeister Brusatti und Vizebürgermeister Gleichweit,

die gleichzeitig ihren Rücktritt ankündigten.

Als am 3. November die Wahl durchgeführt werden sollte, gab Dr. Justitz in scharfen Worten bekannt, daß seine Partei zwar bereit sei, den gegenwärtigen Bürgermeister Brusatti zu unterstützen, nicht aber Kollmann, den *gescheiterten Finanzminister,* der *einen unserer Besten* beleidigt habe. Danach zogen die Sozialdemokraten aus dem Gemeinderat aus und machten diesen damit beschlußunfähig. Die nächste geschäftsordnungsmäßig beschlußfähige Sitzung war am 9. November. Da die Sozialdemokraten wieder nicht erschienen, wurde Kollmann mit 20 Pro-Stimmen gewählt, d. h. mit der absoluten Majorität der Christlichsozialen. Sechs Stimmzettel (Großdeutsche plus Nationalsozialisten) waren leer.[87]

Dessenungeachtet fand Kollmann versöhnliche Worte; mehr noch, er kam auf seine demokratiepolitischen Grundsätze zu sprechen. *Ich wünsche, dass sie* (die Sozialdemokraten) *immer unzufrieden mit den Erfolgen der gegnerischen Partei sein mögen. Das ist ja das Geheimnis des Erfolges, dass der Gegner unzufrieden ist. Wir werden uns ausstreiten und ausreden ... Dann wird eine spätere Periode sagen können, wir haben nicht umsonst diesen Saal bevölkert.*[88]

Wer mit dem so schwer beleidigten sozialdemokratischen Politiker gemeint war, ergibt sich aus den Pressemeldungen dieser Tage. Es handelte sich um Dr. Danneberg. Am 29. Oktober zitierte die sozialdemokratische Badener Wacht unter dem Titel *Kollmanns Frechheit* aus einer Rede Kollmanns, die er auf einer Ver-

[84] NFrPr. Nr. 22092, S. 11, v. 16. 3. 1926. – Wolkerstorfer S. 48 f. u. 136 nach Mitteilungen von KR Ernst Krebs, Privatbestand.

[85] Auskunft Gemeinde- und Sparkassenarchiv. – Rätsel gibt eine in der Wiener Allgemeinen Zeitung gedruckte Meldung auf. Auch sie ist in keinem der Badener Pressemedien zu finden und war offenbar ein Tabuthema. Sie ist nur in einem nichtdatierten Zeitungsausschnitt erhalten, beruft sich aber auf den „Minister" Kollmann, ist also nicht vor dem 15. 1. 1926 erschienen: Es ist im Prinzip dieselbe Geschichte. Nur an Stelle des Gemeindedieners ist der Malefikant ein real existierender Sparkassenbeamter; der genannte Betrag ist höher; am Ende steht die Entlassung und eine Abfertigung, die für die Schadensgutmachung verwendet wird.

[86] Unter anderem sogar auf der Titelseite der Neuen Freien Presse (13. 3. 1926). – BW. 1926, Nr. 13, S. 1 f.

[87] Prot. 3. und 9. 11. 1926.

[88] Prot. 9. 11. 1926, S. 10.

Rätselhaftes Attentat auf Kollmann am Höhepunkt des Wahlkampfs 1927, von den Sozialdemokraten verulkt.
Karikierende Zeichnung in der Badener Wacht

Das Attentat auf Kollmann in Hainburg.
(Vollführt mit den Römer-Kugeln.)

Die Bundespolizei wurde beauftragt, die Untersuchung gegen die römische Legion Varus, wohin sich der Attentäter geflüchtet hat, durchzuführen.

sammlung des Gewerbebundes in Wr. Neustadt gehalten hatte, *daß ihm seine Ehre höher stehe, als die des Lausbuben Danneberg.*[89]

Die verbale Entgleisung – wir können es ruhig so nennen –, die Kollmann durch seine Worte vergessen machen wollte, war vielleicht das, was man eine „Retourkutsche" auf die verhörartige Befragungsmethode Dannebergs im parlamentarischen Untersuchungsausschuß nennen könnte; mehr noch war es ein Reflex der dramatischen Abkühlung der Beziehungen zwischen den Parteien nach Rameks Rücktritt und am Beginn der neuen Ära Seipel, der ein hartes Gerangel unter (mit Immunitätsschutz ausgestatteten) Politikern mitverursachte. Denken wir daran, daß am 30. Jänner des Folgejahres 1927 Schattendorf passierte! Auch Kollmann wurde sehr bald in Tätlichkeiten verwickelt.

Am 21. November 1926 kam es bei dem Heurigen Ganneshofer in Sooß zu einem Zwischenfall, den die eine Seite als *Überfall*, die andere als bloße Heurigenrauferei darstellte. Kollmann gratulierte dort den Sooßer Parteifreunden zu ihrem Wahlsieg bei den Gemeinderatswahlen. Der sozialdemokratische Bauernkammerrat Mentasti und einige seiner Parteifreunde fanden sich ebenfalls ein. Bei dem unvermeidlichen Wortgefecht ging es um die Bankenaffären und Kollmann nannte Mentasti einen *blöden Kerl.* Die darauffolgende Rauferei, bei der Gläser durch die Luft geflogen sein sollen, wurde gerichtsanhängig und führte zu Arreststrafen von zwei Sozialdemokraten. Kollmann wurde nicht einvernommen.[90]

Im Jahr 1927 verschärfte sich die Gangart zwischen den Parteien noch deutlicher. Ich erwähnte schon den tödlichen Zwischenfall im burgenländischen

89 BW. 1926, Nr. 44, S. 1.
90 BZ 1926, Nr. 33, S. 4. – BVb. Nr. 16, S. 9.

Schattendorf. Er führte über turbulente, vor Handgreiflichkeiten nicht zurückschreckende Szenen in Nationalratssitzungen zum Justizpalastbrand am 15. Juli. Bei den Nationalratswahlen dieses Jahres trat Kollmann zur Wiederwahl an. Am 21. April 1927, in der Schlußphase des Wahlkampfes, wurde er Opfer eines „Revolverattentats". Schauplatz war Hainburg, wo im Hotel „Zum Lamm" eine geschlossene Versammlung der Christlichsozialen stattfand. Auf den Straßen war die Stimmung aufgeheizt. Nachdem sich die Badener Gruppe am rückwärtigen Hotelausgang in den Wagen gesetzt hatte, fiel ein Schuß, der den Professor Leutgeb verletzte und knapp vor dem Gesicht Kollmanns vorbeisauste. Der Wagen – ein Polizist stand mit gezogener Pistole auf dem Trittbrett – konnte mit knapper Not im Tempo 100 Hainburg verlassen. Soweit der Bericht im Badener Volksblatt. Erst in Wien wurde der Vorfall angezeigt. Im Radio wurde in den Nachtstunden davon berichtet. In der Badener Wacht dagegen heißt die Schlagzeile einer Extraausgabe: *Der Mordanschlag auf Kollmann eine schurkische Erfindung der Christlichsozialen!* Danach sei das Attentat von der Reichspost erfunden worden, *um dem Staatskasseneinbrecher und Burgenlandverräter Kollmann in letzter Stunde noch Sympathien zu erschwindeln.* Niemand habe einen Schuß gehört. Der erwähnte Polizist auf dem Trittbrett habe dem Chauffeur den Weg gewiesen. Noch in der 1948 geschriebenen Festschrift zum 80. Geburtstag betitelt Oskar Helmer seinen (Kollmann durchwegs freundlich anredenden) Beitrag *Im „Kugelregen" eines Wahlkampfes.* Für ihn war es ein *geschickter politischer Schachzug* vor der Wahl *5 vor 12.* Auf der Gegenseite wurden eilends die zwei großen Steinkugeln, die das Hainburger Stadttor zieren, photographisch in Umlauf gesetzt und als „*Kollmann-Kugeln*" bezeichnet – eine *gemütliche* Lösung (wie Helmer sie nennt)?[91] Die Wahrheit blieb im Dunklen. Hat die Hainburger Polizei die Angelegenheit nicht ernsthaft untersucht? Hat Kollmann eine wirklich erfolgte Attacke, vielleicht einen Steinwurf, in die Höhe gespielt? Noch ein Jahr später veröffentlichte die Badener Wacht eine Karikatur, auf der eine riesige Kugel von Kollmanns Bauch wirkungslos abprallt, und berichtete, daß auf dem angeblichen Tatort, der jetzt *Kollmann-Zipf* heiße und im Volksmund *Sauzipf* geheißen habe, ein „Marterl" aufgestellt worden sei. Es blieb das gegenseitige Mißtrauen: Beide Seiten trauten einander Lügen bzw. unverantwortliche Unterlassungen zu.

Woher aber die Bezeichnung *Burgenlandverräter?* Darüber gibt die Badener Wacht folgende Auskunft: Kollmann habe der ungarischen Zeitung ,8-Orai-Ujság', einem Organ der Horthy-Regierung, ein Interview gegeben, in welchem er die immer noch bestehenden ungarischen Forderungen auf das Burgenland unterstützt und dessen Abtrennung von Ungarn als Ungerechtigkeit, ja als *Gemeinheit* bezeichnet habe. Dies sei um 6 Uhr früh in der „Schwemme" des Hotels „Stadt Wien" geschehen. Es ist klar, daß damit der Vorwurf der Trunkenheit erhoben wurde. Zielgruppe der Information waren die großdeutschen Wähler

[91] BZ 1927, Nr. 33, S. 1. – BW. 1927, Nr. 15, S. 1. – Helmer in: Festschrift S. 11.

Kollmanns, die davon abgehalten werden sollten, bei den Wahlen vom 24. April 1927 die Einheitsfront von Christlichsozialen, Großdeutschen und sogar Nationalsozialisten (!) zu unterstützen.[92] Folgerichtig war nach der Wahl auf keiner Seite mehr die Rede davon. Die Weigerung der Sozialdemokraten, Kollmann wiederzuwählen, und die Tirade des Dr. Justitz waren Teile einer verschärften Kampagne, die sich auf den *diktatorischen Führungsstil* Kollmanns

Kurbetrieb – Die Ruine Rauhenstein (gemeint: die Baracke VII) – *Die Spitalschande. Das rückständigste Krankenhaus Niederösterreichs – Skandalöse Paschawirtschaft* usw.[93]

Das Schützendörfl

Das Stiefkind Wohnungswesen erfuhr mit der Zeit doch mehr Beachtung, als es die permanente und nicht ganz unbegründete Pauschalkritik der Opposition erkennen ließ. Aktiv wurde Kollmann

Die Rohrfeldsiedlung (1928?)

einschoß, der angeblich nicht nur auf den politischen Gegner, sondern auch auf eigene Parteifreunde keine Rücksicht nehme. Die Kampagne begann schon im Jänner 1926: Kollmann habe mit dem Schuldenmachen zu spät angefangen! Im Oktober und November 1926 brachte die Badener Wacht eine vierteilige Artikelserie: *Der Weltkurort Baden im Lichte der Wahrheit!* Die Schlagzeilen sprechen für sich: *Die Barackenwohnungen eine große sanitäre Gefahr für den*

bald nach Fertigstellung des Strandbads und synchron mit anderen Projekten und Belastungen. Man muß natürlich davon ausgehen, daß die Sozialdemokraten seit je der Anschauung waren, daß Bauen mit öffentlichen Geldern geschehen müsse und nicht mit privaten, wie die bürgerlichen Parteien meinten. Gerade dieses letztere wurde nun in Angriff genommen.
In der Sitzung des Gemeinderates am 27. März 1927 brachte Kollmann eine

[92] Extraausgabe der BW v. 23. 4. 1927.

[93] BW 1926, Nr. 41–46.

Liste von Maßnahmen zur Verlesung, mit denen der Gemüsebauverein auf den Rohrfeldgründen unterstützt werden sollte. Dieser Verein legte nämlich ein Projekt vor, nach dem die nicht angebaute Fläche an bauwillige Besitzer verkauft werden sollte, damals auch für viele Wohlhabende ein ans Unmögliche grenzendes Vorhaben. Da sprang die Gemeinde ein: Randsteintrottoir; Hausanschlüsse für Wasserleitung und Kanalisation; Erlaß der Kommissionierungskosten für jene Objekte, die innerhalb von drei Jahren vollendet werden; Lieferung von städtischem Bausand (gegen Ersatz der Förderungskosten); Bereitstellung eines acht Monate zinsenfrei bleibenden Kredits von S 87.000,– für Kredite an bauwillige Bewerber; die Sparkasse sollte die Häuser nach Ablauf der acht Monate mit 60 Prozent belehnen, wobei die Gemeinde für ein Drittel der Belehnungssumme die Ausfallshaftung übernahm.[94] *„Schützendörfl"* nannte man die neue Siedlung, aber es ist kein Dorf, noch weniger ein Dörfel, sondern eine Cottage-Anlage, eine Villen-Vorstadt Badens, der man mit vollem Recht den Namen des Gründers geben sollte: „Kollmann-Vorstadt".* Insgesamt sollte sie an die 300 Häuser zählen.[95] Allerdings beklagte man ein Jahr später das Platzgreifen von spekulativen Weiterverkäufen und bestand bei den weiteren Projekten (bei den Zandominici- bzw. Fahnler- und Melkergründen) auf einer entsprechenden Klausel.[96] Der „alten" Siedlung (Westgrenze Rohrfeldgasse) wurde eine neue Siedlung hinzugefügt (Westgrenze Klesheimstraße). 1930 trat ein Rückgang

ein, da die Siedlungsbegünstigungen sich später auch auf andere Gegenden des Stadtgebietes erstreckten. 1931 waren 141 Häuser mit 252 Wohnungen fertig. Zeiner und Josef Fischer nennen in summa 321 fertiggestellte Häuser und 642 Wohnungen.[97]

Wie schon früher erwähnt, kritisierte in der Frage der Straßenbenennung auf den Rohrfeldgründen Dr. Trenner das *diktatorische* Vorgehen des Bürgermeisters. Er wollte Straßennamen, die an *die abgesprengten Deutschen* in Sudetenland und Südtirol erinnern *(es wird nicht gleich ein Einmarsch der Tschechen und Italiener erfolgen, die den Bürgermeister gefangen nehmen).* Kollmann bezeichnete das als leere Demonstrationen, mit denen *wir unseren Stammesgenossen* keine Hilfe bringen. Der Sozialdemokrat Jorgo beklagte die Benennungen nach unbedeutenden Mitgliedern des Habsburgerhauses und forderte mehr Straßennamen, die dem Anspruch Badens auf den Ehrentitel eines *Weimar von Österreich* gerecht würden. Als Beispiel nannte er die Schubertgasse, die man (niemand konnte ihm da widersprechen) nur mit großer Ortskenntnis finden könne. Der Nationalsozialist Schmid forderte, daß man eine Straße nach Josef Kraupa benennen solle. Kollmann verteidigte seine autoritär verfügte Liste von Lokalpolitikern, bekannte sich überdies zum Nützlichkeitsprinzip, was Straßennamen anging. Er wolle die Namen der Erzherzöge und Erzherzoginnen nicht ändern, weil sie die Weikersdorfer früher so haben wollten. Das Ganze war überdies – hier nur am Rande vermerkt – einer jener mit beißendem Witz und Ironie

[94] Prot. 29. 3. 1927, S. 4 f.

[95] Ernst Zeiner (*Die Kollmann-Vorstadt auf den Rohrfeldgründen*) in: Festschrift S. 49 f.

[96] Prot. 29. 11. 1928.

[97] Festschrift S. 54 u. 67.

gewürzten Schlagabtäusche zwischen den beiden Bürgermeistern, die sich in den Gemeinderatssitzungen während fast der gesamten Amtszeit bis 1938 abspielten, durchaus amikal in der Form, dennoch substantiell in den Aussagen, insbesondere des Altbürgermeisters, der sich nie ein Blatt vor den Mund nahm.[98]

Bei den neuen Namen wurden Badener Gemeindepolitiker geehrt, Rudolf Zöllner, Franz Gehrer und Isidor Trauzl; eine Straße wurde nach dem in Baden verstorbenen Komponisten Wenzel Müller benannt. Die übrigen Namen beziehen sich auf natürliche Gegebenheiten und auf die seit 1882 hier befindliche Schießstätte (Schießgraben, Schützengasse).[99]

Als Mittel der Bundes-Wohnbauförderung zur Debatte standen, forderte Kollmann eine Zuteilung solcher Mittel an Baden mit der Begründung, daß immer noch 132 Familien in 14 Baracken wohnten, deren Lebensdauer eigentlich 1922 zu Ende war,[100] daß 4000 Personen zugewandert seien. Die Antwort des Bundesministeriums für soziale Verwaltung war abschlägig.

Der Beethoventempel

1927 war ein Beethovenjahr; die Wiederkehr von Beethovens hundertstem Todestag wurde mit außergewöhnlicher Festlichkeit begangen. Die künstlerische Prominenz Wiens nahm teil; in den zwanziger Jahren war sie ohnehin bei jeder Gelegenheit in Baden präsent. Am 27. März fand im Beethovenhaus in der Rathausgasse eine Gedenkfeier statt, auf die die Eröffnung einer Ausstellung folgte. Am 30. April gab es einen feierlichen „Fidelio" im Stadttheater zur Beendigung der Winterspielzeit – und gleichzeitig der Direktionsära von Juhacs. Am 19. Juni, dem Fronleichnamstag, spielten die Philharmoniker unter Franz Schalk die 9. Symphonie. Am gleichen Tag wurde das Beethoven-Denkmal von Hans Mauer vor dem Sauerhof enthüllt. Indessen hatte man die Löwenstein-Villa ausgestaltet und dort am 14. Juni eine Kunstausstellung eröffnet. Der Kurpark war um die ehemaligen Löwenstein-Gründe erweitert worden. Die notwendigen Mittel hatte übrigens die Kurkommission bewilligt, die von Bürgermeister Kollmann zunehmend als Partner neben dem Gemeinderat herangezogen wurde – ganz im Gegensatz zu der beinahe verächtlichen Art, mit der Kollmann in früheren Zeiten von dieser Institution gesprochen hatte. Der Bürgermeister gab hier wie dort als Vorsitzender die entscheidenden Direktiven, verschob die Gelder in der jeweiligen Eigenschaft, vergab quasi an sich selbst Subventionen, ohne daß die gesetzlich vorgeschriebene Form verletzt wurde.

Am 24. September 1925 gab man dort das Signal für den Stadtgartendirektor Josef Krupka, der sogleich daran ging, auf dem Gelände der Villa die eindrucksvollen Glashäuser zu bauen und ein Plateau zu schaffen. Von diesem „Bellevue" genannten Aussichtspunkt konnte man den Blick auf die Stadt und weithin ins ebene Land genießen. Dorthin sollte nun ein Stiegenaufgang samt Aussichtspavillon geschaffen werden, der zum Andenken an den Tonheroen, wie man damals gerne sagte, Beethoven-Warte heißen sollte. Sehr bald wurde daraus der Beet-

[98] Es lief immer auf einen Vergleich der beiden Amtsführungen hinaus: Ich werde den Bürgermeister nicht bessern, er hat von mir verschiedenes gelernt, ich aber auch von ihm. Zum Beispiel, daß unter Trenner (fast) jeden Montag eine Gemeinderatssitzung stattfand, unter Kollmann seltener, dafür mit überlangen Tagesordnungen (Prot. 26. 6. 1929, S. 13 ff.).

[99] Prot. 26. 6. 1929, S. 13 ff.

[100] Man erinnere sich an die beinahe feurige Fürsprache, die er der Barackensiedlung in diesem Jahr angedeihen ließ!

hoven-Tempel, den wir uns heute nicht mehr wegdenken können.

Damals war das anders. *Von unten schaut er ganz gut aus, aber von oben ist der Kasten direkt ein Hindernis für die Aussicht ... vielleicht (hätte) eine kleinere Anlage, ein zierlicherer Pavillon auch genügt,* so der Gemeinderat Dr. Trenner im Dezember 1927. Aber er gibt zu, daß er *stilistisch vollkommen rein und schön ausgeführt* ist. Nur wäre ihm lieber, wenn das Geld, fast eine Milliarde, für eine wintertaugliche gedeckte Schwimmhalle, sein Steckenpferdprojekt, ausgegeben worden wäre.[101] Die Kommission hatte sich für den von Luksch vorgelegten Entwurf entschieden. Der Auftrag sah die Ausmalung der Decke nach Motiven der 9. Symphonie vor, die der Maler Hans Lukesch[102] in der Zeit von sieben Monaten bewältigte. Das heroische Motiv des an den Felsen geschmiedeten Prometheus diente als allegorisches Sinnbild für das über die widrigen Schicksalsmächte siegreiche (von der Siegesgöttin Nike bekränzte) Genie. Franz Vock fügte die Lebendmaske Beethovens aus Marmor hinzu.[103]

Aber wie eine Bauphase häufig erst abbricht, nachdem sie auch noch das Undurchführbare geplant hat, dachte man 1929 daran, das Plateau hinter dem Beethoven-Tempel durch einen 40 m hohen Aussichtsturm zu verbauen. Er sollte auf einer Halle stehen, die man – so zumindest die Überlegungen des Architekten Hans Lörl – mit den Darstellungen berühmter Badener oder auch einem Gefallenendenkmal ausstatten wollte.[104] Etwas realistischer klingt die Absicht, ein Kurhotel zu bauen, das sich hufeisenförmig zwischen dem Kurhaus und der Menotti-Villa erstrecken sollte und das Lörl bis in alle Einzelheiten in der Badener Zeitung beschrieb[105]. Doch alle diese Projekte lösten sich in der Krise der dreißiger Jahre in Nichts auf.

Die Trinkhalle: 1927/28

Schon seit 1922 verfolgte Kollmann einen Lieblingsgedanken, die ärztlich verordnete Trinkkur. Diese Überlegungen trug er dem Gemeinderat am 8. Oktober 1927 vor. Zwar wurde das Badener Heilwasser in großen Mengen getrunken, so z. B. an der Marienquelle, aber es fehlte die wissenschaftliche Grundlegung, die nur durch die ärztliche Verordnungspflicht geliefert werden konnte. Wer konnte sagen, welche der Quellen die geeignetste für welches Leiden war? Die richtigen Antworten erst würden Baden berechtigen, sich das *Karlsbad Österreichs* zu nennen. Und dazu sollte eine Trink-Wandelbahn oder -halle (wie es dann in der Ausschreibung hieß) dienen.[106]

Wieder erstaunt uns die Schnelligkeit der Umsetzung, obwohl es auch hier keineswegs ohne Meinungsverschiedenheiten abging. Am 31. Oktober 1927 trat zum ersten Mal das einschlägige Komitee zusammen, bestehend aus 20 Herren, etwa denselben, die das Strandbadkomitee bildeten. Das Projekt wurde ausgeschrieben, S 2000,– sollte der Gewinner des ersten Preises bekommen. Baudirektor Hofer erläuterte die Bedingungen: Gemäß dem Antrag des Bürgermeisters war mit der Zuerkennung eines Preises noch keine Auftragsvergabe verbunden. Die Halle sollte nach mindestens drei

[101] BZ Nr. 102, S. 2.

[102] 1867–1936. Er malte 1926 auch das Fresko in der Vorhalle des Thermalbades in Vöslau (Kunsttopographie V, 1911. – Vgl. die Selbstdeutung des Künstlers in Fleischmann S. 50f).

[103] Perko, Der Bildhauer Franz Vock, 1998, S. 23.

[104] BZ 1929, S. 55, S. 2f.

[105] Ebd.

[106] Prot. 8. 10. 1927.

Seiten schließbar sein. Eine getrennte In-halationskammer sollte 20 qm, eine Gur-gelhalle 50 qm groß sein. Der Musikpavil-lon sollte für 30 Mann berechnet sein. Die übrigen Komiteemitglieder brachten so-fort vorschnelle Änderungsvorschläge: *zu klein, zu groß* etc.; Werba schlug vor, einen drehbaren Musikpavillon wie in Kissingen zu bauen.[107]

108 Entwürfe wurden daraufhin einge-sendet. Die Preise gingen an Josef Ber-ger und Martin Ziegler („*Rondo*"), Ernst Lichtblau („*Perle Badens*") und Ernst Schreiber („*Mittelstütze*"). Ausgeführt wurde jedoch keiner davon, sondern die *Ecklösung* des Bauamtes, sprich des Stadtbaumeisters Johann Rappold. Die Ablehnung aller Entwürfe bewirkte eine Protestanfrage des Zentralvereins der Architekten, der mit einer unfreundlichen Thematisierung der Angelegenheit in Wiener Blättern drohte. Außerdem wur-den alle preisgekrönten und ausge-zeichneten Entwürfe in der Architektur-Zeitschrift „Die Bau- und Werkkunst" ver-öffentlicht.[108]

Da der stadteigene Entwurf gewählt worden war – man spürt die ordnende Hand Kollmanns –, wurde nun über jede Einzelheit extra abgestimmt (was

[107] I. Protokoll zum Bau der Trink-Wandelbahn im Stadtpark am 31. 10. 1928.

[108] Die Bau- und Werkkunst, München, Jänner 1928, S. 112–120.

[109] V. Prot., 14. 1. 1928.

[110] VI. Prot., 20. 1. 1928.

[111] BZ 1928, Nr. 10, S. 1. – Von den Komiteemitgliedern Schulz und Gleichweit war ursprünglich Wilhelm Luksch als Architekt vorgeschlagen worden. Dieser trat aber zurück, weil *von übelgesinnten Elementen* das Gerücht verbreitet worden sei, er hätte sich vordrängen und Kollegen schädigen wollen.

[112] BZ 1928, Nr. 3, S. 2.

[113] BZ 1928, Nr. 3, S. 2.

*Die Trinkhalle:
Die Musikestrade in der
Wandelhalle*

jedem rein künstlerisch denkenden Gesamtvotum entgegenarbeitete): Grundriß, Sechseckform des Orchesters, Wandelbahn (Säulenbau), Musikpavillon mit Türmchen, Ausmaße der Terrasse. Zur Durchführung hieß es: *Pläne über Architektur hat das Bauamt von Fall zu Fall vorzulegen und diese werden ausser vom Bauamt noch durch einen hiezu bestimmten Architekten geprüft werden.*[109] Der Architekt, der sich auf diese Bedingungen einließ, war der Badener Josef Fischer. Auch er mußte die Detailpläne von Fall zu Fall dem Komitee vorlegen.[110] Der Vorplatz, das populäre, zum Flanieren einladende *Abbazia,* das manche durch Verbauung gefährdet sahen, wurde von Josef Krupka gestaltet.[111]

Die Kurkommission setzte nun das leicht veränderte Baukomitee ein und kooptierte die Herren Sukfüll, Legenstein, Prokopp und Dr. Möstl. Außerdem griff sie die Anregung des Drogisten M. Wallace auf, die bekannte *Blumenuhr, auf einem frequenten Platz* innerhalb des Kurparkes zu gestalten.[112]

Zwischen 20. und 28. Jänner unternahm Kollmann eine Studienreise nach Reichenhall, konnte aber von dort nur berichten, daß nichts *großzügiges und modernes,* keine *für uns maßgebende Badeeinrichtungsart* dort zu finden sei.[113]

Die von Arch. Fischer mehrmals geänderten Skizzen machten auf das Komitee einen eher ungünstigen Eindruck, besonders wegen des eklatanten Stilbruchs angesichts des benachbarten

Die Trink- und Wandelhalle.

Kurhauses.[114] Ein Modell mußte angefertigt und bezahlt werden.[115] Am 7. Februar jedoch verlangte Kollmann dezidiert, daß die Pläne ausgeführt werden sollten, *wie sie sind*. Das Protokoll vermeldet Zustimmung.[116] Das zu verwendende Material hatte sich Kollmann selbst in Wien angesehen. Mit Travertin war er nicht einverstanden: Baden kann sich kein *Edelmaterial* leisten, ausgenommen beim Trinkbrunnen.[117]

Im Juli streikten eine Woche lang die 120 Bauarbeiter, da sie sich mit einem entlassenen Betriebsrat solidarisch erklärten. Ob dies der wahre Grund war, läßt sich aus Darstellung und Gegendarstellung der Zeitungen nicht erkennen. Angeblich hätten die vertraglich festgelegten Lohnzahlungen gestockt. Kollmann erklärte sich für nicht zuständig, meinte aber gleichzeitig, das Ganze sei offenbar ein Mißverständnis und der Betriebsrat sei gar nicht entlassen worden.[118]

Am 22. November 1928 standen in der „Bäderbausitzung" die bisherigen und noch voraussichtlichen Kosten auf der Tagesordnung. Es ergab sich eine Gesamtsumme von S 1,367.005,–; mit den zusätzlichen Kosten der Darlehensbeschaffung und der „Interkalarien" wurde die (im Original) abgerundete Summe von 1,5 Millionen Schilling angenommen.[119] Wie sehr die Kooperationsbereitschaft der Sozialdemokraten strapaziert wurde, beweist ein geharnischter Protest ihrer Fraktion in der Badener Wacht: Die Sitzung am 15. Februar war wieder einmal zu knapp einberufen worden: *Es erhellt daraus, daß der Gemeindeausschuß uninformiert nur zu dem Zweck*

vom Bürgermeister einberufen wurde, um ihm die gesetzliche Handhabe zur Aufnahme eines Darlehens und zur Regelung der Anleihen zu geben. Das Blatt fragt, *ob es überhaupt noch einen Wert hat, in diesem Gemeinderat mitzuwirken.* Es ging u. a. um 750.000,– S für die Trinkhalle, für die ursprünglich 500.000 bis 600.000,– S bemessen waren. Die Gemeinderatsmitglieder hätten kaum 24 Stunden Zeit gehabt, sich vorzubereiten. Die Einberufung zu einer Sitzung müsse aber gesetzlich mindestens drei Tage vorher erfolgen.[120]

Noch fehlte etwas: Eine Figur, die Bildhauer Franz Vock auf vorhandenem Sockel aufstellen sollte. Nach einer Debatte wurde beschlossen, zwei Modelle anfertigen zu lassen, *von welchem das eine nach dem vorgelegten kleinen Modell, das andere mit derselben Figur, aber teilweise bekleidet auszuführen ist. Nach Besichtigung dieser Modelle wird die Entscheidung getroffen werden.*[121] So entstand die bekannte Statue der Hygieia, der griechischen Göttin der Gesundheit.[122] Man wollte offenbar nichts dem „Zufall" künstlerischer Eingebung überlassen, sondern setzte stattdessen auf eine Mehrheitsentscheidung (die in den meisten Fällen eine Entscheidung pro Kollmann war!). Und doch wurde schließlich die Trinkhalle, wohl mit Recht, *ein Meisterwerk, ... der repräsentative Bau des Heilbades* genannt.[123]

Es gab natürlich auch Kritik. Trenner kritisierte die sündteure Innenausführung, die den Baupreis verdoppelt habe. Wie hätte ihn der damalige Gemeinderat Kollmann *vermöbelt bei einer solchen ungenehmigten* (!) Kostenüberschrei-

[114] Kommissionelle Begehung des Baufeldes am 2. 2. 1928.

[115] VIII. Prot., 4. 2.

[116] IX. Prot., 7. 2.

[117] 14. Prot., 26. 3. 1928.

[118] BZ Nr. 62, S. 2f. – Dagegen BW. Nr. 30, S. 2.

[119] Prot. 22. 11. 1928.

[120] BW. 1928, Nr. 8, S. 3.

[121] Prot. 22. 11. 1928.

[122] Perko, Der Bildhauer, S. 23.

[123] Holzer in: Festschrift S. 83.

tung, wenn der Bau 15 Jahre früher (in seiner, Trenners, Amtszeit) gebaut worden wäre. Vor allem aber konnte er sich nicht zurückhalten, noch einmal auf einem Punkt zu bestehen: Der Architekt des Kurhauses (Faßbender) kann von Glück reden, daß er nicht mehr lebt, er wäre vor Kränkung gestorben, wenn er es erlebt hätte, daß sein Lebenswerk so verschandelt worden ist. Die Trinkhalle sei zwar eine Zierde der Stadt, werde aber bei Berücksichtigung der Verzinsung, Amortisation und Betriebskosten ein nicht oder wenig rentables Objekt für die Gemeinde bleiben.[124]

Indessen war die Trinkhalle am 30. September mit noch mehr Festlichkeit eröffnet worden als das Thermalstrandbad ein Jahr vorher. Der Bürgermeister rief die Bevölkerung auf, die Häuser zu beflaggen und mit Blumen zu schmücken. Die Anwesenheit des Bundespräsidenten war versprochen. Es kamen der Heeresminister Vaugoin und der Landeshauptmann Buresch. Danach wurde der Eintritt für alle frei gegeben. Was sie bewundernd sahen, war die vornehme Architektur der Wandelhalle und eine Gruppierung von Räumen um die eigentliche Trinkhalle, einen kreisförmigen Raum mit 12 Metern Durchmesser. Eine Gedenkhalle war der „Ursprungsquelle" gewidmet; sie verwies auf die beiden römischen Legionen, die X. und die XIV., die hier noch immer die Autorität des römischen Reiches in seiner Blütezeit ausstrahlten.

Unter dem Titel *Ein Morgenstündchen in der Trinkhalle* erschien ein Text der Star-Feuilletonistin der Badener Zeitung Thusnelda Calliano, der das Atmosphärische gekonnt abbildet und gleichzeitig auf die Werbewirkung nicht vergißt, ein Werbeplakat aus niveauvoll geschöntem Text. *Grau schummert der Novembertag durch die hohen Fenster des neuen Baues. Drinnen aber ist es urgemütlich. In der lichtgetäfelten Orchesternische feiern Wiesmanns Mannen ihre musikalische Morgenandacht. Ihre Gemeinde füllt die Sesselreihen, durch überlebensgroße Spiegel ins Unendliche erstreckt. – Im hohen Kuppelsaale reges Leben. Die beiden Brunnenmaiden, halb Stubenkätzchen, halb Krankenschwester, und die Freundlichkeit und die Geduld beider Berufe vereinigend, haben zu tun. Es sind ihrer genug da, die sich ein Glas Therme vor dem Gabelfrühstück vergönnen.*[125] In der Wiener Medizinischen Wochenschrift schrieb Oberstadtarzt Dr. Emil Raab über Trinkkuren mit Badener Schwefelwasser, ihre Wirkungen und die mehr oder weniger gefestigten Meinungen der Wissenschaftler hierzu; auch darüber, daß man sich wegen der Säure des Weingenusses enthalten müsse. Nicht zu leugnen sei freilich der anhaltende Rückgang der Trinkkuren in den letzten Jahren, verursacht durch den sachlich begründeten, doch unbeliebten ärztlichen Verordnungszwang.[126]

Kollmann-Euphorie: 1928–30

Der Kulminationspunkt der Karriere Kollmanns als Bürgermeister und Gestalter Badens schien erreicht. Viel mehr war mit den vorhandenen Mineralquellen nicht mehr zu machen, die Grenzen der Verwertungsmöglichkeiten waren erreicht. Die Idee eines „Zentralbades", vom Arzt Dr. Justitz 1929 ins Spiel ge-

[124] Prot. 29. 11. 1928.

[125] BZ 7. 11. 1928, S. 2. – ‚Baden bei Wien'. Sonderdruck aus: Das österreichische Bauwesen, Sommer 1928, S. 10 (Grundriß der Trink- und Wandelhalle).

[126] E. Raab: Über Trinkkuren mit Badener Schwefelwasser, in: Wiener Medizinische Wochenschrift, 78. Jg./1928, S. 57f. – E. Raab und Dr. W. Rosenbaum: Über die Wirkung des Badener Thermalwassers auf die Darmfunktion Gesunder, a. a. O. S. 57f.

bracht, um die unrentable und veraltete Kuranstalt loszuwerden, blieb, was sie war, eine Idee.[127] Auch der Gedanke eines Freilichttheaters vor dem Kurhaus und der Trinkhalle brachte es nicht über das Stadium eines verlockenden Einfalls hinaus.[128]

Im August machte Kollmann drei Wochen Urlaub in Deutschland. Im Herbst galt es, den 60. Geburtstag zu feiern. Wie beim Fest der Silberhochzeit 1924 feierte die Stadt mit. *Dies ist ein Tag, an dem die Stadt sich freut ...*, begann Friederike Rupprecht auf der Titelseite der Badener Zeitung ihr melodisches Festgedicht.[129]

Der 60. Geburtstag ist schon ein Zeitpunkt der Rückblicke. Wir wundern uns vielleicht, wie man es damals fertigbrachte, die Zeitprobleme von sich wegzuschieben. Ich hebe einen speziellen Gedankengang der Laudatio eines Unbekannten in der Badener Zeitung heraus, weil er mir geglückt erscheint. Zuerst die Skizzierung der Person: *... und was der kurzgeschorene Kopf an Gehirnarbeit, an Schnelligkeit der Auffassung und Verarbeitung, an Sicherheit der Entschlußkraft leistet, das ist geradezu unheimlich. Die Stimme ist nicht groß, aber hell und weittragend, der Rhythmus der Rede meist abgehackt und umso besser das Wesentliche betonend. Und der Inhalt seiner Reden? Man ist immer wieder erstaunt über die Gewandtheit, mit der im Augenblicke das Richtige zum Ort, zur Stunde, zum Anlasse gesagt, jedes Wort auf die jeweilige Zuhörerschaft berechnet und die Würze, mit der oft die leidigsten Zweckansprachen schmackhaft gemacht werden müssen – der Humor – stets zur Stelle ist.*[130]

Ein ganz besonders willkommener Gratulant war die Deutsche Balneologische Gesellschaft in Berlin. Sie hatte vom 28. März bis zum 1. April ihren diesjährigen Kongreß in der Kurstadt abgehalten. Kollmann hatte zur Begrüßung der Gäste gesagt: *Kaiser Friedrich III. erhebt im Jahre 1480 Baden zur Stadt und gibt ihr das balneologisch und kulturhistorisch so merkwürdige Wappen. Seither entwickelt sich unsere Stadt zum Kurorte erster Größe. Sie wird modern, ohne das Ehrwürdige und Historische zu mißachten und zu zerstören.*[131] Nun stellte sich die Gesellschaft mit einem ganz besonderen Geschenk ein: Sie überreichte Kollmann ihre höchste Auszeichnung, das Diplom der Ehrenmitgliedschaft.[132] Sie ehrte damit das Bekenntnis Kollmanns zur wissenschaftlichen Betreuung des Kurorts, ohne die sein wirtschaftliches Gedeihen nicht sichergestellt sein könne. Diese Ehrung war mehr als eine Titelfrage. Sie bedeutete die erstmalige Auszeichnung eines Nichtmediziners in der 50jährigen Geschichte dieser Gesellschaft. Der Vertreter der österreichischen Balneologischen Gesellschaft schloß sich mit seinen Glückwünschen an. Im festlichen Rahmen seines eigenen Rathauses antwortete Kollmann mit ganz persönlichen Worten: *Einer meiner Jugendträume war die Erreichung einer akademischen Würde. Das Schicksal hat es mir verwehrt; ich habe einen anderen Weg im Leben nehmen müssen. Im Laufe meines Lebens habe ich aber von den Vertretern der akademischen Stände stets*

[127] Prot. 22. 3. 1929.

[128] Kurkommissionssitzung 11. 3. 1929.

[129] BZ 1928, Nr. 84, S. 1.

[130] Ebd., S. 2.

[131] Josef Kollmann: *Zum 43. Balneologenkongreß in Baden 28. März bis 1. April 1928. Begrüßungsworte*, in: Wiener medizinische Wochenschrift 78. Jg./1928, S. 7.

[132] Festschrift S. 73.

431. **1929;** Medaille für J. Kollmann zur fünften Wiederwahl als Bürgermeister,
Silber, Bronze versilbert oder Bronze, Ø 60 mm

MINISTER A.D. NATIONALRAT JOSEF KOLLMANN BÜRGERMEISTER
DER STADT BADEN★;
Kopf nach links;
Signatur: J. PRINZ;
Rs.: ERINNERUNG AN DIE 5. WIEDERWAHL ZUM BÜRGERMEISTER
DER STADT BADEN AM 9. XII. 1929 •;
um Stadtschild von Baden verschiedene Motive der Stadt: Trinkhalle, Kurpark,
Strandbad, Beethovenpavillon

eine so große Unterstützung bei allen meinen Arbeiten erfahren, daß ich mich verpflichtet fühle, allen diesen Vertretern, sei es der Medizin, der Technik oder der Rechtspflege, herzlich zu danken. Die mir heute erwiesene Ehrung erachte ich für die größte Auszeichnung, die mir überhaupt erteilt werden konnte.[133] Im Jänner des folgenden Jahres war Kollmann als Gast beim Balneologischen Kongreß in Berlin.

Auch die Stadt schien in Euphorie zu baden, glaubt man der Badener Zeitung: *Es ist wundersam, wenn man in den Dämmerstunden auf der Höhe des Kalvarienberges stehend, die lieb-vertrauten Sil-* *houetten unseres Badens im Winternebel versinken sieht. Plötzlich, wie mit Zauberkraft entzündet, blinken an allen Ecken und Enden, in allen Winkeln bis weit draußen am Waldrande die freundlichen Lichterketten der Straßenlampen auf!* Mit dieser fast lyrischen Selbstdarstellung war die revolutionäre Straßenbeleuchtung gemeint, die nach intensiver Vorarbeit im Gemeinderat flächendeckend eingeführt worden war und als erste und einzige Stadt Österreichs eine Fernzündung hatte. Überhaupt: die Gemeinsamkeit und Gemeinnützigkeit der Arbeit der Gemeindeväter wurde betont. Diese dehnte sich bis zur Darlehensfrage aus:

Vom Schuldenmachen könne man nicht sprechen. Denn den Darlehen, welche die respektable Summe von 52 Milliarden ausmachten, und einem Schuldenstand von 120 Milliarden Kronen standen reale, wenn auch nur zum Teil ertragsfähige Werte gegenüber. Baden habe mit 20 % die niedrigste Gemeindeumlage; sie mache pro Kopf der Bevölkerung kaum zwei Schilling aus. Nachdem auch von der Siedlungsaktion (behagliche Giebelhäuschen mit netten Gärten, saubere Gardinen hinter blanken Fenstern, der Begriff „Vaterhaus" wurde damit in Zusammenhang gebracht) die Rede war, tauchen die grauen und unerfreulichen Silhouetten der Spitalsbaracken auf, vor der die hier gezeigte optimistische Sicht dann wieder kapituliert.[134] Für die oben genannten zwölf Millionen Schilling Schulden sind jährlich ca. 950.000,– Schilling an Zinsen zu leisten, größtenteils von städtischen Betrieben und nicht aus dem Verwaltungsaufwand. Wie jedermann wußte, waren (und sind) die Badener in der glücklichen Lage, viele Einnahmen auf die Kurgäste überwälzen zu können und die einheimische Bevölkerung nicht übermäßig belasten zu müssen.

Jubiläen finden in der unerbittlichen Reihenfolge des Kalenders statt. So folgte auf den 60. Geburtstag der 10. Jahrestag der ersten Bürgermeisterwahl, ungefähr zur gleichen Zeit der 25. Jahrestag der Zugehörigkeit zum Gemeinderat, der von der christlichsozialen Partei begangen wurde.

Vom sogenannten „Kollmann-Konzert" am 16. Juni 1929 sei hier eine Strophe des Festspruchs von Hans Kronberger eingeschaltet, der (meiner Meinung nach) die herrschende Stimmung in Sprache umsetzt – das trotz der Einfachheit der Worte üppige Festefeiern einerseits, die Überparteilichkeit kultureller Veranstaltungen anderseits, die sich besonders ein Kurort (noch) leisten konnte. Noch war es die – sogenannte – Glanzzeit der Ersten Republik, in der man auf erfolgreichen Wirtschaftsliberalismus setzte.

Was er in uns'rer schönen Stadt geschaffen, dem einen paßt's, den andern paßt es nicht.
Denn immer wird ein Riß im Leben klaffen, wo Meinung mit des andern Meinung ficht.
Das liegt uns fern. Der Sänger senkt die Waffen,
denn unser ist die Kunst, nicht das Gericht ... [135]

Badener Zeitungen brachten Bürgermeister-Kollmann-Festnummern heraus und zogen Erfolgsbilanzen für das *Karlsbad des neuen Österreich,* wie die folgende von Kammeramtsrat Rudolf Sigmund:

Für Neubauten und Investitionen wurden insgesamt   *S 7,600.000,–,*
für Ankäufe von Realitäten und Grundstücken   *S 2,300.000,–,*
für Siedlungszwecke   *S 290.000,–,*
daher zusammen   *S 12,890.000,–, verausgabt.*

Da die Stadtgemeinde Baden nur S 12,030.000 als Darlehen aufgenommen hat, so ergibt sich ein Betrag von

[134] BZ 1928, Nr. 101, S. 1f.

[135] Festspruch von Hans Kronberger, gesprochen am 13. 6. 1929 anläßlich des „Kollmann-Konzertes" zum 10jährigen Bürgermeisterjubiläum (BZ 1929, Nr. 49, S. 1).

S 860.000, (welcher ...) aus laufenden Geldern für Investitionszwecke aufgebracht wurde.

Aus dem eben Gesagten sieht man klar, daß zwar Schulden in der Höhe von rund S 12,030.000,– aufgenommen wurden, jedoch für den gesamten Betrag Gegenwerte vorhanden sind, so daß sich trotz Aufnahme der Darlehen das Gemeindevermögen nicht um einen Groschen verminderte.[136]

Zur Erfolgsbilanz gehörten ferner:

- Pflasterungen (mit Basaltino, Basaltoid, Holzstöckel, Keramit usw.) im Ausmaß von über 60.000 qm (Kostenaufwand 2,250.000,– Schilling) und Gehsteigpflasterungen (S 400.000,–).
- Beleuchtung: In dreijähriger Arbeit wurde in einer Gesamtausdehnung von 30 Kilometern die elektrische Beleuchtung eingeführt. Rund 1000 Lampen mit einer Leuchtkraft von 160.000 Kerzen erhellen die Stadt. Die Arbeiten erfordern 340.000 Schilling. Baden hat um 2,317.000 Schilling Häuser und Grundstücke angekauft (Hötzendorf-Villa, Johannesbad u. a.). Baden besitzt 115 bauliche Objekte.[137]
- Verwaltungsreform: Bürgermeister Kollmann ordnete bereits 1924 die vollständige Reorganisation der städtischen Betriebe und Verwaltungszweige und ihre Zentralisation an. Insbesondere die Umstellung auf die doppelte Buchführung, die *Doppik*, wie Kollmann sie nannte, die nur von zwei Personen gehandhabt wird und ständige Einblicksmöglichkeiten bietet, wurde bei jeder Gelegenheit als mustergültig hergezeigt.[138] Der Rechnungshof überprüfte im November 1930 sechs Wochen hindurch das reorganisierte und zentralisierte Verrechnungswesen der Stadt und befand es in bester Ordnung.

Die Wiener ‚Reichspost‘ vom 6. Juli 1929 schrieb: *Vor Jahren hatte Mödling seinen Schöffel ... Aus der Mödlinger Sprache in die Badener Sprache übersetzt, heißt das: Baden hat seinen Kollmann. Nicht den Finanzminister a. D. Kollmann, nicht den Herrn Bürgermeister Kollmann, nein – seinen Kollmann.*

1930 gab es den letzten und spektakulärsten der Höhepunkte, die Stadtjubiläumsfeier. Es war der passende Augenblick für den Bundespräsidenten, auf die glanzvollste Art die Verdienste des Gemeindepolitikers zu ehren: Am Jahrestage der Stadtgründung 1480, dem 5. Juli, bekam Kollmann das Große Goldene Ehrenzeichen mit dem Stern.[139]

An diesem Tag inszenierte der Historiker Dr. Josef Kraupp, Professor am Gymnasium, Kustos des Rollettmuseums, zusammen mit dem Stadtarchivar Dr. Reinöhl einen Festzug, der dem staunenden Publikum in 16 szenischen Bildern die Stadtgeschichte nahebrachte, von den Römern bis zur Biedermeierzeit. Einem alten Fehlverhalten der Geschichtslehrer folgend, wich er der umstrittenen „Zeitgeschichte" aus, zu der damals die Geschichte der letzten Habsburger und der Erste Weltkrieg gehörte.[140]

Der historische Festzug im Juli wurde gefolgt von einer noch höherwertigen Veranstaltung im September, der Stadtjubiläumsausstellung in der Weilburg. Hunderte von Ausstellern meldeten sich

[136] BVb. 1929, Nr. 28, S. 3.

[137] Ebd., S. 2.

[138] Ebd. – So auch bei der Tagung des Städtebundes, die im März 1931 hier in Baden stattfand.

[139] BZ Nr. 55, S. 2.

[140] BZ Nr. 55 u. 56. – Österreichische Illustrierte Zeitung 40. Jg./1930, Heft 29, S. 9–12. – Die 10. Kunstausstellung in Baden, S. 13f.

schon im Frühjahr, um diese Kopie der Wiener Frühjahrsmesse mitzugestalten, nicht nur reichbemittelte Unternehmer, auch einfache Handwerker, Landwirte, Hauer, Gärtner, Kleintierzüchter. *In prägnanter Kürze umschreibt es* (d. h. das Wort „Ausstellung") *den Begriff des Sehenswerten und Besonderen, des Neuesten, deutet auf Meister- und Musterleistungen, klingt an den Grundakkord unserer Zeit „zweckbetonte Sachlichkeit – Schönheit – Qualität"* – so läßt Robert Holzer den Zeitgeist formelhaft zu Worte kommen.[141] Fügen wir hinzu: den leider nur zu raschlebigen Zeitgeist. Die Geschichte strafte den Ausstellungsoptimismus, den wir so gut nachempfinden können, sehr bald Lügen.

Zum zehnjährigen Jubiläum der ersten Gemeinderatswahl mit allgemeinem, gleichem Wahlrecht (1929) wollte der Gemeinderat karitativ tätig werden. Man hatte die Idee, den Bürgerspitalsfonds, der einst über 187.000 Goldkronen Barvermögen und zwei Häuser verfügt hatte und durch Bürger-Ernennungstaxen laufend vermehrt worden war, wieder aufleben zu lassen. Sulzenbacher stellte den entsprechenden Antrag, doch über Wunsch Kollmanns. Da der Bürgerspitalsfonds durch Geldentwertung nullifiziert war, sollte der Kollmann-Fonds (8300,– S) zur Fundierung verwendet werden – als gemeinnützige Stiftung, die auch weiter aus dem Gemeindebudget regelmäßig dotiert wer-

[141] Festbeilage der BZ, 20. 9. 1930, S. 6. – Ein Beispiel: Allein in der Hauptgruppe Land- und Forstwirtschaft waren 200 Aussteller eingeladen!

den sollte.[142] Niemand konnte wissen, daß die wenigen Worte, die über dieses Thema gesprochen wurden, elf Jahre später über Kollmanns Schicksal in der Nazidiktatur mitentscheiden sollten.

Der Rhetoriker (II. Teil)

Es will mir scheinen, daß sich Kollmanns Schlagfertigkeit und Eloquenz weiterentwickelt hatten. Ich verletze nun die Regeln der Chronologie und wähle Beispiele aus der gesamten Bürgermeisterzeit Kollmanns.

(Wem gehört die Gemeinde?) Als der sozialdemokratische Gemeinderat Leitner die Verwaltung der Gemeinde als faktisches Privateigentum des Bürgermeisters bezeichnete und unter allgemeiner Heiterkeit sagte: *Es wäre vielleicht die Aufschrift am Platze: Stadtgemeinde Baden, Firmen-Alleininhaber Josef Kollmann,* erklärte Kollmann trocken: *Das wäre gar nicht dumm.*[143]

[142] Prot. 26. 6. 1929, S. 48 ff. – BZ Nr. 53, S. 1 u. Nr. 57, S. 1.
[143] Prot. 30. 7. 1931, S. 37.

Die Jubiläumsausstellung in der Weilburg. Zeichnung

(Zum Stenographen:) *Bitte stenographieren Sie nicht mit, sonst schadet der Leitner dem Kurort mehr als er will.*[144]

(Über die Nachkriegszeit, von den Sozialdemokraten:) *(...) sie hätten mich mit nassen Fetzen auswischen können, sie waren so groß, dass sie geglaubt haben, alles erreichen zu können.*[145]

(Während er seine hochfliegenden Bäderpläne diskutiert, zum jüdischen Gemeinderat Leitner:) *Jetzt könnt ich Sie als Prophet brauchen.*[146]

(Über natürliche Farben:) *Was die Farbe der Milch anlangt, so ist es Gott sei Dank so, unter den Kühen, dass es bei diesen noch keine Christlichsozialen, Sozialdemokraten und Großdeutschen gibt; daher bleibt die Milch immer eine Kuhmilch und ist weiss, und wenn sie diese Farbe verliert, ist sie bösartig.*[147]

(Werbung für Baden:) *Baden kann noch so schön sein, wenn die Leute hier nichts zu essen und zu trinken bekommen, dann sagen sie „behüt dich Gott" (in der bekannten Dialektform).*[148]

(Was kostet das Reden?) *Dr. Justitz: Ich will einige Worte sprechen, selbst auf die Gefahr hin, dass ich die Debatte kostspielig mache. ... Kollmann: Dr. Justitz hat angespielt auf die Kostspieligkeit des Redens. Er hat vollkommen Recht, das Reden kostet Geld, weil wir einen Stenographen hier haben, welcher nach der Zeit bezahlt wird. (Ruf: Jeder soll sich seine Rede selbst zahlen.) Bgm. Kollmann: Ich bin vollkommen einverstanden. Aber zwei muss man ausnehmen: Der Vorsitzende muss das machen und der Berichterstatter muss auch reden. Aber bei den anderen Rednern habe ich gar nichts dagegen.*[149]

(Körpersprache:) Daß Kollmann sich auch ohne Gebrauch der Sprache mitteilen konnte, zeigt folgende Protokolleintragung: Die Generaldebatte zum Voranschlag 1924 währt bereits 34 Protokollseiten lang – ohne den Bürgermeister, der nur stumm dabeisitzt, weil er *infolge Verkühlung so heiser* ist, *dass er kein lautes Wort hervorzubringen imstande ist.* Dr. Sulzenbacher ist als Vertreter des Bürgermeisters am Wort: *Dr. Justitz (der Redner der sozialdemokratischen Opposition) hat beanständet, ... die Bäder haben keinen Ruheraum. Wir haben solche Räume im Herzogs-, Antons- und Frauenbade. Die Erfahrung zeigt, dass die Inanspruchnahme sehr gering ist. (Dr. Justitz: Weil sie unzulänglich sind.) (Bürgermeister schlägt 2mal auf den Tisch.)* Die Semantik dieser „Aussage" war jedem Anwesenden zweifelsfrei klar.[150]

(An die moralisierenden Kritiker des Strandbades:) *Es gibt viele Männer, die nicht in ein Bad gehen wollen, in dem Frauen baden, und es gibt viele Frauen, die nicht in ein Bad gehen wollen, in dem Männer baden. Wie ist es in unseren Schwefelbädern. Da hat jede Dame mehr Kleidung an als im Ballsaale.*[151]

(Über Sparsamkeit:) *Das ist (zeigt einen langen Rotstift) der Zauberstab! Dieser Rotstift! Ja, meine Herren, sparsam leben lernt man erst dann, wenn das Geld für ein etwas weniger sparsames Leben nicht mehr da ist.*[152]

(Der Verhandlungstaktiker:) *Nun hat mir ein Herr gelegentlich der Kommission in der Spielbank gesagt „Was sagen Sie zu dem Besitzwechsel", ich habe gefragt, „Was für einen Besitzwechsel." „Nun, Fehringer hat seinen Anteil verkauft",*

[144] Prot. 28. 1. 1930, S. 100 (Budgetdebatte).

[145] Prot. 8. 2. 1923, S. 22.

[146] Vrtr. Prot. 16. 6. 1924.

[147] Prot. 15. 7. 1929, S. 39.

[148] Prot. 23. 8. 1923, S. 13f.

[149] Prot. 23. 8. 1923, S. 11.

[150] Prot. 23. 1. 1924, S. 34.

[151] Prot. 21. 12. 1926, S. 30.

[152] Prot. 29. 12. 1932, S. 29f.

sagt der Herr. Ich antwortete „Ich glaube, das ist nicht geschickt." „Er hat ihn sehr gut bezahlt bekommen," sagte dann der Herr. Ich erwiderte: „Das ist geschickt."…[153]

Ich bin morgen bei der Eröffnung des Spielkasinos in Salzburg und ich werde mir dort gestatten, Fehringer *die Sache vorzulegen und trachten, ohne dass ich frage, eine Antwort zu bekommen.*[154]

(Vor Amtsantritt als Finanzminister:) (Ich) *werde mir die Dinge erst, wenn ich im Ministerium bin, gründlich, wie es meine Art ist, ansehen, vor allem wie die Dinge laufen und wie sie liegen … ich kenne keine Herren und keine Herrenmenschen. Wir sind alle in diesem Staate nur dazu da, um zu dienen.*[155]

(Über Demokratie:) *Ich wünsche, dass sie (die Sozialdemokraten) immer unzufrieden mit den Erfolgen der gegnerischen Partei sein mögen. Das ist ja das Geheimnis des Erfolges, dass der Gegner unzufrieden ist.*[156]

Und Kollmann im Urteil des Gegners – durch den sozialdemokratischen GR Sänger erfahren wir einiges über seine „menschlichen Schwächen": *Unser Bürgermeister hat die schlechte Gewohnheit, dass er über die Sperrstunde pokuliert und es heisst dann, die Sperrstunde ist verlängert … Der Wachinspektor setzt sich in die Schank und denkt sich, wir werden unserem Bürgermeister keine Schande machen und schauen, dass wir auch ein Schwippserl*

kriegen. Der Bürgermeister als der Kräftigere hält es noch länger aus, auch bis 7 Uhr früh.[157]

(Desgleichen:) *In unserem Zeitalter der Stellenvergebung nach dem Parteibekenntnis ist es nicht verwunderlich, wenn auch der Wein politisch konsumiert wird. Kollmanns Umgebung findet eben nur christlichsozialen Wein gut und anderen sauer. So fahnlt er denn unentwegt zu Schwabl oder schwabelt zu Fahnler.*[158]

(Desgleichen:) *… der einmal als Graner (= Krainer) nach Baden gekommen ist und jetzt so ein großes Tier geworden ist. … Immer jovial, immer humorvoll und stets darauf bedacht, wie er einem eins auswischen könnte. Voll Bauernschlauheit, versteht er es selbst mit dem Gegner freundschaftlich umzugehen; sieht er jedoch, daß er angegriffen wird oder daß seine Pläne durchkreuzt werden, dann läßt er die Maske fallen und mit brutaler Rücksichtslosigkeit greift er seinen Gegner an, wobei der selbst seine Parteigenossen nicht schont, wenn sie es wagen, seine Wege zu kreuzen. … Sein Wissen ist nicht besonders groß; aber er versteht es, rechtzeitig zu schweigen, um sich keine Blöße zu geben. … gerade die Programmlosigkeit war stets seine schwache Seite. Er lebt in den Tag hinein und läßt die Dinge an sich herankommen. Es fällt ihm gar nicht ein, sich mit großen Problemen abzumühen oder gar irgendein Programm zu entwerfen, das erfüllt werden muß.*[159]

[153] Vrtr. Prot. 13. 6. 1935, S. 6.

[154] Ebd.

[155] Wiener allgemeine Zeitung v. 15. 1. 1926, S. 1.

[156] Prot. 9. 11. 1926, S. 10.

[157] Prot. 30. 12. 1921, S. 16.

[158] Kritik der „Nationalen" in der DÖTZ v. 2. 7. 1932 („Das System Kollmann vor dem Zusammenbruch!").

[159] BW 1926, Nr. 4, S. 3: „Der neue Finanzminister".

VI. Die Republik in der Krise

Krisensymptome und zunehmende Spannungen: 1929–30

Das Folgende ist ein (unvollständiger) Überblick über die Lage an der Wende zu den dreißiger Jahren, die – nach dem bekannten Grillparzer-Wort – *von der Nationalität zur Bestialität* führten:

Der Winter 1928/29 war außerordentlich kalt; Schneeverwehungen deckten die Verkehrswege zu, überforderten die Räumungsmaßnahmen und zwangen zu Notstandsaktionen. An manchen Tagen wurden an drei Stellen über 2000 Mittags- und Teeportionen ausgeteilt.

In wenig erfreulichem Ton lief die Debatte über die neue Ausrüstung der Polizei ab. Auf dem Tisch lag ein Säbel, den ab nun die Wachleute tragen sollten. Dr. Justitz rief aus: *Schoberpolizei!* Eine solche Ausrüstung wirke nicht beruhigend auf die Leute, auch die in Aussicht genommenen Pistolen *mit kolossaler Durchschlagskraft* nicht (so der GR Jorgo). Kollmann versprach, daß die Wachleute auch im *Dju-Dju-Sport* (wohl eine Art Karate) ausgebildet würden.[1]

Rückgang: Die Sommerbilanz 1929, die von der Kurkommission am 4. Oktober gezogen wurde, fiel nicht befriedigend aus. Zwar war die Kurfrequenz, den Trend der Vorjahre fortsetzend, leicht angestiegen, doch war die durchschnittliche Aufenthaltsdauer zurückgegangen, ebenso die Konsumfreudigkeit der Gä-ste. Ein Vergleich mit anderen Kurorten zeigte ein analoges Bild. Dazu kam, daß auch das *bessere* Publikum allmählich wegblieb (durch das Fortschreiten der „*Verkassung*"), was den Gedanken nahelegte, nun den amerikanischen Gast zu umwerben. Die großen deutschen Heilbäder machten das schon.[2]

Das Zita-Heim: Die jährliche Subvention von S 2000,– plus 1000,– für bedürftige Wöchnerinnen sollte auf S 4000.– für die letzteren erhöht werden. Als Gegenleistung sollte das Zita-Heim einen Vertreter der Gemeinde in den Verwaltungsausschuß kooptieren.[3]

Theaterkrise: Natürlich gab es sie auch in diesem Jahr, in verstärktem Ausmaß schon seit 1927, wie übrigens in anderen Städten (Krems, St. Pölten) auch. Man hatte es mit einer Vereinigung der Bühnenbetriebe von Baden, Wr. Neustadt und Berndorf versucht – mit wenig Erfolg. Hugelmann, einer der beiden Direktoren, wurde Theaterdirektor in Linz. Juhasz leitete das Theater ein Jahr allein, ehe er im März 1927 zurücktrat. Die Krise war diesmal vom Musikverband ausgegangen, der im Frühjahr 1926 bei Verhandlungen ein Spielverbot für alle Kur- und Heilbäder verhängte, das die Kurmusik ebenso betraf wie die Bar- und Kaffeehausmusik. Mitten in seiner Amtszeit als Minister war Kollmann, der trotz Arbeitsbelastung über die Angelegenheit referierte, der Ansicht, daß man mit

[1] Prot. 26. 6. 1929, S. 41 ff.
[2] BZ 1929, Nr. 82, S. 1.
[3] Prot. 26. 6. 1929.

der Theaterleitung nicht über eine Vertragsverlängerung verhandeln könne, solange die Musiksperre aufrecht sei. Und für diese gab er dem Gemeinderat Werba die Schuld, denn dieser habe den vorzeitigen Abbruch der Verhandlungen herbeigeführt.[4]

Am 18. Juni 1927 verhängte der Bühnenverein, die Interessenvertretung der Schauspieler, eine absolute Sperre. Kein deutschsprachiger Bühnenangehöriger aus ihrem Mitgliederstand durfte in Baden ein Engagement annehmen. Wegen der Kürze der Spielzeit – Juli, August – waren die Auflagen des Bühnenvereins unerfüllbar. Die Gemeinde weigerte sich, unter dem Druck der Sperre auch nur zu verhandeln. Sie übernahm das Theater in Eigenregie und engagierte den Tenor Hans Weiß als Direktor. Später sollte eine Arbeitsgemeinschaft die Bühne bis zum 30. April führen. Aber ab 14. Oktober wird wieder Weiß als Direktor genannt. Er versuchte es mit Boulevard, Eintagsoperetten und Varieté. Aber im Dezember 1928 konnte auch er die Gagen nicht mehr zahlen: der absolute Tiefpunkt während der Zeit der Ersten Republik.[5] Am 17. Februar 1929 mußte das Theater wieder geschlossen werden.[6] Zur Begründung für die Sperre diente der Ausfall der Winterspielzeit, die der neue Direktor Rehak-Roché verordnen mußte. Als der Direktor im Juni ein Ensemble für die Sommerspielzeit zusammensuchen wollte, stellte sich heraus, daß die meisten Schauspieler die wöchentliche Unterstützung des Bühnenvereins und die Arbeitslosenunterstützung vorzogen. Wieder tastete man sich in die Richtung eines Zusammengehens mit Wr. Neu-

stadt, Berndorf und anderen Städten vor, wofür sich auch der Landesrat Helmer einsetzte.[7]

Daß das Publikum sich dennoch nicht langweilte, war den Gastspielen zuzuschreiben.[8] So dirigierte Pietro Mascagni persönlich seine *„Cavalleria rusticana"*,[9] und es ist schwer, irgendeine Aufführung mit Burgschauspielern herauszuheben, denn es fehlte niemand. Ich tue es trotzdem: Das Burgtheater spielte Goethes *Faust* mit Ewald Balser und Raoul Aslan[10] und Schillers *Maria Stuart* mit der Wohlgemuth.[11] Hans Moser spielte in zwei Volksstücken.[12] Man gab Verdis *Othello* mit Josef Kalenberg,[13] ein Kabarett mit Karl Farkas und Guido Wieland[14] und mehrere Programme mit Fritz Grünwald.[15]

Eine verdächtig nach „Zensur" riechende Episode sei erwähnt, weil sie Kollmann betraf. Als am 9. Jänner 1928 die Jarno-Bühne im Rahmen eines Gastspiels das Stück *„Die Pfarrhauskomödie"* von Lautensack aufs Programm setzte, verbot Kollmann die Aufführung als Bürgermeister und *Unternehmer* (er war ja letztlich Arbeitgeber der Schauspieler). Frau Hansi Jarno, eine Hauptdarstellerin, brachte gegen Direktor Weiß eine Schadenersatzklage ein, die in letzter Instanz vom Obersten Gerichtshof abgewiesen wurde. Das Verbot des Stücks stützte sich auf eine Entscheidung der niederösterreichischen Landesregierung, die mindestens acht Jahre zurück lag.[16]

Zurück zur Politik. Am 10. November 1929 gab es Gemeinderatswahlen. Ein neues Wahlgesetz führte ein strikteres Verhältniswahlrecht mit nur noch 39 Ge-

[4] BZ 1926, Nr. 34, S. 1 f.

[5] Fleischmann S. 66 f.

[6] BVb. Nr. 47, S. 10.

[7] Bericht von GR Robert Schmidt vom Theaterkomitee in: Prot. 26. 6. 1929, S. 5 ff.

[8] Aufgezählt in: Fleischmann S. 67 ff.

[9] Am 24. 3. 1925.

[10] Am 6. 4. 1929.

[11] Am 2. 10. 1929.

[12] Am 29. 5. 1927.

[13] Am 19. 1. 1929.

[14] Am 19. 8. 1929.

[15] Im September 1929.

[16] BZ 1928, Nr. 9, S. 4.

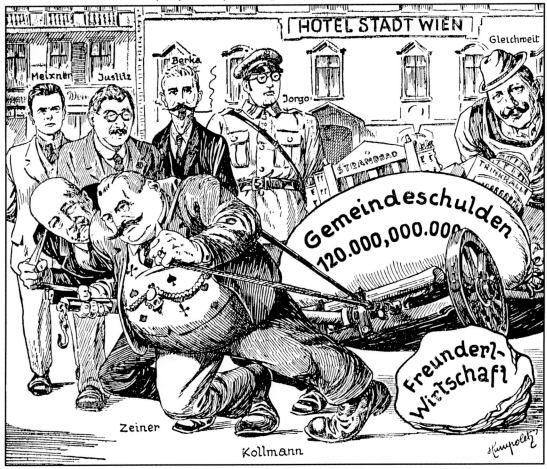

Auf holprigen Pfaden

HOTEL STADT WIEN

Gleichweit

Meixner Justitz Berka Jorgo

STRANDBAD TRINKHALLE

Gemeindeschulden
120.000,000.000

Freunderl-
Wirtschaft

Zeiner

Kollmann

zieht Kollmann den Rathauskarren zur nächsten Gemeindewahl.

Gemeindewahlen Februar 1929. „Auf holprigen Pfaden". Karikatur der (sozialdemokratischen) Badener Wacht

meinderäten ein. Durch die Wahlarithmetik büßten die Christlichsozialen ein Mandat ein, obwohl sie 910 Stimmen dazugewannen. Die Sozialdemokraten erhielten für ihre zusätzlichen 1264 Stimmen drei Mandate[17] und brachen damit Kollmanns Zweidrittelmehrheit. Die Großdeutschen hießen jetzt *Nationale Wirtschaftspartei*, sanken aber auf nur noch zwei Mandate; schließlich gab es nur noch einen Nationalsozialisten, Franz Schmid. Er legte Protest ein, da nur sechs Stimmen auf ein zweites Mandat fehlten, und verschob dadurch die konstituierende Sitzung um einige Tage.

Niemand war im Zweifel, daß Kollmann wieder zum Bürgermeister gewählt würde. Aber auf mehr als seine übliche

[17] Im „undankbaren" Schützendörfl erhielten sie die Mehrheit der Stimmen.

knappe Mehrheit kam er auch diesmal nicht. Am 9. Dezember erhielt er 21 Stimmen, Brusatti 37 als Erster Vizebürgermeister. Als Kollmann das Wort ergriff, wußte er nicht mehr, das wievielte Mal er schon gewählt worden war. *Arbeiten Sie mit, beschließen Sie mit uns, aber denken Sie auch mit uns!* rief er der Opposition zu und mahnte sie, nicht außerhalb des Gemeinderats gegen das zu reden, was sie innerhalb mitbeschlossen. Die anschließende Debatte verlief wie die meisten anderen Debatten auch. Man gewinnt den Eindruck, daß jahrelang vorgebrachte Argumente immer besser und gekonnter neuerlich vorgebracht werden. An der Spitze stand die Klage über zu spät oder gar nicht an die Opposition weitergegebene Informationen. Sodann die Tatsache, daß die Gemeinde zu wenig für Sozialleistungen und Wohnungsbau ausgebe; vor allem die skandalösen Verhältnisse in den Baracken, die dereinst nur für Kriegszwecke errichtet worden waren (keiner konnte damals ahnen, daß sie noch 1938 für Hermann Göring bei seiner Fahrt durch Baden der Anlaß sein würden, die Regierung der *Systemzeit* der totalen Unfähigkeit zu beschuldigen).[18]

Nicht neu ist, daß auch bei den Budgetberatungen, die nun wieder ordnungsgemäß vor Neujahr stattfanden, die Opposition durch Ablehnung des Voranschlags mehr ihre politische Grundeinstellung als irgendwelche konkrete Änderungsabsichten kundtat, die sie sowieso nicht bewirken konnte.[19] Die Haltung der Sozialdemokraten zu den *beiden Objekten* (gemeint Strandbad und Trinkhalle) blieb weiter negativ bis reserviert; es seien *Objekte,* die mit dem Kurbetrieb als solchem nichts zu tun hätten. Für die städtischen Bäder sei nichts geschehen, wie der Gemeinderat Schulz erklärte. Der Verlust beim Strandbad betrage im Jahr 1928 S 110.000,–.[20] Der Nationalsozialist Schmid urgierte die Vermehrung des Wachpersonals, was Bürgermeister Kollmann mit der Mitteilung quittierte, daß er die Absicht habe, 25 Wachleute einzustellen. Schmid schloß seine nicht allzu häufigen Stellungnahmen mit dem stereotypen Stehsatz: *Gemeinnutz geht vor Eigennutz.* Für die Gemeindeprobleme zeigte er wenig Interesse. *Ob ich den Voranschlag annehme oder nicht, ist ganz gleichgültig,* sagte er einmal.[21]

Alle wußten, daß der gewohnte Aufwärtstrend an ein Ende gekommen war. Die Badener Zeitung verglich Kollmann – und die Stadt Baden – mit *Herkules am Scheidewege.* Noch ist das Ziel „Weltkurort" nicht ganz erreicht. Ein letzter Ruck noch! Hat Kollmann nicht schon seine zwölf vom Mythos vorgedachten Arbeiten geleistet? Sie werden aufgezählt – es sind nur zehn. Sollte die elfte Arbeit die *Reinigung des Augiasstalles* sein oder die Erbauung eines gigantischen Badehotels? Die zwölfte müßte die Herbeiholung der Äpfel der Hesperiden sein, sprich Wohlstand, Glück, Ruhm. Die Devise aber laute jetzt offenbar: statt goldener Schüsseln irdene Töpfe *für wackere Leute, die aber aus bescheidenen Dächern kommen.*[22] So mochte, in einer unpolitischen, ja weltabgewandten humanistischen Denkweise, die „kurörtliche" Fraktion der Badener denken und spekulieren. Der politische

[18] Prot. 9. 12. 1929.

[19] BZ 1928, Nr. 102, S. 1 ff.

[20] Prot. 6. 3. 1929, S. 17.

[21] Prot. 31. 1. 1925, S. 35.

[22] BZ 1930, Nr. 4, S. 1 f. – Z. B.: Er hat 1. wilde über Sooß eindringende Stämme gezähmt, 2. harte Straßen gezogen usw. (s. o. S. 10 Anm. 3).

Alltag verlief anders und holte die am Scheidewege Sinnierenden bald grausam ein.

Wieder einmal wandte sich Kollmann zum Thema *Was soll aus Baden werden?* an die Öffentlichkeit. Diesmal tat er es in sinnvoller Umkehrung des Trenner-Wortes von 1905: *Aus Baden soll nicht etwas werden, sondern Baden ist schon etwas.*[23] Er verwies auf werbepsychologisch leider unspektakuläre Dinge wie den zweiten Wasserrohrstrang aus Ebenfurth und die Frage, ob ein eigenes E-Werk gebaut oder nach Vertragskündigung der Strom weiter aus Wien bezogen werden solle (es wurde ein neuer Vertrag ausgehandelt, der eine Verbilligung des Strompreises brachte). Sollte ein neues Gaswerk, das vieldiskutierte erstklassige Hotel gebaut werden?

Auf der anderen Seite mußte er sich gegen die immer kritischer werdende Opposition wehren. Ein Aufsehen erregender Einzelfall: Oberstadtarzt Dr. Raab, ein allseits anerkannt tüchtiger und integerer Mann, erhielt statt eines ihm zustehenden Dienstwagens einen Vorschuß für ein eigenes Auto, das er sich nicht in bar leisten konnte, und für die Sommermonate ein Wagenpauschale. Eine offensichtlich sinnvolle Maßnahme, so etwas wie eine „kollmannsche" Lösung,

[23] Siehe oben S. 39 Anm. 23.

aber für die Opposition gesetzwidrig. An die Adresse von Wiener Kritikern: Zwei Gemeinderäte wurden zu einer Tagung des Heilbäderverbandes nach Velden delegiert. War das Diätenpauschale von je S 200,– zu hoch? Mit S 500,– falsch angegeben? [24]

Die Sitzung am 18. März 1930 verlief in sehr erregter Atmosphäre. Es hagelte Anwürfe aller Art. Die ganze Jahresbilanz, erstmals gedruckt vorliegend dank der klaglos funktionierenden Zentralbuchhaltung, sei *unklar*, ja *unaufrichtig*, so Dr. Justitz. In temperamentvollen Worten warf GR Jorgo den Gebarungausweisen *Verschleierung,* der Tuberkulosefürsorge zu weitgehende Sparpolitik vor usw. [25]

Der Bruch mit der Opposition schien vollkommen, denn auch „außerparlamentarisch" stieg die Animosität. Kollmann wurde zweimal wegen Ehrenbeleidigung beim Bezirksgericht geklagt und mußte sich vom Immunitätsausschuß des Nationalrates die Nicht-Auslieferung bestätigen lassen. [26] Mit dieser Rückendeckung „zerfetzte" er Dr. Justitz, wahrscheinlich einen der Kläger, im Badener Volksblatt unter dem vielsagenden Titel *Mit Zinsen und Zinseszinsen.* Darin geht er so weit, u. a. den Arzt Dr. Justitz persönlich anzugreifen und ihm Nachlässigkeit in der ärztlichen Sorgepflicht zu unterstellen. Überdies verdächtigt er Journalisten, gestellte Bilder von der angeblichen Verwahrlosung der Baracken gebracht zu haben. [27] Die Sozialdemokraten stellten sich vor den Angegriffenen und konterten mit der Bekanntgabe des durchaus ehrenvollen Lebenslaufes des Armen- und Militärarztes Dr. Justitz – letztere Tatsache betonte man beson-

Kollmann als Vermittler. „Kommt lieber baden nach Baden". Karikatur in einer Wiener Zeitung

[24] Zuschrift Kollmanns an die Schriftleitung der ‚Badener Zeitung' vom 27. 3. 1930.

[25] Prot. 18. 3. 1930. – BZ Nr. 24, S. 1 f.

[26] Glosse in: BW. 1930, Nr. 29, S. 3.

[27] BVb. 1930, Nr. 17, S. 2.

Kundgebung des Schutzbundes (1923?)

ders, da Kollmann im Krieg ja nicht ein-gerückt war.[28]

Als jedoch mit der warmen Jahreszeit die Aufmarschfreudigkeit der Wehrver-bände – Heimwehr kontra Republikani-scher Schutzbund – stieg, versuchte Kollmann zu beruhigen und setzte sich durch ununterbrochenes Verhandeln mit beiden Seiten für ein totales Aufmarsch-verbot für das Viertel unter dem Wiener-wald ein. Er erreichte aber nur einen Auf-schub des Schutzbundaufmarsches vom 15. Mai auf den 1. Juni. Er ver-sprach der Bevölkerung, von seiner

Seite werde *die entsprechende Macht-entfaltung stattfinden, um jede Aus-schreitung unmöglich zu machen.* Er kri-tisierte den Plan des Schutzbundes, mit neun Kolonnen durch die Stadt zu mar-schieren, als *sadistisch* und als einer *Strafexpedition* gleichend. Der Ausdruck *Strafexpedition* war zuvor von den Sozi-aldemokraten für die Heimwehraufmär-sche gebraucht worden.[29]

Am 1. Juni, dem Aufmarsch-Sonntag, er-füllte sich das, was Kollmann prophezeit hatte: Die Ausflügler und Kaffeehausgä-ste blieben weg. Als 6000 bis 8000 Män-

[28] BW 1930, Nr. 18, S. 3f.
[29] BVb. 1930, Nr. 21, S. 1.

ner von Vöslau kommend durch die Stadt marschierten, um auf dem Leopoldsplatz einer Kundgebung beizuwohnen, Dr. Danneberg reden zu hören und ein feierliches *Badener Gelöbnis* abzulegen, waren nicht sehr viele Einheimische dabei.[30] Es ist anzunehmen, daß das *Badener Gelöbnis*, das dabei formuliert wurde, eine Antwort auf den *Korneuburger Eid* vom 18. Mai sein sollte, den etwa 800 Heimwehrangehörige 14 Tage vorher abgelegt hatten und der ein Bekenntnis zur Zerstörung des Parlamentarismus und des Parteienstaates einschloß. Die in Baden verlesene Formel wollte immerhin den Parlamentarismus bewahren. Doch glaubte der Berichterstatter der Badener Zeitung gehört zu haben, daß Nationalratsabgeordneter Paul Richter die Verlesung in freier Rede, also nicht vom Zettel lesend, fortgesetzt habe: *Für die siegreiche Beendigung des Klassenkampfes, die den klassenlosen Staat bringen soll.*[31] Auch Kollmann sah den Zusammenhang mit dem Korneuburger Eid. Am 29. Mai, dem Vorabend der Schutzbunddemonstration, stellte er sich bei einer Kundgebung des Volksverbandes, bezugnehmend auf den *Korneuburger Eid*, der offiziellen Parteilinie folgend, vor die Heimwehr: *Die Heimwehr beunruhigt Österreich nicht. Sie ist aus der Notwendigkeit, Österreich und seine christlich-deutsche Kultur gegen den Bolschewismus zu verteidigen, entstanden. Sie wird ihrem Grundgedanken immer treu bleiben.* Und er fügte, da er vor Agrariern sprach, ein Bekenntnis zum Bauernstand, dem *ewigen Quickborn nationalen Lebens,* hinzu.[32]

Dazu ist anzumerken, daß man mit dem Terminus *Bolschewismus* immer noch sehr freigebig umging. Kunschak z. B. war ein Luegerianer (wie Kollmann ja auch) und daher entschiedener Gegner der profaschistischen Heimwehr. Für manche Heimwehrler galt er darum als ein *Bela-Kunschak*! Kollmann war ein Befürworter der parlamentarischen Auseinandersetzung zwischen den Großparteien, nicht der gewaltsamen Auseinandersetzung zwischen den Großideologien. Er war somit ein grundsätzlicher Gegner der Heimwehr, wie der ehemalige Heimwehrler Drimmel bestätigt.[33] Angeblich schätzte Kollmann die Lage in diesem Fall so ernst ein, daß er in Form einer Grundsatzerklärung Partei ergreifen mußte. Zumal er auch die Position des christlichsozialen Flügels in der Bauernschaft, zu deren Vertretern er sprach, stärken mußte, der gegenüber dem militanten deutschnational-liberalen Flügel des Landbundes (gemeint sind bewaffnete Bauernwehren, die sich 1934 den putschenden Nazis anschlossen) ortsweise ins Hintertreffen zu geraten drohte. Er bezog, wie wir sehen werden, einige Jahre später eindeutig Stellung gegen den von der Heimwehr vertretenen Antiparlamentarismus.

Wirtschaftskrise und Kurort: 1930/1931

Den Kurort traf die Wirtschaftskrise noch nicht voll. Der Österreichische Kurorte- und Heilbäderverband tagte im September 1930 in Baden. Kollmann witzelte: *Die Leute nehmen statt eines vollen Abendessens zwei Eier und eine Semmel oder ersetzen das Nachtmahl im*

[30] Bericht über eine *Riesenkundgebung:* BW. Nr. 23, S. 3.

[31] BZ Nr. 45, S. 3.

[32] BVb. Nr. 23, S. 1.

[33] Drimmel Heinrich, Vom Justizpalastbrand zum Februaraufstand, S. 352.

Kaffeehaus durch einen Kaffee und zwei Kipfel. (Heiterkeit). Baden kam eben noch über die Runden gegenüber anderen Kurorten, denen es schlechter ging. Die Kurkommission wies die Kurfrequenz als relativ stabil aus.[34] Bis Oktober 1930 gab es eine Steigerung auf 50.287 Personen für die Gesamtsaison. Das inkludierte ein Mehr in Sanatorien und Privatwohnungen, ein Weniger in Hotels und Pensionen, ein Weniger auch bei den Kurtaxen (um über 4 %), da die Aufenthaltsdauer kürzer geworden war.[35] Nebenbei: Ein Mehr auch an Sonntagsausflüglern.[36]

Die Beratungen des Voranschlags 1931 fanden Anfang Jänner in mehreren kurz aufeinanderfolgenden Sitzungen statt – wieder später, als der gesetzliche Termin vorschrieb. Kollmann war wegen seiner intensiven Parlamentsarbeit in Wien unabkömmlich. Zur Erinnerung: Im April 1929 war Bundeskanzler Seipel zurückgetreten. Im Mai wurde Streeruwitz, der Exponent einer aufschwungswilligen Wirtschaft, für 4$^1/_2$ Monate Bundeskanzler. Im September kam die Regierung Schober und damit erreichte die lange Verfassungsdebatte ihr Ende, wenn auch als Kompromiß. Bekanntlich bedeutete das die Installierung eines vom Volk gewählten, mit mehr Machtbefugnissen ausgestatteten Bundespräsidenten. Der Bundespräsident Miklas wurde zwar nicht vom Volk gewählt, ernannte aber einen Vertreter seiner (der christlichsozialen) Partei zum Bundeskanzler und machte auch von seinem Recht der Parlamentsauflösung Gebrauch (was kein gewählter Präsident der Zweiten Republik je getan hat). Folglich gab es

Neuwahlen, die – was zu dieser Zeit niemand wissen konnte – die letzten der Ersten Republik waren. Im September initierten die Sozialdemokraten ein Volksbegehren, das den Arbeitslosen die Erhaltung der vollen Arbeitslosenunterstützung sichern sollte. In Baden bekam es 5768 Stimmen, erheblich mehr von Frauen (56,3 %) als von Männern.[37]

Kollmann gewann sein Mandat wieder, und zwar zum fünften Mal bei Nationalratswahlen. Er wurde im neuen Nationalrat u. a. Obmann des Finanz- und Budgetausschusses und Mitglied des Rechnungshofausschusses. Bis Baden drang wenig von dieser Ausschußarbeit durch. Im Badener Gemeinderat entlud sich, durch die Wahlkampagne angeheizt, in verstärktem Maß der Unmut der Oppositionsparteien. Sie beklagten – nicht immer ganz zu Unrecht –, daß Kollmann zunehmend autoritär regiere. Kollmann hatte das Gemeinderatsplenum im abgelaufenen Jahr nur dreimal einberufen, und dann nur, um sich Darlehen bewilligen zu lassen, den (engeren) „geschäftsführenden Gemeinderat", der früher immer an Montagen zusammentrat, immer seltener, die Ausschüsse beinahe gar nicht. Ein Oppositionsredner höhnte, die Mandatare müßten in der Zeitung nachlesen, in welchem Ausschuß sie eigentlich zu welchen Sitzungsterminen säßen. Den Gemeinderäten war es verboten, sich durch Herumfragen in der Verwaltung zu informieren, Kollmann nannte das *Schnüffelei* (allerdings dürfte der Nationalsozialist Schmid als erster diesen Ausdruck verwendet haben). Da es den Angestellten verboten war, Auskunft zu geben, mußte man den Weg

[34] Die Kurfrequenz wird ausgewiesen für die Sommersaison von 1. Mai bis 15. Oktober, für die Wintersaison ab 16. Oktober.

[35] 1,1 Mio. Aufenthaltstage, das ist ein Minus von 50.000.

[36] Kurkommissionssitzung am 18. 10. 1930.

[37] BW 1930, Nr. 38, S. 1.

zum Bürgermeister antreten, um Informationen zu bekommen. Der war aber selten da. Kollmann blieb hart: *Wenn man aber in das Büro geht und herumkitzelt und die Leute ausfragt, das ist nicht der richtige Weg,* mäkelte er schon Anfang 1930 an solchen Versuchen herum.[38] Dr. Justitz nannte das *verhüllte Diktatur. Baden wird das nicht erreichen, was es nach seiner Stellung und seinen Naturschätzen erreichen müßte,* faßte er seinen Standpunkt zusammen. Der Bürgermeister erstelle kein Interimsbudget nach Beratung mit den Vizebürgermeistern, sondern zahle einfach a conto des noch nicht bewilligten Voranschlages Vorschüsse aus.[39]

Kaum einer der Kritikpunkte war neu. Den Ausfall auf dem Gebiet der Sozialfürsorge beklagte auch der Altbürgermeister und jetzige Großdeutsche Dr. Trenner. Er zeigte sich besonders enttäuscht über das *Schnüffelverbot,* wie er es ironisierte. Hätte es doch während seiner Amtszeit nie etwas dergleichen gegeben. Er machte die luxuriösen Aufwendungen *(größenwahnsinnige Hauptunternehmen)* für das Strandbad (150.000,– S Defizit) und die Trinkhalle (165.000,– S Defizit, dazu für beides 158.000,– S Zinsendienst) verantwortlich dafür, daß die Entwicklungsmöglichkeiten auf dem sozialen Sektor auf Jahrzehnte beeinträchtigt würden. Mit dieser Aussage fand er sich im Einklang mit den Sozialdemokraten – eine unerwartete Wendung! Als Trenner sich erinnerte: *Ich komme mir da vor wie Dr. Ofner,* besserte Kollmann aus: *das war Rosner.*[40] Vielleicht eine Anspielung auf eine Parlamentsdebatte. Wie es scheint,

eine der nicht seltenen Gelegenheiten, bei denen Kollmann durch sein genaueres Gedächtnis punkten konnte.[41] Dr. Trenner führte aber auch die blamable Tatsache an, daß Baden keine geburtshilfliche Station im Krankenhaus habe (das dem Land gehörte) und daß Entbindungen im Rettungsauto stattfinden müßten. Wie beim Winter-(Hallen)bad, das Trenner bei jeder sich bietenden Gelegenheit vorbrachte, hatte Kollmann die Begründung für seine negative Antwort bereit: Spezialabteilungen brauche ein Krankenhaus dieser Größe nicht; ebensowenig bestünde für ein Hallenbad eine Notwendigkeit, das würde genauso leer stehen wie das Mödlinger.

Die Sitzung, die bis 1 Uhr 20 in der Nacht andauerte, glitt mehrmals an den Rand des Tumults. Als Frau Balzarek, eine sozialdemokratische Mandatarin und damals die einzige Gemeinderätin, schonungslose Kritik an mangelhafter Schuleinrichtung und an der Gesundheitspolitik der Gemeinde übte, stellte sich die Frage, ob man einer Frau gegenüber harte Worte gebrauchen oder ob man sie einfach reden lassen, d. h. nicht ernst nehmen solle. Wir verdanken dieser Sitzung eine beiläufige Stellungnahme Kollmanns zum Thema „Frau in der Politik". Er äußerte sich vorsichtig: *Ich begreife den Standpunkt der Frau vollkommen; eine Frau ist anders zu behandeln wie ein Mann; eine Frau muss auch vorsichtiger sein wie ein Mann, wenn eine Frau in der Kritik so wird, dass man es nicht mehr ertragen kann, dann schwindet eben der Unterschied* und die Kritik wird als *bösartig* aufgefaßt.[42] Daß wir uns in einem Dschungel von Vorurtei-

[38] Prot. 28. 1. 1930, S. 100.

[39] Prot. 3. und 5. 1. 1931, S. 40 ff.

[40] Nicht aufzufindender Name.

[41] Prot. 3. und 5. 1. 1931, S. 37.

[42] Prot. 3. 1. 1931, S. 168.

len befinden, wenn wir solche Stellungnahmen lesen – die Kollmanns ist eine der gemäßigtesten –, braucht man nicht eigens zu betonen. Im Badener Volksblatt schlägt das Pendel aber in eine sehr eindeutige Richtung aus, die (nach heutigem Sprachgebrauch) hemmungslos „sexistische". Das Blatt nennt die erwähnte Gemeinderätin *anmaßend* und *krankhaft* und spiegelt damit ohne Zweifel eine damals weitverbreitete populistische Gesinnung.[43] Der Nationalsozialist Franz Schmid begnügte sich übrigens bei dieser Sitzung mit einer Beschwerde über die Badener Polizei, die seiner Meinung nach zu drakonisch gegen demonstrierende Halbwüchsige vorgegangen war. Diese hatten – zu Recht, wie Schmid meinte – gegen Remarques pazifistischen Film „Zwei Welten" demonstriert. Am 4. April dieses Jahres startete Kollmann eine neue Kampagne. Er beklagte den Umstand, daß niederösterreichische Dienststellen, die in der niederösterreichischen Landeshauptstadt Wien untergebracht sind, eine Steuerleistung an das Land Wien entrichteten; ganz zu schweigen davon, daß *eine so ungeheure Menge von Intelligenz, die in Niederösterreich vorhanden ist, von der Anstellung* in diesen Ämtern *ausgeschlossen* ist. Das könne nicht auf die Dauer so weitergehen. Er stellte daher im Badener Volksblatt (nunmehr auch „Mödlinger Zeitung") die Frage: *Welche Stadt wird die Hauptstadt von Niederösterreich?* Es ist von Interesse, wie Kollmann, *ohne unbescheiden zu sein*, seine Behauptung, daß Baden die geeignete Hauptstadt wäre, begründet: *Frei von fanatischen Volksbewegungen, konservativ im Festhalten an dem Bestehenden, aufbauend in der Entwicklung der Stadt selbst,* darin sieht er die Voraussetzungen. Er fragt sich selbst: *No, wo wird denn in Baden ein Landesregierungsgebäude untergebracht werden können?,* und antwortet mit dem Hinweis auf den *riesigen Grundkomplex* des erst kürzlich von der Gemeinde gekauften *Eisenstädterhauses* (Franzensring 11) samt dem der Löwensteinrealität (heute Haus der Kunst); ein zweiter Platz wäre das alte Augustinerkloster, das sogenannte *Kaiserhaus*[44]. Dorthin könnte man die hauptstädtischen Anlagen verlegen.[45] Man sieht: Kollmann wäre durchaus bereit gewesen, die Nachwelt um weitere Baudenkmäler zu bereichern.

Brachte dieser Feldzug auch nicht den gewünschten Erfolg, so war doch kurz darauf (am 17. Mai 1931) wieder Anlaß zur Festesfreude, als Baden Schnellzugsstation wurde und das wieder einmal bestätigte Durchsetzungsvermögen Kollmanns durch den Besuch höchstrangiger Prominenz gefeiert werden konnte. Letztere setzte sich aus den Vertretern der Bundesbahndirektion zusammen, an deren Spitze ein Mann der Zukunft stand, der Bundesminister für Landwirtschaft Dr. Dollfuß, der ein Jahr später Bundeskanzler wurde.

Bei all dem Feiern war – wir stehen schon im Jahr 1931 – der Rechnungsabschluß 1930 noch immer nicht fertigberaten worden, obwohl es einige Plenarsitzungen gegeben hatte – es mußten schließlich neue Kredite beschlossen werden (bei einer dieser Sitzungen, am 30. April, wurde die Anlegung der Verbindungstiege zwischen Strandbad

[43] BVb. 1931, Nr. 2, S. 1 f.

[44] Von denen es also in Baden 3 gibt: das heute noch so genannte Haus Hauptplatz 17, das ehem. Augustinerkloster (heute BG Frauengasse) und das heutige Haus der Kunst.

[45] BVb. 1931, Nr. 14, S. 1 f.

und Weilburgpark beschlossen).[46] Am 17. März schrieb die sozialdemokratische Fraktion an den Bürgermeister einen Brief, in dem sie ihn der Säumigkeit bezichtigte. Nichts geschah. Erst als am 19. Juli der Vizebürgermeister Schulz, ebenfalls in einem Brief, dem Bürgermeister vorhielt, daß er wieder die gesetzliche Frist zur Einberufung der Gemeinderatssitzung verstreichen habe lassen, weil seine Tätigkeit im Nationalrat Vorrang hatte, fand am 23. Juli eine Plenarsitzung statt, die nach vorzeitigem Abbruch am 29. fortgesetzt wurde. *Unsere wiederholt vorgebrachten Wünsche wurden fast durchwegs mit einer höflichen Geste abgetan,* heißt es in dem erwähnten Brief über die Selbstherrlichkeit des Bürgermeisters und die Art und Weise, wie er die Minderheitsparteien benachteilige.[47]

Schließlich kam der Rechnungshof der Opposition zu Hilfe. Er kontrollierte die Buchführung, lobte, wie nicht anders zu erwarten, die Exaktheit der Durchführung, fand aber auch einiges zu tadeln an den riskanten Verschuldungsstrategien, die er immerhin als *irreführend* bezeichnete. Der Rechnungshof kritisierte auch, daß bei der Feststellung der Vermögenswerte keine Abschreibungen (d. h. zu erwartende Wertminderungen und Amortisationen) berücksichtigt wurden. Das griff die Opposition in *einer Entlastungsoffensive* auf. Ist mehr oder weniger ganz Baden an die hauptsächliche Gläubigerbank, die niederösterreichische Landeshypothekaranstalt, *verpfändet* oder nicht? Die Sprachregelung lautete: Der Gläubiger hat Zugriff auf *Ertragsanteile städtischen Vermögens* bei Zahlungsunfähigkeit, ist aber nicht grundbücherlich als Pfandinhaber eingetragen.

Der Medienlärm war ansehnlich. Badens Finanzlage begann, Wiener Zeitungen und sogar die Börse zu interessieren und zu alarmieren. Am 3. August schrieb u. a. die ‚Sonn- und Montagzeitung‘ allerlei über den *Diktator von Baden,* der vom Rechnungshof ertappt wurde. Kollmann brach am 30. Juli die Sitzung gegen den Protest Leitners ab, der erklärte, er sei im August auf Urlaub und werde nicht kommen. In der nächsten Sitzung am 12. August – man sollte noch immer den Rechnungsabschluß des vergangenen Jahres diskutieren – erschien die sozialdemokratische Fraktion nicht.[48] Der Nationalsozialist war auch nicht da, er hatte schon die vorherige Sitzung verlassen und erklärt, daß er das *abbruchreife System* nicht unterstütze *(und werde nicht ermangeln, der schaffenden Bevölkerung hievon Mitteilung zu machen und als sichtbaren, flammenden Protest verlasse ich die Gemeinderatsstube).*[49] Also schickte der Bürgermeister den nicht beschlußfähigen Gemeinderat wieder nachhause und ließ sich mehr als zwei Monate Zeit, ihn wieder einzuberufen. Am 22. Oktober fanden dann eigentlich zwei Sitzungen statt, eine davon nach § 42 der Gemeindeordnung als Fortsetzung des Rechnungsabschlusses. Danach begann man wieder mit Seite 1. Die Stimmung in allen diesen Sitzungen war mehr als gereizt. Wieder einmal ging es um die Berechnung der sogenannten Abschreibungen, um Vorenthaltung der Einsichtnahme in Berichte, um die parlamentarische Tätigkeit des Bürgermei-

[46] Prot. 30. 4. 1931, S. 22.

[47] BW 1931, Nr. 30, S. 3. – Protokolle 23. u. 29. 7. 1931.

[48] Prot. 12. 8. 1931.

[49] Prot. 23. 7. 1931, S. 5.

sters, vor allem um seinen diktatorischen Regierungsstil. Beispielsweise stelle er Beamte nur als Vertragsbedienstete ein, dazu brauche er den Gemeinderat nicht zu fragen. Trenner beteuerte, er habe es eben anders gemacht und immer den Gemeinderat mitregieren lassen. Er sei halt ein *einfacher Friedensbürgermeister* gewesen. Kollmann sei eben einmal eine achtunggebietende Persönlichkeit.[50] Leitner setzte seine gewohnten rhetorischen Glanzlichter auf; er beklagte sich, daß der Vizebürgermeister Dr. Hahn seine Berichte herunterleiere, *ohne die Interpunktionszeichen zu beachten. Wenn einer nicht die Geschicklichkeit des Akrobaten hat, dass er schnell zum Wort kommt, ist schon abgestimmt.*[51] Dr. Justitz ließ einen seiner eindringlichen Appelle los und GR Schulz bemühte sich um Aufklärung von Mißverständnissen. Kritisiert wurde die Kurkommission und ihr ungeklärtes Dasein in einer legalen Grauzone. Sie existiere außerhalb der Ingerenz des Gemeinderats. So habe sie einfach die Errichtung des Beethoventempels beschlossen; der Gemeinderat mußte nachträglich die Kosten genehmigen.[52] Der Bürgermeister beantwortete den Rechnungshofbericht in eigener Regie; die Berücksichtigung der Abschreibungen lehnte er als eine der Bürgerschaft unzumutbare Belastung ab.[53]

Im November stellte sich allerdings heraus, daß die Landeshypothekaranstalt nun doch sehr weitgehende Sicherstellungen verlangte, die die Gemeinde nicht mehr zu geben in der Lage war. Also mußte man zur Badener Sparkasse gehen, die freilich einen Zinssatz von 10 % (gegenüber den 7 % der anderen Bank) verlangte. Auch das wurde wiederum einstimmig minus der Stimme des Nationalsozialisten angenommen, von der Opposition gewiß zähneknirschend. Mehr als in den genau protokollierten Gemeinderatssitzungen erfahren wir wieder von den Sitzungen der Kurkommission, über die freilich nur in den Zeitungen referiert wird. Kollmann sah die Lage *nicht tragisch*. Die Stadt Baden habe bis heute ihre Verpflichtungen *restlos erfüllt*. Der Rückgang der Kurfrequenz betrug im Vorjahr (1930) bei den Sanatorien 9 %, bei den Hotelgästen 13 % und bei den Privatwohnungen 5 %. Leichten Zuwachs gab es bei den Hotelpassanten, Heimen (7 %) und Humanitätsanstalten (10 %).[54]

Schließlich kam es aber doch zum Äußersten, zum Zugriff auf die eigene Substanz: Die Gemeindeangestellten mußten – nach dem Vorbild der Bundesangestellten – ein Solidaropfer bringen und auf einen Teil ihrer Gehälter verzichten. Das brachte 60.000,– bis 70.000,– S.[55] Die ersten und besonders betroffenen Leidtragenden waren die Mitglieder des Kurorchesters, die nur unter Einbußen den Betrieb in der Wintersaison aufrechterhalten konnten.

Auf dem Weg zum Bürgerkrieg: 1932/1933

Am 26. Juni 1932 starb der Vizebürgermeister und Altbürgermeister Kommerzialrat Alois Brusatti fast 82jährig. Er war der permanente „zweite Mann" in Kollmanns „Imperium", überaus verdienstvoll in den Wirtschaftssparten der Gemeindepolitik und äußerst beliebt, auch wegen eines bestimmten Persönlich-

[50] Prot. 30. 7. 1931, S. 81f.

[51] Prot. 28. 10. 1931, S. 19.

[52] Prot. 30. 7. 1931, S. 56f.

[53] Ebd., S. 56ff.

[54] Kurkommissionssitzung 25. 8. 1931, in den Lokalzeitungen.

[55] Prot. 30. 12. 1931.

Dr. Julius Hahn,
Vizebürgermeister 1932–1938

keitsmerkmals: Er sprach einen formvollendeten Wiener Dialekt, obwohl er in Preßburg geboren und Sohn eines italienischen Vaters und einer ungarischen Mutter war. 29 Jahre lang war er in der Gemeindevertretung und spätestens seit dem Umsturz 1918 ständig an der Seite Kollmanns. Kollmann verehrte ihn *als Politiker verschiedener Anschauung* und verlor seinen *besten Mitarbeiter.*[56]

Als geschäftsführender Vizebürgermeister folgte ihm Karl Gleichweit, Vizepräsident der nö. Landwirtschaftskammer. Im Jahr darauf trat Gleichweit zurück und verließ die Gemeindevertretung. Rudolf Stricker rückte nach und wurde erst in der vertraulichen Sitzung angelobt, nachdem man vergessen hatte, ihn in der öffentlichen Sitzung anzugeloben. Neuer Vizebürgermeister wurde Julius Hahn, Georg Gehrer wurde neuer geschäftsführender Gemeinderat.[57]

Beinahe kurios mutet an, daß der Voranschlag 1932 bewußt auf den Ziffern von 1930 aufgebaut war. Das Katastrophenjahr 1931 versuchte man zu ignorieren und setzte auf allgemeine Besserung. Die Enttäuschung war umso größer: Die Kurfrequenz sank 1932 um 14 %, bei den Sanatorien und Hotels um je 11 %, bei den Passanten, die nur über das Wochenende kamen, aber um 19 %. Nur die Heime (Kassenpatienten) verzeichneten einen leichten Anstieg von 1 %.[58] 1932 war überhaupt ein europäisches Krisenjahr. In Deutschland war Hitler auf dem Weg zur Machtübernahme. Da sich sehr viele Österreicher immer noch und – in der Krisenzeit mehr denn je – als Deutsche fühlten, wuchs seine Anhängerschaft hierzulande rasch an. Das war

eine verhängnisvolle „Parallelaktion",[59] gekennzeichnet durch eine fast totale organisatorische Unterordnung des österreichischen Anteils unter reichsdeutsche Befehlsstellen. Die Entscheidungsspielräume wurden immer enger. Die Angst vor einer Zunahme der Mandatszahl für die Hitlerpartei bei Neuwahlen führte direkt in den autoritären Staat.

Im Juli kam es im Parlament zu einem tätlichen Angriff. Kollmann war indirekt involviert, da er Vorsitzender des (Finanz-)Ausschusses war, in dem es passierte. Der Heimatblockabgeordnete Hainzl bewarf in der Erregung darüber, daß er als Revolverheld bezeichnet wurde, den Abgeordneten Dr. Bauer mit einem Zündstein, der an dessen Kopf

[56] Vgl. Maurer, Rudolf: Der Grüne Markt, S. 75 ff. – Nachruf in: BZ Nr. 51, S. 1.

[57] Prot. 7. 6. 1933, S. 1 f. – Zum Rücktritt Gleichweits vgl. BW. und BVb. Nr. 18, S. 2.

[58] Kurkommissionssitzung am 13. 9. 1932 in: BZ 1932, Nr. 74, S. 1.

[59] Nach Musils Roman „Der Mann ohne Eigenschaften".

Franz Schmid (1877–1953), Gemeinderat für die NSDAP und Bürgermeister der Stadt 1938–1945

zersplitterte. Kollmann kleidete den Ausschluß des Übeltäters und Fraktionskollegen in die moderaten Worte: *Ich halte es für zweckmäßig, wenn der betreffende Herr während der Verhandlungen des Unterrichtsetats in diesem Raume nicht mehr erscheint.*[60]

Am 4. Juli 1932 erwachte urplötzlich das Profilierungsbedürfnis des Nationalsozialisten Franz Schmid, bisher nur unbeteiligter Zuschauer, der sich kaum zu Wort meldete. Auf einmal war er kaum zu bremsen. Er hatte schon in der vorhergehenden Sitzung sechs schriftliche Anträge mitgebracht und deren Verlesung verlangt, ohne auf die Geschäftsordnung Rücksicht zu nehmen. Sein Hauptantrag, über den schließlich die Debatte eröffnet wurde, gab die Erklärung für solchen Eifer. Es war die Forderung, der Gemeinderat möge sich zu Neuwahlen auflösen, da seine Zusammensetzung seit den letzten Landtagswahlen am 24. April 1932 nicht mehr die Stimmung der Bevölkerung wiederspiegle. Das entsprach insofern den Tatsachen, als in Baden etwa 18 % der abgegebenen Stimmen die NSDAP gewählt hatten; das war etwa das Dreifache der vorhergehenden Wahl. Es war evident, daß das Wählerreservoir der Großdeutschen, das „nationale Lager", sich in diese Masse ergossen hatte. Sehr interessant die Stimmenverteilung in Baden: Christlichsoziale 5356 oder +151 gegenüber 1930, die Sozialdemokraten 4391 oder −780, die Nationalsozialisten 2268 oder +1635, die Großdeutschen 547 oder −1733, die Kommunisten 132 oder +99.[61]

Franz Schmid, der zu dieser Zeit sowohl Landtagsabgeordneter wie Gemeinderat war, ging es bei dieser Debatte, die für Baden ungewohnt emotionell ablief, um den „Nachweis", daß sich Schwarz und Rot als die Parteien des *Systems* trotz aller zur Schau getragenen Feindschaft viel zu gut miteinander vertrugen und gegenseitig in die Hände arbeiteten. Er warf den Sozialdemokraten mangelnde Oppositionsfähigkeit vor und stellte sich selber als Opfer einer *schwarz-roten Koalition* dar, das von zwei Seiten angegriffen werde.

Die Debatte gibt uns die Gelegenheit, die Argumentation gegen den Nationalsozialismus in diesem Frühstadium kennenzulernen. Auf die Anfrage Schmids,

[60] StA B, BA „Kollmann 3. Teil".

[61] Über die Landtagswahlen s. BZ Nr. 33, S. 1.

warum der Revisionsausschuß noch nicht einberufen sei, konterte Kollmann nach dem gewohnten Prinzip – die beste Defensive ist die Offensive – mit der Feststellung, daß er über den Arbeitseifer des Gemeinderats Schmid erstaunt sei, denn er war im vergangenen Jahr nur bei drei von neun Sitzungen anwesend, im Wasserleitungsausschuß nur sechsmal anwesend und fünfmal abwesend.[62] Der nächste Antrag Schmids betraf eine angebliche Bewirtung von Delegierten der Uhrmachertagung. Franz Schwabl, der angesprochene Heurigenwirt, selber im Gemeinderat, bestritt den Vorwurf und setzte Schmids ewigem Spruch vom *Gemeinnutz* seinen biederen Wahlspruch entgegen: *Trink, was klar ist, rede, was wahr ist!* Kollmann fügte hinzu, er habe niemals auf Kosten der Gemeinde Wein getrunken.[63] Er verwahrte sich vehement gegen die Bezeichnung *Bettelsuppe* für die von der Gemeinde initiierte Winterhilfe. Auf den Auflösungsantrag reagierte zunächst GR Hahn, der immer mehr als die Nummer 2 der christlichsozialen Fraktion sprach: Nach dem nationalsozialistischen System könne nach den Erfahrungen der letzten Zeit niemand Verlangen haben. Den Terrorvorwurf Schmids gab er zurück und meinte dazu: *21 Vertreter sind mehr als einer;* bei den Nationalsozialisten aber gilt: *Einer soll ... mehr sein als 21.* Für die Sozialdemokraten war alles nichts als *Komödie* und *Verleumdung.* Sie zitierten aus Reden Schmids, in denen er zum Waffengebrauch aufgerufen hatte, und sparten nicht mit Kraftworten. Der Vorsitzende (Vizebürgermeister Gleichweit) mußte lange die Glocke

strapazieren, um die Ruhe wiederherzustellen.

Auch Kollmann nannte abschließend die NSDAP eine Partei des Terrors und des *Tiefstands der Sitten,* die der Mehrheit durch Anwendung von Gewalt ihren Willen aufzwingen wolle. Er beschuldigte Schmid, in Wiener Zeitungen (gemeint ist v. a. die sehr weit rechts stehende *DÖTZ = Deutsch-österreichische Tageszeitung*) lügenhafte Berichte über Baden zu verbreiten. Schmids Antrag auf Selbstauflösung des Gemeinderats und auf Neuwahlen wurde schließlich abgelehnt.[64]

Schmid hatte von einem Informanten gesprochen, der ihm Mitteilungen über Interna der Badener Stadtverwaltung zugetragen habe, dessen Namen er aber nicht nenne, um ihn *nicht der Brutalität des Bürgermeisters auszusetzen.*[65] Sieben Gemeindebeamte verlangten daraufhin eine Disziplinaruntersuchung gegen sich. Kollmann begnügte sich mit dieser Vertrauenskundgebung und interessierte sich ausschließlich für den Ausdruck *Brutalität,* über den er sich mit Schmid noch auseinandersetzen wolle.[66]

Im Spätsommer befand die sozialdemokratische Parteiführung, daß ein Aufmarsch fällig wäre. Er fand als „Jungfront"-Treffen am 4. September auf dem Badener Sportplatz statt. Wie schon in früheren Jahren gesellte sich im Laufe des Tages eine stattliche Heersäule aus Hirtenberg hinzu. Das neue „Kampfabzeichen", die *3 Pfeile* (je einer gegen Kapitalismus, Faschismus und Reaktion), wurde dabei vorgezeigt. Kollmann protestierte gegen den Umfang der an sich

[62] Prot. 4. 7. 1932, S. 19.

[63] Ebd., S. 25.

[64] Für den Antrag stimmte angeblich – aber nicht im Protokoll vermerkt – auch der großdeutsche GR Kurtics. Schmids Reaktion auf die Ablehnung: *Viel Feind, viel Ehr'.* – Über Kurtics Prot. 4. 7. 1932, S. 20–37. – Vgl. BW.

[65] In einer öffentlichen Versammlung der Nationalsozialisten am 22. 6. 1932.

[66] Vrtr. Prot. 1. 12. 1932.

friedlichen Kundgebung, die zuerst als harmlose Sportveranstaltung angemeldet war, ohne aber weitere Schritte zu unternehmen.[67]

Ein anderer Ort, wo Auseinandersetzungen erwartet wurden, war der Kurpark. Er machte der Gemeindeführung Sorgen. Zwar bestand Uniformverbot, doch die jungen Leute, die in Gruppen die Bänke besetzt hielten oder aufeinander lauerten, waren an anderen Erkennungszeichen unschwer als Schutzbündler oder Hakenkreuzler zu identifizieren. Die „Jungfront-Demonstration" wurde als „Bummel" getarnt. Ab 7 Uhr war der tägliche „Nazibummel" angesagt. Ähnliches spielte sich außerhalb des Kurparks in den Nebengassen und Durchhäusern der Stadt ab. Dem Uniformverbot in Kurorten begegnete man von Seite der „Nationalen" mit einem Boykottaufruf, um den reichsdeutschen Fremdenverkehr in Gemeinden zu lenken, in denen der Nationalsozialismus nicht bekämpft wurde. Dem Ruf nach der Polizei wollte Kollmann nicht zustimmen. Als man eine generelle Eintrittsbeschränkung nur auf Kurgäste (mit Legitimationszwang) forderte, sprach er sich auch dagegen aus oder wollte sie nur für partielle Zonen gelten lassen.

Zum Jahresende zog man die Bilanz eines Krisenjahres, das auch den Kurort schwer getroffen hatte, wenn auch nicht in allen Sparten.[68] Die Heilbäder verzeichneten sogar einen Gewinn von 90.000,– S, die Freibäder, bei denen man sich diesmal nicht auf die verregneten Sonntage ausreden konnte, einen Verlust von 200.000,– S, davon allein das Strandbad 175.000,–. Der Abgang war 220.000,– S, noch höher als ohnehin befürchtet, weil die oben erwähnten Ertragsanteile nach einem geänderten Aufteilungsschlüssel liefen.

Auch der Bund sparte spürbar. Die an die Gemeinden verteilten Ertragsanteile sollten um 22,5 % gekürzt werden. Kollmann konnte sich rühmen, daß er hier Milderungen erreichte. Die Gemeindeumlage (20 %) war immer noch eine der geringsten im ganzen Land, andere Gemeinden hoben ein Mehrfaches davon ein (Wr. Neustadt fast das 30fache). Nun wurde endlich doch mit einer Erhöhung geliebäugelt. Manches sprach dafür, z. B. das Argument, daß sich ohnehin kein Mensch bei dem auskenne, was das Steueramt tue. Außerdem stufte man Baden an höherer Stelle nicht als förderungswürdig ein, solange die Gemeindeumlage nicht erhöht wurde. Davon war z. B. die Wohnbauhilfe für Objekte betroffen, für deren Bau die Gemeinde vor zwei Jahren ein Darlehen aufgenommen hatte. Nun war man geradezu froh, daß nicht gebaut worden war. Es wäre eine Passivpost geworden. Kollmann schilderte plastisch, wie sehr er sich eingesetzt hatte, eine Wohnbauhilfe zu bekommen: *ich habe mich mit ganzer Gewalt, mit meinem ganzen Gewicht und es war groß genug mich (lebhafte Heiterkeit) dafür eingesetzt.*[69] Dr. Justiz von der Opposition hielt einen seiner langen Theorievorträge über Geldpolitik: Kaum noch einbringliche dubiose Außenstände, insgesamt 1,5 Millionen, sollten endlich abgeschrieben werden, um eine wahre Bilanz zu ermöglichen. Die Gesamtschuld der Stadtgemeinde schätzte er auf nunmehr über 17 Millionen und

[67] BW. Nr. 37, S. 3. – BVb. Nr. 37, S. 2.

[68] Prot. 29. 12. 1932.

[69] Ebd., S. 49. – Es ist freilich die Frage, ob nicht die bei ihm beliebte Verdrehung ins Scherzhafte ein Symptom dafür ist, daß es ihm eben nicht um die Priorität des Problems ging. Aus Anlaß der Behandlung der Wohnungsangelegenheiten wurden wieder einmal die Baracken erwähnt: In der Vöslauerstraße seien es immer noch 200, in Leesdorf 300 Menschen, die darin wohnten.

nicht, wie ausgewiesen, auf 16.[70] Dennoch zeigte er manches Verständnis, sodaß die traditionelle Ablehnung sowohl des Rechnungsabschlusses wie des Voranschlages durch seine Fraktion eher unmotiviert schien. Kollmann nahm ihn beim Wort und freute sich in der Erwiderung über das gute Verhandlungsklima. Vielleicht trug die Abwesenheit des NS-Gemeinderats Schmid zu diesem besseren Klima bei. Man hatte Kollmann im Laufe der Debatte der Verwendung eines Zauberstabes verdächtigt. Er zeigte seinen langen Rotstift: *Das ist der Zauberstab!* Was die Eintreibung der Schulden anlangt, verwies er auf mögliche Härtefälle, die Menschen in den Ruin treiben könnten. Persönlich bekannte er sich dazu, die teuren Hotelpreise (z. B. Herzoghof) nicht für eine eventuelle *billigere* Kundschaft zu senken. Er jedenfalls lege bei Auslandsreisen stets Wert auf Komfort.[71]

Der Voranschlag stand – wie damals alle Finanzplanungen in Österreich – unter der Spardevise. An die Weiterführung der Aktion *Kinder aufs Land* war nicht zu denken. Die *Winterhilfe* wurde drastisch eingeschränkt. In der ersten nach winterlichen Gemeinderatssitzung am 22. März kam die wachsende Nervosität der Bevölkerung zum Ausdruck. Die Sozialdemokratin Jagenbrein behauptete, daß es 44 Fälle gebe, in denen – aus parteipolitischen Gründen, wie sie betonte – Kinder beim Winterhilfsprogramm benachteiligt worden waren. Kollmann verlangte Namen und versprach Aufklärung. Sie wurde beim folgenden Sitzungstermin am 29. d. M. in der vertraulichen Sitzung gegeben: Alle genannten Kinder hatten ihren Anteil bekommen. Kollmann machte den Beschwerdeführern keinen Vorwurf, die Eltern kannten sich eben in der Fürsorgebürokratie nicht so recht aus.[72]

Eines stand zweifelsfrei fest: Es war höchste Zeit, sich über die Zukunft des Kurortes den Kopf zu zerbrechen. Am 15. Februar 1933 eröffnete Kollmann eine *Beratung* (Enquete), zu der er Fachleute zuzog, die sich mit den Richtlinien für die kommende Saison beschäftigen sollten. Wesen und Aufgabe eines Kurortes waren im Begriffe sich zu ändern. Die Gäste kamen nicht mehr als Angehörige einer mehr oder minder internationalen „leisure class" mit Dienstmädchen zu längeren Aufenthalten; Pauschalurlaube bzw. -kuraufenthalte wurden zunehmend gefragt. Das Publikum sehe sich, so Kollmann, die Preise genauer an. Ein Viertel Wein koste in Wien 30 oder 40 Groschen. Man könne allenfalls in Baden 60 verlangen, aber 1 Schilling sei entschieden zuviel. Die lange erbetene Wintersaison gab es noch immer nicht. Als zwischen 31. Jänner und 5. Februar die Tischtennis-Weltmeisterschaften in Baden ausgetragen wurden, schrieb das Badener Volksblatt voll Begeisterung, es war, *wie eigentlich eine Wintersaison auszusehen hätte.*[73] Übrigens: die Ungarn machten das Rennen, aber ein Badener, Erwin Kohn, schaffte zuletzt im Einzelbewerb den 3. Platz.[74]

Am 29. März 1933 war Schmid bei der Gemeinderatssitzung wieder anwesend und das Rencontre mit Kollmann konnte eine Fortsetzung finden. Schmid hatte das Forum des nö. Landtags benützt, um die Badener Gemeindeverwaltung

[70] Ebd., S. 53.

[71] Ebd., S. 29f.

[72] Vrtr. Prot. 22. und 29. 3. 1932.

[73] BVb. Nr. 6, S. 1.

[74] BZ 1933, Nr. 8 bis 11.

Richard Kurtics (auch Kurtitz), Großdeutsche Volkspartei

massiv anzugreifen. Unter anderem hieß es, daß für Empfänge und *Saufgelage* von der Gemeinde horrende Summen ausgegeben würden, so z. B. für einen internationalen Rotarierkongreß 2400,– S, für die Bundesbahndirektoren etwa 770,– S. Dem Gemeinderat gegenüber bestritt er, das inkriminierte Wort *Saufgelage* verwendet zu haben. Seine Stoßrichtung war die *Schuldenwirtschaft.* Zwar konnte er nicht leugnen, daß er, wie Kollmann ihm vorhielt, für jede der Darlehensaufnahmen gestimmt habe. Aber Schmid brachte den Rechnungshofsbericht mit in die Sitzung und der war keineswegs allgemein bekannt. Zumindest den folgenden Passus hatte Kollmann nicht in die öffentliche Plenarsitzung eingebracht: *Seit Jahren besteht bei der*

Stadtverwaltung die Gepflogenheit, dass sehr beträchtliche Ausgaben für laufende wertvermehrende Anlagen vollzogen werden, für die im ordentlichen Gemeindebudget nicht vorgesorgt wird, für die auch nicht durchwegs die vorherige Genehmigung des Gemeinderates eingeholt wird.[75] Schmid wiederholte die alte Beschwerde der Sozialdemokraten, der Bürgermeister hindere die Gemeinderatsmitglieder daran, sich Informationen zu verschaffen. Sie könnten zwar zu ihm in die Kanzlei kommen, aber er sei entweder nicht da, oder man werde *hinauskomplimentiert.* Das laufe aber, so der Schluß des Rechnungshofs, auf eine Verschleierungstaktik hinaus.[76]

Kollmann erwiderte gereizt, *eine derartige Kampfesweise* sei *hässlich* und vergifte das ganze öffentliche Leben. Besonders ärgerte ihn, daß in der letzten Zeit ein Steueramtsbeamter sein gut gehendes Geschäft pfänden wollte. Diesen Herrn hielt er – entgegen den Beteuerungen Schmids – für einen NS-Parteigenossen. Zuletzt fand er wieder zu einem gemäßigten Schlußwort zurück: *Ich brauche keine Schonung, ich stehe jedermann Rede und Antwort.*[77]

Am 5. April waren die „Nationalen" abwesend. Neben Schmid waren auch Kurtics und Trenner ferngeblieben, offenbar aus „strategischen" Gründen. Man stritt über Maßnahmen zur Sicherung der Ruhe und Ordnung. Verhindern wollte man das *Bummeln* der Jugendgruppen, *Spaziergänge, wenn dabei wiederholt bestimmte Wegstrecken begangen werden* oder auch *das Herumstehen mit Fahrrädern,* weil dadurch die Sonntagsgäste ausblieben (die *übliche*

[75] Prot. 29. 3. 1933, S. 20f.

[76] Ebd., S. 24.

[77] Ebd.

Völkerwanderung auf die Hauswiese).
Das sollte der Landeshauptmann für die
Sommersaison verbieten; was den Ein-
wand der Opposition provozierte: wir haben ja auch eine Wintersaison. Man war
sich irgendwie sogar einig und produ-
zierte Wortspiele anstatt der üblichen
Grabenkämpfe.[78]

Noch gab es Positionen, in denen die
Sozialdemokraten tätig waren. Dazu
zählte in Baden die Verwaltung des Be-
zirksaltersheims und des Waisenhauses.
Der Verwalter wurde vom Bezirksfürsor-
gerat bestimmt, und der Bezirk war
mehrheitlich „rot". Im Herbst 1932 waren
wieder einmal Wahlen fällig, die mit Stim-
mengleichheit endeten. Man ließ – ein
eher ungewöhnlicher Vorgang – das Los
entscheiden. Es entschied für den Sozialdemokraten Meixner, der nun nach
sechs Jahren einen Christlichsozialen
ablösen sollte. Es kam, wie es kommen
mußte: Wie in der Nachkriegszeit gab es
Mißhelligkeiten mit den geistlichen Be-
treuern der Anstalten, etwa weil die Kapelle nicht zu jeder Tageszeit frei zugänglich war und dgl. mehr. Meixner, der
zu den Linken in seiner Fraktion zählte,
wurde im Volksblatt prompt als *Miniatur-
Stalin* angeprangert.[79]

Demokratie ausgeschaltet: 1934

Dem Schnitt des Chirurgen gleich, der
ein scharfes Messer ansetzt, endete am
4. März 1933 im Sitzungssaal des Parlaments eine Epoche. Nur daß es kein be-
wußter Eingriff war, sondern eine Ereig-
niskette, die im ergebnislosen Nie-
mandsland endete. Die „Selbstausschal-
tung" des Parlaments wurde durch einen
unüberlegten Akt des Präsidenten Karl
Renner herbeigeführt, ausgerechnet
durch den Mann, der am Anfang der Ersten Republik stand, die er nun durch
seinen Amtsverzicht ungewollt beenden
half. Denn was folgte, war für „die anderen" ein Glücksfall, endlich eine Entscheidung, ein Strohhalm, an den man
weitere Entscheidungen anbinden
konnte, die sich dann freilich auch als
haltlos erwiesen. Das gilt schon für die
Rücktrittsentscheidungen des zweiten
und dritten Nationalratspräsidenten, die
an sich juridisch noch schwerer wogen.
Daß Renner später auch der Hauptbe-
gründer der Zweiten Republik war, war
eine der seltenen Wiedergutmachungen
„der Geschichte", zumindest was die
Person betrifft.

Kollmann war bei dieser historischen Sitzung anwesend. Über seine Empfindungen bei dieser Gelegenheit dürfen wir
uns keinerlei Illusionen hingeben: er hat
sich gefreut wie die meisten anderen seiner Parteifreunde. Er *habe selbst in der
letzten Sitzung des Nationalrats teilge-
nommen, in der es zur Lahmlegung des
Parlaments gekommen sei, ohne daß
dies eine der Parteien beabsichtigt, ja
nur geahnt habe. Er habe sofort den Eindruck gehabt, daß dies eine Fügung der
göttlichen Vorsehung gewesen sei.* So
Kollmann rückblickend in einem ungewohnt hymnischen Ton auf der Grün-
dungsversammlung der Ortsgemein-
schaft Baden des Deutsch-österreichi-
schen Gewerbebundes am 11. Mai
1933.[80]

Er erfaßte mit Genugtuung, daß der
Kampf gegen die Sozialdemokraten, die
inneren Feinde seiner Ordnungsvorstel-

[78] Prot. 5. 4. 1933, S. 4 ff.

[79] BVb. 1933, Nr. 11, S. 2.

[80] BVb. Nr. 20, S. 2.

Karikatur zum Jahreswechsel 1933/34 in der „Spottdrossel", Beilage zur „Badener Wacht"

lungen seit 1918, plötzlich als entschieden gelten konnte, und zwar durch eine selbstzerstörerische taktische Aktion dieses Gegners selbst. Aber er gab sich nicht einer billigen triumphalistischen Emotion hin wie andere – zumindest nicht nach der allerersten Reaktion, die vielleicht als Kurzschluß zu erklären ist. In einer Parteiversammlung der Christlichsozialen erklärte er, daß nun endlich die Hindernisse, die die Sozialdemokraten der parlamentarischen Verabschiedung von Gesetzen in den Weg legten, beiseite geräumt werden könnten, und zwar im Verordnungswege. Hier sah er einen positiven Sinn der – für ihn wohl vorübergehenden – Parlamentsaus-schaltung. In der Besprechung nannte er die Sperrgesetze gegen die erdrükkende Überfüllung mancher Gewerbezweige, auch wenn sie die Gewerbefreiheit einschränkten; die strengere Handhabung der Pfuschergesetze usw. Anderseits hob er sofort den Kampf gegen den Hauptfeind hervor: Vom „Jude verrecke" der Nazis ist nicht mehr viel übriggeblieben, sagte er; die Enttäuschung hierüber werde sich auch bald in den eigenen Reihen einstellen.[81] Kollmanns Rolle in der Bundespolitik der Krisenjahre der Ersten Republik (1933/34) war trotz dieser Worte auf Ausgleich mit der anderen Großpartei abgestellt, später – nach dem Bürger-

[81] BVb. 1933, Nr. 13, S. 2f.

krieg im Februar 1934 – auf Versöhnung. Das wird von der Memoirenliteratur führender Politiker hervorgehoben und von der zeitgeschichtlichen Forschung an Hand von Sitzungsprotokollen bestätigt.

In den stenographischen Protokollen können wir Kollmann, der seit dem Tod Jodok Finks das Amt des Klubobmanns der christlichsozialen Fraktion des Nationalrates innehatte, beim Formulieren seiner Gedanken quasi zuhören: Er ist dort extrem sachlich bei der Behandlung seiner Agenden, anderseits auch gelegentlich voll lockerem sarkastischem Witz, also so wie wir es von ihm erwarten.[82]

Unmittelbar nach der Selbstauflösung des Nationalrates, noch am 4. März 1933, erkennt er sofort, daß eine Entscheidung von größter Tragweite gefallen ist: *Die Sache ist für mich klar. Es wird nicht gerüttelt und kritisiert. Wichtig ist das Kommende.*[83] Er quittiert die Ereignisse spontan im Gleichklang mit der Fraktion – freilich mit beachtenswerter Wortwahl: *... glücklich, daß die Sozi diesen Zustand herbeigeführt haben. Ich begrüße, daß die Sozi, die Ausbeuter des Parlamentarismus, diesen selbst vernichtet haben.*[84] Aber er analysiert auch, gelassener als die aufgeregt durcheinanderredenden Parteigenossen: *2 Möglichkeiten: Wenn man scharf nimmt, Aufhebung der Immunität für die im Parlament und in allen Landtagen gehaltenen Reden. Das schärfere: Regierungskommissär ...*[85] Ob das lediglich ein Gedankenspiel war oder ein ernst zu nehmender Ratschlag an den anwesenden Bundeskanzler Dollfuß, bleibt offen.

Er zählt die Alternativen auf, die es noch gibt.

Eine andere Äußerung, die Kollmann in einer Sitzung des Klubvorstands am 3. Mai machte, betont die eindeutige Abgrenzung gegenüber den Nationalsozialisten. Unter dem Eindruck der Machtergreifung in Deutschland lehnte er deren Angebot ab, gemeinsam gegen die Sozialdemokraten vorzugehen: *Jedes Recht auf Freiheit wird mit Füßen getreten. Eine solche Partei sollen wir in die Regierung nehmen? ... Unmöglich. Die NS sind der Sammelpunkt aller Hasser gegen die christlichsoziale Partei. Alte ‚Los von Rom'-Männer aus der Mistkiste ... Der Judenboykott, staatspolitisch die größte Dummheit. Was er ihnen kosten wird, werden sie sehen.*[86]

Angesichts des bekannten ständestaatlichen und proitalienischen Kurses der Regierung Dollfuß schloß er sich mit Überzeugung jenen an, die innerhalb seiner Partei eine Opposition bildeten; eine Opposition freilich, die an der selbstauferlegten Schweigepflicht und damit an der Krankheit des Selbstzweifels zugrundegehen mußte; die deswegen nicht öffentlich auftrat, weil sie dem Kanzler in seinem Kampf *um die österreichische Staatlichkeit letzten Endes weder in den Rücken fallen konnten noch wollten.* Heimwehrgegnerische Gruppierungen innerhalb der Partei um Kunschak suchten verzweifelt, den Bestand der Partei zu retten. Andere, zu denen auch Kollmann gehörte, nahmen Kontakte zu den Sozialdemokraten auf und versuchten, den Bundespräsidenten Miklas zu beeinflussen.[87] Mitte September 1933 gab es Kontakte zwischen

[82] Er erzählt etwa von der Romreise der Parlamentarier, *mit welcher Kraft die Großdeutschen und Landbündler vor Seiner Heiligkeit in die Knie gesunken sind* (Protokolle des Klubvorstandes 9. 2. 1932, S. 111).

[83] Protokolle des Klubvorstandes S. 142.

[84] Ebd., S. 137.

[85] Ebd., S. 142. – Typisch für die herrschende Irritation die prophetische Aussage von Streeruwitz (Ex-Bundeskanzler): *Uns holt der Teufel. In drei Jahren sitzen wir nicht mehr hier* (Protokolle S. 201).

[86] Protokolle des Klubvorstandes S. 245.

[87] Adam Wandruszka, Österreichs politische Struktur. In: Benedikt 1954, S. 291–485, S. 347.

Schneidmadl und Kollmann und deren Parteifreunden, *allem Anschein nach … nicht … exakt angebbare Verhandlungsrunden*, sondern Gesprächskontakte in Zusammenhang mit der Vorbereitung des Landesbudgets. Noch bestanden diese Kontakte und trugen Früchte. Der Christlichsoziale Josef Reither war mit Hilfe der sozialdemokratischen Fraktion zum Landeshauptmann von NÖ gewählt worden.[88]

Heinrich Schneidmadl, damals nö. Landesrat, nahm im Auftrag der sozialdemokratischen Partei Verbindung mit niederösterreichischen Christlichsozialen auf. Er schreibt in seinem Erinnerungsbuch: *Ich drängte nicht nur Reither, seinen Einfluß auf Dollfuß geltend zu machen, sondern nahm auch die Verbindung zu andern christlichsozialen Funktionären auf … vor allem mit Bürgermeister Kollmann aus Baden … Ich hielt Kollmann auf dem laufenden über meine Gespräche … Kollmann, der lange Zeit sehr optimistisch war, hielt ständige Verbindung mit Parteiobmann Leopold Kunschak sowie mit dem kompromißbereiten Flügel der christlichsozialen Nationalratsfraktion und hoffte, mit deren Hilfe Dr. Dollfuß zu ernsthaften Verhandlungen zu bringen.* Schneidmadl und Kollmann trafen einander fast jede Woche in der Herrengasse. Da Kollmann *nicht nur bejahrt war, sondern auch an Asthma litt*, eine physische Leistung – in Ermangelung eines Aufzugs mußte er zu Fuß in den dritten Stock hinaufgehen.[89]

Karl Renner resümierte in seinem Erinnerungsbuch: *Bei all den Maßnahmen dieser Phase seiner Regierung hatte sich Dollfuß am allerwenigsten um die Christlichsoziale Partei gekümmert; er behandelte sie seit der Ausschaltung des Parlaments ebenso als abgetan wie alle anderen Parteien. Mitte Oktober versammelte sich wider seinen Willen der parlamentarische Klub dieser Partei, wählte den parlamentarisch gesinnten ehemaligen Finanzminister Kollmann zum Obmann, versuchte seine schweren Bedenken gegen den Kurs vorzubringen und lud den Kanzler zur Berichterstattung ein – das Verhängnis gönnte auch diesem letzten Versuche keinen Erfolg. Nachdem der Kanzler seinen Bericht erstattet hatte, war die Mittagsstunde da, man ging zu einer Essenspause auseinander, da wurde im Vorsaal von einem nationalsozialistisch gesinnten jungen Mann ein Attentat auf Dollfuß verübt, der Kanzler wurde verwundet und lag einige Tage zu Bett. Eine Wiederholung der Veranstaltung lehnte Dollfuß rundweg ab.[90]* Daß Kollmann von irgendeiner dissidenten Gruppe zum Obmann gewählt worden wäre, davon ist anderswo nichts zu erfahren.

Tatsächlich hatte die Serie politischer Attentate die Regierungsspitze erreicht, als Rudolf Drtil (oder Dertil) am 3. Oktober 1933 Dollfuß im Parlamentsgebäude durch Revolverschuß leicht verletzte. Der Attentäter war laut Badener Wacht[91] Bundesheersoldat und Mitglied des christlichsozialen Wehrbundes, später Nationalsozialist. Die Badener Wacht erschien übrigens zunehmend mit weißen Flächen, Zeugnissen der Tätigkeit der Pressezensur, oder wurde überhaupt beschlagnahmt, so die Nummern 11 und 12 des Jahrgangs 1933. Kurz danach wurde der Schutzbund aufgelöst (30. März).

88 Manfred Hahn: Zwischen Illusion und Resignation. März 1933 – Februar 1934. Diss. Univ. Wien 1986, S. 298.

89 Schneidmadl, Heinrich: Von Dollfuß zu Hitler, Wien 1964, S. 30 ff. – Vgl. Hannak Jacques, Renner – und seine Zeit, S. 585.

90 Renner Karl, S. 133.

91 BW 1933, Nr. 40, S. 1.

Im November 1933 arbeitete Renner den Entwurf eines überparteilichen *Staatsrates* im Rahmen eines *Staatsnotstandsgesetzes* aus, den er dem Bundespräsidenten, seinem ehemaligen Mitpräsidenten des Nationalrates Dr. Ramek und je einem Vertreter des Landbundes und der Christlichsozialen übergab.[92] Als letzteren wählte er Kollmann, ein deutlicher Beleg für dessen Schlüsselposition.[93] Auch Schneidmadl gab seine Bemühungen nicht auf, über Kollmann mit Dollfuß in Verbindung zu treten, kam sogar deswegen (am 2. Dezember) einmal nach Baden; Kollmann versprach, noch einmal Ramek zu treffen.[94]

Helmer rief am 12. Januar gegen Mittag Kollmann an, den Klubsekretär der (damals schon ehemaligen) christlichsozialen Fraktion im Nationalrat, um die Vermittlung eines Gespräches mit der Regierungsspitze zu erreichen. Dieser besprach die Bitte anschließend im Klub – *Kollmann: Die Sozi haben vier Herren gewählt, mit der Regierung und mit der CSP (der christlichsozialen Partei) in Verhandlung zu treten. Alle für den Bestand Österreichs ... Sie wünschen heute mit uns zu sprechen. Frage: sollen wir es machen heute. Der BK (Bundeskanzler) möge ein Wort sagen. Wir kämpfen und siegen. Die Partei, die gegen NS ist, ist ungeheuer groß, aber die Sozi haben kein Interesse, die Regierung zu unterstützen. (Gleissner: Daß nicht die Braunen kommen.) Ist eine Stimme hier, ob wir heute sprechen sollen oder nicht. Nein! Dann werde ich Helmer um Entschuldigung bitten, heute noch nicht eine Aussprache.*[95]

Die Frage ist, ob Kollmann hier bewußt ein entgegenkommendes *heute* vorge-

schoben hat, wider sein besseres Wissen um den bereits erfolgten Entschluß des Bundeskanzlers Dollfuß, solche Kontakte ad acta zu legen. Er verlangt ein Vorgehen des Bundeskanzlers gegen die dauernden Interventionen der Heimwehr. Er drückt es klar genug aus: *So kann es nicht weitergehen, daß jeder Lausbube ... Drei Prozent der Bevölkerung sind in der Heimwehr und davon ein Prozent Nazi.*[96] – Auffällig ist aber doch auch sein Schweigen während entscheidender Phasen dieser Sitzungen. Gelegentlich meint die Forschung, daß auch er nicht gut wegkommt.[97]

Am 12. Februar vormittags war Kollmann wieder einmal in der nö. Landeshypothekar-Anstalt in der Wipplinger Straße, als die ersten Nachrichten von den Vorgängen in Linz eintrafen. Er begab sich ins Parlament, dann ins Landhaus. Dort, so erzählt Helmer in seinem Erinnerungsbuch, gab es noch einmal eine gemeinsame Aktion von Landeshauptmann Reither und Landesrat Prader von den (ehemaligen) Christlichsozialen, die spontan in Helmers Zimmer im nö. Landhaus erschienen und ihn aufforderten, gemeinsam noch einmal zu Bundespräsident Miklas zu gehen. Auch Kollmann war mit von der Partie. Helmer mußte ablehnen, er versuchte gerade – vergeblich, er lief der Polizei in die Hände –, nach Wiener Neustadt zu gelangen. Reither berichtete später, Helmer, er und Kollmann seien beim Bundespräsidenten gewesen und hätten ihm wegen seines Nichteingreifens Vorwürfe gemacht. Danach fuhr Kollmann nach Baden, wo er sich um Sicherungsaufgaben kümmerte.[98]

[92] Am 6. November (Schneidmadl S. 44 f.). – Holtmann Everhard: Sozialdemokratische Defensivpolitik vor dem 12. Februar 1934, 1975, S. 118.

[93] Diesen Akt des Vertrauens, der 1945 seine nahtlos anschließende Fortsetzung fand, gab Renner am 17. März 1934 bei der Einvernahme im Landesgericht zu Protokoll, als ihn nach den Februarereignissen der Untersuchungsrichter über die fragliche Zeitspanne verhörte (Hannak S. 602).

[94] Schneidmadl S. 46.

[95] Protokolle der Sitzung am 21. 1. 1934, S. 332. – Siehe auch Hahn S. 504.

[96] Protokolle des Klubvorstandes, S. 335. – Die Sätze sind im Stenogramm oft unvollendet geblieben.

[97] Protokolle des Klubvorstandes, Einleitung von Goldinger S. 14 f.

[98] Helmer Oskar: 50 Jahre erlebte Geschichte, S. 155. – Kollmanns Bericht in: BVb. 1936, Nr. 15, S. 5 f.

Nachdem die Schüsse gefallen waren, resümierte Kollmann am 15. Februar im christlichsozialen Klub wieder im Sinne seiner Erstreaktion vom März 1933: *Wir hoffen, daß eine Entwicklung abgeschlossen ist, welche mit 1918 begonnen hat.*[99] Wir können dem, wie ich glaube, nach allen vorstehenden Aktionen einen resignativen Unterton unterlegen – diesen bestätigt eine Feststellung von Franz Olah, daß Kollmann *von den Ereignissen jener Tage zutiefst betroffen war.*[100]

Demokratie-Ausklang in Baden: 1934

Gehen wir noch einmal zurück zu den letzten Sitzungen des Gemeinderats, denn erst in der Rückschau erhalten die dort gesprochenen Worte Kollmanns ihren wahren Sinn. Schon zum Jahresende 1933 hatte er versöhnliche, ja ermunternde Worte gefunden: *Ich wünsche allen Frauen und Herren ein glückliches Neujahr und hoffe, dass wir im neuen Jahr ebenso gut, mindestens wie im Vorjahre zusammenarbeiten. Es ist aus diesem Raume der Hass geschieden und so soll es auch bleiben. Wir sind alle Menschen desselben Volkes und derselben Art, wenn auch in manchem verschieden, aber wir wollen zusammenhalten. Mit diesem Wunsche schließe ich die Sitzung.*[101] Das ist sicher auch aus der Stimmung des Augenblicks geboren, klingt aber jedenfalls anders als die Äußerungen im Gespräch mit den Parteigranden. Es ist nämlich dort gesprochen, wo er seine Vorstellungen als der primus – wenn auch nicht inter pares – ausleben konnte, in „seiner" Gemeinde;

wo er mit dem Herzen bei der Sache war, heute könnte man sagen, eine Portion Basisdemokratie nachlegen konnte.

Am 7. Februar 1934 waren alle Mandatare noch einmal vollzählig erschienen; man behandelte den Rechnungsabschluß 1933 und den Voranschlag 1934, wie alljährlich hintereinander in einer Sitzung. Der sozialdemokratische Sprecher Schulz kündigte – diesmal in ungewohnter Weise – die Zustimmung seiner Fraktion zu diesem Budget an, nachdem er einige Worte zum Thema Diktatur gesagt hatte. Dr. Justitz verzichtete auf die üblichen langen Reden und ging gleich auf Detailfragen ein.

Höchst bemerkenswert war, was Kollmann dem Gemeinderat nun zu sagen hatte. Er appellierte an alle, damit auch an die Opposition, wollte auch nur den Anschein einer Ausgrenzung der Opposition vermeiden. *Nun, meine Herren, eine andere Frage, die Frage, ob die Vertretung, in der wir uns befinden, eine autoritäre oder eine demokratische sein soll. Ich bin mir nicht bewusst, dass die Bevölkerung von Baden den Wunsch haben sollte, dass irgend jemand – sei es wer immer – einfach jene Personen ernennt, die dann das Recht haben, die Stadt zu verwalten! (Lebhafte Zustimmung) ... Es könnte ja sonst der Fall eintreten, dass jemand in die Gemeinde geschickt wird, der noch nie etwas mit den Verwaltungsgeschäften einer Stadt zu tun gehabt hat, aber er ist gerade an der Tour, ernannt zu werden, da stehe ich schon auf dem Standpunkte des Volkswillens und nicht auf dem Standpunkte des Einzelwillens. Allerdings kann es eine Zeit geben, wo der Einzelne etwas*

[99] Protokolle des Klubvorstandes S. 359.

[100] Gesprächsaufzeichnung bei Wolkerstorfer, S. 93 und Anm. S. 143.

[101] Vrtr. Prot. 28. 12. 1933, S. 18.

schärfer zum Ausdruck kommen soll – na, dann soll er halt stärker zum Ausdruck kommen, aber das Andere ist das bleibende! Bei der Erwähnung der Einführung der freien Gemeinde im Jahre 1850, die *eine freie Gemeinde bleiben soll in aller Ewigkeit ...* vermerkt das Protokoll *Bravorufe bei den Sozialdemokraten, stürmischer Beifall.*[102] Die Anspielung auf die Rolle von Wahlen und damit auf eine (noch) mögliche Korrektur des herrschenden autoritären Kurses ist unüberhörbar.

Baden war von den in Wien tobenden Februarkämpfen nicht berührt. Dennoch lief eine Automatik ab. Wie auf Knopfdruck erinnerte man sich an die Nachkriegszeit und hielt einen Angriff des Schutzbundes („rote Horden") aus dem geradezu als Feindesland betrachteten Triestingtal für nicht ausgeschlossen. Ein stattliches Aufgebot wehrhafter Verbände stand bereit: Der Heimatschutz (15 Mann unter Oberstleutnant Dollinger), die christlich-deutschen Turner (40 Mann unter Turnbruder Michalsky), der Freiheitsbund (38 Mann unter Oberleutnant Karger), die Frontkämpfervereinigung (86 Mann unter Vizebürgermeister Dr. Hahn), dazu natürlich Polizei und Gendarmerie. Sie alle schützten die angeblich gefährdeten Zufahrtsstraßen.[103]

[102] Prot. 7. 2. 1934, S. 36 f.
[103] BVb. 1934, Nr. 8, S. 3.

VII. Diktatur im Namen Österreichs

Der Ständestaat I: 1934–1936

Mit den Februarereignissen endete auch die Gemeindedemokratie und das heißt die Anwesenheit der sozialdemokratischen Mandatare im Gemeinderat. Sie wurden ersatzlos ausgeschieden. Aus dem Gemeinderat wurde ein „Gemeindetag". Dessen Sitzungen verloren die Farbigkeit der Wechselrede und des manchmal fruchtbaren, manchmal unfruchtbaren Streits. Das zeigte sich in der abnehmenden Länge der Protokolle. Machte der Band 1931 noch 633 Seiten aus, waren es 1936, während der ständestaatlichen Diktatur, ganze 133.

Es endete auch die „Republik", der Name wurde offiziell durch das Wort „Bundesstaat" ersetzt. Ein Rumpfnationalrat bestand noch. Er beschloß, beinahe unbemerkt von den Zeitgenossen (und auch von manchen Autoren), ein *„Verfassungsermächtigungsgesetz"*, auf Grund dessen am Folgetag, dem 1. Mai, eine neue Verfassung auf *christlicher und ständischer Grundlage* verkündet wurde. Sie hatte eine autoritäre Struktur. Das Recht ging *von Gott aus*, der obersten Autorität.[1]

Bei einer Totenfeier für die Februargefallenen *im Doblhoff* (Doblhoffpark) und auf einer vaterländischen Kundgebung am 4. März im Kurhaussaal fehlte der Bürgermeister.[2] Erst auf einer VF-Kundgebung am 24. März auf dem Leopolds-platz (heute Brusattiplatz) mußte Kollmann den Siegern, das war der Heimwehrflügel der „Vaterländischen Front", seine Loyalität und die Loyalität der Stadt versichern: *Die Folgen des Bürgerkrieges wären unabsehbar.* Heimwehrführer Baar-Baarenfels setzte hingegen den Akzent auf eine Vereinigung von nationalem Gedanken und katholischem Geist. Seine Losung war: *Wir wollen gute Österreicher sein und Österreicher bleiben und keine schlechten Preußen werden.* Von Interesse war die Begründung, warum er gegen den Anschluß sei: Der hätte *nach der europäischen Lage nur den Einmarsch fremder Mächte zur Folge.* Also keine Frage des Prinzips, sondern der politischen Opportunität.[3] Den 1. Mai, jetzt Verfassungstag, mußte man in Baden festlich begehen, denn es war der Tag, an dem die Sommersaison eröffnet wurde. Man ließ sich etwas Unpolitisches einfallen, das den Kurort in einer szenischen Allegorie beglänzte. Alfred von Ehrmann[4] schrieb das Festspiel *Gäste aus der Unterwelt*, in dem allerlei Nymphen auftreten. Einmal mehr begab man sich auf eine ästhetische Ebene, die sich von den realen Problemen der Politik und der Wirtschaft nicht stören ließ, wo sich der Anschein von Zufriedenheit, sogar von Lebenslust herstellen ließ. *Wir erleben prachtvolle, prangende, blütenschwere Frühlingstage,* hieß es im Badener Volksblatt.[5] Solche wohlgefälligen

[1] Kleindel Walter, Österreich-Chronik.

[2] BVb. Nr. 8 und 10.

[3] BVb. 1934, Nr. 13, S. 2.

[4] Alfred Ehrmann von Falkenau, geb. 1865 zu Salzburg gest. 1. 10. 1938 zu Baden durch Selbstmord.

[5] BVb. Nr. 18, S. 1.

Stimmungsbilder, die die Natur zur Feststimmung beitragen ließen, wollte man mit dem Besuch Kardinal Innitzers, der eine Woche zuvor stattfand, zu einer alles umgreifenden harmonisierenden, d. h. wirklichkeitsfremden Aufbruchsstimmung hochstilisieren. Es war die Grundtendenz der Medien in den kommenden Jahren.

Daß dieses Bild trog, ist allgemein bekannt. Nach dem 25. Juli erschienen die Zeitungen mit Trauerrand und den Meldungen von der Ermordung des Bundeskanzlers. Dr. Dollfuß, eben noch durch eine Regierungsumbildung zum Chef von vier Ministerien geworden, wurde von einem nationalsozialistischen Putschkommando im Bundeskanzleramt erschossen. Der Putsch schlug fehl, der Versuch einer Machtergreifung durch Handstreich mißlang. Die Kämpfe in den Bundesländern zogen sich zwar bis zum 30. Juli hin und erforderten ebenso viele Tote wie die Februarkämpfe, der Bestand der Regierung war aber nie gefährdet. Ebenso wie im Februar wurden die aktiven Kämpfer für ihre jeweiligen Staatsideen von breiteren Schichten der Bevölkerung nicht unterstützt, obwohl es in beiden Fälle eine unbestimmte Zahl von passiven Sympathisanten gab.

In Niederösterreich blieb es ruhig, daher trat der örtliche Heimatschutz in einem anderen Bundesland in Aktion, wo er zur

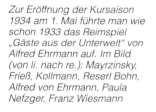

Zur Eröffnung der Kursaison 1934 am 1. Mai führte man wie schon 1933 das Reimspiel „Gäste aus der Unterwelt" von Alfred Ehrmann auf. Im Bild (von li. nach re.): Mayrzinsky, Frieß, Kollmann, Reserl Bohn, Alfred von Ehrmann, Paula Nefzger, Franz Wiesmann

Bekämpfung der Putschisten gebraucht wurde. Die Badener Einheit wurde unter dem Kommando von Alfred von Kloß und Fritz Fischer von See in Leoben eingesetzt.[6] Die Putschisten ergaben sich bald. Es wurde gemeldet, es habe sich dort im Turm der evangelischen Kirche der Sohn des Pastors mit einem MG verschanzt. Die Kirche wurde beschossen und schwer beschädigt. Nachträglich stellte sich heraus, daß alles auf einem Irrtum beruhte.[7]

Kollmann hielt am 30. Juli im Gemeindetag einen Nachruf, in dem er sagte, daß Dollfuß seiner Geburt, seiner Erziehung, seiner gesamten Vorbildung nach mit Erfolg gewirkt habe. Seine Art, die wirtschaftlichen Verhältnisse zu bessern, schien Kollmann besonders hervorhebenswert. Die Änderung der Verfassung und den Ständestaat erwähnte er mit keinem Wort. Er stellte in Aussicht, daß eine Straße nach Dr. Dollfuß benannt werde, falls die Familie dazu die Zustimmung erteile.[8]

Eine Wiener Zeitung griff ein Gerücht auf, daß dies die Pfarrgasse sein werde, das Volksblatt dementierte nachdrücklich. Es bestehe die Absicht, *einen würdigen Straßenzug zu benennen, keinesfalls kommt dafür die Pfarrgasse in Betracht.*[9] In der Gemeindetagssitzung am 29. August 1934 war es dann doch diese, die fortan nach einstimmigem Beschluß den Namen des *Märtyrerkanzlers*[10] trug. – In einer Rede zum 25jährigen Bestehen des Österreichischen Gewerbebundes fühlte sich Kollmann wahrscheinlich bedeutend wohler, wenn er versichern konnte: *Nicht das Bajonett, sondern die Kelle baut auf!*[11]

Der „autoritäre Kurs" der Regierungsdiktatur brachte schrittweise Neuerungen. Nach dem Tod von Dollfuß schien zunächst ein pro-faschistischer Kurs mit Starhemberg an der Spitze bevorzustehen, der sich aber nicht durchsetzte. Der neue Bundeskanzler Schuschnigg löste „seine eigene", die christlichsoziale Partei und den mit ihr koalierenden deutschnationalen Landbund auf. Für den Gemeindetag bedeutete dies, daß die 21 gewählten Vertreter der ehemaligen Christlichsozialen und Großdeutschen ihre Mandate behielten, aber durch acht von der „Vaterländischen Front" (VF) nominierte und vom Landeshauptmann ernannte Mandatare ergänzt wurden. Die Neuen teilten sich auf verschiedene Berufsgruppen *(Berufsstände)* auf: Landwirtschaft (vertreten durch Baron Heinrich Doblhoff-Dier[12]), freie Berufe (Rechtsanwalt Dr. Eckert), öffentliche Angestellte, Gewerkschaften, Gewerbebund). Das Klima der Sitzungen änderte sich. Die neuen Vertreter waren, was Sachfragen anbelangt, erwartungsgemäß konformistisch, dafür als Persönlichkeiten zu ausgeprägt, um nur passiv dazusitzen und gelegentlich mit Ja abzustimmen. Sie brachten ihre persönlichen Eigenwilligkeiten ins Spiel und waren zu Polemiken aufgelegt, wenn es um „berufsständische" Interessen ging. Das entsprach ja an sich der Idee des Ständestaats, konnte aber kaum etwas bewirken, weil diese Idee ja weit von einem Reifestadium entfernt war. Auch Kollmann war eine eigenwillige Persönlichkeit und daher gewannen einige dieser vergleichsweise langweiligen Sitzungen mit der Zeit wieder mehr an Farbe.

[6] BVb. 1934, Nr. 31, S. 4f. – BZ Nr. 62, S. 2.

[7] Jagschitz Gerhard, Der Putsch, S. 147f.

[8] Prot. der Trauersitzung, 30. 7. 1934.

[9] BVb. Nr. 31, S. 5.

[10] BZ Nr. 70, S. 5. – Prot. 29. 8. 1934.

[11] BZ 1934, Nr. 66, S. 2.

[12] Heinrich III. Doblhoff-Dier, der letzte Majoratsherr auf Schloß Weikersdorf.

An die Stelle von inhaltlich relevanten Debatten, die die Teilnehmer motivierten, weil sie eine mögliche Entscheidung in ihrem Sinn herbeiführen konnten, traten Beratungen und Mutmaßungen, wie ein fertig *herabgelangter* Gesetzestext zu interpretieren sei. So war es einmal nicht klar, ob eine bestimmte Gebühr von S 10,– pro Amtshandlung oder pro Amtsperson einzuheben sei. Kollmann konnte auch nichts anderes tun als sich mit den Worten: *Versuchen wir, in unserem kleinen Kopf ein Urteil zu bekommen,* am Rätselraten zu beteiligen und die Betroffenen auf die ersten praktischen Fälle zu vertrösten.[13]

Typisch für seine nach wie vor kritische Einstellung dem neuen Kurs gegenüber ist sein Seufzer am Ende der Verlesung einer Gesetzesänderung, die die Wahl der Mitglieder der Kurkommission abschaffte. Sie sollte ab nun von der Landesregierung bestellt werden. Man merkt ihm förmlich an, wie gerne er dagegen protestieren würde. Kollmann: *Ich habe keine Absicht, verlorene Schlachten aufzunehmen. Wir sagen einverstanden. Einverstanden? (Zustimmung) So ist auch dies vom Demokratischen ins Autoritäre übergeführt.*[14]

Ein anderes Beispiel für eine irrelevante Erregung waren die Rangstreitigkeiten bei der „Gehordnung" der Fronleichnamsprozession. Natürlich war die Teilnahme für praktisch jedermann Pflicht. Wenn daher Kollmann plötzlich 1936 in der Gemeindetagssitzung erklärte, er gehe nicht mehr mit, weil er hinter dem letzten Bahnwächter gehen müsse, und die anderen aufrief, es ihm gleich zu tun, so hatte das auch damals News-Wert, in-

offiziell natürlich, denn es wurde nur in der vertraulichen Sitzung geäußert. Hintergrund der Aufregung: die Gehordnung wurde als Landessache von oben angeordnet und die Gemeindebediensteten hatten hinter den Bundesbediensteten zu gehen. Sehr bemerkenswert aber war, daß es Kollmann als Unding bezeichnete, daß ein *freigewählter Vertreter* in aller Öffentlichkeit gegenüber einem ernannten Bundesbediensteten niedrigsten Ranges derart zurückgesetzt werde.[15] *Ich gestatte mir die Frage, wer würde bei dieser Einteilung teilnehmen?* Er antwortete gleich selbst: *Niemand!* Ausgerechnet der antiklerikalgroßdeutsche Altbürgermeister Dr. Trenner meldete sich *in dieser hochwichtigen Angelegenheit* zu Wort und plauderte aus seiner Dienstzeit, erzählend, wie er es damals zu verhindern wußte, neben einem *sehr unangenehme(n) Bezirkshauptmann* (Dr. Egger) zu gehen, und der Gymnasialdirektor Sulzenbacher rechnete den Gemeindevertretern die Gehaltsklassen vor, um die er bei der Rangordnung betrogen wurde.[16] Natürlich war, wie nicht anders zu erwarten, die Teilnahme bei der Prozession dann dennoch vollzählig. Man fand eine andere Lösung, bei der der Bürgermeister genau hinter dem „Himmel" ging. Doch im nächsten Jahr gab es genau denselben Krach wieder.[17]

Brisanter waren die Abschnitte, die sich mit dem fortdauernden Kampf gegen den Feind Nr. 1 befaßten, der sowohl außerhalb wie innerhalb des Staates agierte, die illegale NSDAP. Hier war Kollmann mit Feuereifer dabei. Freilich waren die Nazis im Augenblick nur ver-

[13] Prot. 22. 4. 1936, S. 12.

[14] Vrtr. Prot. 27. 2. 1935, S. 3f.

[15] *Ich habe dem Herrn Bezirkshauptmann nicht verhehlt, daß dies ein Unding sei, daß der freigewählte Vertreter hinter dem letzten Bahnwächter zu gehen hat* (Vrtr. Prot. 10. 6. 1936).

[16] Ebd.

[17] BVb. 1936, Nr. 12, S. 5. – Vrtr. Prot. 3. 6. 1937.

einzelt als Bomben-, genauer gesagt Böllerwerfer aktiv. Im März 1936 waren außerordentliche Maßnahmen zur Ausforschung und Festnahme von Nazis erforderlich, Beschlüsse über Mehrkosten mußten gefaßt werden. Ein *Nest* war *ausgehoben,* Stahlhandgranaten aus der *sogenannten Schmierbüchsenzeit* gefunden worden. Kollmann erzählte dem Gemeindetag, als wäre er ein Fachmann der Böllerkunde, von den Ausforschungs- und Verhörmethoden der Polizei, nannte die Namen der Erwischten, unterdrückte jedoch im Einverständnis mit *„Minister"* Ludwig[18] die Nachricht, um dem Kurbetrieb nicht zu schaden. Bedauerlicherweise konnte nicht verhindert werden, daß Radio Brünn eine Meldung darüber brachte.[19]

Indessen lief die ständestaatliche Erziehungsdiktatur über alle Medien auf Hochtouren, in dem schon charakterisierten rhetorischen Prunkstil, in dem es so sehr auf die schöne Formulierung, die erbauliche Phrase ankam, weniger auf die Plausibilität.[20]

Aber es gab auch eine praktische Seite: Die Bevölkerung wurde zunehmend über militärische Probleme aufgeklärt, eine vormilitärische Erziehung in den Schulen eingeleitet; im Klartext: man bereitete sich auf einen kommenden Krieg vor. Probleme und Auswirkungen der modernen Kriegsführung, besonders eines Luftkrieges, wurden erwogen, aber natürlich nicht wirklich diskutiert. Die Kriegsangst wurde nur noch von der häufig geäußerten Klage über die moralische Verkommenheit und Dekadenz der übrigen Welt übertroffen, wobei man die östliche bolschewistische und die westliche demokratische, aber auch die benachbarte nazistisch-neuheidnische Außenwelt meinte; was dem tatsächlichen Zustand der beinahe totalen Isolation Österreichs entsprach. Nur das Italien Mussolinis kam gut weg.

Dachböden sollten ausgeräumt werden, das wurde überprüft. Übungen im Löschen von Brandbomben wurden durchgeführt, die Familien eingestimmt, so als wäre der zu erwartende Krieg mit Hilfe eines vortrainierten Team-Geists als Heimspiel zu gewinnen. Am 22. März 1935 gab es eine Luftangriffsübung auf Baden. Um punkt 11 Uhr begann es mit Verkehrsstillstand. Sieben „feindliche" Sportflugzeuge erzielten 32 „Volltreffer" im Stadtgebiet und vergasten den Josefsplatz, wo eine Person „leicht verletzt" wurde. Als Entwarnungssignal nach einer halben Stunde läuteten alle Kirchenglocken. Kurze Zeit später wurde schon die „Entgiftung" des Josefsplatzes gemeldet.[21]

Die politischen Unruhen hatten den Kurbetrieb nur geringfügig beeinträchtigt. Die Pension Gutenbrunn verlor nach einem Böllerwurf 19 Parteien, gewann aber gegenüber 1933 an Gästen dazu, ebenso auch Esplanade und Herzoghof. Kollmann konnte dem Gemeindetag – freilich noch vor dem Putsch – versichern: *Baden kann sagen, dass es die Kette geschlossen hat über jene Personen, die sich im Laufe der Zeit mit diesen Spässen beschäftigten. Eine Lücke ist noch. Wenn nicht von aussen jemand hereinkommt, werden wir in Baden Ruhe haben.*[22] Es gab eine Einbuße um 2,4 %, insgesamt aber sogar eine Frequenzsteigerung von 4,6 %, wenn man näm-

[18] Eduard Ludwig (1883–1967) war nicht Minister, sondern bis 1936 Leiter des Bundespressedienstes (Österreich-Lexikon. Bd. I, 1995).

[19] Vrtr. Prot. 12. 3. 1936, S. 2ff.

[20] Ein Beispiel: Wir sind *jenes Stück deutscher Kultur, das die Weltmarke Österreich trägt* (BVb. 1935, Nr. 1, S. 1).

[21] BZ Nr. 25, S. 1. – BVb. 1935, Nr. 13, S. 1. – Fast genau 10 Jahre später wird der reale Krieg reale Schäden anrichten. Es werden um einiges mehr sein als im simulierten (98 durch Bomben beschädigte, 47 durch Brand zerstörte Häuser. Über Kriegsschäden siehe unten in: BZ 1945, Nr. 44, S. 3).

[22] Vrtr. Prot. 13. 6. 1934, S. 7.

lich die Casinogäste dazuzählte. Dramatisch waren die Einbrüche bei den Krankenkassenheimen, sie betrugen ein Minus von 21 % – entgegen der prognostizierten Tendenz.[23] 1935 war die Wintersaison mit 11,8 % Zuwachs besser als die stagnierende Sommersaison. Allerdings gab es in beiden einen starken Zuwachs an Aufenthaltstagen (20 bzw. 25 %).[24] 1936 war der Rückgang bei den Kurgästen 3,2 %. Er war auf die gesunkene Zahl der Krankenkassenpatienten zurückzuführen, für die „echten" Kurgäste errechnete man sogar einen Zuwachs.[25]

In der Werbepolitik hielt Kollmann Presseempfänge für billiger und erfolgreicher als Inserate. Was Journalisten schrieben, erreiche ein größeres Publikum. GR Kurtics erstaunt: *Was das Fressen ausmacht!*[26]

Von den Kurortproblemen ist es nur ein kleiner Schritt zu Kollmanns persönlichem Hauptthema, dem Casino.[27] Das Badener Spielcasino war ein Produkt der Wirtschaftskrise der dreißiger Jahre. Vorher waren die meisten, die man fragte, selbstverständlich dagegen, wie man ja auch lange Zeit im Konsens gegen Auswüchse der kapitalistischen Wirtschaft (Schiebertum) war. Zur gleichen Zeit waren das verbotene Glücksspiel und düster romantisierte Spielhöllen en vogue. Davon war schon die Rede.

Anfänge und ein erstes Komitee (in dem u. a. Dr. Guy Jellinek-Mercedes[28] saß) gab es schon 1931. Die BZ stieg am 3. September 1932 in die hinter den Kulissen längst geführte Diskussion ein: *Über Wüsten* (gemeint: die wirtschaftliche Notlage) *thronen Sphinxe. Eins von* diesen Rätselbildern ist die Spielbank-Sache. Es raunt und murmelt im zerbröckelnden Gebäude unserer Wirtschaft vom kommenden Götzendienste. Ein mächtiger Fremdling schlägt auf naher Bergeshöhe seine Residenz auf, bevölkert verödete Paläste, zaubert Seen aus dürrem Fels und – hofft auf Konzession. ... So poetisch kann eine Zeitung werden, wenn sie eine auf sehr materieller Basis ruhende Berechnung anstellen will, die phantastische Hoffnungen auf jähe Besserung erweckt.

Sie fährt fort: *Dr. A rührt sich. Präsident B heftig auf gegen Z. Der Mittelbuchstabe zwischen A und Z, K, natürlich wußte nichts von alledem?*[29] K ist natürlich Kollmann. Auch die anderen Buchstaben lassen sich verifizieren: A als Dr. Altmann, ein Badener Kurarzt. Mit den Bergeshöhen ist der Semmering gemeint, wo man Casinoambitionen hatte. Z ist wohl Zoppot, jenes Ostseebad in der Nähe Danzigs, das seine Berühmtheit dem dortigen Casino verdankte. Dorthin fuhr Kollmann 1931 in Begleitung von Kammeramtsrat Sigmund auf Einladung Bruno Wolffs, des Generaldirektors des Zoppoter Casinos. Zoppot, ein kleines Fischerdorf, war durch das Spielcasino zu einem eleganten Badeort mit acht Kilometer Strand geworden. Längst hatte Kollmann den Entschluß gefaßt: Das Casino soll nach Baden kommen. Um nicht zusätzlich zur Unmoral auch noch einer Sinnesänderung geziehen zu werden, verpackte er diesen Entschluß in den legendär gewordenen Wenn-Satz, den er bei jeder sich bietenden Gelegenheit wiederholte: *Kein Spielcasino, wenn aber, dann ein sol-*

[23] BVb. 1934, Nr. 37, S. 1 (Bericht über den österreichischen Heilbäder- und Kurorteverband in Gmunden). – Ebenso 1935, Nr. 6.

[24] BVb. 1935, Nr. 37, S. 1. – Die Tagung des Heilbäderverbands fand in Goisern statt.

[25] BVb. 1936, Nr. 24, S. 5.

[26] Vrtr. Prot. 10. 6. 1936.

[27] Man wechselte zur „lateinischen" Schreibung mit C. Nach dem Krieg begann man wieder mit dem (deutsch aussehenden?) K am Wortanfang.

[28] Sohn von Emil Jellinek, dem Erfinder und ersten Verkaufsstrategen der Marke „Mercedes".

[29] BZ 1932, Nr. 70, S. 1.

Im Kurhaus wird Roulette gespielt!

Bürgermeister Kollmann als Croupier

CASINO

fütsch

Kollmann als Croupier.
Karikatur der Kronen-Zeitung
am 15. August 1931

ches Casino nur in Baden.[30] Im übrigen, bewußt demagogisch: *Verhungern ist auch unmoralisch.*[31]

Wolff bewarb sich auch in Österreich um eine Konzession, konnte aber hier nur in einem allgemeinen Sinn Propaganda machen, denn die Regierung Dollfuß mußte erst überzeugt werden. Ihr Interesse war allenfalls durch die Hoffnung auf einen Devisenschub durch die Anreise von Fremden zu wecken.

Am 7. Juni 1933 wandte sich Kollmann an den Gemeinderat und überraschte zumindest einige mit der Mitteilung, daß er schon vor 2,5 Jahren, also Anfang 1931, beim Innenministerium um eine Konzession angesucht habe. Eine Neuigkeit war es auch, daß Dollfuß seine Meinung geändert hatte und nun einen Plan favorisierte, in den drei Orten Salzburg, Baden und Semmering abwechselnd spielen zu lassen. Bedingung war,

[30] Kollmann-Prozeß S. 16. – Wallner, Das Spielcasino Baden S. 19

[31] Prot. 7. 6. 1933, S. 19.

daß die österreichische Bevölkerung nicht zugelassen sei. Außerdem müßten alle Fraktionen zustimmen. Der sozialdemokratische Sprecher bestand weiterhin auf dem Etikett *unmoralisch,* sogar *tierisch*, kündigte aber nichtsdestoweniger das Ja seiner Fraktion an. Das war wieder einmal die Stunde des Altbürgermeisters Trenner. Er verlas die Stellungnahme des früheren Oppositionspolitikers Kollmann aus dem Protokoll der Gemeindevertretungssitzung vom 20. August 1913, was ihm sichtliches Vergnügen machte, ihn aber nicht persönlich mit Kollmann entzweite *(Kollmann und ich sind keine Hasardspieler. Wir haben gleiche Qualität im Schnapsen).*[32] Ernsthaft meinte er, Baden werde seine guten Gäste verlieren und schlechte bekommen. Aber es ist wie beim Strandbad – *wir* (die Opposition) *haben nicht mehr dreinzureden.* Da die Zustimmung aller Parteien Voraussetzung war, stimmte er zu. Nicht so der Nationalsozialist Schmid; er verlangte Aufschub. Eine Woche später versuchte Schmid, umständliche Erklärungen abzugeben. Kollmann bestand auf einer sofortigen namentlichen Abstimmung. Hochspannung. Würde sich Einstimmigkeit erzielen lassen? Kollmann las die Namen vor. Der letzte war Schmid. Der antwortete als einziger *(stark betont) nein.* Damit war der Antrag gefallen. Das war am 14. Juni 1933. Am 7. Juli aber wurde die NSDAP verboten, ihre Mandate erloschen. Jetzt war der Weg frei![33]

Schon lange vorher tat Kollmann alles nur Propagandamögliche für den Standort Baden. Für den 26. Juni wurde eine „Notversammlung" einberufen, zu der die Badener Geschäftswelt samt Vertretern von Handel und Gewerbe eingeladen war. Man beschloß, weiter aufklärend zu wirken und lieber das Projekt einer Autorennbahn weniger zu forcieren,[34] als bei der Spielbankfrage nachzugeben. Ebenso gab es eine Petition gegen die Auflage der Einhelligkeit, die dann hinfällig wurde.

Intensive Vorarbeiten zur Errichtung eines „beabsichtigten" Spielcasinos waren dennoch geboten. Zahlreiche Konsortien bewarben sich bereits um die Konzession. Ein (weiteres) Komitee wurde gegründet. Kollmann lächelte *wie eine Sphinx* beim Wort *beabsichtigt.* Man konnte davon ausgehen, daß er mehr wußte, ging er doch in Wien in den leitenden Gremien ein und aus. In der Gemeinderatssitzung am 4. Oktober ließ er ein Neuner-Komitee bestellen, das sich um die erwähnten Vorarbeiten kümmern sollte.[35] In der anschließenden vertraulichen Sitzung teilte er unter vorgehaltener Hand mit, er habe den ganzen Tag im Finanzministerium verhandelt, es sei alles geregelt; die Gemeinden bekommen 5 % statt der zuerst geplanten 3. Er bat aber um Diskretion bis zur Verlautbarung (Zwischenruf Dr. Trenner: *Morgen weiß es schon ganz Baden).*[36]

Am 7. Oktober 1933 erließ das Finanzministerium die Spielbankverordnung, die Spielcasinos legalisierte. Konzessionen waren mit zehn Jahren begrenzt. Land und Gemeinden wurden ermächtigt, je eine 5%ige Abgabe einzuheben. Maximale Gewinne kamen dem Staat zugute, dem bei fünf Millionen Jahresbruttoeinnahmen bis zu 60 % Abgaben zufließen sollten.[37]

[32] Ebd., S. 17.

[33] Prot. 14. 7. 1933. – Wallner, a. a. O. S. 14 ff.

[34] Aus dem Projekt wurde letztlich nichts. Es sollte ein Stadion in den Haidhofgründen für 60.000 Zuschauer werden. Kollmann bezeichnete es als *Schwindelobjekt. Eine Gruppe von Proponenten will ein Geschäft haben und will die Gemeinde hineinjagen, damit sie von ihr die Vorspesen erhält* (Vrtr. Prot. 13. 6. 1934, S. 10). Nach einem Artikel in der BZ v. 20. 3. 1935 war das Projekt Autorennbahn ddoch wieder vorübergehend lebendig.

[35] Prot. 4. 10. 1933, S. 15.

[36] Vrtr. Prot. 4. 10. 1933, S. 1 f.

[37] Badener Woche 1933, Nr. 86, S. 2.

In der Standortfrage dachte man zunächst an die Weilburg, legte sich aber dann bald auf das Kurhaus fest. Bei der notwenigen Adaptierung sollte keine Ausschreibung erfolgen, sondern eine gemeinsame Beteiligung der betreffenden *Berufskorporationen* – was nebstbei das ständestaatliche Prinzip populär machen konnte (?).

Nun ging es an die Auswahl unter den 17 Konsortien, die sich um die Konzession für Baden beworben hatten. Die Gruppe Wolff aus Zoppot war Kollmanns Wunschkandidat. Wolff aber schied aus, da er als Jude sein Vermögen in Deutschland verloren hatte. Eine Gruppe Fehringer-Grimeisen (Casino-AG), die auch mit Hotel Panhans Vereinbarungen getroffen hatte, gewann den Zuschlag für einen ganzjährigen Betrieb.[38]

Die Eröffnung fand am 12. April 1934 statt (im „Alpencasino" am Semmering spielte man schon seit 3. Februar). Am 13. Juni 1934 berichtete Kollmann dem Gemeindetag vertraulich, daß das Casino wöchentlich S 1.500,– Lustbarkeitsabgabe zahle. Dazu käme die der Stadt zustehende 4%ige Zusatzabgabe von der staatlichen Abgabe, die nach vier Jahren auf 5% erhöht werden solle; im Mai betrug sie S 23.000,–. *Wir werden hier einen ganz respektablen Betrag hereinbringen.*[39] Bald aber gab es Schwierigkeiten, Intrigen und Streitereien. In Baden erschien eine neue Zeitung, die „Ersten Badener Nachrichten", die Angriffe gegen das Casino vortrug. Fehringer war ein selbstherrlicher Chef, der mit den Croupiers in Konflikt geriet, wurde schließlich im Mai 1937 gestürzt und

Bürgermeister Kollmann verschreibt seine „Säle" dem Spielteufel. Karikatur

durch Dr. Freiherr von Hennet, den neuen Präsidenten der Casino AG, ersetzt. Eine amerikanische Gruppe war nun zu 70 % an der Führung beteiligt.[40] Kollmann hielt Wolff, dem er das notwendige Wissen über die „Casinokunde" verdankte, die Treue, indem er ihm 1936 half, in Österreich Fuß zu fassen, als er auch in Zoppot (durch die Machtübernahme der NSDAP in Danzig) alles verlor. Wolff durfte im „Herzoghof" solange wohnen, bis er 1937 im Badener Casino doch eine Anstellung bekam. Das war zu einer Zeit, als ein neuer Aufbruch sich abzuzeichnen schien. Es kam, wie wir alle wissen, anders. Über Wolff wäre Kollmann nach der Machtergreifung der Nazis beinahe zu Fall gekommen, als diese krampfhaft suchten, ihm irgendeine Unregelmäßigkeit nachzuweisen und ihm den berühmten Kollmann-Prozeß machten. Der Umbau des Kurhauses, das am 11. Dezember 1937 für den Spielbetrieb eröffnet wurde, erfolgte gerade noch vor der Machtergreifung

[38] In ausführlicher Darstellung bei Wallner, Spielcasino, S. 16f. *… ohne Kollmann hätte es jedenfalls schwerlich Spielcasinos in Österreich gegeben* (Ebd., S. 21).

[39] Vrtr. Prot. 13. 6. 1934.

[40] BZ 1937, Nr. 41, S. 1. – Wallner, Spielcasino, 26ff.

durch die Nazis, die den Casinobetrieb – als einzigen auf österreichischem Boden – bis 26. August 1944 aufrecht erhielten. Doch zurück zum Jahre 1935. Noch einmal geriet die riskante Geldpolitik Kollmanns in Gefahr – durch die Einführung der staatlichen Devisenkontrolle. Diese betraf auch die Stadt Baden, denn seit dem Strandbadbau lief die Rückzahlung eines 7 %-Darlehens von 3 Millionen Schweizer Franken, das im Juni 1936 auslaufen sollte. Die restriktive Goldpolitik der österreichischen Regierung machte die Festsetzung von Stichtagen für die Gold-Valuta-Kurse notwendig. Für Schweizer Franken war es der Juni 1935, also ein Jahr vor Ablauf des Strandbadkredits. Nach Absprache mit Finanzminister Dr. Kienböck teilte Kollmann am 14. Jänner 1935 dem Gemeindetag mit, daß er das Schweizer Darlehen gekündigt habe. Das erforderte eine kurzfristige Umwandlung (Konversion) in auf Schillinge lautende Ersatzkredite, über die sofortige Verhandlungen aufzunehmen waren. Zeiner schreibt in der Festschrift in diesem Zusammenhang von der *Rettung von einer Million Schilling für Baden* durch eine Stadtanleihe, da die Badener Bevölkerung in unerwarteter Kooperation die Anleihe in kürzester Zeit sogar überzeichnete. Zeiner sieht darin *den glänzendsten Beweis des uneingeschränkten großen Vertrauens, das die Kapitalbesitzer der Stadt Baden und deren Bürgermeister Kollmann entgegenbrachten.* Die Badener Zeitung mäkelte allerdings halb-ironisch über eine *Brodlerei.*[41]

Noch im Jahr 1935 mußte Kollmann dementieren, daß er amtsmüde sei, am 11. Dezember, zu Beginn der Gemeindetagssitzung.[42] Das tut man meist nicht ohne Anlaß. Es ist schwer zu eruieren, woher der Druck kam; wir befinden uns in einer Diktatur; da weiß man nie. Das Casinoproblem steht wohl an erster Stelle der Möglichkeiten. Zum Beispiel könnten die nach wie vor „moralisierenden" Zeitungsangriffe der ‚Reichspost' gegen das Spielcasino Kollmann getroffen haben, da er ja gegen die von diesem Blatt vorgegebene Linie kaum in der Öffentlichkeit auftreten durfte. Er tat es trotzdem in mehreren Versammlungen und in den Zeitungen. Ein anderes Mal findet sich im Protokoll ein enthüllender Satz: *Bitte daher in Zukunft auf meine Worte auch etwas zu geben.* Auch das kann das Aufkommen einer gewissen verärgert-resignativen Stimmung gewesen sein.[43]

Dennoch – oder vielleicht auch deswegen – wurde ihm 1935 endlich das Ehrenbürgerrecht verliehen. Schon 1924 war, wie oben berichtet, die Frage des Ehrenbürgerrechts aktuell geworden. Die Formalitäten waren erfüllt, unmittelbar vor der geplanten Überreichung hatten einige (später nicht namentlich genannte) Personen Einwände erhoben, und sie fand nicht statt. Im Herbst 1933 traten die Sozialdemokraten (!) an Trenner mit der Bitte heran, Kollmann die Ehrenbürgerurkunde zu verleihen. Kollmann winkte in der damaligen Situation ab: Die Zeit sei noch nicht reif dazu. Am 13. März 1935 aber war alles klar. Der Beschluß wurde gefaßt und die feierliche Überreichung durch den Bezirkshauptmann Rupprecht fand am gleichen Tag statt.[44]

41 Festschrift 58. – Prot. v. 29. 1. 1935. – Vrtr.-Prot. v. 27. 2., S. 8f. – BZ 1935, Nr. 18, S. 4.

42 Prot. v. 11. 12. 1935.

43 Vertr.-Sitz. 15. 9. 1937.

44 Prot. 13. 3. 1935. – BVb. Nr. 11. – Die Würdigung stammt von Zeiner.

Ständestaat II: 1936–1938

1936 kam es nach längerem auffälligem Schweigen dann doch noch einmal zu einem der für Kollmann typischen Dammbrüche, in denen er zu seiner früheren Hochform der Polemik auflief. Es begann mit einer nur sanft angedeuteten Distanzierung vom offiziellen Kurs, wir befinden uns schließlich in einer Diktatur. Am Jahrestag der Ermordung von Dollfuß fand eine Gedenkfeier am Kirchenplatz statt, die natürlich ganz im Zeichen der VF und des Heimatschutzes stand. Kollmann glänzte durch Abwesenheit, Dr. Hahn sprach *im Auftrag*. Als das Badener Volksblatt am 4. April 1936 nach einer dreimonatigen Pause[45] wieder erschien, gab ihm Kollmann die folgenden Geleitworte mit, die eine provokativ positive Bewertung der alten Parteien (Mehrzahl!) enthalten: *Kanzler Dr. Dollfuß hat ... politische Parteien verboten und hat politische Parteien, die immer staatserhaltend und staatstreu gewirkt haben, veranlaßt, ihre politische Tätigkeit einzustellen ... Ich rede jetzt nichts darüber, welche Behandlung diese opferwilligen christlichsozialen Mandatare und Anhänger allerorts ertragen haben und ertragen mußten, ich spreche nur darüber, daß eine Zeit kommt, der wir zu dienen die Aufgabe und Absicht haben ...*[46]

Am 1. Mai 1936, dem *Verfassungstag*, sprach er in einer Versammlung der Ostmärkischen Sturmscharen. Das ist jener paramilitärische Verband, der schon Dollfuß als Alternative zur Heimwehr diente. Er sagte: *Es ist das erste Mal, daß ich zu einem Kreise von Menschen öffentlich spreche, die berufen und verpflichtet sind, nach besten Kräften für das Land und für das Volk zu arbeiten. ... Wie es war, ist es nicht mehr, und wie es sein soll, ist es noch nicht. Freiheit und Aufrichtigkeit sind die Forderungen, die jeder Österreicher stellen kann und soll. Die Liebe zur Zusammenarbeit! Wo diese fehlt, wird auch der Ständestaat Schwierigkeiten haben ... Ich sollte heute über die einzelnen Stände sprechen. Ich tue es aber nicht. Denn jeder muß wissen, daß es Zeit ist, sich in die Reihen seiner Standesgenossen zu stellen und dort nach bestem Können mitzuarbeiten.* Es scheint, als würde er zu sich selber sprechen, aber am Thema „Ständestaat" scheitern.[47]

Zudem deutete er jene oft gehörte Argumentationshilfe an, auf die die Ständestaatpolitiker sich häufig zurückzogen, die da lautete: Wir sind NOCH NICHT, was wir werden wollen. Wir sind ein Übergang zu etwas Neuem. Wir wissen nur, so wurde von manchen weiter argumentiert, was wir nicht sind, nämlich Demokraten auf der einen Seite, Faschisten auf der anderen. Das ist auch ein Bezug auf Folgendes: Bundeskanzler Schuschnigg hatte in seiner Mairede einen *Generalangriff* proklamiert und die *Gestaltung* Österreichs, die jetzt verstärkt beginnen sollte, untrennbar in Verbindung gestellt mit dem autoritären Kurs. Der aber ist, so Schuschnigg, *weder faschistisch noch demokratisch*; er ist die Mitte zwischen beiden. Gelegentlich ging man bis ins Mittelalter zurück, um die Worte der Präambel der Maiverfassung 1934 zu interpretieren: *Alles Recht geht von Gott aus.*[48] Es ist anzunehmen, daß ein Pragmatiker sich dar-

[45] Dafür wurde keine Begründung angegeben.

[46] BVb. 4. 4. 1936, S. 1.

[47] BZ Nr. 37, S. 1. – BVb. Nr. 6, S. 5.

[48] Vgl. Drimmel, Vom Kanzlermord zum Anschluß, S. 75.

Bundeskanzler Kurt von Schuschnigg in Baden. Im Hintergrund Vizebürgermeister Dr. Hahn

über kaum viel Gedanken machte, und wenn, dann nicht in dieser Form; das überließ er dem politischen Primus. Den *Generalangriff,* den Schuschnigg in Aussicht stellte, wollte Kollmann freilich mitgehen; vielleicht auch nur, um ihn mitzugestalten.

Dazu hatte er bald Gelegenheit, indem er einen Punkt aufgriff, der vermutlich den Hintergrund für das neue Engagement abgab: die Entwaffnung der Wehrverbände. Sie war bekanntlich schon ein Grundanliegen der Ersten Republik, das nie erfüllt wurde. Nun aber schien die Zeit gekommen, die Sicherheitsfragen neu zu überdenken. Das Bundesheer sollte der legitimierte Waffenträger sein. Dazu mußte Kollmann auf die Heimwehr zu sprechen kommen. Er habe immer *den Standpunkt vertreten, daß eine Regierung nur dann erfolgreich arbeiten könne, wenn das Parlament ausgeschal-*

tet werde. Ursprünglich keine politische Partei, war sie (die Heimwehr) *der sichtbare Ausdruck der Empörung aller Bürgerlichen gegen den sozialistischen Druck und fand allseits Förderung. Weitere Jahre vergingen und die ostmärkischen Sturmscharen wurden gegründet. Die von dieser Organisation durchgeführte Entmilitarisierung bildete die Ursache für die letzten Ereignisse im Staate.* Kollmann kam zur Sache und formulierte es – in vielleicht beabsichtigter Verschwommenheit – so: *Heute haben wir in Österreich wieder einen Herren und ein Heer, womit die Grundlagen für die Konsolidierung des Staates gegeben sind.*[49] Die Kampagne für die Abrüstung der Wehrverbände ist demnach in Beziehung zu bringen mit der aufkommenden Diskussion um die Einführung der allgemeinen Wehrpflicht bzw. Dienstpflicht. Sie lief letzten Endes darauf hinaus, der hitlerischen Wiederaufrüstung im benachbarten Deutschen Reich eine österreichische Aufrüstung – zu welchem Endzweck auch immer – an die Seite zu stellen.[50]

Am 13. Juni kam die Reaktion auf seine Rede in Form eines Artikels der Zeitschrift *„Der Heimatschützer",* auf den Kollmann im Badener Volksblatt seinerseits erwiderte: *In dieser Auffassung, die ich und sehr viele Österreicher haben* (Entwaffnung der Wehrverbände), *sieht der „Heimatschützer" eine Herabsetzung, … „Undank und Hohn" und benutzt diese Gelegenheit zur Behauptung … dieses Spiel mit den Waffen habe mir meinen Bürgermeisterstuhl und vielleicht sogar mein Leben gerettet … Gemach, meine Herren! Mein Bürgermeisteramt*

[49] Neue Badener Nachrichten, 1. Jg., Nr. 12, S. 1. – Die Schriftleitung dieser Zeitung befand sich in Berndorf.

[50] Drimmel, S. 278.

bedurfte ebensowenig früher (1919) *wie jetzt einer „Rettung". Ich danke mein Amt Gott sei Dank nicht Bajonetten, sondern dem freien Willen* (Hervorhebung im Original) *der Badener Bevölkerung ... Auch im Jahre 1934 gab es für den Heimatschutz in Baden keine Aufgabe zu erfüllen, er hatte hier weder etwas verloren, noch etwas zu suchen ... Daß aber das Verlangen nach dem Badener Bürgermeisterstuhl schon längere Zeit der Wunsch Anderer ist, das weiß ich sehr wohl.*[51]

Wie man sieht, ging es ums Ganze, nämlich Kollmanns Bürgermeisterposten, dessen demokratisches Zustandekommen jetzt auf einmal als Makel erschien. Unter diesem Aspekt ist es gar nicht übertrieben, Kollmann eine Verteidigungshaltung gegen faschistische Tendenzen zu unterstellen, die die Heimwehr ja offen zugab.[52] Dagegen berief er sich auf die Legalität der demokratischen Mechanismen. Zwar geschah das für den Moment in Konformität mit den Absichten des Bundeskanzlers – doch das konnte sich jederzeit ändern.

Der ‚Heimatschützer' setzte nach. Auf seinen Gegenartikel (*„Demokratisches Lügengewebe"*) vom 4. Juli antwortete Kollmann mit der Schärfe des Polemikers, der er früher war. Der ‚Heimatschützer' hatte behauptet, daß Kollmann in den kritischen Februartagen gar nicht in Baden war, sondern in Sulz-Stangau (heute Wienerwaldgemeinde) gekurt hätte, *um seine Nerven wiederherzustellen, die er ... in Weißenbach bei einer Packelei mit Marxisten verloren hatte ... Das ist unwahr, vom Anfang bis zum Ende falsch!* (Hervorhebung im Origi-

nal). Mit altgewohnter Rhetorik dementierte Kollmann die Abwesenheit von Baden und ging zum Angriff über, erst auf die journalistische Schlamperei (der Kuraufenthalt fand erst eine Woche später statt), dann auf die Rufschädigungsabsicht; schließlich gab er einen detaillierten Bericht über all seine Aufenthaltsorte und Tätigkeiten in der fraglichen Woche.[53]

Am 6. März lud die VF – erstmals (!) – den Bürgermeister ein, über die Verwaltung der Stadt Baden, aber auch über die Spielbank in einer Großversammlung (es kamen 1100 Personen) zu sprechen. Hauptgruppenführer (so hieß der Leiter der VF auf Stadtebene) Dr. Hahn wies die *Unterschiebung* zurück, die VF wolle für die Spielbank-AG eine Lanze brechen, was allein schon Meinungsverschiedenheiten auf höherer Ebene erkennen läßt. Kollmann, der es begrüßte, daß endlich die seit 1933 nicht mehr geübte Praxis wieder aufgegriffen wurde, in Versammlungen vor die Bevölkerung zu treten, wurde stürmisch gefeiert. Er sprach von bestimmten Zeitungen (die Reichspost, die ‚Ersten Badener Nachrichten'), die es für gut fänden, gegen das Unternehmen zu Felde zu ziehen. Doch uneingeschränkt steht er zu seiner Casino-„Philosophie": *Ich habe eingesehen, daß es Leute gibt, die ... der Spielwut verfallen, die aber auch dann spielen, wenn die Polizei das verhindert ... Man soll aber jene, die einen Nervenkitzel brauchen, nicht zwingen, ihr Geld ins Ausland tragen zu müssen.*

Das schlagendste Argument für das Casino waren nunmehr die Einnahmen von einer halben Million, die bei einer Ab-

[51] *Der gekränkte Heimatschützer*, BVb. 1936, Nr. 12, S. 5.

[52] Diese Feststellung ist unabhängig zu sehen von der laufenden Diskussion, ob der Ständestaat als solcher gleichbedeutend war mit „Austrofaschismus" oder „nur" eine Regierungsdiktatur gewesen ist.

[53] Dafür sind ihm Historiker zu Dank verpflichtet. – BVb. 1936, Nr. 15, S. 5f. Siehe auch oben S. 183 Anm. 98. – Um die Rhythmik des Ereignisablaufs zu verstehen: Am 14. Mai hatte sich Schuschnigg von Starhemberg getrennt. Durch die Auflösung aller Wehrverbände im Oktober (durch das Frontmilizgesetz vom 14. 10. 1936) wurde dann auch die Heimwehr inexistent. Die gleichzeitige Aufstellung einer „Frontmiliz" im Rahmen der Vaterländischen Front schwächte die Aktion „Entwaffnung der Wehrverbände" wieder ab.

54 Prot. 12. 3. 1936 bei Verab-schiedung des Rechnungssab-schlusses 1935, S. 24ff. Sie er-folgte, im drastischen Gegen-satz zu früheren Zeiten, debatten-los, obwohl der Bürgermeister ein *Versehen* eingestehen mußte: er hatte den Rech-nungsabschluß nicht 14 Tage öffentlich aufgelegt.

55 BVb. 1937, Nr. 11, S. 1f.

56 Prot. 3. 6. 1937.

57 Werbeversammlung der Beethovengemeinde am 5. 10. 1937, in: BZ Nr. 80, S. 1.

58 BZ 1937, Nr. 80, S. 3.

59 Prot. 30. 12. 1936, S. 15–28.

60 Ebd., S. 25. – Dr. Malaniuk: *... man kann auf anderem Wege trachten, die Schuld auf 5 Jahre abzustossen.* (Ref. Dr. Hahn: *Da befinden Sie sich in einem Irrtum, das sind Zinsen. Bgm. Kollmann: Bitte ausspre-chen zu lassen. Zu Dr. Malaniuk gewendet: Wir sind auf Ihre Ge-danken wirklich sehr erpicht.*) *Auf jeden Fall äussere ich sie. Ob ich darauf erpicht bin, er-gibt sich daraus, dass ich sie äussere, jedenfalls habe ich die Absicht.* (Ref. Dr. Hahn: *Sie haben eine falsche Vorausset-zung. Bgm. Kollmann: Bitte nicht, das verlängert nur die Debatte, ohne einen Erfolg zu bringen.*) *weil eingewendet wurde, es sei eine Antwort so-fort zu geben* (Bgm. Kollmann: *Niemand hat noch etwas einge-wendet.*) *Ich muss ja sofort dar-auf republizieren* (sic! Fehler des Protokollanten?) (Bgm. Kollmann: *Dann werde ich Zwi-schenrufe zulassen.*). *Indem ich den Zwischenruf übergehe, gehe ich weiter.*

schaffung wegfallen würden, sowie der Verlust von Arbeitsplätzen, die die Exi-stenz von 1250 Menschen sicherten. Er entwarf ein düsteres Bild der Gemeinde-finanzen, die von den bekannten Fakto-ren in Mitleidenschaft gezogen wurden. Im Vorjahr war der Berichterstatter Dr. Hahn noch keineswegs so pessimistisch gewesen, hatte sogar von einer landes-weit sich erholenden Wirtschaft gespro-chen.[54] Heuer bestand nach den Worten des Bürgermeisters nur die Wahl, entwe-der die Abgaben zu erhöhen *oder zuzu-sehen, wie Baden verdorrt.* Besonders pessimistisch sprach er vom zeitbeding-ten Rückgang der Kurfrequenz und da-von, daß die Ärzteschaft eben – leider – vielfach andere Heilmittel an Stelle der Bäder verschreibe. Er berichtete von sei-nem Besuch deutscher Bäder, von de-nen man immer noch lernen könne, weil sie mit den neuen Entwicklungen besser zurechtkämen, und mahnte zuletzt die Badener halb-ironisch, gelegentlich auch selber ihre Bäder zu benützen.[55] Einige Jahre lang sprach man von Plä-nen, das Bezirksgericht vom Rathaus in ein neuerrichtetes Gebäude zu verlegen. Am 3. Juni 1937 fand sich der Gemein-detag bereit, das von den Häusern Renngasse 7 bis 11 und Beethoven-gasse 4 und 6 gebildete Areal dazu zur Verfügung zu stellen.[56]

Was den Kurort betrifft, war man sich im klaren, daß der Konkurrenzkampf mit den vielleicht *100 Kurorten,* die es in Eu-ropa gab, mit der *reinen Kurortewerbung* aussichtslos war. Es mußte etwas ande-res sein, das die Menschen in Zukunft nach Baden bringen würde. Man ent-deckte Beethoven. Man gründete eine

Beethovengemeinde und warb u. a. mit musikgeschichtlichen Exkursen und Ge-denkstätten, die die Regimewechsel überdauerten (wie man weiß, bis zum Vereinten Europa, siehe *Europahymne*), für triumphale Beethovenfeste. Sie wa-ren für Herbst 1938 geplant und wurden auch tatsächlich zu diesem Termin gefei-ert und zum Wiederholungstermin im Sommer 1939, nur leider nicht von Koll-mann, sondern von den Nazis.[57]

Im Oktober 1937 fuhr Kollmann zum In-ternationalen Bäderkongreß nach Buda-pest. Der junge Badener Physiker und Erforscher der Radioaktivität Dr. Walter Kosmath begleitete ihn. Kollmann war Vorsitzender der wirtschaftlichen Sektion des Kongresses.[58]

Es gab auch offen ausgetragene Kon-flikte innerhalb des Gemeindetags. Ihre Ursachen, ob persönlich oder sachlich, sind in einer Diktatur nicht leicht durch-schaubar und vielleicht unter dem Kapi-tel persönliche Eigenwilligkeiten, Queru-lantentum u. dgl. abzuhaken. Die von der Landesregierung ernannten neuen Gemeinderäte waren durchwegs Akade-miker, manche juristisch ausgebildet – möglicherweise war es geradezu ihre „Funktion", die Position des politischen Naturtalents Kollmann einzuengen. Die *Interpellationen* des Dr. Malaniuk weisen in diese Richtung. Sie versetzten Koll-mann begreiflicherweise in Gereiztheit; so am 30. Dezember 1936 bei der Bud-getberatung. Dr. Malaniuk fand es not-wendig, eine Marathonrede von andert-halb Stunden zu halten.[59] Kollmann bremste seinen Vize Dr. Hahn, als der unterbrechen wollte: *Bitte nicht, das ver-längert nur die Debatte.*[60] Dr. Malaniuk setzte sich in blumiger Rede mit klassischen Zitaten *(nicht nur Männerstolz vor Königen, sondern auch in der Gemeindestube ...)*[61] für eine Umverteilung der Kompetenzen ein – zu Gunsten der berufsständischen Körperschaften und zu Ungunsten der Verwaltung, die sich zu viel anmaße. Als besonderes Beispiel erwähnte er den Bürgermeister, *der ohnedies von Machtbefugnissen strotzt.*[62] Diesbezüglich war er keck genug, das Wort *„Demokratie"* in den Mund zu nehmen: *ich habe das gehört wie ein Gebilde aus dem Märchenlande.* Kollmanns Worte waren aufbrausend, aber auch wieder wohlüberlegt, als hätte er nur auf eine Gelegenheit gewartet, sie zu äußern:[63] *Wer auf Kommando da hereingesetzt ist, der kennt sie (die Demokratie) nicht. Wer den Kampf nicht ertragen hat, hat nicht die unterste Stufe erklommen.* Ironisch lud er die Gemeindevertreter ein, einer Schulung durch Dr. Malaniuk zuzuhören, wenn sie unbedingt wollten. Schlagartig wird die Brisanz dieses Konflikts deutlicher, wenn man weiß, daß Dr. Malaniuk einer der ranghöchsten Funktionäre der VF in der Stadt war.[64]

Es ist klar, daß sich hier die junge berufsständische Ordnung von einem vielleicht eher naiven, relativ jungen Karrierebeamten ausgespielt, gegen die alte parteipolitische durchsetzen wollte. Kollmann wußte sich zu wehren und wendete selbst jene autoritären Mittel an, die er ansonsten kritisierte: er schloß Malaniuk von künftigen Vorbesprechungen aus, da er deren Vertraulichkeit in der laufenden öffentlichen Sitzung verletzt habe. Mehr noch: Vor der nächsten Sitzung verweigerte man Malaniuk die Einsichtnahme in das Protokoll mit der reichlich rüden Begründung, er habe nur das Recht, die Beschlüsse, nicht aber das ganze stenographische Protokoll einzusehen. Zudem bestehe, so Dr. Hahn, gar keine Verpflichtung, ein Protokoll über den genauen Sitzungsverlauf zu führen (!). Soweit ich sehe, war es die letzte Marathonrede Dr. Malaniuks, der bald darauf sein Ausschußmandat niederlegte. GR Sulzenbacher hatte in demokratischen Zeiten so manchen Strauß mit den Gegenparteien ausgefochten. Es ehrt ihn oder die Freiheit des Wortes, die doch noch möglich war, daß er sich nun zur selbstkritischen Feststellung durchrang, es sei bedauerlich, daß es keine Opposition mehr gebe, und sei es nur deswegen, weil in der Demokratie die Mehrheit *gezwungen* sei, *jederzeit habtacht zu stehen ... Wir haben früher von der Opposition so manche dankenswerte Anregungen bekommen, von denen wir manches verwerten und benützen konnten ... Nun müßten wir einen Teil der Opposition selber besorgen.*[65]

Der Weg zum „Umbruch" 1938

Wir nähern uns dem Ende dieses Geschichtskapitels, dem Anschluß, der am 11. März 1938 durch den Einmarsch deutscher Truppen in die Wege geleitet wurde und am 13. März schlagartig erfolgte. Wie seit Jahren zeigte sich, daß Baden als Kurort von den Ereignissen selbst, aber auch von deren Medienecho abgeschirmt war. Vom Juliabkommen 1936 mit Deutschland findet sich lange keine Erwähnung in der Lokalpresse, obwohl zumindest das Badener

[61] Ebd., S. 19.

[62] Ebd., S. 16.

[63] Ebd., S. 42ff.

[64] Vrtr. Prot. 17. 3. 1937.

[65] Prot. 29. 12. 1937, S. 21f.

Volksblatt sich neben den lokalen auch über nationale und internationale Anliegen äußerte. Als das Thema endlich in vorsichtigen Analysen auftaucht, am 28. November 1936, ist von einer *Wiederherstellung der Freundschaft zwischen Deutschland und Österreich* die Rede – auch in geistiger Beziehung (worauf man damals viel hielt), etwa durch die Einrichtung eines *Volkspolitischen Referats* mit dem Halb-Badener Dr. Seyß-Inquart[66] an der Spitze. Man erhoffte sich allen Ernstes die Chance auf eine positive Rückwirkung (!) auf das *Dritte Reich*, sprach von einem *Wall des neuen Mitteleuropa, an dem sich der Ansturm des Bolschewismus brechen werde.*[67] Die zarte Pflanze *Österreich* ohne das Bestimmungswort *Deutsch* davor, die (wie man heute sagt) österreichische *Identität*, die, man mag dazu stehen, wie man will, von Dollfuß in die Erde gesetzt wurde, schien wieder zu verkümmern. Ohnehin wurde sie praktisch ausschließlich vom politischen Katholizismus vertreten, der gegen das aktuelle Deutschland, das *Dritte Reich* und dessen provokantes, zivilisationsfeindliches *Neuheidentum* eine Abwehrhaltung einnahm. Diese Haltung war von ihrer Natur her nicht antideutsch; denn das historische *Erste Reich*, also das *römisch-deutsche Kaisertum*, wurde romantisierend verherrlicht, ja als eine Art Groß-Österreich angesehen – die Reichskleinodien waren ja in Wien! Die Unsicherheit war groß, die Entwicklung ging zu schnell, als daß sich eine Klärung gegenüber dem unausweichlich und lautstark heranrollenden Verhängnis abgezeichnet und das Zögern der Sozialde-

mokraten, auf die Österreich-Linie rechtzeitig einzuschwenken, gestoppt hätte. Am 29. Dezember 1937 wurde wie jedes Jahr um diese Zeit das Budget beraten, am 27. Jänner 1938 der Rechnungsabschluß des Vorjahres, am 3. März wurde er abgesegnet. Die Erwartung bestätigte sich, daß es nicht so lautstark und kontroversiell zuging wie in demokratischen Jahren. Die Generaldebatte wurde kurz gehalten, in der Spezialdebatte Punkt für Punkt ohne Einwände abgestimmt. Dennoch gab es höchst interessante und unerwartete Querschüsse, und zwar in Form von *Erinnerungen* (d. h. „Einwänden"), die, offenbar einem neuen Demokratisierungstrend folgend, jedermann zum Thema Gemeindebudget an den Gemeindetag richten konnte. Daher liegen dem Protokoll dieser Sitzung acht solche Eingaben bei, die zusammen nicht weniger als 105 Unterschriften tragen. Der Hauptanteil geht auf das Konto dreier Verfasser, Dr. Robert Meixner,[68] Dr. Bachzelt und eines im Hintergrund agierenden Unbekannten. Die übrigen Schreiben waren analog abgefaßt. Die beiden genannten Herren waren Juristen, Dr. Meixner Rechtsanwalt, der in erster Linie die Interessen der Badener Hausbesitzer vertrat. Dr. Bachzelt (geb. 1906) entstammte einem erzkonservativen Haus, sein (schon verstorbener) Vater war Oberstleutnant. Dr. Meixner war ein bekannter Fachmann in Verkehrsfragen, der seit Jahren für die Badener Zeitung einschlägige Artikel schrieb und Mitglied des Touring Clubs war. Die Kritik der beiden griff ins Volle. Sie prangerte zunächst formale Fehlleistungen des Gemeindetages an. Der Voranschlag

[66] Er stammte aus Iglau in Mähren und maturierte 1910 in Baden. Er wurde 1946 in Nürnberg hingerichtet.

[67] BVb. 1936, Nr. 35, S. 2f.

[68] Keine bekannte Verbindung mit dem sozialdemokratischen Gemeinderat und Bürgermeister Franz Meixner.

müßte zwei Monate vor Jahreswechsel vorgelegt werden (was praktisch noch nie geschehen war). Nicht die Höhe der Abgaben wurde aufs Korn genommen, sondern die vermutete Absicht, sie zu erhöhen. Das Ausstreuen von *Gerüchten* über bevorstehende Absichten der Stadtregierung wurde als besonders *böswillig* empfunden. Daß auch *lächerlich hohe Einkünfte mancher leitender Beamten* kritisiert wurden, war dagegen fast normal. Mit Hohn wurde die Badener Polizei übergossen und festgestellt, daß *der Herr Bürgermeister selbst zugibt, und zwar in dem Bericht an die Landeshauptmannschaft, nicht etwa bei einem Heurigengespräch, daß er infolge numerischer Schwäche der Sicherheitswache außerstande gewesen sei, baupolizeiliche Zwangsmaßnahmen auf den Haidhofgründen vorzunehmen. Die Badener Gemeindeeinwohner können nicht ruhig zusehen, wie ihre Taschen durch enorme Polizeiauslagen belastet werden, diese so kostspielige Polizei aber faktisch in wichtigen Belangen versagt. Es wird daher beantragt, vorerst alle überalterten und leistungsunfähigen Polizeibeamten in den Ruhestand zu versetzen.* Besonders ehrenrührig war der Vorwurf, daß Gemeindevertreter, der Bürgermeister nicht ausgenommen, aus öffentlichen Mitteln Leistungen bezogen hätten. Es wurde dabei auf die bekannten Turnusarbeiten angespielt, die – so die selbstverständliche Praxis – nur an Mitglieder der Vaterländischen Front vergeben wurden.[69] Wer wirklich hinter diesen jugendlichen Malkontenten stand, ob vielleicht die Anti-Casino-Front, läßt sich nicht ausmachen.

Kollmann reagierte auf diese Attacken nicht umgehend, sondern ließ sich Zeit, beinahe zu viel Zeit. Denn die nächste Sitzung fand am 3. März 1938 statt, acht Tage vor dem Ende Österreichs. Dort aber übertraf er sich selbst. Er griff die beiden Hauptmalkontenten frontal an. Einleitend verglich er sie kaum verdeckt mit Hunden, die ihn hinter einem Gitter anbellten und die er mit der Peitsche züchtigen werde. Dann kanzelte er die beiden Doktoren nacheinander ab, erkennen lassend, daß ihm auch ein anonymer Dritter nicht unbekannt sei. Wenn er sagte: *Gehen Sie zur Universität und verlangen Sie Ihr Geld zurück, denn Sie haben dort zu wenig gelernt!*, wissen wir, daß er wieder einmal den Stolz auf seinen unakademischen Bildungserwerb ausspielte. Die Akademiker ließ er als erfolglose Unruhestifter *(junge Leute, die nicht einmal eine Semmel verdienen können)* erscheinen, oder pauschalierend als Leute, die sich abends auf der Gasse auffällig bemerkbar machen und die fehlende Reklame für den Kurort kritisieren: *Die beste Reklame für einen Ort ist Ruhe und Ordnung (Lebhafte Zustimmung).*[70]

Daß „etwas los war", merkte jeder, besonders die am meisten zu verlieren hatten, die Angehörigen der jüdischen Gemeinde Badens, die trotz einiger Abgänge noch immer relativ zahlreich war. Als der Antisemitenbund für den 18. Februar in Heinrich Steigners Hotel Brusatti (Kaiser Franz-Josef-Ring 15) eine Versammlung einberief, richtete die Israelitische Kultusgemeinde Baden an Bürgermeister Kollmann ein Schreiben, in dem darauf hingewiesen wurde, daß *sich die*

[69] Prot. 27. 1. 1938.

[70] Prot. 3. 3. 1938.

jüdische Bevölkerung, insbesondere Kaufleute und Ärzte, in ihrer Existenz bedroht fühle. Gezeichnet war der Brief von Max Daniel (Auktionshaus Daniel, Rainerring 3). Zwei Tage später folgte ein Schreiben der Kultusgemeinde Wien im Namen einer *Gruppe von In- und Ausländern, darunter mehr als 70 % Christen, die den Kurort jahrelang besuchen,* mit dem dringenden Ersuchen, *für die Zukunft Sorge zu tragen, daß der beliebte Kurort Baden bei Wien ein für allemal von solchen Schmutz- und Hetzelementen verschont bleibe.* Die Briefe vom 13. und 15. Februar 1938 waren an das Bürgermeisteramt Baden gerichtet und tragen den Vermerk *„abgelegt Kollmann"*.[71] Ob die Versammlung stattgefunden hat, ist aus den vorhandenen Quellen nicht ersichtlich. Daß sie unter den damaligen Umständen verboten hätte werden können, ist nicht anzunehmen.[72]

Man muß dieses Dokument neben die für die Juden demütigenden Ereignisse nach dem 12. März, also nur knapp einen Monat später, stellen. Auch Kurorte blieben nicht verschont, als eine Ideologie, die brutale Gewalt als legitimes Durchsetzungsmittel ansah, auf einmal freie Bahn vor sich sah. Das waren jene Tage, die man mit der Worthülse Um-BRUCH etikettierte, die gegenüber dem UmSTURZ von 1918 einen positiven Akzent setzen sollte.

Aber noch einmal zur letzten Gemeindetagssitzung am 3. März 1938: Dort lief nämlich ein Gesetzgebungsakt ab, der das Andenken an diese Periode bei manchen überschattet haben könnte. In vertraulicher Sitzung wurde beschlossen, daß *weibliche Angestellte, gleichgiltig ob sie definitiv oder provisorisch angestellt sind, ... im Fall ihrer Verehelichung ihren Dienstposten und alle damit verbundenen Rechte* verlieren. Die Änderung wurde ohne Debatte genehmigt, allerdings ohne die Stimmen der beiden Ex-Großdeutschen Dr. Trenner und Kurtic, die zuvor den Saal verlassen hatten.[73]

[71] Stadtarchiv Baden.

[72] Der Antisemitenbund war ein 1919 vor allem gegen die Einwanderung von Juden aus Osteuropa gegründeter Verein. Berüchtigt waren seine „bewaffneten Spaziergänge" durch die Leopoldstadt, bei denen aggressiv gegen diese Einwanderer vorgegangen wurde (Kohlbauer-Fritz, Gabriele: Jiddische Subkultur in Wien, S. 91. In: Bettelheim P. / Ley M. (Hrsg.): Ist jetzt hier die „wahre" Heimat? Ostjüdische Einwanderung in Wien, Wien 1993, S. 89–116. – Hamann, Brigitte: Hitlers Wien, S. 83).

[73] Vrtr. Prot. 3. 3. 1938, S. 2 f.

VIII. Verfolgung und Neubeginn im Alter

Die Auslöschung

Am 11. März gab es kein Halten mehr. Beinahe nahtlos vollzog sich die Machtübernahme durch einfache Besetzung des Rathauses, für alle sichtbar durch Auswechslung der Fahnen in den Abendstunden. Nur ungenau ist überliefert, daß Kollmann am Vormittag dieses schicksalhaften Freitags in Wien war, vielleicht, um allerletzte Kontakte aufzunehmen, die zu einer überparteilichen Aktion zur Rettung des Staates hätten führen können. Aber darüber gibt es keine Unterlagen. Die Dinge hatten ihren bekannten Verlauf genommen. Die von Schuschnigg proklamierte Volksabstimmung wurde abgesagt. Daß man, wie er sagte, der Gewalt wich, schuf ein jähes Vakuum. Nach dem Staatsbild der „Roten" war auch das der „Schwarzen" an ein plötzliches Ende gekommen. Es gab nur noch die dritte Möglichkeit (die sich kurioserweise auch „drittes Reich" nannte). Da das Scheitern der anderen auf der Kleinstaatsebene sich so offenkundig manifestierte, spielte sie umso unbarmherziger ihre Karte auf der Reichsebene aus und versetzte viele in einen Taumel der Großmannssucht, manche in eine pseudo-religiöse Stimmung.[1]

Vom Balkon des Rathauses stellte sich am Abend des 12. März, eines Samstags, der nationalsozialistische Postdirektor in Pension, Ex- Gemeinderat und Ex-Landtagsabgeordneter Franz Schmid, der Menge als neuer Bürgermeister vor. Eine reguläre Amtsübergabe war nicht erfolgt. Kollmann stand schon unter Hausarrest. Auch Vizebürgermeister Hahn, der sich wie immer in sein Büro zu seiner Arbeit begab und dort zunächst vergeblich auf die neuen Herren wartete, wurde bald verhaftet. Am Mittwoch, 16. März, fand die erste Sitzung des neuen Gemeindetages statt. Seine Mitglieder waren von der neuen Landesregierung ernannt worden.[2]

Als der neue Bürgermeister, der zum Reichstagsabgeordneten – überflüssig zu sagen, eine reine Statistenrolle – aufstieg, auf einer der wohlinszenierten Kundgebungen die Bevölkerung zur Stimmabgabe für den Anschluß aufrief, sprach er von den Problemen der Stadt, wie er sie sah: *Wir stehen vor erdrückendsten Schuldverpflichtungen; wir sind nahe dem Bankrott. An den städtischen Objekten ist seit 5 Jahren nichts mehr gemacht worden* usw. Er versuchte wohl, durch eine besonders schlechte Diagnose seine Heilungsmaßnahmen in besserem Licht erscheinen zu lassen. Jedenfalls berichtete er, daß er von der Landeshypothekaranstalt ein Moratorium von 100.000,– S erreicht habe. Das Badener Volksblatt, das durch Jahrzehnte als treues Organ Kollmanns gedient hatte, mußte diese Rede abdrucken.[3] Aber immer noch erschien das Inserat des Textilgeschäftes „Kollmann & Krebs", Dollfuß-

[1] Wie aus dem pathetischen Kitsch der Huldigungsgedichte auf den „Führer" hervorgeht.

[2] Wieser Christoph, Baden 1938, Baden 1998, S. 3.

[3] BVb. 1938, Nr. 4, S. 15.

Das Rathaus am 11. März 1938 um ½12 Uhr nachts

Am 15. Mai erschien die letzte Nummer des Badener Volksblattes. Wir finden darin – es wirkt wie ein Abschiedsgruß, auch im vertrauten aggressiven Ton – die folgende *Erklärung: Während meiner Schutzhaft sind über mich unwahre Gerüchte verbreitet worden. Ich mache jedermann aufmerksam, daß ich die Verbreiter von ehrenrührigen Nachrichten gerichtlich zur Verantwortung ziehen werde. Josef Kollmann. Baden, Germergasse 15. Baden 11. Mai 1938.*

So erfuhr die Stadt offiziell, daß Kollmann verhaftet worden war. Zum Zeitpunkt, als die Erklärung erschien, war Kollmann bereits wieder aus einer 40tägigen U-Haft entlassen. Bei der Volksabstimmung am 10. April konnte er nicht dabei sein. 35 Badener (dazu kamen noch 31 ungültige Stimmen) fanden den Mut, mit Nein zu stimmen, das sind 2,9 Promille. Zum Vergleich: der Reichsdurchschnitt war 9,1 Promille, der Österreichdurchschnitt 2,6 Promille.[4]

Um der Reihe nach vorzugehen: Kollmann durfte seit dem ominösen 11. März sein Haus in der Germergasse nicht verlassen. Man stellte in der Nacht eine „Ehrenwache" vor sein Haus. Am 12. März wurde er für mehrere Stunden verhaftet und im Bezirksgericht verhört. Am 21. März verweigerte er zwei Vertretern der Gemeinde gegenüber (Löw und Krpetz) eine Unterschrift, mit der sein Vermögen unter Pfand gestellt worden wäre. Am gleichen Tag wurde Kollmann verhaftet und dem Bezirksgericht überstellt. In den Verhören wollte man ihm unkorrekte Amtsführung nachweisen. Dazu wurde er bis zum 29. April festgehalten. Der Versuch, mit seinem Nachfolger ein

gasse 3! Erst am 3. April war der Name in Planettagasse geändert. Planetta war bekanntlich der Putschist, der am 25. Juli 1934 die tödlichen Schüsse auf Dollfuß abgefeuert hatte und dafür gehenkt wurde. Nun galt der Mörder als Märtyrer.

[4] Wieser S. 7.

Gespräch herbeizuführen, mißlang. Immerhin beglichen die Nationalsozialisten zunächst die Schulden der Gemeinde an sein Geschäft bzw. seinen Geschäftsnachfolger, im Ausmaß von etwa S 70.000,–. Aber fast zwei Jahre lang wurde Kollmann weiterhin mit Strafanzeigen verfolgt.[5]

Der Kollmann-Prozeß

Schließlich kam es zum Prozeß, der am 4. September und – nach Vertagung – am 2. Oktober 1940 vor dem Landgericht in Wr. Neustadt stattfand. Halten wir uns vor Augen: ein Strafprozeß mit fraglos politischem Hintergrund in einer rücksichtslosen Diktatur, die es in der Hand gehabt hätte, auch mit den barbarischen Methoden vorzugehen, die zu ihrem Repertoire gehörten. Wie auch immer, es standen nicht diese Methoden (bis hin zum KZ) zur Debatte, sondern es „durfte" ein „normaler" Prozeß sein.

Von der einzigartigen Quelle, die zu diesem Prozeß vorliegt, war schon die Rede, ich meine die Transskription des stenographischen Protokolls, die Kollmann selbst sechs Jahre danach (im September 1946), also nach dem Ende des „tausendjährigen Reiches", herausgab und mit einem kurzen einleitenden Kommentar versah. Dieser Kommentar ist naturgemäß eine scharfe Abrechnung mit dem Hauptgegner, dem nationalsozialistischen Bürgermeister Schmid. Kollmann konnte der Öffentlichkeit zeigen, wie er sich als Angeklagter in einem politisch motivierten Prozeß, der unter Ausschluß der Öffentlichkeit ablief, auch unter einer Diktatur erfolgreich verteidigt hatte, wobei er gleichzeitig Rechen-

schaft ablegte. Das Büchlein ist also zugleich Autobiographie und Quelle (nicht nur in eigener Sache), ein seltener Glücksfall für den Historiker. Kollmann vergaß nicht, darauf hinzuweisen, *daß es in Österreich, auch in dem Österreich der Nationalsozialisten, noch aufrechte Rechtsbeistände gab, und zweitens, daß in diesem Österreich auch noch österreichische Richter nach alter österreichischer Tradition vorhanden waren.*[6] Wenn das auch gewiß ein rarer Fall war!

Es ging um die Anklage des Amtsmißbrauches (nach § 101 des St. G., strafbar nach § 103) als Bürgermeister der Stadt Baden *dadurch, daß er aus dem Bürgerspitalfonds der Stadt Baden eigenmächtig und widmungswidrig Zahlungen leistete ... um dadurch dem Bürgerspitalfonds der Stadt Baden zu schaden.*[7] Höchst gravierend in den Augen der Machthaber war, daß Kollmann den früheren Generaldirektor des Zoppoter Spielcasinos, Bruno Wolff, über ein Jahr lang ohne Bezahlung im Kurhotel „Herzoghof" wohnen ließ, die meiste Zeit samt Ehegattin.[8] Das Schwerwiegendste daran: Wolff war Jude. Er war seit der Machtergreifung der Nazis in Danzig 1936 politischer Flüchtling und mittellos. Drei Jahre zuvor hatte er Kollmann in Spielbankangelegenheiten beraten. War es also ein Freundschaftsdienst, wenn Kollmann ihn im Herzoghof wohnen ließ? Um den Sachverhalt zu klären, mußte man weiter zurückgehen: Im Februar 1923 wurde, wie oben schon erwähnt, eine Sammlung unter jüdischen Gästen des Café Zentral durchgeführt. Dieser Fonds, aus dem sich der „Kollmann-Fonds"[9] entwickelte, erreichte innerhalb

[5] Wolkerstorfer S. 107 ff. nach „Aufzeichnungen Kollmanns". – Kollmann-Prozeß S. 3.

[6] Kollmann-Prozeß S. 4.

[7] Ebd., S. 7.

[8] Vom 16. 9. 1936 bis 9. 11. 1937, vom 6. 11. 1936 an mit seiner Frau (Ebd. S. 9).

[9] So nannte ihn nach Aussage Kollmanns *der Jude* Hausmann erst 1924. In der ersten Pressemeldung 1923 hieß er „Kollmann-Unterstützungsfonds". Siehe oben S. 117 Anm. 132.

eines Jahres bis zu 52 Millionen Kronen. Kollmann vergab daraus völlig nach seinem privaten Gutdünken Unterstützungen, ohne daß es ein Statut gab, ließ aber den Fonds in der Gemeindekasse verwalten. 1929 wollte man die aus dem 16. Jahrhundert stammende Bürgerspitalstiftung wiederaufleben lassen, deren Widmungszweck war, arbeitsunfähige Bürger *(Pfründner)* zu unterstützen. Man beschloß auf Antrag von Sulzenbacher und mit Zustimmung Kollmanns, das durch die Inflation wertlos gewordene Vermögen dieser Stiftung durch die Gelder des Kollmann-Fonds aufzufüllen. Genauer gesagt: Die Gemeinde, so die Anklage (ganz im Sinne des Sitzungsprotokolls vom 26. Juni 1929[10]), nahm mit Dank Kollmanns Entschluß zur Widmung als neues Stammvermögen zur Kenntnis und beschloß, einen Betrag von S 20.000,– dazuzulegen und den Zinsendienst zu übernehmen. Was aber geschah? Die Gemeinde zahlte wegen der schlechten wirtschaftlichen Lage die versprochenen 20.000,– S nicht, sondern nur die Zinsen, und der Bürgermeister verfügte weiter über den Fonds, als wäre noch der alte Zustand. Etwa 4000,– S stellte er Bruno Wolff zur Verfügung, indem er ihn ungefähr ein Jahr lang im „Herzoghof" umsonst wohnen ließ. Niemand konnte freilich im Zweifel sein, daß eigentlich nur der Gemeinderat über die Vergabe des Bürgerspitalstiftung verfügen konnte.

Dies der Hauptanklagepunkt.[11] Daneben gab es noch Zweifel über 450,– S, die Kollmann angeblich für sich behalten habe. Es stellte sich aber heraus, daß es eine Summe kleinerer Spendenbeträge war, die der Kammeramtsdirektor Sigmund, der den Fonds verwaltete, einfach unter „Kollmann" abbuchte.

Lag nun ein gültiger Gemeinderatsbeschluß (vom 26. Juni 1929) vor, der dieses Recht eindeutig gemacht hätte? Oder war eine wesentliche Bedingung – die Beschlußfassung – noch nicht erfüllt, nämlich der Beitrag der Gemeinde in Höhe von S 20.000,–? Auf diesen Punkt wurde die Schuldfrage eingeengt.

Kollmann erklärte sich für nicht schuldig, unterbrach den Vorsitzenden mitten in einer Frage und bat um die Erlaubnis, eine zusammenhängende Darstellung vorzubringen, was widerwillig gewährt wurde. Kollmann bezweckte damit, Dr. Karl Lueger ins Spiel zu bringen, dessen Verehrung er mit *dem Führer* teilte (was in dessen Buch „Mein Kampf" nachzulesen war).[12] Dann wurde er breit ausholend und ließ keine Kleinigkeit aus, um seinen Standpunkt zu belegen und zu illustrieren. Er vergaß nicht, die Gleichheit aller Konfessionen vor dem Gesetz zu erwähnen, die in Österreich geherrscht habe, verwies darauf, daß in Österreich keine Nürnberger Gesetze in Geltung waren und hielt nicht damit zurück, daß *von den Kurgästen der Stadt Baden 75 Prozent Juden* waren und daß der Kollmannfonds *zu 80 Prozent Judengeld* (eine deutliche Anlehnung an den Nazijargon) war.[13] Die Hotelkosten für Wolff seien überdies nur gestundet worden. Letztlich habe er, Kollmann, sie aus eigener Tasche beglichen.

Man konnte auf die Zeugenaussagen der politischen Gegner Kollmanns gespannt sein. Doch sein großdeutscher Amtsvorgänger Dr. Franz Trenner und der Sozialdemokrat Franz Schulz sorg-

[10] Siehe oben S. 156f.

[11] Kollmann-Prozeß S. 8f.

[12] Ebd. S. 10. – Der Verteidiger vergaß nicht, diese Stelle zur Entlastung seines Mandanten vorzulesen (Ebd. S. 106).

[13] Ebd. S. 17.

ten dafür, daß Kollmanns legendärer guter Ruf um kein Jota beeinträchtigt wurde. Es wurde ganz selbstverständlich in den Vordergrund gestellt, daß Kollmann seine Amtsführung immer ehrenamtlich ausgeübt und nie Funktionsgebühren bezogen hatte.

Frage des Verteidigers (Dr. Hans Gürtler)*: War er in der Verwaltung eigensüchtig, hat er auf seine eigene Tasche oder auf seinen Vorteil geschaut?* Zeuge (Dr. Franz Trenner)*: Das weiß die ganze Stadt, daß er für sich gar nichts gehabt hat.*[14]
Zeuge (Franz Schulz):[15] *Er hat sehr viel geleistet und das ist etwas, was ihm jeder und auch sein größter Gegner nachsagen muß, daß er die Gemeinde so behandelt hat, als wenn er auf sein eigenes Geschäft schauen würde ... Ich war Führer der Opposition und habe als Obmann des Kontrollausschusses bestimmt gesucht, ... ihm ein ‚Klampfl' anzuhängen. Das muß ihm aber jeder nachsagen, daß er absolut reine Hände gehabt hat.*[16]

Auf eine andere Frage antwortete Trenner mit einer Charakteristik Kollmanns: *Ich kenne ihn ja – er gibt nicht gerne ein Recht aus der Hand, wenn dafür nicht etwas da ist.*[17]

Nach der Zeugenaussage des Kammeramtsdirektors Sigmund, der 1938 nicht entlassen wurde, also als aktiver Beamter aussagte, verpfändete Kollmann einmal 60.000,– S Wertpapiere, um in einer Krisensituation auf kurzem Wege Beamtengehälter ausbezahlen zu können, ohne die langen Wege der Bürokratie zu bemühen. Er verlor dadurch 10 bis 11 % seines Vermögens in Badener Stadtanleihe.[18]

Natürlich wurde auch Bürgermeister Schmid als Zeuge einvernommen. Seine

Kollmann beim Wein

Aussage war nicht sehr hilfreich, denn er bewegte sich in Allgemeinheiten über die angebliche Schuldenwirtschaft Kollmanns: die Gemeinde habe sich eben *bis zu einem gewissen Grade übernommen.* Worauf Kollmann ihm ungefragt vorhielt:

[14] Ebd., S. 62.

[15] Im Protokoll durchgehend fälschlich ‚Scholz'.

16 Kollmann-Prozeß, S. 78.

17 Ebd., S. 43.

18 Ebd., S. 44, 51 f. – Nach Wallner (Spielcasino S. 20) im Jahr 1935.

19 Die von Kollmann angeführten Darlehensbeschlüsse wurden alle, wie aus den Protokollen ersichtlich, einstimmig gefaßt und zwar 3 Millionen Schweizer Franken (= 4,089.000,– Gold-Schilling) das Schweizer Darlehen bei der Vega A. G. Glarus am 5. Mai 1926. Die übrigen Darlehen wurden bei der nö. Landeshypothekenanstalt aufgenommen: 2,630.000,– S (1927), 2,200.000,– S (am 15. Dezember 1927), 250.000,– S (am 7. Februar 1928), 1,900.000,– S (1929). Das Darlehen zur Errichtung des 2. Hauptstranges der Ebenfurther Wasserleitung von 3 Millionen S wurde am 28. Jänner 1930 einstimmig beschlossen, nachdem Schmid seinen keineswegs polemisch vorgetragenen Antrag auf Einsetzung eines Ausschusses und Heranziehung eines Nicht-Badener Fachmannes zurückgezogen hatte.

20 Kollmann-Prozeß, S. 57–61.

21 Ebd, S. 34.

22 Ebd, S. 43.

23 Veröff. in: Robert Kriechbaumer: Sozialisation ... S. 53 f., und in: Hannak S. 677. – Renners Ambitionen trafen sich mit Stalins Absichten, vgl. Nasko, Siegfried: April 1945, in: Österreich in Geschichte und Literatur, 27. Jg./1983, Heft 6, S. 336–346 (S. 341).

Ich kann mich erinnern, daß Sie während dieser Zeit für jeden der über meinen Auftrag gestellten Anträge auf Neuherstellungen usw. und auch für jedes Darlehen gestimmt haben ... (Es folgt die Aufzählung der Darlehen) ... *Und daher sind Sie an allen diesen Schulden mitschuldig wie ich!* ... Aber auch das wußte er: *Nicht gestimmt haben Sie für die drei Millionen der Badener Wasserleitung.*[19] Schmid konnte darauf nur auf seine *Erwägung* ausweichen, *die Arbeitslosigkeit nicht weiter zu steigern* und bezeichnete das Strandbad und die Trinkhalle als *schwere Belastungen für die Gemeinde,* obwohl der Verteidiger eine zur Zeit in Umlauf befindliche Broschüre vorwies, in der das Strandbad und die Trinkhalle angepriesen wurden. Auch über die Wohnungsbaracken in der Vöslauerstraße wurde Schmid, natürlich im Sinne einer schuldhaften Belastung Kollmanns, vom Staatsanwalt befragt und durfte auf Hermann Görings Stellungnahme hinweisen.[20]

Durch das Prozeßprotokoll erhalten wir manche Einblicke in Kollmanns Gewohnheiten. Er lebte, seinen Angaben zufolge, ohne persönlichen Luxus, hatte nie einen Wagen, bewegte sich immer *per pedes* fort oder höchstens mit dem Einspänner, schon Fiaker wäre Luxus gewesen. *Angeklagter: Mein größter Luxus bestand darin, daß ich mir nach des Tages Mühe beim Heurigen ein Glas Wein gekauft habe. Staatsanwalt: Auch zwei und drei! Angekl.: Vielleicht auch vier. Ich betreibe keinen Aufwand, ich brauche ebensowenig Schmuck wie meine Frau.*[21]

Im Dienst war er genau. *Sigmund: Auch wie er noch in Wien zu tun gehabt hat, ist er in der Früh mit der Uhr in der Hand ge-kommen und hat Tempo auf den Tisch getrommelt. Ich kann mich noch gut erinnern, weil ich mich noch geärgert habe ... Er ist gekommen um 8 Uhr früh ...*[22]

Anfang nach dem Ende. Die Russen in Baden: 1945–1951

Die Kriegsjahre müssen wir übergehen, in denen Kollmann, gelegentlich den Fiaker benützend, als Ruheständler, politisch verfemt, die Tage verbrachte. Es war dennoch klar, daß er das sich abzeichnende Ende des NS-Regimes nicht einfach untätig und unvorbereitet auf sich zukommen ließ.

In den Wochen vor dem Kriegsende trat Kollmann noch einmal in der Bundespolitik auf, und zwar in ihrer allerersten Wiederherstellungsphase, die bekanntlich von Hochwolkersdorf in der Buckligen Welt ausging. Dort lag das russische Kommando, mit dem der Pensionist Dr. Renner um dieselbe Zeit, als um Baden gekämpft wurde, erste Kontakte aufnahm. In einem Schreiben (17. April, Schloß Eichbüchel) wandte sich Renner an Kollmann, um ihn zur Mitarbeit in der Zweiten Republik aufzufordern. Kollmann muß sein erster Adressat unter den ehemaligen Christlichsozialen gewesen sein, denn Renner bittet ihn, Kunschak, Buchinger (den Landwirtschaftsminister der ersten Regierung) und den *demokratisch gebliebenen Parteifreunden ... einen Durchschlag dieses Briefes auszuhändigen und, sobald ich nach Wien kommen kann, sie zu mir zu bringen.*[23] *Dieser Brief,* so schreibt Schärf in seinen Erinnerungen, *erreichte mich später, ich war jedoch bereits vor der Übersiedlung Renners nach Wien mit diesem am*

20. April im Hause Kantgasse 3 zusammengekommen, in dem er mir seine Pläne über die Bildung und Zusammensetzung des Kabinetts vorlegte ... Um 11 Uhr kam es dann zu einer Aussprache in breiterem Kreis; an ihr nahmen außer Renner teil: Körner und ich, Mentasti, Fischer, Koplenig, Kollmann und Kunschak.[24]

Überdies erinnert sich Helmer, daß Renner auf der Fahrt von Gloggnitz nach Wien in Baden Halt machte, um Kollmann aufzusuchen. Er fügt hinzu: *Kollmann galt als Demokrat; er machte die Verfolgungsära gegen die Sozialdemokraten nach 1934 ebensowenig mit, wie er sich nach 1938 dem Druck der Nationalsozialisten beugte.*[25]

Am 3. und 4. April fielen Bad Vöslau, Baden und Traiskirchen praktisch widerstandslos, so die nüchterne Feststellung des Militärhistorikers.[26] Was das für die Menschen in diesem Raum bedeutete, ist höchstens erinnerbar, nur andeutungsweise durch „oral history" erfaßbar.[27]

Schon am 1. April, dem Ostersonntag, begann die Fluchtbewegung aus der Stadt. Die Behörden, die Post, die Polizei, die Feuerwehr, die meisten Ärzte folgten dem Aufruf der Partei und flüchteten nach dem Westen. Ein beträchtlicher Teil der Bevölkerung begab sich, um den Kampfhandlungen auszuweichen, in den Wald in die Nähe des Jungendbrunnens, wo man sich mit Wasser versorgen konnte. Unter ihnen waren auch Kollmann und seine Frau. Als es zu regnen begann, nächtigte man notdürftig im Rudolfshof. Am 4. April ging die Kolonne, Kollmann an der Spitze, durch die Welzergasse in die Stadt zurück.[28] Dort wohnte das Ehepaar Kollmann zunächst

im Gasthaus Putz in der Gutenbrunnerstraße, wo er, nach einem Bericht, beinahe erschossen worden wäre, als er sich am Fenster zeigte. Ob es sich bei solchen Geschichten um Tatsachen oder Gerüchte handelt, ist nicht immer nachzuprüfen. Das gilt auch für den Bericht, daß Kollmann mit der amerikanischen Militärregierung Kontakt aufnahm, was ihm eine tätliche Mißhandlung durch den russischen Kommandanten eintrug, die einen Spitalsaufenthalt zur Folge hatte.[29] Nach Kollmanns eigenen Worten (Brief an die Landesregierung vom 17. Juli)[30] wurde er schon am 4. April vom Stadtkommandanten zum provisorischen Bürgermeister bestellt. Am 9. April erfolgte eine offizielle Bestellung, die durch den Befehl des Ortskommandanten öffentlich bekanntgemacht wurde. In einer Kundgebung im Kurpark tags darauf sprach er der Bevölkerung Mut zu und forderte sie vor allem zur Wiederaufnahme regelmäßiger Arbeit auf. Er wurde, so übereinstimmende Berichte, auf die Schultern gehoben und im Triumphzug durch den Kurpark getragen.[31] Kollmann als neuer alter Bürgermeister war ein Hoffnungsträger, der weit über Baden hinaus in Menschen Erwartungen weckte. Gerne hätte er in allen Fällen Hilfe geleistet, doch das konnte er nicht; zu hoch war die Latte der „höheren Gewalt" gelegt. Besonders die Häuser am Stadtrand litten unter den Überfällen von russischen Soldaten, oft Leichtverwundeten oder Invaliden aus Notlazaretten, die nach Wein und Frauen verlangten. Aus der Steinbruchgasse erhielt der Bürgermeister einen von allen Bewohnern unterschriebenen Brief: *In unserer grossen Not wen-*

[24] Schärf (S. 31) nach Hannak, S. 678.

[25] Helmer S. 326. – Über dieses Treffen bzw. den Zeitpunkt herrscht Unklarheit.

[26] Rauchensteiner Manfred, Der Krieg in Österreich, S. 145.

[27] Siehe Wieser, Christoph: 1945. Ende und Anfang in Baden. Katalogblätter des Rollettmuseums Baden Nr. 3.

[28] Wieser (S. 28 f.) aus Fragebogen zur notwendigen Sicherung von Erlebens-Überlieferungen für die Badener Stadtgeschichte der Jahre 1945–1955, März 1958 im StA, dort besonders Bericht 4.

[29] StA B, GB054.

[30] Ebd.

[31] Wieser S. 55.

den wir uns an Sie ... was wir mitmachen ist unbeschreiblich! Jetzt ist es die fünfte Woche, dass wir fortwährend ausgeplündert werden.[32] Andere Bewohner am Stadtrand hatten nicht einmal die Möglichkeit, von sich Nachricht zu geben.

Es verstand sich von selbst, daß der russische Ortskommandant die absolute Macht ausübte – nach Kriegsrecht, wie die verschwommene Formel lautet. Major Matuchow war nicht unvorbereitet: in vorgedruckte Formulare brauchte er nur den Ort und die Zeit einzusetzen. Er hob kurzerhand alle Gesetze auf, die nach dem 13. März 1938 erlassen wurden, schränkte den zivilen Personen- und Wagenverkehr drastisch ein und befahl u. a. die Ablieferung aller Waffen und Rundfunkgeräte.[33]

Im Stadtarchiv lagert Fragmentarisches aus dieser Zeit, in der es an so vielen Dingen fehlte. Auf losem Zettel finden wir die neuen Gemeinderäte geschrieben, ohne Datum. Es sind bekannte Namen, die wir wiedertreffen: Anton Schilcher, Leopold Breinschmidt, Franz Meixner, Franz Schefzik, Felix Stika. Bemerkenswert ist ein Brief an einen Arzt (die meisten Ärzte hatten die Stadt verlassen), in dem Kollmann bedauert, den Wunsch nach Petroleum, Kerzen und einer Uhr nicht erfüllen zu können, da auch meine Uhr von Fremden (!) als Andenken mir abgenommen wurde.[34]

Es stand nun fest, daß es Kollmann beschieden war, noch einmal, zum dritten Mal, eine Epoche der Diktatur durchzustehen. Wir dürfen feststellen, daß er sich gegenüber dem Besatzungsregime nicht weniger charakterstark und verantwortungsvoll benommen hat als unter den an-

deren Diktaturphasen. Gegen Anordnungen der Kommandantur war freilich auch Kollmann wehrlos. Der schwerste Konflikt entspann sich um die Besetzung des Polizeikommissärs der Stadt. Kollmann berief Dr. Ernst Bausek, die Kommandantur einige Tage später ihren Kandidaten Robert Pansky, sodaß es zwei Personen in diesem wichtigen Amt gab. Als Pansky, der nicht die Vorbildung für diese Position hatte, einen anderen Gemeindeangestellten zu Boden schlug, wurde er von „seiner" Partei, der KPÖ, fallengelassen und trat zurück. Das widerrief die Kommandantur und verlangte seine Wiedereinsetzung. Erst ein neuerlicher Gewaltakt, ein bewaffneter Überfall Panskys auf Kollmann, über den nichts Näheres aktenkundig ist, soll zu einem Einlenken der Kommandantur geführt haben.[35]

Als am 14. Juli 1945 die KPÖ das Ansuchen an den Bürgermeister stellte, vier Schaukästen aufstellen zu dürfen, lehnte dies Kollmann mit dem Hinweis auf eine Gleichbehandlung aller Parteien ab. Doch am 9. August teilte die KPÖ mit, daß sich die Schaukästen bereits an ihren Plätzen befanden – auf Anordnung der Kommandantur![36]

Nur langsam kam die Administration wieder in Gang: Am 7. Juni erließ der wiedereingesetzte Bezirkshauptmann Rupprecht die notwendigen Bestimmungen zur Registrierung der Nationalsozialisten. Am 18. Juni meldete Prof. Dr. Lewandowski die Wiederaufnahme des Unterrichts am Gymnasium in der Biondekgasse. In einem anderen Schreiben bat er den Bürgermeister, sich zugunsten der Schüler für die Einsetzung einer Zugsverbindung mit Wr. Neustadt zu ver-

[32] StA B, GB 054.

[33] Befehl 1 im Mitteilungsblatt des Stadtkommandanten und des Bürgermeisters von Baden, Folge 1 v. 15. April 1945.

[34] StA B, GB 054.

[35] Rabong Otto, Feldstudie ... S. 16.

[36] StA B, GB 054.

wenden. Am 2. Juli bat Kollmann Staatskanzler Renner um *Gewährung einer Audienz* hauptsächlich in Approvisionierungsangelegenheiten.

Daß es zwischendurch auch möglich war, an eine friedliche Zukunft zu denken, beweist die Antwort Kollmanns auf das launige Schreiben eines Herrn Seegner: *Ihr zweiter Wunsch, wo bekomme ich in Baden Wein, ist ein Fragezeichen, doch wenn Sie wieder hier in Baden sind, werden wir das Fragezeichen vielleicht lösen können.*[37]

Am 1. Juli fand eine Sitzung statt, bei der über die Tätigkeit der „Freiheitskämpfer" (heute: Widerstandskämpfer) berichtet wurde. Die Einladung ging von Unterstaatssekretär Mentasti aus (wir kennen ihn aus Wahlkampfaffären der zwanziger Jahre), Bezirkshauptmann Rupprecht und Bürgermeister Kollmann nahmen an der Veranstaltung teil. Zitat der Badener Zeitung, die seit 2. Juni wieder erschien: *In den Berichten* (sie liegen uns leider nicht vor) *konnte ein Einblick darüber gewonnen werden, wie sehr die österreichischen Freiheitskämpfer in den letzten Jahren, immer unter Einsatz ihrer Freiheit und ihres Lebens, gearbeitet haben, um das faschistische Terrorregime empfindlich zu treffen. Von besonderem Interesse war ein Bericht, nach welchem der Badener Dirnbacher, der in der Flak-Kaserne Dienst leistete, in letzter Minute die gänzliche Sprengung dieses für Baden überaus wichtigen Objektes durch Zerschneiden der Zündschnurverbindungen verhinderte, so daß die von der SS vorbereitete Sprengung nur eine verhältnismäßig geringfügige Zerstörung anrichten konnte.*[38]

Am 4. Juli fand unter Vorsitz Kollmanns eine Gemeinderatssitzung statt, die erste, von der wir erfahren. Ein Protokoll darüber ist nicht vorhanden. Franz Meixner von der sozialistischen und Richard Sofer von der kommunistischen Partei werden als Vizebürgermeister angeführt. Der Hauptpunkt der Sitzung war das schon erwähnte Thema der Entnazifizierung oder, wie es heißt, der *Reinigung des Beamten- und Angestelltenstandes von schwer belasteten Nationalsozialisten.* 16 Beamte wurden ohne Anspruch auf Entschädigung mit 1. Juli 1945 entlassen. Freilich waren von 108 gemaßregelten Beamten 96 geflüchtet, darunter der Stadtkämmerer Löw, die beiden Primarärzte des Krankenhauses Singer und Reiffenstuhl, Dr. Anton Holzer und andere.[39] Der Leiter des Arbeitsamtes Kargl war schon am 17. Mai von Vizebürgermeister Sofer entlassen worden, während Kollmann krank war (die Krankheit dauerte fünf Wochen, wie er in einer Dankadresse an Primar Dr. Fürst feststellte). Das Nächste, das wir in dem Aktenwirrwarr mit Sicherheit feststellen können, ist die Tatsache, daß der Gemeinderat in einer vertraulichen Sitzung am 19. September 1947 beschloß, 35 minderbelastete Angestellte und Beamte wieder in die Dienste der Stadt Baden einzustellen. Unter ihnen waren zehn Wachebeamte, die allerdings nicht mehr in den Dienst der Sicherheitswache gestellt werden sollten.

Die Badener Zeitung erschien nach mehr als zweimonatiger Abwesenheit wieder am 2. Juni. An isolierter Stelle und echolos liest man am 11. August *ohne Gewähr* et-

[37] Brief Kollmanns vom 31. 7. 1945.

[38] BZ 1945, Nr. 31, S. 4. – Alle übrigen Einzelheiten StA B, GB 054.

[39] BZ – ebd.

was über das Schicksal von etwa 60 Badener Juden. Davon wurden 15 als ermordete oder vermißte Opfer gemeldet, darunter Dr. Justitz, der führende Sozialdemokrat (*von der SS erschossen*), und Dr. Siegfried Lackenbacher (obwohl im Ersten Krieg dekorierter Regimentsarzt; nach Theresienstadt deportiert und in Auschwitz ermordet; die Namen dieser Orte lasen die meisten Badener wohl zum ersten Mal.) Dr. Samuel Deutsch war inzwischen in Palästina, der Rechtsanwalt Dr. Alfred Lackenbacher war in Shanghai verstorben, der HNO-Arzt Dr. Ehrlich war in den USA, ebenso Dr. Rudolf Lackenbacher, Ex-Präsident der Kultusgemeinde. Die überaus beliebte Schauspielerin Jenny Rausnitz war nach Shanghai geflohen. Bekannt gemacht hatte diese Namen der Textilkaufmann Ludwig Reisz, der 1943/1944 in Ungarn interniert war. Er gründete 1946 den neuen Tempelverein.[40]

Die Stimme des wahren Kollmann vernehmen wir erst wieder Anfang Oktober bei der ersten Versammlung „seiner" Partei, der als Nachfolgeorganisation der Christlichsozialen gegründeten Österreichischen Volkspartei, die aber auch ehemalige Großdeutsche einschloß. Geleitet wurde sie erstaunlicherweise vom ehemaligen großdeutschen Gemeinderat Kurtics (dessen Mandat, wie erinnerlich, 1934–1938 weiterlief und dem nun Wiedergutmachung zuteil wurde). Kollmann wurde stürmisch begrüßt, als er das Wort ergriff. Er kam auf seinen Vorgänger Schmid zu sprechen, der ihn durch insgesamt zwölf Anzeigen, die seine Finanzpolitik zum Inhalt hatten, vernichten wollte. Aber *mit Hosenknöpfen kann man keine Straßen, keine Trinkhalle bauen, da muß man Schulden machen.* Schmid hatte ihm einen Brief geschrieben, in welchem er seine Rückkehr nach Baden ankündigte und darum bat, daß man sich um seinen Besitz kümmere. Kollmann dazu: *Ich werde gegen Schmid keine Anklage erheben, weil diese Sachen mir zu schmutzig sind.* Auf den Nationalsozialismus habe er *keinen Zorn* ... Heftige Kritik aber richtete er gegen die *Sommerfrischler*, wenn sie nicht Frauen mit Kindern waren: *Unverständlich aber muß mir die Haltung derjenigen bleiben, die sich als Mann anreden lassen.* Mit den „Sommerfrischlern" meinte er die vor den Russen geflüchteten Polizei- und Feuerwehrmänner, die die so bitter nötigen Löschfahrzeuge mitgenommen hatten.[41] Am 23. Oktober beging Kollmann seinen 77. Geburtstag, der nun wieder Gelegenheit zu einer ehrenden Feier werden konnte.[42]

Am 16. Dezember fand im Beethoven-Kino eine Versammlung des österreichischen Wirtschaftsbundes statt, dessen Ortsobmann Wilhelm Fleischberger war. Hier fand Kollmann Worte, wie sie kämpferischer auch in der Ersten Republik nicht formuliert worden wären: *daß es besser wäre, einen unvermeidlichen Kampf mit Mut und Entschlossenheit aufzunehmen ... als bei Beginn des Kampfes eine Zaghaftigkeit an den Tag zu legen und dadurch Erfolg und Existenz aufs Spiel zu setzen.* Typisch: Es ging dabei um Kollmanns großes Anliegen, die Interessen des Kleingewerbes.[43]

[40] BZ Nr. 36, S. 2 v. 11.8.1945.

[41] BZ 1945, Nr. 44, S. 3. – Jedoch gegen Haß- oder Rachejustiz: Festschrift S. 28.

[42] BZ 1945, Nr. 47.

[43] BZ 1945, Nr. 55.

Am 29. Dezember 1945 wurde das Budget 1946 behandelt. Dies ist durch das erste vorhandene Gemeinderatsprotokoll nach dem Krieg dokumentiert. Mit besonderer Herzlichkeit begrüßte Kollmann alte Freunde auch über die Parteigrenzen hinweg. Es entstand eine Debatte über die rechtliche Position der politischen Polizei. Kollmann erklärte, daß sie nicht dem Bürgermeister unterstellt sei, wie der kommunistische Vizebürgermeister Sofer behauptete. *Die politische Polizei verfügt die Verhaftung eines Menschen, der ist unten eingesperrt, das Bezirksgericht hat keinen Einfluß ... Ich habe nichts dreinzureden, aber ich sehe, wenn man jemanden einsperrt. Freiheit ist das einzige Gut, das wir haben, das darf auch nicht durch die Polizei genommen werden. Den Nazistandpunkt dürfen wir nicht zurückrufen ... Man muss sich vorstellen, dass man selbst in die Lage kommt, ich, Stika, Meixner werden eingesperrt und man lässt uns wochenlang eingesperrt. Stellen Sie sich vor, die Russen wären nicht mehr da und es würden von der kommunistischen Partei alle eingesperrt* – Kollmann malte den Teufel einer Rachejustiz nach Abzug der Russen an die Wand.[44] Kläglich klingen die Aussagen über die kurörtlichen Lebensbedingungen: *Wir sind nicht in der Lage, unserem Erwerb als Kurort nachzugehen,* da praktisch alle Bäder, auch das Strandbad,[45] und viele Hotels von der Besatzungsmacht *in Anspruch genommen oder ausgeräumt sind.* Kollmann schlug vor, den Kurorte- und Heilbäderverband, dessen Präsident er einmal gewesen war, wiederzubeleben

und dann über die Landesregierungen und über die Staatsregierung auf die Besatzungsmächte entsprechend einzuwirken. Er sei bereit, die Sache rasch in die Hand zu nehmen. Der Vorschlag wurde verwirklicht, am 11. Dezember 1946 wurde Kollmann in Bad Gastein auf Antrag des Vize-Präsidenten Meixner für seine Verdienste um das österreichische Heilbäder- und Kurortewesen einstimmig zum Ehrenpräsidenten gewählt.[46]

Aber zurück zum 29. Dezember 1945: Den letzten Teil der Sitzung widmete Kollmann dem *„Ofenloch",* einer Ried am Sooßerberg (heute Römerberg), wo 1918 eine Lungenheilstätte geplant gewesen war. Nun wäre es *von grossem Vorteile, wenn dort ein Weinbaugebiet entsteht, um den Ruf des Badener Weines noch zu heben.* Es sei ihm ein Herzensanliegen, wenn dort *heuer noch* (gemeint ist 1946) die notwendigen Rodungen vorgenommen werden. *Bundesrat* Breinschmid, von Kollmann hier mit seinem Titel aus der Schuschnigg-Ära versehen (wie damals als Wiedergutmachungsgeste üblich), könnte das in die Wege leiten. Ein Komitee aus je zwei Parteienvertretern wurde vorgeschlagen. Diese Initiative war entscheidend für die Entwicklung des Weinbaus in den betroffenen Rieden. Am 12. September 1946 verkaufte die Gemeinde die Gründe am Sooßerberg.[47] Aber da war Kollmann nicht mehr Bürgermeister. Als einige Zeit später die Rodungsarbeit stockte, gab er zu, daß die Begeisterung nur so lange angehalten hatte, *bis die Leute gesehen haben, was da für Arbeit dranhängt, dann sind*

[44] BZ 1946, Nr. 1. In der provisorischen Gemeindevertretung befanden sich jetzt auf Druck (sprich: Anordnung) der Besatzungsmacht 6 Mitglieder der KPÖ. Die ÖVP hatte 8, die SPÖ 7 Vertreter. Die ersten Gemeinderatswahlen fanden erst 1950 statt (s. S. 216).

[45] Es wurde erst 1947 wieder geöffnet (BZ 14. 6. 1947).

[46] Der Österreichische Heilbäderverband wurde 1923 gegründet. Er sollte die Notwendigkeit der Werbung für Kurorte bewußt machen (Festschrift S. 72).

[47] Prot. 12. 9. 1946.

den Menschen *Grausbirnen aufgestiegen.*[48]

Daß Baden wieder seine Spielbank bekommen müsse, dafür setzte sich die Badener Zeitung gleich in der ersten Nummer des neuen Jahres ein. Sie mußte bis ans Ende der Besatzung warten. Dann aber verlor man keine Zeit; am 9. Juli 1955 wurde im „Badener Hof" (Wassergasse 22–26) das Casino wiedereröffnet.[49]

Am 2. Februar stand eine kurze Notiz in der Zeitung: *Wie aus dem Rathaus mitgeteilt wird, hat Bürgermeister Kollmann seine Stelle mit 30. Jänner l. J. zurückgelegt.* Über den Grund des Rücktrittes kann nur auf das (schon erwähnte) maschinenschriftliche Manuskript ohne Verfassernamen hingewiesen werden, in dem von einer Beschwerde Kollmanns *bei den Alliierten in Wien wegen schlechter Lebensmittelversorgung* die Rede ist. Sie wäre Anlaß gewesen, daß der russische Militärkommandant die Demission Kollmanns innerhalb von drei Stunden verlangt hätte.[50]

Doch er blieb im Gemeinderat als Chef der ÖVP-Fraktion, wenn er auch Dr. Hahn die Hauptarbeit und das Amt des Vize-Bürgermeisters überließ. Bürgermeister war nun der bisherige Vize Franz Meixner, langjähriges Mitglied des Vorkriegsgemeinderats, eher dem linken Flügel der Sozialistischen Partei angehörend. Er war um ein gutes Arbeitsklima bemüht und nahm Ratschläge seines Vorgängers in Verfahrens- und auch Inhaltsfragen willig entgegen. Dessen gedächtnisgestütztes Sachwissen war ohnehin kaum zu widerlegen. Manchmal entstand der Eindruck, als entscheide er, nicht der Bürgermeister; so, als man im Unklaren war, wie man dem gesundheitlich schwer heimgesuchten Bildhauer Hans Mauer[51] helfen könne. Er hatte das letzte Wort: *Geben wir ihm sechs Wochen* (Erholungsurlaub). *Gehen wir weiter.*[52] Den Humor ließ er sich nicht nehmen. Um das E-Werk, das die Vorgänger-Gemeindevertretung an Wien verkauft hatte, wieder zu bekommen (*Rückgliederung* hieß das), brauchte man seiner Meinung nach nur gute Advokaten. *Ich anerkenne jeden Advokaten als gleichwertig. Es gibt gutmütige und scharfe Advokaten; (zu Dr. Hahn gewendet) zu den schärfsten gehörst Du nicht. (Heiterkeit) Ich frage einen, der den Stecken in die Hand nimmt und hinhaut.*[53]

Um den vom Schicksal zugewiesenen Auftrag war der neue Bürgermeister nicht zu beneiden. *Wir haben den Krieg nicht 1945 verloren,* so sagte er, *sondern wir haben ihn erst jetzt verloren.* Mit dem „*wir*" wollte sich Meixner nicht etwa mit den Nazis identifizieren und das Schicksal bedauern, das ihnen den Sieg vorenthalten hatte. Er meinte vielmehr, daß 1945 die Gemeindebetriebe noch intakt waren, daß sie es *jetzt,* 1946, nicht mehr seien. *Es ist richtig, wie Herr Altbürgermeister Kollmann erklärt, dass, wo ein Soldat hintritt, neun Jahre kein Gras wächst.*[54] Analogien zur Nachkriegszeit 1919 sind unverkennbar.

Am 19. Oktober verlieh der Gemeinderat das Ehrenbürgerrecht zum zweiten Mal an Kollmann und revidierte damit den Aberkennungsbeschluß aus dem Jahr 1938. Am 17. Februar 1947 starb seine Gattin, Frau Maria Kollmann. *Ihr Verständnis*

[48] Prot. 26. 2. 1947, S. 29.

[49] Wallner, Das Spielcasino, S. 31. – BZ v. 24. 11. 1994, S. 10 (*Alte Neuigkeiten aus 1944*).

[50] StA B, HB 269.

[51] Hans Mauer, (1879–1962), Schöpfer des Beethoven-Denkmals beim Sauerhof.

[52] Vrtr. Prot. 26. 2. 1947.

[53] Ebd., S. 16.

[54] Womit er die russische Besatzung meinte (Prot. 26. 2. 1947, S. 41).

und ihre opferbereite Rücksichtnahme auf die politischen Notwendigkeiten machten es ihrem Gatten möglich, die politische Laufbahn mit dem bekannten großen Erfolg zu beschreiten. Nicht nur *zweimalige Einkerkerung*, sondern *zuletzt noch das Revolverattentat haben der still duldenden Gattin den Todeskeim gelegt.* So die Meinung des Badener Volksblatts in einem kurzen Nachruf.[55]

Zum 80. Geburtstag Kollmanns erschien die bereits mehrfach zitierte Festschrift mit zahlreichen Beiträgen, herausgegeben von der Stadtgemeinde Baden. In der Festsitzung am 23. Oktober 1948, zu der Bundeskanzler Figl, die Bundesminister Helmer und Maisel sowie die Altpolitiker Kunschak und Seitz kamen, wurde ihm die Urkunde des eigens für ihn geschaffenen „Goldenen Ehrenrings der Stadt Baden" überreicht.[56]

Aber damit war Kollmanns Laufbahn noch nicht zu Ende. Er war weiterhin Gemeinderat und meldete sich gelegentlich zu Wort, so am 28. Dezember 1948, als er sich gegen eine Aufteilung des Areals oberhalb der Trostgasse in *Zwerggründe* aussprach,[57] und am 17. März 1950, als er den Antrag durchdrückte, die Getränkesteuer von 10 auf 5 % zu senken.[58] Am 7. Mai 1950 fanden Gemeindewahlen statt. Kollmann beteiligte sich am Wahlkampf und wurde auf der Liste der ÖVP wiedergewählt. Am 29. September 1950 war er noch einmal bei einer Sitzung anwesend[59] und legte dann sein Mandat zurück, was der nunmehrige ÖVP-Bürgermeister Dr. Hahn am 27. November bekanntgab.[60]

Danach verfiel seine Gesundheit zusehends. Noch im April sah man ihn beim

Kollmann mit Bürgermeister Franz Meixner und Theodor Körner, damals Bürgermeister von Wien (30. Mai 1946)

gewohnten Glas Wein. Am 6. Mai 1951 nahm er an der Bundespräsidentenwahl teil. Ein Erholungsaufenthalt in Heiligenkreuz brachte keine Besserung und er mußte am 4. Juni wieder heimgebracht werden. Die Ärzte Dr. Fürst und Dr. Josef Meyer konstatierten eine fortgeschrittene Herzinsuffizienz. Josef Kollmann starb am 16. Juni 1951 an Herzversagen. Er stand im 83. Lebensjahr. Die Todesanzeigen sprachen von *langer, schwerer Krankheit* und von *schwerem Leiden.* Als Hinterbliebene, auch auf den später veröffentlichten Danksagungen, nannten sich die Familien Ernst Krebs und Dipl.-Ing. Karl Scheerer.

[55] BVb. Nr. 8, S. 2.

[56] Prot. 23. 10. 1948.

[57] Prot. 28. 12. 1948, S. 41.

[58] Prot. 17. 3. 1950, S. 138f.

[59] Prot. 29. 9. 1950, Wortmeldung S. 57.

[60] Prot. 27. 11. 1950.

Kollmann an seinem 80. Geburtstag vor dem Gemeinderat. Im Bild: Bürgermeister Franz Meixner und der spätere Bürgermeister Julius Hahn

[61] Prot. 19. 6. 1951.

[62] BZ 1951, Nr. 25, S. 1f.

[63] Gleichheit. Sozialistisches Wochenblatt für das Viertel unter dem Wienerwald, 3. Jg./1951, Nr. 25, S. 2.

[64] Grünn, Helene: Weinbau-Volkskunde des Südbahngebietes von Wien bis Leobersdorf, Wien – Horn 1988, S. 148 f.

[65] Perko S. 16 und 24. – BVb. 1950, Nr. 29, S. 1 f.

Der Gemeinderat hielt drei Tage darauf eine Trauersitzung ab. Den Nachruf sprach Vize-Bürgermeister Richard Kurtics. Er teilte mit, daß in Bad Gastein ein Trauergottesdienst mit Glockengeläute stattfinde. Danach hörte man noch einmal die Stimme des Altbürgermeisters von einem Tonband; sie war knapp zwei Monate vorher aufgenommen worden.[61] Danach sprach Bundeskanzler Figl in einer Versammlung der ÖVP im Stadttheater eine Gedenkrede. Kardinal Innitzer nahm sodann die Einsegnung in der Stadtpfarrkirche vor. Ein endloser Trauerzug bewegte sich durch die Stadt, deren Straßenlampen mit Trauerflor umhüllt und beleuchtet waren. Stadtpfarrer Stoiber konnte daran nicht teilnehmen; er war in Gastein auf Kur.[62]

Aus den zahlreichen Nachrufen möchte ich nur einen Satz aus der Wr. Neustäd-

ter „Gleichheit" zitieren. Nach einer Darstellung des Lebenslaufes heißt es dort: *Er war stets ein Verfechter der Politik der Verständigung und Zusammenarbeit der Parteien und ein aufrechter Demokrat, der eine anständige Klinge führte.*[63]

Noch ein Nachsatz folgt, der aus der Weinbaumythologie stammt: Da er in einer der beiden jährlichen „Spritzwochen", wie die Termine der chemischen Schädlingsbekämpfung bei den Weinhauern heißen, starb, konnte diese wegen der langdauernden Begräbnisfeierlichkeiten nicht sachgemäß durchgeführt werden. Als dann die Weinlese schlecht ausfiel, wurde diesem Umstand die Schuld gegeben.[64] Das ist wohl nicht ganz ernst genommen worden. Wie immer der Schädling hieß, Tatsache war die verminderte Weinernte allerdings. Doch die Liebe der Weinhauer für den Bürgermeister Kollmann ist auf dem Denkmal zu lesen, das am Römerberg steht, mitten unter den Weingärten. Perko hat es als eines der *sprechendsten* von Meister Franz Vock geschaffenen Porträtreliefs bezeichnet. Am 16. Juli 1950 war es enthüllt worden. Kollmann war anwesend gewesen und hatte das Wort ergriffen, an den Ankauf der Gamingergründe 1907 erinnernd, bei dem er mitgewirkt hatte, und an die allmähliche Realisierung einer Lieblingsidee.[65] So sind wir am Ende wieder auf die eine oder andere Weise auf den Mythos gestoßen, der uns, ausgesprochen oder nicht, noch immer begleitet. Seine Aufgabe ist es, Symbole zu setzen, die das Weiterleben des Andenkens sichern – für dessen korrekte Form ist jedoch letztlich die ausschließlich der Wahrheit dienende Arbeit des Historikers zuständig.

Jahreszahlen bezeichnen das Datum der Wahl (außer 1918).

BM	= Bürgermeister
StvBM	= Stellvertretender Bürgermeister
VBM	= Vizebürgermeister

vor 1918:

GR	= Gemeinderat (heute Stadtrat)
Ga	= Gemeindeausschuß, bzw. -beirat (heute Gemeinderat)
Gb	= Gemeindebeirat (nur 1918)
WK	= Wahlkörper

1919–1934:

GG	= Geschäftsführender Gemeinderat
Gr	= Gemeinderat
cs	= christlichsozial
sd	= sozialdemokratisch
dn	= deutschnational (und synonyme Gruppierungen)
gd	= großdeutsch
ns	= nationalsozialistisch
w	= unpolitischer Wirtschaftsbund (1919)

1934–1938 und provisorisch 1945–1950:

GR	= Gemeinderat
Gv	= Gemeindevertreter
vp	= ÖVP
sp	= SPÖ
kp	= KPÖ

Alter Franz. (sd) GG 1919, Gr 1921 (nach Verzicht gefolgt von Döhrer)

Arens Heinrich, Baumeister u. Zimmermann. Ga II. WK 1905

Balzarek Vilma, Bürgerschullehrerin. (sd) Gr 1924, 1929

Beck Alois jun., Vorsteher der Dachdeckergen. (cs) Gr 1921, 1924, 1929, GG 1932, GR 1934

Beichel Johann. (cs) Gb 1918

Berger Alois, Bezbauernkammerrat. (cs) GR 1918, GG 1919, 1921, GG 1924, 1929. GR 1934

Berka Alexander, Beamter. (sd) GR 1918 VBM 1919, 1921, GG 1924, VBM 1925, GG 1929

Bernhofer Friedrich, Finanzkommissär. (w) Gr 1919, (gd) 1921, (cs) 1924, 1929, Gv 1934

Brandl Peter, Steinmetz. Ga III. WK 1912

Breinschmidt Leopold. Gv 1934, (vp) Gv 1945

Breitenbaum Karl, Beamter. (sd) GR 1918, Gr 1919, 1921, 1924, ausgeschieden 1926

Breitenbaum Ludwig, Beamter. GR 1905, 1908

Breuer Robert. Gr 1921

Brunner Ludwig, Bäckergehilfe. (sd) Gb 1918, Gr 1919, 1929. (sp) Gr 1945 (?)

Brunner Marie. (sd) GR 1918

Brusatti Alois, Vorsteher des Gremiums der Hoteliers und Fremdenbeherberger. GR 1904, 1905, 1908, 1912, (dn) 1918, VBM 1919, 1921, 1924, BM 15. 1.–5. 11. 1926, VBM 1926

Buchhart Johann, Postangest. (cs) Gr 1919, 1921, 1924, Gv 1934

Calliano Gustav, Beamter. Ga III. WK 1905

Delavilla Josef, Spengler. GR 1904, 1905, 1908

Dellisch Anton Dr., Advokat. Ga I. WK 1905, 1908

Doblhoff-Dier Dr. Heinrich. Gv 1934

Döhrer Fritz, Kellner. (sd) Gr 1921 (nach Verzicht von Franz Alter), 1924, 1929

Dollak. Gv 1945

Dorbez. Gv 1945

Dorfstetter Franz. Gr 1919

Ecker Louise, Näherin. (cs) Gr 1929. Gv 1934

Eckert Dr. Franz. Gv 1934

Eichberger Josef. Ga III. WK 1908

Eisler. Gr 1934

Eitler Michael, Weingärtner (cs) Gr 1924

Eitler Michael. (cs) Gb 1918 Gr 1919, 1921

Fahnler Leopold jun., Weingärtner. (cs) Gr 1921, 1924, 1929. Gv 1934

Fasching Franz jun., Bautechniker. GR 1905, 1908

Felbermayer Franz. GR 1912

Ferenczfy Julius. Gr 1919

Fink Franz, Schneider. Ga II. WK 1905, 1908

Fischer Franz, Hauer. Ga III. WK 1905

Fischer Johann, Betonerzeuger. Ga III. WK 1905

Fischer Rudolf, Hauer. Ga II. WK 1912

Fischer Joseph, Architekt. Gv 1945

Fischer-See Hugo, Generalmajor d. R. (cs) Gr 1929

Fleischberger Wilhelm. (cs) Gr 1921

Florian Josef, Kaufmann. GR II WK 1908, (cs) GR 1918

Franke Karl. Gr 1921

Freidl Franz, Hauer. GR III. WK 1912. (dn) Gb 1918

Gall Ferdinand, Gärtner. BMStv. 1912

Gartner Josef, Kaufmann. GR 1905, 1908 Ga III. WK 1905, 1908

Gebhart Georg, Beamter. Ga II. WK 1912

Gehrer Franz, Fuhrwerker. Ga III. WK 1912

Gehrer Georg, Großfuhrmann. (cs) GG 1919, 1921, 1924, 1926, 1929 GR 1934

Gleichweit Karl, Weinhauer, Landw.-kammerrat. (cs) Gr 1919, 1921, Gr 1924, 1926, 1929, VBM 1930–1933 (Rücktritt 1933. Nachfolger als Gemeinderat ist Stricker)

Grab Emil, Notar. GR 1905, Ga I. WK 1908, 1912

Gratzer. Gv 1945

Grün Michael, Hauer. Ga II. WK 1908

Hack-Kaufmann Philipp. Gr 1919

Hahn Julius Dr, Rechtsanw. (cs) Gr 1924, GG 1929 VBM 1932. VBM 1934 Gr 1945 VBM

Hammerschmidt Eduard, Lehrer. Ga II. WK 1905

Hansy Robert, Müller. Ga II. WK 1905

Hansy Roman, Beamter. Ga II. WK 1912. (dn) Gb 1918

Harrer Wilhelm, Metallarb. Gr 1921 (cs) 1924

Hatzl Leopold. Ga IV. WK 1905

Haydn Karl, Vorsteher d Genossenschaft d Zimmerleute. Ga III. WK 1912. (dn) Gb 1918, GG 1919, 1921, (cs) 1924, 1929

Herzog Josef, Reichsratsabg. Ga III. WK 1905

Hilgarth Robert (sd) GR 1918, Gr 1919

Hofmann Josef, Hauer. Ga IV. WK 1905. GR 1912. (dn) Gb 1918, Gr 1919, 1921, (gd) 1924

Hofmann Rudolf. Gr 1919

Höld Karl Dr., Zahnarzt. (gd) Gr 1921, 1924, (auf cs Liste) 1929. Gv 1934

Holzdorfer Sebastian, Angest. der Wiener Lokalbahn (w) Gr 1919, (1920 Kandidat der rechtsextremen NSP), 1921, (sd) Gr 1926

Hölzl Ferdinand, Kaufmann. Ga III. WK 1905, 1908. GR 1912

Hornung Ludwig. Gr 1921

Huber Cyrill, Spediteur. GR 1905

Infang Franz, Zimmermann. Ga II. WK 1912

Jagaditsch Franz. Gr 1919

Jagenbrein Gr 1930

Janisch Julius. Gv 1934

Jorgo Anton, Angest., Schutzbundführer (sd) Gr 1924, 1929 (1932 durch Wohlfahrt ersetzt)

Jülke Josef, Bäckermeister. GR 1908

Justitz Siegfried Dr., Arzt. (sd) Gr 1921 GG 1924 Gr 1926, 1929

Kaiser Friedrich, Kauf- u. Eisfabrikant. Ga IV. WK 1905, 1908

Ketzer Leopold. (sd?) Gv 1945

Kirchner Josef. Gr 1919

Klaus Josef. (sd) Gb 1918

Klinger Franz, Bauarbeitersekr. (sd) Gr 1929. (sp) GR 1945

Koch Johann. (cs) Gb 1918

König Barbara. Gr 1919

König Otto. (sd) Gb 1918

Koinegg Markus. (cs) Gb 1918

Kollmann Josef, Kaufmann. (cs) GR 1904, 1905, 1908. Ga IV. WK 1912. GR 1918. BM 11. 7. 1919–15. 1. 1926. 5. 11. 1926–12. 3. 1938. BM 9. 4. 1945–30.1.1946

Kovatz. Gv 1945

Kragler Leopold. Gr 1921

Kühlmayer Leopold. Gr 1921

Kühnelt-Leddihn Erik Dr. Gr 1919

Kurtics Richard, Gewerkschaftsbeamter, Direktor. (gd) Gr 1921, 1924 Gv 1934. (vp) Gv 1945

Lantin Gustav Dr., Arzt. Ga I. WK 1905

Laschitz Moriz, Kaufm. u. Glasermeister. GR 1905, 1908, 1912

Leeb (kp) Gv 1945

Leitner Hugo, Kaufmann. (sd) GG 1919, 1921. Gr 1924 GG 1929

Liffka. Gv 1945

Magloth Karl. GR III. WK 1912

Mahorschitz Johann, Bäckermeister. GR 1912

Malaniuk Dr. Wilhelm, Richter. Gv 1934
Marte Ludwig (sd) Gb 1918
Martin Franz, Lehrer, Bürgersch.-Dir. Ga I. WK 1905. Ga II. WK 1912. (dn) Gb 1918
Mayer Arthur Dr., Advokat. GR 1912
Mayer Franz. Ga III. WK 1912
Mayer Hans. Ga I. WK 1912
Mayer Johann. (kp) Gv 1945
Mayer Josef (kp?) 1945
Mayer Michael. Ga III. WK 1905
Mayer Michael. Gv 1945
Mayer v. Maybach Paul, Beamter. Ga I. WK 1912
Mayerhofer Wilhelm, Fiaker. Ga IV. WK 1905
Meixner Franz, Schriftsetzer (sd) Gr 1921, 1924, GG 1926, 1929. (sp) BMStv. 1945, BM 1946–50
Menschhorn August, Elektrotechniker. Ga III. WK 1905
Michalek Robert, Schlosser (ns) Gr 1924
Mikunda Wladimir. (cs) Gr 1932. Gr 1934. (vp) Gr 1945
Müller Georg, Musiker. Ga III. WK 1912
Müller. Gv 1945
Neubauer Johann, Hauer. Ga III. WK 1912
Niederhofer Sebastian, Bäckermeister. Ga III. WK 1908
Nowotny Karl, Schuhmacher. Ga III. WK 1905
Odorfer Johann Mathias, Kaufmann. Ga III. WK 1905, 1908. GR 1912
Pamperl Franz sen. (cs) Gb 1918 GG 1919, 1921
Parzeller Karl. Gv 1934
Pokorny Vinzenz. (sd) Gb 1918
Prechtl Josef. Gv 1934
Putz Richard. Gv 1934 Gv 1945 (?)
Ramberger August, Baumeister. Ga 1. WK 1908
Rampl Anton, Hauer. Ga II. WK 1912
Rampl Franz. Gb 1918
Rampl Leopold. Ga I. WK 1912
Rautek Emanuel. (cs) Gb 1918
Rechtberger Johann, Wirt. GR 1905, 1908
Reigl Josef, Wirt. Ga II. WK 1905, 1908, 1912
Rennhofer Josef. (sd) Gb 1918
Rollett Moriz. GR Ga I. WK 1905, 1912. (dn) Gb 1918
Rosensteiner Vinzenz. (sd) Gb 1918
Sänger Reinhold. (sd) Gr 1921
Schabner Alois, Bahnbeamter. GR 1912, (dn) GR 1918, 1919, 1921
Schandl Rudolf. (w) Gr 1919
Schefzik Franz, Krankenkassenbeamter. (gd) Gr 1921, 1924, (sd) 1929. (sp) GR 1945
Schiestl Anton, Photograph. Ga II. WK 1908. (cs) Gb 1918

Schilcher Anton, Vorsteher d Gremiums d Kaufleute. (gd) Gr 1919, 1921, (cs) 1924, 1929. GR 1934 GR 1945
Schlick-Bolfras Vilma, Private. (cs) Gr 1921, 1924, 1929. Gv 1934
Schmid Franz, Postamtsdir. (ns) Gr 1924, 1929
Schmid Leopold. GR 1905, 1908, 1912. (dn) Gb 1918 VBM 1919
Schmidt Franz, Baumeister. GR 1912
Schmidt Robert, Stadtbaumeister. (dn) Gb 1918, (cs) GG 1919, 1921, GG 1924, 1929. GR 1934
Scholta Johann. (sd) Gb 1918
Schratt Rudolf, Kaufmann. GR 1904, 1905, 1908
Schreiber Franz. Gv 1934
Schütz Karl. Ga III. WK 1908
Schulz Franz, Verwalter. (sd) GG 1919, 1921, 1924, 1929, VBM 1930
Schwabl Franz (cs) Gr 1929. Gv 1934
Schwanke Karl, Cafetier, Obm d Gewerbebundes Baden. (cs) GR 1918, Gr 1919, 1921, GG 1924, 1929 (bis 1930).
Schwarz Anton, Tischlergehilfe. (sd) Gb 1918, Gr 1919 (?), GG 1924, 1929
Schwarz K G, Apotheker. Ga I. WK. (folgt Trauzl 1905) (sd) GB 1918
Schweiger Alois. Ga III. WK 1905
Schwenk Josef, Postadjunkt. Ga II. WK 1912. (dn) Gb 1918
Schwetz Johann, Gymn.-Prof. GR 1904
Schwingenschlögl Anton. (cs) Gr 1919, 1921
Seyk Adalbert, Stadtbaumeister. GR 1912. (dn) Gb 1918, (w) Gr 1919, 1921, (cs) 1924, 1929. GR 1934
Slovacek Franz. (sd) Gv 1945
Smolik Mathilde, Geschäftsleiterin. (cs) Gr 1921, 1924
Sofer Richard. (kp) BMStv. 1945
Spörk Franz, Weinhauer. (sd) Gr 1929
Sprinz Eduard, Spengler. Ga III. WK 1912
Stika Felix (sp) 1945
Stricker Rudolf. (cs) Gr 1933 (an Stelle Karl Gleichweits). Gv 1934. (vp) Gr 1945
Stolzenthaler Leopold, Tischler. Ga III. WK 1912. Gr 1919
Stumvoll Josef. (cs) Gb 1918
Sulzenbacher Otto Dr, Gymn.-Prof. u. Dir. Gr 1919, GG 1921, 1924, 1929. GR 1934
Süß Franz Dr., Professor. Ga I. WK 1905
Swoboda Rudolf. Gb 1918
Theuer Julius. Ga I. WK 1905
Thörr Franz. (cs) Gb 1918

Trauzl Isidor, Ga I. WK 1905 (legte im selben Jahr sein Mandat zurück)

Trenner Franz Dr., Arzt. BM 1904–1919, (gd) GG 1924 Gr 1929. Gv 1934

Trenner Josef. (dn) Gb 1918

Vogel Leopold. (kp) Gv 1945

Wagenhofer Johann. Gb 1918, (cs) GG 1919, 1921 GR 1918

Weber Alois, Hausbesitzer. Ga II. WK 1905. (cs) GR 1918, Gr 1919

Werba (Wrba) Ludwig, Kapellmeister, Musidir. (sd) Gr 1921, 1924, 1929

Winbauer Alois, Uhrmacher. Ga II. WK 1905

Winkler Franz. (sd) Gb 1918

Winkler. Gv 1945

Wohlfahrt Georg. Gr 1932

Woisetschläger Rudolf, Bundesbeamter. (cs) Gr 1924, 1929. Gv 1934

Zach Rudolf, Sekr. der Hotelangestellten. (sd) Gr 1929

Zeiner Ernst, Gymn.-Prof. u. Dir. (seit 1908) (cs) Ga II. WK 1905, 1908. GG 1924. VBM 1925.

Zeißl Julius, Photograph. Ga III. WK 1905

Zöllner Rudolf, Musiker. Ga I. WK 1912

Literaturverzeichnis

Arz (von Straussenberg), Arthur, Generaloberst: Zur Geschichte des Grossen Krieges. Aufzeichnungen. Wien, Leipzig, München 1924.

Bahlow, Hans: Deutsches Namenlexikon. Frankfurt 1972.

Basch-Ritter, Renate: Österreich-Ungarn in Wort und Bild. Menschen und Länder. Styria-Verl. 1989.

Bau- und Werkkunst, Die. Monatsschrift für alle Gebiete der Architektur und angewandten Kunst. Heft 4. Jänner 1928.

Benedikt, Heinrich (Hrsg.): Geschichte der Republik Österreich. Wien 1954.

Biographisches Archiv des Rollettmuseums (BA).

Bohn, Alois: Das Thermal-Strandbad Baden bei Wien. München 1931.

Calliano, Gustav: Baden 1848–1898. Ein geschichtlicher Rückblick auf die Entwicklung des Gesammtwesens des Curortes und der Stadt Baden unter der Regierung Sr. Majestät des Kaisers Franz Josef I. Baden 1898.

Drimmel, Heinrich: Vom Umsturz zum Bürgerkrieg. Österrreich 1918–1927. Wien-München 1985.

Ders.: Vom Justizpalastbrand zum Februaraufstand. Österreich 1927–1934. Wien-München 1986.

Ders.: Vom Kanzlermord zum Anschluß. Österreich 1934–1938. Wien-München 1987.

Festschrift s. Stadtgemeinde Baden (Hrsg.).

Fischer, Josef: Die Trinkhalle in Baden bei Wien. Sonderdruck aus Heft 9 „Die Bau- und Werkkunst". Herausgegeben von der Zentralvereinigung der Architekten Österreichs, Wien, o. J.

Fragebogen zur notwendigen Sicherung von Erlebens-Überlieferungen für die Badener Stadtgeschichte über die Jahre 1945–1955. März 1958.

Freie Badener Bezirksrundschau, hrsg. Von Johann Mayerhofer, 1912.

Fleischmann, Kornelius: Baden 1918–48. 30 Jahre im Spiegel der Badener Zeitung. Baden 1979.

Frensing, Hans Hermann: Die Umsiedlung der Gottscheer Deutschen. München 1970.

Gamauf, Rudolf: Bitte, damals habe ich gefehlt! BG und BRG Baden, Biondekgasse. Eine Schule im Zeitgeschehen, o. J.

Goldinger, Walter: Der geschichtliche Ablauf der Ereignisse in Österreich 1918–1945. I. Teil der Geschichte der Republik Österreich. In: Benedikt, Heinrich, 1954.

Grünn, Helene: Weinbau-Volkskunde des Südbahngebietes von Wien bis Leobersdorf. Wien. Horn. 1988.

Gutkas, Karl: Geschichte des Landes Niederösterreich. St. Pölten. 1974. .

Hahn, Manfred: Zwischen Illusion und Resignation. März 1933 – Februar 1934. Diss. Univ. Wien 1986.

Hannak, Jacques: Renner und seine Zeit. 1964.

Hauffen, Adolf: Die deutsche Sprachinsel Gottschee. Graz 1895.

Helmer, Oskar: 50 Jahre erlebte Geschichte. Wien 1957.

Ders.: Im „Kugelregen" eines Wahlkampfes. (Eine Erinnerung). In: Festschrift S. 9–11.

Hermann, Walter: Die Kurstadt Baden. Baden 1925.

Holtmann, Everhard: Sozialdemokratische Defensivpolitik vor dem 12. Februar 1934. In: Jedlicka / Neck (Hrsg.): Vom Justizpalast zum Heldenplatz. S. 113–120. Wien 1975.

Holzer, Robert: Heilbad Baden zwischen zwei Kriegen. In: Festschrift S. 79–87.

Illustrierte Zeit. Illustrierte Zeitschrift für Kultur und Kunst. Festnummer zur Eröffnung des Badener Spielkasinos. Wien Jg. 1934, Folge 1.

Jagschitz, Gerhard: Illegale Bewegungen während der Ständischen Ära 1933– 1938. In: Zöllner, Erich (Hrsg.), 1981. S. 141–162.

Ders.: Der Putsch. Die Nationalsozialisten 1934 in Österreich. Graz 1976.

Jahresbericht des Bundesgymnasiums Baden, Jg. 1935/36.

Javorsky, Friedrich: Lexikon der Wiener Straßennamen. Wien 1964.

Knoll, Reinhold: Zur Tradition der christlichsozialen Partei. Ihre Früh- und Entwicklungsgeschichte bis zu den Reichsratswahlen 1907. Wien 1971.

Kobl, Alfred: Beiträge zur Chronik des Theaters in Baden. Baden 1928.

Kohlbauer-Fritz, Gabriele: Jiddische Subkultur in Wien, S. 91. In: Bettelheim P. / Ley M.(Hrsg.): Ist jetzt hier die „wahre" Heimat? Ostjüdische Einwanderung in Wien. Wien 1993. S. 89–116.

Kollmann, Josef: Zum 43. Balneologenkongreß in Baden 28. März bis 1. April 1928. Begrüßungsworte. S. 7. In: Wiener Medizinische Wochenschrift. 78. Jg. 1928.

Ders.: Der Prozeß Kollmann. Baden 1946.

Ders.: Maschinschriftliches Manuskript ohne Verf. und Datum. Bibl. des Rollettmuseums.

Kriechbaumer, Robert: Sozialisation oder der Schatten der Vergangenheit. Quellen zur Gründergeneration der ÖVP. In: christliche demokratie Nr. 3–4, 1993.

Kurtics, Richard: Kollmann privat. In: Festschrift S. 23–30.

Maurer, Rudolf: Der grüne Markt. 800 Jahre Baugeschichte. 650 Jahre Wirtschaftsgeschichte. Baden 1991.

Meissner, Hans: Die Doblhoffs und Baden-Weikersdorf. (Vom Fürstendiener zum Industriemanager). Neue Badener Blätter. 4. Jg. Nr. IV.

Nasko, Siegfried: April 1945: Renners Ambitionen trafen sich mit Stalins Absichten. In: Österreich in Geschichte und Literatur. 27. Jg. 1983 Heft 6. S. 336–346.

Neck, Rudolf: Öserreich in der revolutionären Epoche von 1917–1920. In: Zöllner, Erich (Hrsg.), 1981. S. 129–140.

Lexikon der Wiener Straßennamen, zusammengestellt von Friedrich Javorsky. Wien 1964.

Obergföll, Josef: Gottscheer Familiennamen. Gottschee 1882.

Österreich in Geschichte und Literatur; s. Nasko.

Das österreichische Bauwesen. Sommer 1928. Baden bei Wien. Grundriß der Trink- und Wandelhalle. S. 10.

Österreichische Illustrierte Zeitung 40. Jg. 1930 Heft 29.

Österreich-Lexikon. 2 Bde. Wien 1995.

Otterstädt, Herbert: Gottschee. Verlorene Heimat deutscher Waldbauern. Freilassing. 1962.

Perko-Greiffenbühl, Walter: Medaillen, Plaketten, Abzeichen und Marken der Stadt Baden 1714–1995. Baden 1995.

Ders.: Der Bildhauer Franz Vock (1883–1969). Katalogblätter des Rollettmuseums Baden, Nr. 11. Baden 1998.

Protokolle des Klubvorstandes der Christlich-sozialen Partei 1932–1934. Hrsg. Walter Goldinger. In: Studien und Quellen zur österreichischen Zeitgeschichte 2. Wien 1980.

Pollak, Walter: Dokumentation einer Ratlosigkeit. Österreich im Oktober /November 1918. Wien 1968.

Raab, Emil: Über Trinkkuren mit Badener Schwefelwasser. Wiener Medizinische Wochenschrift. 78. Jg. 1928 S. 57 f.

Raab, Emil und Rosenbaum, W.: Über die Wirkung des Badener Thermalwassers auf die Darmfunktion Gesunder. Ebd. S. 57/58.

Rabong, Otto: Österreich, Idee und Realität 1943–1945. Feldstudie zum Kriegsende in Ostösterreich. Die Bezirkshauptstadt Baden. Masch.-geschr. Hausarbeit 1988.

Rath, R. John: The Deterioration of Democracy in Austria 1927–1932. In: Austrian History Yearbook. Vol. XXVII 1996 p. 213–260.

Rauchensteiner, Manfried: Der Krieg in Österreich '45. Wien 1995 (Sonderausgabe).

Reventlow, Rolf: Zwischen Alliierten und Bolschewiken. Arbeiterräte in Österreich 1918 bis 1923. Wien, Frankfurt, Zürich 1969.

Riepl, Hermann: Fünfzig Jahre Landtag von Niederösterreich. I. Teil. Wien 1972.

Schäfer, Rudolf: Die Anekdote. Theorie – Analyse – Didaktik. München 1982.

Schärf, Adolf: Österreichs Erneuerung. 1945–55. Wien 1955.

Schneidmadl, Robert: Über Dollfuß zu Hitler. Ein Beitrag zur Geschichte des 12. Februar 1934. Wien 1964.

Schröer, Karl Julius: Gottschee und die Gottscheer. In: Die österreichisch- ungarische Monarchie in Wort und Bild. Kärnten und Krain. Wien 1891.

600 Jahre Gottschee. Festbuch 1980. Klagenfurt 1980.

Seitz, Karl: Drei Liechtenthaler Buben. In: Festschrift, S. 21–22.

Sigmund, Rudolf: Die finanzielle Wirtschaft der Stadt Baden. In: Aus dem schönen Österreich: Die Kurstadt Baden. Sonderheft „Der Bund". Wien, August 1929 S. 9.

Stadtgemeinde Baden (Hrsg.): Josef Kollmann. Festschrift zu seinem 80. Geburtstag. Baden 1948.

Umlauft, Friedrich: Die Oesterreichisch-Ungarische Monarchie. Geographisch-statistisches Handbuch … Wien und Pest 1876.

Vogel, Margit: Der gesellschaftliche Wandel in meiner Heimatstadt Baden. Hausarbeit Baden 1982.

Wallner, Viktor: Badener Theaterg'schichten. Neue Badener Blätter. 1. Jg. Nr. II. 1990.

Ders.: Das Spielcasino Baden. 1934–1994. Eine Zusammenstellung. Neue Badener Blätter 5. Jg. Nr. II. 1994.

Ders.: 50 Jahre Spielcasino. In: Badener Betrachtungen (Ausgewählte Reden und Schriften). Baden, 1987.

Ders., zusammmen mit Hobik Hans und Reichebner Gerhard: 100 Jahre Trabrennverein zu Baden bei Wien. Neue Badener Blätter 3. Jg. Nr. III. 1992.

Wiener Medizinische Wochenschrift. 78. Jg. 1928.

Wieser, Christoph: 1945. Ende und Anfang in Baden. Katalogblätter des Rollettmuseums Baden Nr. 3. Baden 1995/96.

Ders.: Baden 1938, Anschluß – Gleichschritt – Volksabstimmung. Katalogblätter des Rollettmuseums Baden Nr. 12. Baden 1998.

Wolkerstorfer, Otto: Josef Kollmann. Politiker der Verständigung. Diplomarb. Univ. Wien. 1993.

Zeiner, Ernst: Gemeinderat und Bürgermeister der Stadt Baden. In: Festschrift S. 31–62.

Zöllner, Erich (Hrsg.): Revolutionäre Bewegungen in Österreich. Schriften des Instituts für Österreichkunde 38. Wien 1981.

Zeitungen

Badener Bezirksblatt 1882–1896, ab 1897 Badener Zeitung

Badener Bezirksbote 1923–1927 (großdeutsch)

Badener und Vöslauer Kurgäste-Zeitung, 1908

Badener Volksblatt 1902–1938 und wieder ab 1946 (christlichsozial)

Badener Wacht 1926–1933 (sozialdemokratisch)

Badener Woche. Niederösterreichische Landpresse 1933

Badener Wochenblatt 1929

Deutsche Wacht 1902/03 (alldeutsch)

Deutsche Wacht im Wienerwald 1904/05 (alldeutsch)

Deutscher Volksbote 1911–1916 (völkisch), vormals Badener Bote (bis 1910)

Freie Badener Bezirks-Rundschau 1912

Neue Badener Nachrichten 1936/37

Erscheinungsort Wr. Neustadt:

Das Neue Blatt. Unparteiisches Organ für Niederösterreich und das Burgenland 1927/28

Die Gleichheit (durchgehend)

Erscheinungsort Wien:

Die Presse 1998

Die Stunde 1926

Personenverzeichnis

Bildnachweis

Josef Kollmann. Festschrift zu seinem 80. Geburtstag, Baden 1948: Abbildungen auf den Seiten 20, 24, 25, 26, 29, 39, 131, 194.
Waltraud de Martin, Kennt Ihr sie noch... die Badener, Zaltbommel/Niederlande 1984: 156.
Die österreichisch-ungarische Monarchie in Wort und Bild, Wien 1891: 21.
Register Pfarramt Baden: 21, 22, 23.
Badener Volksblatt, März 1923: 115 (re.); 28.4.1923: 99; Faschingsamstag 1924: 111; 1924: 93.
Badener Bezirksbote, Nr. 19, 1924: 114; 1925: 178.
Arbeiterzeitung, 31.8.1926: 136; 17.1.1926: 138.
Walter Perko-Greiffenbühl: Medaillen, Plaketten, Abzeichen und Marken der Stadt Baden 1714–1995, Baden 1995: 84, 153.
Kronen-Zeitung, 15.8.1931: 192.
Badener Wacht, 17.2.1928: 141; Februar 1929: 162; 29.12.1933: 180.
Foto Hans Meissner: 12, 13.
Renate Basch-Ritter, Österreich-Ungarn in Wort und Bild, 1989: 21 u.
Alle anderen Abbildungen stammen aus dem Fotoarchiv des Rollettmuseums Baden.